७५ 75 YEARS आपसे हैं हम

सार्थवाह हिमालय

दास्ताँ कशमकश भरी यायावरी की

सार्थवाह हिमालय

दास्ताँ कशमकश भरी यायावरी की

अजय सोडानी

राजकमल प्रकाशन

ISBN : 978-93-92757-57-0

मूल्य : ₹950

पहला संस्करण : 2022

प्रकाशक : राजकमल प्रकाशन प्रा. लि.
1-बी, नेताजी सुभाष मार्ग, दरियागंज
नई दिल्ली-110 002
द्वारा प्रकाशित

शाखाएँ : अशोक राजपथ, साइंस कॉलेज के सामने, पटना-800 006
पहली मंजिल, दरबारी बिल्डिंग, महात्मा गांधी मार्ग, प्रयागराज-211 001
36 ए, शेक्सपियर सरणी, कोलकाता-700 017

वेबसाइट : www.rajkamalprakashan.com
ई-मेल : info@rajkamalprakashan.com

मुद्रक : यश प्रिंटोग्राफिक्स
ग्रेटर नोएडा-201 310 (उत्तर प्रदेश)

SARTHWAH HIMALAYA
Travelogue by Ajoy Sodani

पापा जी के लिए
जिनने जीने का ढब दिया

परबति परबति मैं फिरया, नैन गँवाया रोई।
सो बूटी पाऊँ नहीं, जातें जीवनि होई॥

—**कबीर**

तरतीब

गोशागोई

सार्थवाह हिमाला

नाज़नीन-ओ-हज़रात, आपका तहे दिल से स्वागत है हिमालय की जाजम पर। सफ़रगोई की चौथी बैठकी में। चन्द पलों का इन्तज़ार और हम निकलेंगे किसी अनजान डगर पर। साथ-साथ। बरास्ता क़िस्सागोई। किधर को? ज़ाहिर है हिमालय को। जिसकी जाजम, चिलम भी उसी की भरेंगे जनाब। अपन कोई बेपेंदे का माल थोड़े ही हैं मियाँ! तो ठहरी बात, कि बात होगी तो फ़क़त हिमालय की वरना अपने राम रहेंगे चुप्प। यूँ कि अपन को इसके दीगर कुछ सूझता ही कहाँ है!

यहाँ सवाल पूछा जा सकता है कि क्या मैं ख़ब्ती हूँ?

गेरा जवाब है नहीं!

फिर एक ही गलियारे में ताउम्र फिरने का सबब?

यूँ ही बेसबब!

बेसबब?

हाँ, पर पूरी तरह भी नहीं।

मतलब?

आपने मतलब पूछ डाला तो मुझे जवाब ज़रा ठहरकर, थोड़ा इत्मीनान से देना होगा। नर्मदिल लोगो, दरअसल हिमालय से मेरा नाता ज़रा अलहदा क़िस्म का है। रूहानी भी, रूमानी भी। माँ-सा भी, माशूक़ाना भी। कहने को साबिक़ा* महज़ दस-बारह बरस का, सोचो तो लगे सदियों पुराना।

अक्सर देखता हूँ ख़ुद को। किसी नदी तीरे, मैं। कभी ठिठका, कभी टहलता। नदी—जिसका न आदि न अन्त। पहाड़ी रास्तों में मन्थर गति से बहती। जलतरंग बजाती। देखता हूँ डोलते हुए स्वयं को उसी के साहिल पर। रूहानी संगीत सुनते। जल में बनते-बिगड़ते

---

* साबिक़ा—रिश्ता

मंज़र देखते हुए। पर स्वप्न तो आख़िर स्वप्न ही ठहरे। लाख थामो, कमज़र्फ़ छिटक जाते हैं। पीछे छोड़ जाते हैं तमाम उलझनें। कि क्या है यह बिम्ब? कि यह अर्णा रहती कहाँ है, बहती कहाँ है? किस नाते पुकारती है वो मुझे? भाई साहब, मकड़जाल में फँसा देता है मुझे यह सोचना कि मैं क्यों जाता हूँ हिमालय!

यह सवाल शायद कभी हल न हो। हर सवाल जवाब पा जाए, ज़रूरी तो नहीं। कुछ का अनुत्तरित रह ही जाना बेहतर। जो कोई प्रश्न ही न रहे तो जीवन कैसे चले? ज़िन्दगी निरन्तर तलाश से दीगर कुछ भी तो नहीं। सवालात ख़त्म—तलाश ख़त्म। तलाश ख़त्म—ज़िन्दगी मुर्दनी। पर किसकी तलाश है मुझको? क्या है जुस्तज़ू मेरी? ठीक से पता नहीं, पर शायद ख़ुद की। बरास्ता हिमालय। या कि मेरे होने का सबब इतना भर हो कि हिमालय पर जाऊँ और कहूँ वहाँ का हाल आपसे। गोकि वो सब जो कहना चाहे है गिरिराज, मार्फ़त मेरे। कि गिरिवर के नज़दीक मैं महज़ साधन भर, साध्य तो उसका आप हैं। और क्यों न कहे गिरिराज आपसे, हम सबसे, अपने दिल की बात। वो और हम सनाभि जो ठहरे! आप, हम और हिमालय एक माँ के जाए कैसे हुए? यही सोचते होंगे आप?

मुझसे पूछेंगे तो कहूँगा कि आपके निकट आ जो ममत्व मेरे भीतर उपजता है ठीक वही महसूस होता है हिमालय के क़रीब होने पर। जो मेरे कहे से तसल्ली न हो तो वेदों की सुन लें, जो कहते हैं कि गोचर-अगोचर जो भी है दुनिया में वो उपजा है एक गर्भ से। बोले तो हिरण्यगर्भ से।* मानी यह कि सागर, नदी, पशु, मानव यहाँ तक कि देवता और अपना हिमालय भी—सहोदर! तो क्या सनाभि होने की आत्मीयता मुझे गिरिराज से बाँधती है? क्या अन्तस में हिरण्यगर्भ की ध्वनियाँ सदा गुंजायमान रहती हैं? ऐसे सवाल बेमानी, ख़ासकर तब जब कि मेरी हैसियत एक नलके की सी। मेरा काम महज़ इतना कि हिमालय का दिया, उससे सुना-समझा, पहुँचा दूँ आप तक। अक्षुण्ण।

आप सोचेंगे सबसे कहना क्यों ज़रूरी? जो पाया हिमालय से अपने पास रखूँ और रहूँ चैन से। किन्तु यह सम्भव नहीं। नलका हूँ चोट्टाई की तो फूट जाऊँगा दाब से। दाब व्याकुलता का। जो भरा है भीतर उससे निवृत्त होने का। भाई लोगो, व्याकुलता से मेरी मुराद देह

---

* हिरण्यगर्भः समवर्तताग्रे भूतस्य जातः पतिरेक असीत्।
स दाधार पृथिवीं द्यामुतेमां कस्मै देवाय हविषा विधेम॥ (ऋग्वेद,10:121:1-5)

को रुग्ण करने वाली बेचैनी से नहीं। वरन् उस बेकली से है जिसका रुख़ होता है भीतर की ओर, जिसके चलते आविर्भूत होती है विकलता। व्यक्ति से इतर, स्पृहा से बाहर जो अन्तस है, इस विकलता का नाता उसी अन्तस-कोख से है। विकलता जिससे आदमी की दृष्टि बदलने लगती है। वह अपने से इतर ठौर-ठिकाने, अपनों से दीगर नाते-नातेदार महसूसने लगता है। वो जुट जाता है उन्हें तलाशने-गुहारने में। हो जाता है मलंग। मीरा की तरह गरल पात्र थाम गीत गाता है या जौन ईलिया की तरह अपना सर पीटते हुए कह उठता है—

कुछ तो रिश्ता है तुमसे कमबख़्तो
कुछ नहीं, कोई बद्दुआ भेजो।

अपने राम भी तो इसी तलाश-भटक के सताए हुए हैं। बूझना चाहें सृष्टि-घटकों के अन्तर्सम्बन्ध। टटोलना चाहें हिरण्यगर्भ से जुड़ने वाला नाभि स्थल। मुसलसल भटकने के बाद भी रीते हाथ बेचैन करते हैं। व्याकुलता तारी हो जाती है। जब तन क्लान्त हो जाता है, मन चैतन्य होता है। क़लम सजीव हो उठती है। अनुभव स्याही बन कागद कारे करते हैं। मैं हर्फ़ों को उलटता हूँ। पुलटता हूँ। ख़ुद से बहस करता हूँ—

"कुछ तलाश है?"

"हाँ!"

"क्या?"

"नहीं मालूम!"

"फिर लिखना क्यूँ भला?"

"हो न हो हर्फ़ों के बीच तलाश मुकम्मल हो जाए कि सफ़हे पर डोलते शब्दों के बीच दिख जाए बेसबब सी ज़िन्दगी का मक़सद। पा जाऊँ विकल हिया की असल वज़ह।"

"मिली क्या?"

"नहीं जनाब! इसी मक़सद के मारे न जाने कितने ज़हीन यहाँ से रीते ही गुज़र गए तो मुझ मूढ़, अकिंचन की क्या बिसात! पर सोच है कि पीछा नहीं छोड़ती।"

"तो वेदों का लिखा चुपचाप मान क्यों नहीं लेते?"

"वह तो मानता ही हूँ।"

"तो परेशानी कहाँ बचती है?"

"दरअसल दिक़्क़त तो यहीं से शुरू होती है। तुम समझते हो मानने

और स्वीकार करने को समानार्थी। पर भूल जाते हो कि अस्वीकार करने का रास्ता भी मानने से ही आरम्भ होता है। मान लेने और स्वीकार करने के दरमियान एक लम्बा फ़ासला होता है। सन्धान से तय किया जाने वाला फ़ासला। बिन अनुसन्धान स्वीकार करना ज्ञानसम्मत नहीं। अन्धविश्वास है। जो आप नहीं देखा-भोगा-बूझा वो अर्धसत्य।"

"तुम महान ग्रन्थों का कहा नकार रहे हो?"

"नहीं। ग्रन्थ मेरे नज़दीक मार्ग-संकेतक तो हैं पर मंज़िल नहीं। ठौर-ठिकाना तो शब्दों की ज़द से आगे अनलिखे, अनकहे में हो शायद। कहीं दूर। बहुत दूर।"

"कहाँ?"

"मालूम नहीं! कौन जाने ठौर बस एक भुलावा ही हो? या हो वो बेहद क़रीब कहीं? दीठ का दायरा छोटा जो ठहरा। बेहद पास और बेहद दूर—दोनों उसकी पहुँच से परे। वैसे मेरी जुस्तजू का ठौर कोई त्रिआयामी चीज़ तो है नहीं...वह क्या है किसे ख़बर...लिहाज़ा मुसलसल तलाश लाज़िमी।"

"तुम्हारा कुछ नहीं हो सकता अजय बाबू। यूँ ही भटकना तुम्हारी नियति लगती है।"

"क्या करूँ? विरह के सताए को ठौर कहाँ?" कबीर बाबा का कहा मुझ पर क़तई मुफ़ीद बैठता है—

नैन हमारे जलि गए, छिन छिन लोड़ै तुझ।*
नां तूं मिलै न मैं खुसी, ऐसी बेदन मुझ॥

अन्तर्द्वन्द्व और ये अन्तहीन तर्क-वितर्क जब कर देते हैं बेकल तो क़रार दिखता है क़ुदरत की गोद में। दौड़ पड़ता हूँ उसी से मिलने वनों में, पहाड़ों पर। पूछा जा सकता है कि प्रकृति के दीदार तो नज़दीक ही कहीं हो सकते हैं। घर की खिड़की से भी। फिर इतनी दूर क्यों?

तो साहब लोगो, आपके उधर की तो मुझे ख़बर नहीं पर मेरा शहर तो 'स्मार्ट' है। विकास-देव को साधने का लक्ष्य ले हमारा शहर शव-साधना में जुटा है। प्रकृति को शहर से बेदख़ली का फ़रमान है। हालाँकि तंत्र-सिद्धि के निमित्त वहाँ ज़मीन के कुछ सजे-धजे टुकड़े हैं, और उनमें जबरिया ठूँसे चन्द सजावटी विटप भी। कहीं कृत्रिम

---

* लोड़ै—मंथन

दरख़्त हैं, कहीं पामाल* ताल भी। और कहीं हैं माटी में खेलते गँवठी बच्चों की मूरतें! स्मार्ट शहर के स्मार्ट बच्चे तो तमाम खेल स्मार्ट फ़ोन पर खेलते हैं। स्मार्ट लोगों के यहाँ हर कुछ क़रीनावार जो होता है। सब कुछ छाना-छँटा। माटी से उनका वास्ता उसे नापने और प्लाटों में काटने तक महदूद। अब आप ही कहें कि शो केस में सजी मूर्तियाँ प्राण कहाँ से पाएँ? कि भूसा भरी खाल में गरमाहट कैसे आए? कि शहरों की हथेलियों में क़ैद रोते-बिलखते धरा के टुकड़े किस विध ग़म के मारों को ढाढ़स बँधाएँ?

ऐसे में बड़े-बूढ़ों से जो सुनता आया वह ध्यान पड़ता है कि पर्वत-मंडल ही धरणी के स्तन हैं। धरती का बदन तो आज जैसे क्षत-विक्षत ही है, बस उच्च पर्वत-शिखरों की अस्मिता ही तो येन-केन-प्रकारेण बची हुई है। उनके तले ही तो अब धात्री-गोद की गरमाहट बाक़ी है। बाहरी कारकों से उत्पन्न बेचैनी युद्ध-क्षेत्रों की ओर ठेलती है, पर आन्तरिक बोधजनित विकलता की माँग है मातृत्व। और विकलता के मारों को हिमालय के सिवा अब ठौर कहाँ? चुनाँचे वहीं जा मस्तक धर देता हूँ—हिमशिखरों के क़दमों में।

माँ के सामने हर बच्चे का तन भी उघड़ा, मन भी अनावृत। प्रथम दृष्टि में समझ जाती है वह सारा माजरा, तमाम विकलताएँ। पर चुप रहती है। मन्द-मन्द मुस्कुराती है। विटप-तृण-पुष्प की कशीदाकारी से सुसज्जित अपने आँचल से पंखा झलती है। माँ के आँचल की हवा ज्यूँ बैसाखी की सिरवाई। सन्दली, शीतल। कहानियों से लबरेज। हिचकोले खाता हिया शान्त होने लगता है। भीतर की उमड़-घुमड़ बन्द। ज्वार-भाटे स्थगित। नैन मुँदने लगते हैं। कान की दरकार ही ख़त्म। सृष्टि का मातृरूप देखने की क्षमता मांसल नयनों में कहाँ? कि उसकी कही बातें कानों की श्रवण सीमा से बाहर। बस हिया ही देख-सुन सके है उसे। धात्री के कोले में कपाल धरते ही अन्तस के कर्ण-रन्ध्र चैतन्य हो उठते हैं। भीतर का मैल हटने लगता है। अश्रु बह निकलते हैं।

माँ ठहरी महागुरु। वो समस्याओं के बने-बनाए हल अग्रेसित नहीं करती। बल्कि कहानियाँ कहती है। कभी अपने लोक-अनुभवों को कथाओं में गूँथ। कभी पूर्व प्रचलित दन्तकथाएँ तो कभी धार्मिक दृष्टान्त। कथाएँ डोलते पहाड़ों वाली, बोलते पेड़ों वाली, भयज़दा

* पामाल—पैरों तले कुचले

करते दानवों की, महात्मास्वरूप मानवों की, नभ के देस की, परियों के भेस की। प्रश्नों के उत्तर की ओर इशारा करती कथाएँ! समाधान आप तलाशने होते हैं। माँ कोचिंग संस्था नहीं चलाती।

हिमालय भी तो बस कहानियाँ ही सुनाता है मुझे। वह भी एकमुश्त नहीं। क्रमशः। बार-बार जाना पड़ता है उसके कने अगली कथा सुनने के लिए। भटकना पड़ता है दर्रा-दर्रा, घाटी-दर-घाटी उनका अर्थ बूझने और अपनी विकलता का समाधान जानने हेतु। अब आप ही बताएँ कि ऐसी यात्राओं के जब ज़िक्र निकलें तो उनसे कथाएँ कैसे अलग की जावें?

आप पूछ सकते हैं कि बीहड़ों में भटकने, लोकजीवन को टटोलने, दन्तकथाओं किंवा पौराणिक कथाओं का सार समझने के संघर्ष से कुछ हासिल हुआ? मेरा जवाब होगा, हाँ। पुरज़ोर हाँ। वैसे आपकी जिज्ञासा का हल लोकजीवन की मेरी अवधारणा में अवस्थित है।

यात्राओं में जित्ता देखा-समझा उससे लगा कि लोक तो एक अगोचर शै है। कि धरा के किन्हीं ख़ास गोशों में, जीवन के किन्हीं विशेष पलों में लोक की ऊब* अनुभूत तो होती है पर वह दिखता नहीं। राज्य-राष्ट्र राजनीति से उपजते हैं और बाहुबल के आसरे टिके रहते हैं। जहाँ वे भौगोलिक सीमाओं में आबद्ध होने से रूढ़ होते हैं, वहीं लोक मन की संतति है। मन में बसता है, प्रेम से चलता है। दूरस्थ इलाक़ों में, जहाँ लोक का खाँटी रंग अब भी बचा है उधर का वासी इतर जाति या भिन्न धर्म का अनुगामी होकर भी उनके काले पक्षों से अछूता रहता है। चुनाँचे आधुनिक जगत की चौंध से बाधित और हर चीज़ को खाँचों में विभक्त कर देखने को आतुर नज़र से लोक को बूझना कठिन ही नहीं वरन् असम्भव ही जानिए। लोक के अंक में होते हैं अड़ौसी-पड़ौसी, मोदी-मोची, सिक्ख-ईसाई, दुश्मन-दोस्त के अलावा नदियाँ-तलैया, गोरु-गदहिया, बीहड़-बगिया, पगडंडी-पेड़, कली-अलि, कठौती-कलछी, हवा-फ़िज़ा और वे तमाम एहसासात जिनको दिल तो पहचाने पर दीदे न देख पाएँ। निजस्व का ह्रास इस

* ऊब, मूलतः मराठी का शब्द, इन्दौर में जुदा अर्थों में व्यवहृत इस लफ़्ज़ का हिन्दी एवज़ी तलाशना मुश्किल। चमक या/और गरमाहट जो स्रोत से परे होने पर भी अनुभूत हो। जैसे कड़क जाड़े में छेंटी पर रखा अलाव। या वो उष्णता जो स्रोत के स्मरण मात्र से महसूस होने लगे। जैसे प्रथम चुम्बन या माँ की गोद की उष्णता।

नातेदारी की स्थापना का न सिर्फ़ प्रथम पायदान बल्कि लोक का एकमेव आग्रह भी।

घुमक्कड़ी के चलते इलहाम हुआ कि राष्ट्र देह है तो लोक उसकी आत्मा। देश यदि सूरत है तो लोक सीरत। यात्राओं के भरोसे जाना कि देश के मुक़ाबिल देस या लोक ठहरा निर्बन्ध मन की सत्ता। कि जितने मन उतने देस। जितने गाँव, जितने मौसम, जितने पाखी, जितने नाते उतने देस! कि राष्ट्र देसों का महागठबन्धन भी नहीं। राज्यों के टूटने का असर देस पर नहीं होता। जो लोग हालिया विखंडनों के चलते ज़ुदा राष्ट्रों के नागरिक कहलाने लगे क्या उनके मन के देस भी खंड-खंड हुए होंगे? कदाचित् नहीं। क्या भूखंड पर खेंची रेखा के कारण अलग राष्ट्र में चले जाने से मानसरोवर या कैलास लोक-मन से विलग हो पाया है? क्या हमारे राष्ट्र की घोषित 'सम्पत्ति' बोधगया अथवा साँची से जापानी और श्रीलंकावासी अपना प्रगाढ़ सम्बन्ध नहीं महसूसते होंगे? भाई लोगो! लोक ठहरा जन्मजात एकवचन, कदाचित् इसका बहुवचन है ही नहीं। अतएव उनमें परस्पर न कोई डाह न तकरार। लोकजीवन आज का जीवन। कल का वहाँ मानो कोई अस्तित्व ही नहीं। वह तो नित नूतन कथाएँ रच, पूर्ववर्ती में वर्तमान को इस ख़ूबी से मथ देता है कि मेधावान बौरा जाएँ किन्तु तब से अब को छाँट न पाएँ!

लोक पर काबू पाने के इच्छुक जान लें कि वह किसी को नहीं बख़्शता। हर वो शै जो लोक के जाने महत्त्व की है उसे वह कथाओं में ढालता चलता है। प्रस्तुत करता है उन्हें कभी देवी-देवता के रूपक में ढाल। या फिर असुरों में रूपायित कर। बहरहाल, अब वक़्त हो चला है कि आपको वह बताऊँ जो जानने को आप उत्सुक हो रहे हैं। यानी लोकजीवन के सम्पर्क से मेरे हाथ में जो आया वह आपके सामने रखने का।

बाँधों पर खड़े हो मनखेंच सेल्फ़ियाँ लेने वाला, वनों को ज़मींदोज़ कर बनी द्रुतगामी सड़कें देख तालियाँ पीटने वाला, आयातित घास से चार बिल्लात का बाग़ीचा लगा अपनी पीठ आप ठोंकने वाला मेरा 'मैं' लोक के संसर्ग में आने से विखंडित होने लगा। लोकजीवन को नज़दीक से देख प्रकृति-अनुरागी होने के असल मायने मैं समझ पाया। इतर लोकों में घुलने-मिलने तथा कथाओं को उनकी प्रचलित और रूढ़ व्याख्याओं से परे रख पुनः समझने के प्रयास ने मुझे स्वयं का जीवन बेहतर तरीक़े से बरतने की सहूलियत दी।

अब समझ पा रहा हूँ कि हिमालय बाबा का मुझे लोक की ओर मोड़ना बेसबब नहीं था। गोया कि उसका मंसूबा मुझ पर यह ज़ाहिर करना था कि सृष्टि-विन्यास में गुम्फित हर शै का वास्ता क़ुदरत की मंशा और मक़सद से है। कि क़ुदरत से अलहदा न तो किसी का कोई वज़ूद होता है न सबब ही। कि मैं अपनी उम्र तो सम्पूर्णता से जीऊँ, किन्तु बरतूँ उसे इस तरह कि मेरा कोई क़दम लोकरंग विद्रूप न करे। कि मेरा कोई निर्णय प्रकृति के कारोबार को बाधित न करे। कि यही मेरा परम धर्म हुआ और यही मेरा एकमेव मक़सद भी! क़सम से।

आज जब वर्ष 2010 के बाद की अपनी हिमालय यात्राओं को पीछे पलट देखता हूँ तो हिमालय की उपर्युक्त मंशा मुझे ठीक अपने सामने खड़ी दिखती है। हम ठहरे 'स्टोरी-ट्रेकर'। दन्तकथाओं को मानचित्र पर धर हिमालय में विचरने वाले। 2010 में सम्पन्न धूमधार कांडी अभियान के उपरान्त भी इसी आशय से हम गिरिराज के क़रीब जाते रहे। उसके उत्तुंग शिखरों को छूने की अदम्य लालसा धकेलती रही हमें हिमालय की ओर। पर हर बार क़ुदरत ने हमें परे हटाया। मोड़ दी हमारी दिशा हिमलोक की ओर। मुख़्तसर कहूँ तो वर्ष 2010 के पश्चात हमारी यात्राओं की कमान प्रकृति ने हमसे छीन हिमालय को सौंप दी। हिमाला बन गया हमारा सार्थवाह! अत: 2011 से 2019 के मध्य की तमाम यात्राएँ अलहदा दिखने के बावजूद मेरे क़रीब एक ही हैं। फिर भले ही वो लद्दाख में हुई हों, कच्छ में, कश्मीर में या फिर उत्तराखंड में। एक ही सार्थवाह का अनुगमन करते हुए घटित तमाम यात्राएँ भी एक! हिमालय की इस किन्तु-परन्तु-यद्यपि-तथापि के बीच उपर्युक्त कालखंड में घटी यात्राओं का सिलसिलेवार ब्योरा देने आज आपके सामने उपस्थित हुआ हूँ।

तब और अब के दरमियान बहुत सारा कुछ बदल गया है। समय की गति तक। लम्हों का लयबद्ध ठुमक-ठुमक चलना अब किताबी जुमला हो चुका। जो कभी घंटों में घटित होता था आज मिनटों में घट जाता है। जो बदलाव दशकों में होते थे, अब महीनों में हो जाते हैं। पच्चीस बरस का मनक पैंतालीस का दिखता है। चौदह बरस का बच्चा व्यापारी बन रहा है। समय की बदलती गति का असर हिमालय ने नहीं लिया होगा, ऐसा मानना ठीक नहीं। सहस्त्रों बरस से अपनी धज छुपाए हिमालय पर चतुर काल की नज़र न पड़ी हो, यह कैसे सम्भव है?

यूँ कि जिस नूतन जगत की ओर हमारी गति है, उसका नियन्ता ठहरा मानव। वह लिख रहा नूतन संविधान। उसकी मंशा, हर सीमा अतिक्रमित कर तमाम कायनात पर काबू की। वह मनुष्यमात्र की सोच, वाचा, संस्कार पर ही नहीं अपितु प्रकृति पर भी नियंत्रण चाहे। नदी कहाँ बहे, किधर थम जाए। बरखा कब, कितनी और कहाँ हो। पेड़ के साए का दायरा कितना और फलों का स्वाद कैसा हो। पहाड़ कैसे दिखें। पशु-पक्षी कितने रकबे में रहें, कहाँ तक विचरें—नया संविधान इन पर भी अख़्तियार चाहता है। मुकम्मल अख़्तियार! नतीजतन, इन दिनों हिमालय को मन माफ़िक़ बरतने की मंशा चरम पर है। उसे वैसे तैयार किया जा रहा है जैसे करते हैं घोड़े-हाथी को आरोहण हेतु। जैसे बनाया जाता है बच्चों को जबरन भिखारी, गायक, धावक, बाहुक। या नौजवानों का मानस ढाला जाता है बाज़ार चलाने, सरकार बचाने अथवा आतंक फैलाने हेतु। ठीक वैसे ही हिमाला को बिकने योग्य दिखने के लिए स्मार्ट बनाया जा रहा है। कुरेदे जा रहे हैं उसके कोने। तोड़ा-मरोड़ा जा रहा है वहाँ की नदियों को। उसकी सघन जटाओं को छाँट कुछ इस तरह से सँवारा जा रहा है कि वह अन्तर्राष्ट्रीय फुटबॉल खिलाड़ियों सा दिखने लगे। बदन टैटूमय। खुपड़िया अग़ल-बग़ल सफाचट, बीच में तरतीब से उलझाए, मनचाहे रंगत के केश। कल्पनातीत है हिमाधिराज की कल सामने आने वाली जर्क़-बर्क़ छब।

हिमालय पर थोपे जा रहे परिवर्तनों को काल की दरकार कह नज़रअन्दाज़ कर पाना हर किसी के बस में नहीं। आप तो जानते ही हैं कि हिमाला और मैं ठहरे सहोदर। हो सकता है कि प्रकृति-ह्रास के किसी हृदय विदारक दृश्य ने ही मेरे अन्तस में सुषुप्त प्रकृति-अनुराग को आन्दोलित किया हो। मुझे मजबूर किया हो कि परवर्ती काल हेतु मेरे जाने हिमालय के रूप, रंग, मंशा, चिन्ता को हर्फ़बद्ध कर दूँ। अब तो लगता है जैसे हिमालय-लोक की जानिब यह मेरी ज़िम्मादारी हो। अनिवारणीय दायित्व! तन के संग सूक्ष्म देह भी तो विचरण करती है। एक ऊपर-ऊपर दूजी सिर्फ़ भीतर। दोनों के हासिल अलहदा। लिहाज़ा दौराने सफ़रगोई जो अन्तराभिमुखी यात्रा की झलक भी गाहे-बगाहे दिख जाए तो क्या अचरज!

बन्धुवर, आप तो प्रज्ञावान हैं। अपना तमाम घुमक्कड़ी जीवन मैंने तो एक ही क्षेत्र के आसरे काट लिया। मैं कूप में टर्र-टर्राता मेढक। मेरे अनुभव चुटकी भर। आप तो देश-परदेश सब घूम चुके हैं। ज़ाहिर है

आपके अनुभव मुझसे कहीं गहरे, अधिक निस्तीर्ण होंगे। चुनाँचे ऊपर कही कई बातें आपकी जानी होंगी, और अनुभूत भी। फिर भी आपको अपना जान जो जी करा खुलकर बोल दिया। आपने भी अपना मान जो कहा सब सुन लिया। अब मन एकदम हल्का हो गया है। वह बन परिन्दा उड़ना चाहता है—आपके संग हिमलोक में।

तो यह बिलकुल वही मुफ़ीद वक़्त है जब आग़ाजे सफ़र का बिगुल बज ही जाना चाहिए। मैं तो तैयार हूँ। आप भी पूरी तैयारी से चलिएगा। शब्दपोत से तय किया जाने वाला यह सफ़र अतिशय लम्बा है। पर भय का कोई कारण नहीं। हम यात्राएँ एकमुश्त नहीं, खंडों में बाँटकर ही करेंगे। दो खंडों के बीच अन्तराल भी ठीक-ठाक ही होगा। ग़रज़ यह कि न आप थकें न मैं पस्त हो पाऊँ।

यात्रा पर निकलने के पहले मुझे दोहराने दिया जाए कि मेरे कहन में दन्तकथाओं, धर्मग्रन्थों, देवालयों—बोले तो लोक-रंग की आवाजाही होगी। उनकी मौज़ूदगी आवश्यक ही जानिए। वो यूँ कि मेरी तमाम यात्राएँ किसी न किसी तरह की कथा और उनमें वर्णित भौगोलिक अथवा सामाजिक सन्दर्भों से प्रेरित हैं। चुनाँचे आपको कहीं बस नगाधिराज तो कहीं सिर्फ़ लोकरंग का वैभव ही दिखे तो मायूस न हों।

आशा है यात्रा के उपरान्त आप गिरिराज को पूरी समग्रता के संग अपने हृदय में विराजित देख पाएँगे। और अनुभूत होगी आपको भी 'ऊब' हिमाला की। अन्तस में। ताउम्र!

तो क्या कहते हैं, निकलें अब?

भेरु कर दिया रे पनपतिया तूने

किसी के साथ गुज़ारा गया वो एक लम्हा
*अगर सोचने बैठूँ तो ज़िन्दगी कम है।**

अज़ीज़ दोस्तो, पर्वत तो बहुतेरे हैं जगत में, पर है कोई जो घुलनशील हो? आप बोलने की जहमत क्यों उठाएँगे जनाब। मैं बताता हूँ आपका जवाब—'हट भेरु, ऐसा भी कहीं होता है।' पर एक सौदाई का कहा आज सुन लें। क्योंकि मेरे जाने है एक ऐसा परबत। नाम जिसका हिमालय। जितना विराट उतना ही विरल। मुलाक़ाती की नज़र उस पर कुछ पल ठहरी और हिलगा हिमालय हिया से। बन रुधिर बहता रहे फिर रगों में उसकी। ताउम्र। भरोसा नहीं होता? तो लगाइए शर्त। नपवा लीजिए हिमोग्लोबिन मेरे लहू में। कहें सो हार जाऊँ जो एक क़तरा भी ग्लोबिन का बरामद हो वहाँ। मेरी रक्त कणिकाओं में फ़क़त हिम। उधर से ग्लोबिन ग़ुम। हर कणिका में एक क़तरा हिम। हर क़तरे में एक लम्हा। हर लम्हे में वही हिमालय, उसी के क़िस्से।

दूसरी तरह से कहूँ तो मेरी यादों की चिलमची में न मालूम कितने लम्हों की धोवन। वो क़िस्सों से लबालब। हर क़िस्सा बेताब। सबसे पहले सुनाए जाने पर आमादा। निख़ालिस हिन्दोस्तानी की तरह उनको क़तार में चलने से सख़्त नफ़रत। भेजे में रेलमपेल।

इधर ऊहापोह कि किसको आगे करूँ, किसे पीछे ठेलूँ। उधर आप बेचैन इब्तिदा-ए-सफ़रगोई के लिए। कहीं से तो बात शुरू करनी होगी। पर किधर से? ऊँऽऽ...ऊँ...अंऽऽ...अंऽऽऽ...चलिए एक काम करते हैं। पहले वही क़िस्सा सुन लेते हैं जिसने मुझे ही नहीं बल्कि अनेकों को गिरिराज के आँगन में तम्बू गाड़ने को बाध्य किया। गोकि यह वाक़िया टुकड़ों-टुकड़ों सुनाया जा चुका पर क़िस्सों को एकमुश्त सुनने का मज़ा कुछ और ही है।

वाक़िया 2001 का है। मई का महीना उतार पर था। तब हिमालय पर हमारी पहली-पहली आमद हुई। बतौर ज़ियारती। यमुनोत्री, गंगोत्री में मत्था टेका जा चुका

---

* मोइन शदाब

था। अब बदरीधाम की ओर बढ़ रहे थे। गाड़ी में बैठे-बैठे जब भी साथ दौड़ रहे जंगलों को देखता, या बादलों के बीच से झाँकते हिमाच्छादित शिखरों पर नज़र पड़ती तो लगता जैसे वे और समीप आने को न्योतते हों। बेकली हावी होने लगी। मन किया यात्रा का कुछ हिस्सा पैदल तय करने का। सोनी संग था। बात की गई। वो फ़ौरन तैयार हो गया। परिवार के नौ जन और साथ थे। कह दिया उनसे कि वे आगे की यात्रा जारी रखें। बदरीविशाल के दरबार में मत्था टेकने के उपरान्त केदार क्षेत्र के सोनप्रयाग में हमारा इन्तज़ार करें। कि हम गंगोत्री से केदार पुराने पैदल यात्रा मार्ग से होकर पहुँचेंगे। सभी भौचक। पर चुप। या शायद सन्न। उनको उसी हाल में छोड़ हम (मैं, अपर्णा, अद्वैत मेरे साले साहब आदित्य, उनकी भार्या प्रीति व उनका तीन वर्षीय पुत्र अमोघ) गंगोत्री से लौटते समय उत्तरकाशी से कुछ पहले ही उतर गए। लाता गाँव के पास।

विरल फ़ोन सुभीता के बावजूद सोनी एक टीम जुटा चुका था। उसी ने बताया कि केदारधाम पैदल जाने वास्ते हमें घने जंगल से गुज़रती पुरा-लीक पर चलना होगा। लीक जो हमें पुगाएगी बूढ़ा-केदार। वहाँ से पवाँली कांठा बुग्याल पार कर सोनप्रयाग होते हुए केदारधाम जाना होगा। वैसे बूढ़ा-केदार से सोनप्रयाग सड़क है। पवाँली कांठा होकर सोनप्रयाग पैदल जाएँ या फिर गाड़ी से यह तय किया जावेगा बूढ़ा-केदार में। गो सोनी हमारी पहाड़ों पर चलने की क्षमता आँकना चाहता था। पर...एक पल ठहरिए। मैं भलते ही सोनी...सोनी किए जा रहा हूँ। क्या आपको वो याद भी है? अरे वही 'श' को 'स' बोलने वाला, देहरादून का राजीव रावत। तब से अब तक हिमालय पर हमारे तक़रीबन सभी अभियानों का प्रबन्धक सह पथप्रदर्शक। ध्यान आया? आगे बढ़ा जाए?

तो बात चल रही थी गंगोत्री-केदार वाली हमारी यात्रा की। यह वो ज़माना था जब रेगिंग की रवायत आम थी। हर नई आमद को दिग करना, त्रास देना ज़रूरी समझा जाता था। लाता से पैदल सफ़र आरम्भ होने पर मैंने हिमालय को पहली बार छूकर देखा, उसने मुझे। क़दमपेशी के संग ही वो हमें छकाने-सताने लगा। एक तो किसी दुर्निवार डगर से पहला वास्ता। क़दम कँपे पहले, जमे बाद में। उस पर उसका कभी पगडंडी पर भाटे फेंकना, कभी झरनों में उलझा हमें फिसलाने का प्रयास करना। कभी घने जंगल में छुप सरगोशी करना, कभी पेड़ों पर चढ़ बेवजह गहरी साँसें लेना। तबीयत टाइट हो रही थी, और पैर मन-मन भर के।

ऐसे में साथ चल रहे पासंग ने भी मौक़ा ताड़ा और एक बाउंसर फेंक दिया। पासंग इस अभियान में बतौर ख़ानसामा हमसे जुड़ा था। था तो वो नेपाली पर हिन्दी पर अच्छी पकड़ थी। आला दर्जे का कुक होकर भी स्वभाव से था क़तई सूमड़ा। खरमौर दिख जाए एक बार पर उसके होंठों पर मुस्कान न दिख पाए। उस पर

क़हर था उसका परले दर्जे का फ़बतीबाज़ होना। मरदूद जब बोलता, दिल तोड़ता। लारवुड की तरह बॉडीलाइन गेंद फेंकने में महारथ हासिल है उसको। पुरा-डगर पर उस वक़्त वही पासंग हमारे संग था।

वो बोला, "सर जी, आप तो पैदल केदार जाने का ड्रीम लेकर गाड़ी से उतरे हैं। वो तो भला हो सोनी भाई का जो ट्रैक बूढ़ा केदार की ओर टर्न दिया...हें...हें...हें..."

बन्दा पहली मर्तबा मुझसे बोला, वह भी ताना देने के लिए। मैं गुर्राया, "क्यों? क्या हुआ?"

"कितना स्लो चल रहे हैं..."

"भई गनीमत समझो कि चल रहे हैं। वह भी पूरे तीन घंटों से...बिना रुके।"

"सर जी, जितना आप तीन घंटे में चले हैं उतना तो और लोग आधे घंटे में चल लें। अंग्रेज़ तो पन्द्रह मिनट भी न लगाएँ।"

कुछ तो था उसके कहे में तीखा सा। कुछ ऐसा जो कचोटे। शायद कहन के लहजे में उपहास का पुट। या फिर निगाहों में तिर रहा नाक़द्री का आलम। जो हो पर कुछ तो मुझ पर नागवार गुज़र रहा था। मैं रह-रह उससे उलझने की कगार तक पहुँच थम जाऊँ। अपरिचितता का दाब जो था मुझ पर। पराया देस, अनजाने लोग। सघन वन से पहला वास्ता। नतीजतन वो ठसक-ठसक कर बोले जाए, मैं कसक-मसक चुप मार जाऊँ। कि तभी पासा पलटा। मुझे पलटवार की जगह दिखी।

बोला, "पासंग सर, इस मान से तो तुम गढ़वाली भी अंग्रेज़ों से कमज़ोर ही ठहरे।"

पासंग मानो तैयार ही बैठा था। उसने तड़ाक से कहा, "गढ़वालियों की बात तो मत ही करो। इधर का पहला राउंड है, इसलिए आप नहीं जानते कि पहले चार धामों के बीच दो ही पुजारी हुआ करते थे। एक गंगोत्री में, दूसरा बदरीविसाल में। सुबह एक मन्दिर में पूजा कर वे चल देते दूसरे की ओर। दोपहर के पहले पहुँचते दूसरे मन्दिर में। फिर उधर भी पूजा करते। गंगोत्री वाला यमुनोत्री जाता था और बदरीविसाल वाला केदारनाथ। वह भी डेली। वो भी पैदल!"

"ऐं! यह असम्भव है। तब सड़कें नहीं थीं, न ही मोटर गाड़ियाँ। फिर दिन ही दिन में इतना सफ़र? यह तभी हो सकता है जब कोई 'आकाश मार्ग' से यानी तीर्थों के मध्य खड़े ऊँचे पहाड़ों को लाँघे। बारहों महीने। वह भी नित्य-प्रतिदिन। कोई आदमी यह कर ही नहीं सकता।"

"सर जी, वो ऐसा ही करता था। चारों धाम में पूजा, ऊपर ही ऊपर जाकर। आप आदमी की बात करते हैं, हमारे यहाँ के तो बन्दर भी उन रास्तों पर चलते हैं। आपने तपोवन का नाम सुना है?"

"नहीं।"

"गोमुख के ऊपर है। वहाँ एक बन्दर रहता है, जिसे कितने ही लोगों ने कालिंदी खाल पार कर बदरीविसाल जाते देखा है।"

जी करा ठहठहाकर हँस पड़ूँ। पर उसकी मुखमुद्रा ने रोक दिया। वहाँ से उलाहने का भाव ग़ायब था। उसकी व्यंग्यात्मक मुस्कान भी अब गुम थी। वहाँ था गाम्भीर्य। था आत्मविश्वास का दर्प। घुमड़ता ठहाका अकबकाकर थम गया। घुटे स्वर में इतना भर कह पाया, "गप लगता यह सब।"

"सर, यह कथा तो हर गढ़वाली जानता है। कभी बदरीविसाल जाएँ तो वहाँ पर रावल* साब से पूछ लेना। वो कहेंगे तब तो मानेंगे ना।"

वैसे तो बात आई-गई हो जाती। ये कथाएँ कुछ दिनों में बिसर भी जातीं। किन्तु ऐसा हो न सका। पासंग का कहा ज़ेहन में मुसलसल गूँजता रहा। नतीजतन उसी बरस, यानी 2001 के सितम्बर माह में वापस लौटा। तपोवन जाने के लिए। उस बरस जाड़ा ख़ूब था। हाड़ ठिठुराऊ जाड़ा। जिससे जुड़ा एक बड़े मज़े का क़िस्सा है मेरी अझोरी में। क्यों न तपोवन की चर्चा छेड़ने से पहले उसे सुन लिया जाए।

> *उस रात हम गोमुख के क़रीब टिके थे। गंगोत्री ग्लेशियर से बस थोड़ा पहले। वहाँ की धज भी अलहदा थी। कुछ समतल नहीं। न कोई पेड़ न पत्ता। ऐसे बियाबान में मानव निर्मित सुविधाएँ भी अनपेक्षित। सो खुले आसमाँ तले हम टेंट में बैठे बाहर का नज़ारा कर रहे थे। हो न हो वो पूरे चाँद की रात थी। सारा सहन चाँदी-चाँदी जो हो रखा था।*
>
> *दूर, गोमुख से परे, कुछ नामचीन पर्वत दृष्टिगोचर थे। हमारे बाएँ शिवलिंग और दाहिने को तीन शीर्षों वाला भागीरथी। हमारे क़रीब, बेहिसाब क़रीब थीं अनाम पथरीली पहाड़ियाँ। चाँदनी से भीगी-ठिठुरतीं पहाड़ियाँ। ठिठुरनजन्य कम्पन के चलते जब-तब उन पर धरे पत्थर लुढ़क जाते। लुढ़कते पत्थरों की गड़गड़ाहट के सिवा वहाँ कोई ध्वनि न थी।*
>
> *साँझ स्वप्नलोक सा प्रतीत होता इलाक़ा अब भयभीत कर रहा था। घोड़े पर चढ़ने से कठिनतर उसे बरतना और कठिनतम उससे उतरना। सुचारु सम्पादन हेतु विधा-दीक्षित होना ज़रूरी। छुरी-काँटा जिसने ज़िन्दगी में छुआ न हो वो काँटे में मटर क्या तो फँसाए, कैसे तो खाए? वही हाल मेरा भी। आ तो गया यहाँ किन्तु इधर की निपट नीरवता और नितान्त निर्जनता अब धुकधुकी पैदा कर रही थी। ऐसे में सहारा बने वे कँपकँपाते*

* रावल यानी बदरीविशाल का प्रमुख पुजारी। आदि गुरु शंकराचार्य द्वारा नियुक्त बदरीविशाल के प्रथम पुजारी का वंशज। जो तब से आज तक केरल के नम्बूदरी ब्राह्मण समाज से ही आता है।

हिमशिखर। भय एक अलग तरह से जोड़ता है लोगों को। भयभीत सिमट आते हैं समीप, महसूसते हैं एक नाता परस्पर। उसी नाते शामियाने की झिरी से उन्हें निरख रहा था। देखते-निरखते न जाने कब आँख लग गई। जब खुली तो सूखते कंठ के चलते। अग़ल-बग़ल टटोला। क़रीब धरी बोतल तोकी, ढक्कन खोला और मुँह ऊपर कर पीने लगा। पर यह क्या—पानी का एक क़तरा ज़ुबाँ पर नहीं टपका। बोतल हिलाई, वज़नी थी। फिर कोशिश की। फिर नतीजा सिफ़र। मैं धक्क! यह माज़रा क्या है? पानी लेकर सोया था। बोतल ख़ाली भी नहीं लगती। फिर? डरते-डरते टेंट की चेन खोल दी। चाँदनी भरभराकर भीतर घुसी। उजास हुआ। सूझ पड़ी कि बोतल का पानी तो बर्फ़ में बदल चुका। सुबह तलक तृष्णा भुगतने के बाद इलहाम हुआ कि ऊँचे इलाक़ों में पानी की बोतल को स्लीपिंग बैग में, अपने से सटाकर सोया जाता है!

ख़ैर यह तो थी हमारी नातजरबाकारी की दास्ताँ। अब तवज्जो उधर की जाए जिधर खड़ा है मुझे बरबाद करने वाला वो क़िस्सा। सम्भव है कि इसे सुनाने के बाद मुझ पर दोहराव का इल्ज़ाम लगे। बल्कि लगेगा ही। पर यह वाक़िया इस कदर जिगरी है कि इसे सुनाए बग़ैर मुझे चैन मिलने का नहीं। वैसे भी जीवन की दिशा बदल मुझे जागतिक दृष्टि से नेस्तनाबूद करने वाली घटना यदि दोहराऊँ तो जुलुम कैसा?

तो भाई साहब मैं कहने वाला था कि यह वाक़िया मेरी बरबादियों का सबब ही नहीं हिमाला की ऐयारियों की मिसाल भी है। कैसी बरबादी? कैसी ऐयारी? बन्धुवर आप पहले क़िस्सा मुलाहज़ा फरमाएँ, फिर भी जो आपके सवालात हल न हों तो उन पर बात होगी।

जैसा कि बता चुका हूँ, सितम्बर 2001 में हम थे तपोवन की डगर पर। जहाँ घटित हुआ बोतल-कांड। कांड के अगले दिन, गोमुख से निकलती भागीरथी के दीदार के बाद, हम अपनी मंज़िले मक़सूद की ओर बढ़ रहे थे। डगर की ना पूछें तो बेहतर। ग्लेशियर औ' मॉरेन में जहाँ पैर जम जाए वही डगर। मॉरेन की ख़बर है न आपको? मॉरेन यानी हिमोड़ यानी छोटे-बड़े पाषाण खंड जो ग्लेशियर (बमक, भमक, भामक) के संग बहकर आएँ। बहुधा हिमोड़ और बमक साथ-साथ ही मिलते हैं। हिमोड़ से आवृत होते हैं क्रेवास। क्रेवास बोले तो ग्लेशियर में पड़ी फाड़ या कि तरेड़। बाज दफ़ा गहरी और प्राणहंता। ऐसे में हर क़दम देख-सोच कर रखना होता है। मुआमला बिलकुल 'नज़र हटी कि दुर्घटना घटी' वाला ही समझा जाए। चुनाँचे हम सब मन्थर गति से ऊपर, तपोवन की ओर अग्रसर थे। तभी वो

घटा जो पासंग से सुना था। बोले तो हाड़ जमाऊ जाड़े में ग्लेशियर पर, मॉरेन के बीच, नमूदार हुआ एक वानर। हमसे बेख़बर। तपोवन से विपरीत, पश्चिम दिशा यानी कि नन्दनवन की ओर बढ़ता बन्दर।

जहाँ हम थे वहाँ से दीठ की हद में कुछ था तो बस गंगोत्री-बमक। इसका विस्तार इतना होना भी चाहिए। आख़िर इसकी गिनती देश-दुनिया के बड़े बमकों में जो होती है। ख़ैर, यहाँ से पश्चिम में है नन्दनवन। गंगोत्री-बमक के पार। नन्दनवन पर एक लम्बी बातचीत हम पूर्व में कर चुके। सफ़रगोई की पहली बैठकी में।[1] लिहाज़ा यहाँ इतना भर कह देना काफ़ी कि नन्दनवन कालिंदी-खाल की दिशा में, गंगोत्री-बदरीनाथ के दरमियान पहाड़ों के बीच एक इलाक़ा है। पत्थरों से अँटा, ऊबड़-खाबड़ और क़तई-क़तई निर्जन। लगे हाथ यह भी कह दूँ कि नाम में 'वन' जुड़ा होने से आप नन्दनवन में किसी वन-उपवन की कल्पना मत कर लीजिए। यथा नाम तथा गुण तो ठहरीं किताबी बातें। भरोसा न हो तो अपने आसपास देख लीजिए। हर कहीं पवित्रतम नामधारी अपने नामों के विपरीत कार्यों में संलिप्त दिखेंगे। इसी तरह गढ़वाल में 'वन' नामधारी ऐसे कई इलाक़े हैं जहाँ पेड़ तो छोड़िए, तृण भी बमुश्किल नज़र आएँ।

ख़ैर, इस बात को यहीं रहने देते हैं, और लौटते हैं उस बन्दर की ओर। जो पासंग से सुनी कथा-पथ पर अग्रसर था। लोक में इसी मार्ग से होकर पुजारी के, एक ही दिन में, बदरीविशाल और गंगोत्री के बीच आवाजाही की गल्प चरितार्थ है। दन्तकथाओं की मानें तो इसी तरह अन्य देवधाम भी ऊपर ही ऊपर एक दूजे से जुड़े हैं। दो देव स्थलियों को जोड़ते इन पथों को, सुभीता के लिए, हम पुजारी कथा-लीक कहें तो कैसा रहे? चलेगा? ओ.के. तो अब जबकि पुरा-पथों का नामकरण हो चुका, लौटता हूँ गल्प के छूटे सिरे पर, यानी कि अपने बन्दर पर।

यद्यपि उसका रुख़ कालिंदी खाल की तरफ़ था। तथापि एकदम से यह मान लेना कि उसका लक्ष्य बदरीविशाल था, उचित नहीं। हो सकता है कि वह घूम-घाम कर फिर नीचे चला जाए। कुछ किलोमीटर नीचे—चिरबासा के जंगलों में। सवाल यह उठता है कि चिरबासा के जीव का इधर क्या काम? कि भोजन से भरे वन से निकल कोई बन्दर अन्न-विपन्न ग्लेशियर में भला क्यों भटके? बन्दर भगोड़े थोड़े ही होते हैं, जो दिक़्क़तों से भय खा गुहाओं में जा छुपें।

हो सकता है आप इस घटना को मेरा दृष्टि भ्रम करार दें। किन्तु क्या आभासी घटना कभी कैमरे में क़ैद हुई हैं? नहीं न। आप चाहे जो कहें पर उस दिन, गोमुख ग्लेशियर पर आस्था के तर्कातीत होने का बोध हुआ। जाना कि जनसामान्य में विचरण करती किंवदन्तियों का आधार अनुभव हो सकता है। कि दन्तकथाओं की गहराई अकूत। कि उनके भीतर कितना कुछ ज्ञातव्य छुपा हो सकता है। क़यास कह उन्हें

चलता कर देना लोक उपार्जित-संचित-संवर्धित अनुभवों के ख़ज़ाने को बिन विचारे नकारने की सी मूढ़ता ही कही जाएगी। नकारने के पहले उनकी बिलोई आवश्यक। नवनीत हासिल हो तो ठीक वरना आने वाली पीढ़ी के लिए उन्हें सहेजना लाज़िमी। कौन जाने उनके पास हमसे बेहतर हाँडी हो, या हो उम्दा मथनी!

वानर क्या दिखा मन उसी दिशा में मशगूल हो गया। सोचा, चार धामों के दरमियान 'ऊपर ही ऊपर' यात्रा सम्भव है अथवा नहीं—यह गुत्थी जिरह से तो सुलझने से रही। शंका मेरे मानस में है, समाधान भी मुझे ही करना होगा। ख़ुद मरे बग़ैर स्वर्ग देख पाया है कोई? ग़रज़ ये कि पुजारी कथा-लीक पर हमें आप ही चलकर देखना होगा। परखना होगा इस कथा के भौगोलिक व ऐतिहासिक सन्दर्भों को। यह विचार भी आया कि यदि उस काल में कोई इस पथ से जाता भी हो तो उसके पास क्या साधन होते होंगे—सिवा भेड़ की ऊन से बने कोट, एक लाठी और ठाँठिया जूतों के। आज तो हमारे अख़्तियार में इतना है कि जो कोई अड़ जाए तो चाँद की माटी से घर-आँगन लीप ले।

विडम्बना है कि अनादि काल से देवभूमि कहलाने वाले धरा के इस खित्ते पर हमारे पुरखों ने भौगोलिक दृष्टि से पुष्ट शायद ही कुछ लिखा हो। छिटपुट यदि कुछ दर्ज भी है तो कहीं उसे रूपकों ने लील लिया, तो कभी स्थानों के निरन्तर बदलते नाम बटमारी कर गए। अब उन सन्दर्भों को पकड़ पाना कठिन। विशेषतः मुझ जैसे साधारण लोगों के लिए। बतौर बानगी जोशीमठ को ही लें। जिसे इन दिनों ज्योतिर्मठ का अपभ्रंश बताया जा रहा है। अलहदा कालखंडों में इसके कई ज़ुदा नाम रहे। कभी कुनुपुर, कार्तिकेयपुर तो कभी कन्धापुरी।[2]

ख़ैर, यह चर्चा मुल्तवी कर लौटते हैं अपनी पुजारी-कथा लीक पर। जिसके कर्षण में बँध घुमक्कड़ों की निगाह उत्तराखंड के इस गुमनाम गोशे पर पड़ी। जो उतरती उन्नीसवीं और चढ़ती बीसवीं सदी में यहाँ पर्वतारोहियों की मुसलसल आवाजाही का बायस बनी। यह तब की बात है जब पर्वतारोहण रंजन का हेतु नहीं वरन् ज्ञानार्जन का सबब था। इन खोजी घुमक्कड़ों ने जो देखा-समझा सब तफ़सीलवार लिखा। आज भी यहाँ के सामाजिक बदलावों को समझने और क्लिष्ट भौगोलिक संरचना की ज़मीनी हक़ीक़त जानने की ग़रज़ उन दस्तावेज़ों की ओर ही ले जाती है।

वैसे आज हमारे पास तकनीक है। गूगल-अर्थ है। जो गूगल-अर्थ के सहारे हासिल पुजारी-पथ के आसमानी दृश्यों को पूर्वज्ञात ज़मीनी हालात के क़रीब रख वहाँ जाने का मन बनाएँ तो गश आने लगता है। इतनी ढेर सी बर्फ़। ये बड़े-बड़े ग्लेशियर। विश्व के उच्चतम शिखरों को धारण किए गर्वोन्मत पहाड़। वो गहरी खाइयाँ, ऐसी लपटती-झपटती नदियाँ कि बाप रे बाप! और महा विकराल बमक-

तरेड़ बोले तो क्रेवास ओन अलग से। इन सबको देखने के बाद तो एक ही जुमला ज़ेहन में कौंधे—'असम्भव! यहाँ से गुज़रना मानव के बस के बाहर!'

अनजान पथ की खेंच तथा असम्भवता का तमगा तो ठहरा यायावरों का ऊर्जा स्रोत। यात्रा पूर्व बाट की पहचान करने वाली बच्चन साहब की तजवीज़ उन्हें अस्वीकार। पथ ने ललकारा कि वे चल पड़े। हमारी पुजारी-कथा लीक ने अनेक प्रथम पांक्तेय यायावरों को ललकारा भी, पछाड़ा भी। उनमें प्रमुख है 1934 ई. में इधर आने वाला—एरिक शिपटन। इस शख़्स के कारनामों व अवदानों पर जो सिलसिलेवार बात करूँ तो एक किताब मुकम्मल हो जाए। उस पर भी बात होगी किन्तु उचित मौक़े पर। फ़िलहाल बने रहते हैं पुजारी कथा-पथ पर। पथ जो यायावरों को लगभग सौ बरसों से वशीभूत किए है।

यदि हम उत्तर-पूर्व से चलना आरम्भ करें तो सबसे पहले यमुनोत्री धाम और गंगोत्री धाम के बीच का बीहड़ होगा। इन दो धामों के मध्य आवाजाही के लिए पार पाना होगा बाली पास (16000 फ़ीट) तथा धूमधार कांडी (18000 फ़ीट) दर्रे से। दूसरी लीक है गंगोत्री तथा बदरीविशाल के मध्य वाली। यहाँ अनेक ख़ौफ़नाक बमक (भमक) तो हैं ही, किन्तु उससे अधिक परेशानी पेश करता है दुनिया का सबसे ऊँचा (पैदल पार करने योग्य) दर्रा कालिंदी खाल (19890 फ़ीट)।[3] इसके बाद, पहाड़ उलाँघ चारों धाम जाने के इच्छुक को गंगोत्री से केदारनाथ भी आना होगा।[4] इस राह उसकी मुठभेड़ होगी ऑडेन-कॉल (18000 फ़ीट), हर किसी को लील जाने पर आमादा खतलिंग भमक, भिलंगना नदी, मशरा टॉप (14985 फ़ीट) तथा मियाली (16666 फ़ीट) दर्रे से।

अब रह जाता है, सबसे दुरूह, अपने मुक़ाबिल किसी को बरदाश्त नहीं करने वाला केदारनाथ और बदरीविशाल का दरमियानी इलाक़ा। यह इलाक़ा मूलतः दो घाटियों में विभक्त है। बदरी की तरफ़ अलकनंदा तथा केदार की ओर मंदाकिनी घाटी। दोनों घाटियों को बाँटे है एक अजेय दीवार। इस दुर्लंघ्य दीवार में गुँथे हैं बालाकुन, चौखम्बा एवं नीलकंठ-पार्वती शिखर समूह। बात यहीं ख़त्म नहीं होती क्योंकि इसी अजेय दीवार के अग़ल-बग़ल हैं सतोपंत तथा पनपतिया बमक। हिमालय के इस चक्रव्यूह को भेदना ही पर्वतारोहियों के क़रीब बड़ी चुनौती है। दूसरे शब्दों में यह ठहरी हिमाला की पट्ट ठोंक ललकार।

दुनिया भर में न मालूम कितनी अजेय चोटियों को काबू में करने वाले, तब तक अभेद्य नंदा देवी परिक्षेत्र में घुसकर वहाँ का भूगोल संसार के सामने रखने वाले, एरिक शिपटन ने भी पुजारी कथा अपने नंदा देवी अभियान के दौरान स्थानीय लोगों से सुनी। और असम्भव कहकर टाल दी। पर कहानियाँ होती हैं महाचिपकू। दिलचस्प। उन्हें एक अनोखा वरदान प्राप्त। कभी अकेतन नहीं होने का वरदान।

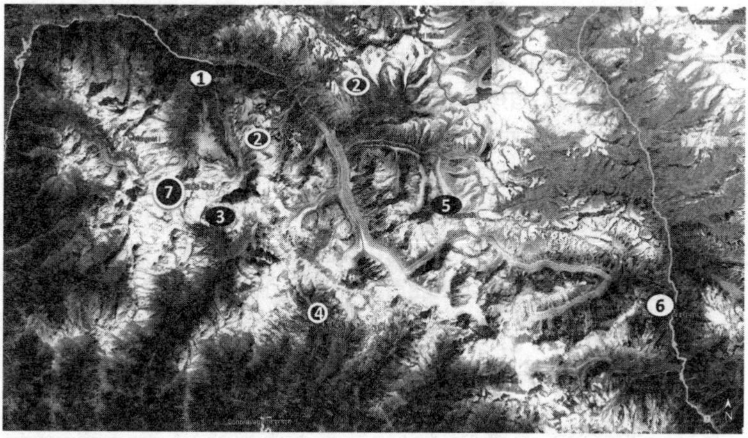

गंगोत्री, केदार व बदरीधाम के बीच का वह क्षेत्र जिसमें लुका है पुजारी कथा-पथ। 1. गंगोत्री धाम, 2. गंगोत्री बमक, 3. खतलिंग बमक, 4. केदारधाम, 5. सतोपंत झील, 6. बदरीधाम और 7. ऑडेन-कॉल

वयः, धार्मिक मान्यता, तर्क, देश व काल की सीमाओं को अतीत कर वे किसी भी मानस में घर बना सकती हैं। स्थायी निवास। फिर कोई लाख नकारे-दुत्कारे, जितना चाहे गप कह उपहास करे—वे पीछा नहीं छोड़तीं। आप पर दबाव डालती हैं कि उन्हें आजमाया जाए। क़िस्सों के असर मुतअल्लिक एक मज़ेदार वाक़िया ध्यान आ रहा है। जो कई बरस पहले घटा था। क्यों न आगे बढ़ने के पहले उसे सुन लिया जाए। बोले तो कुछ रस परिवर्तन हो जाए तो हर्ज़ ही क्या है।

तब हमारा बेटा, अद्वैत, टीन एज़ की दहलीज़ पर खड़ा था। तक़रीबन बारह का। वो इतवार का दिन था। यानी रेहड़ी वालों को कॉलोनी में प्रवेश की छूट का दिन। नाश्ते-पानी के बाद बैठ मैं अख़बार बाँच रहा था। बाक़ी परिवार वाले गपिया रहे थे। तभी बाहर से आवाज़ आई—'कालीन वालाऽऽ, सस्तैऽऽय सुंदऱ्ऽर्...र काऽऽलीन लेल्लऽऽओ... गलीचेऽऽ... वालाऽऽ...।'

गुहार सुनते के साथ अद्वैत एकदम से व्यग्र हो गया। बोला, 'पापा, कालीन वाले को बुलाऊँ? हमारे घर में कोई कालीन नहीं, एक ले लो न।'

'नहीं। हमें क़ालीन नहीं चाहिए, इतना सुन्दर फ़र्श है क्यों क़ालीन से...' मैंने अख़बार परे कर बग़ल में बैठे अद्वैत की ओर देखा। किन्तु कोई वहाँ हो तो दिखे। मेरी बात सुनी-अनसुनी कर वह भागकर बालकनी में जो पहुँच चुका था।

'कालीन वाले भैया, ओ कालीन वाले भैया...'

'अभी आया...किधर हैं?'

'यहाँ इधर, ऊपर...'

'हाँ...हाँ...बेटा, मम्मी को बोलो, नीचे आएँ। मेरे पास एक से एक उम्दा कालीन...'

'उड़ने वाला है क्या अंकल?'

तो मैं कह रहा था कि दादा शिपटन ने पुजारी-पथ वाली कथा सुन चाक्षुषतः नकार तो दिया पर दिल को इत्मीनान न हुआ। यूँ कि हर मानस में एक लेफ़्ट एक राइट विंग। क्लेश ख़त्म हो ही नहीं सकता। नतीजा-ऊहापोह। शिपटन भी उसी में फँसा। उसने स्वयं से सवाल किया—क्या कोई मनुज इन दो धामों के बीच जा भी सकता है? फिर एक दिन क्या, चाहे एक हफ़्ता लग जाए? क्यों न इसे परखा जाए?

ऊहापोह का असर इस क़दर पैठा कि बन्दा नंदा देवी की चढ़ाई बीच में छोड़ आ गया माणा घाटी में। बोले तो वो घाटी जिसमें बदरीधाम है और अलकनंदा नदी का उद्‌गम स्थल भी। अपने साथी टिलमेन के संग वह पहुँचा बदरीविशाल के सन्निकट। सन्नद्ध हुआ वहाँ से केदारनाथ को जोड़ती पुरा-डगर की तपास में। आगे बढ़ा बदरीधाम से उत्तर-पश्चिम दिशा में। घस्तौली, अरवा ताल, राजपड़ाव होते हुए बरास्ता कालिंदी खाल (जो शिपटन की ही खोज है) जा पहुँचा गोमुख। पर उसका अभीष्ट तो इतर था। यह भान होते ही वह पलटा। जिस राह गोमुख तक आया उसी राह पुनः लौटा बदरीविशाल। वहाँ से दूसरी सिम्त क़दम बढ़ाए। इस मर्तबा पहुँचा चौखम्बा वाली उस 'अभेद्य दीवार' तक जिसका ज़िक्र आपसे कुछ देर पहले किया था। झोंक-ओ-जनून का आलम ऐसा कि दोनों मित्र वह सीढ़ी भी चढ़ गए, पूर्ववर्ती काल में जिसे बिरले ही चढ़ सके। जिनमें से एक है—युधिष्ठिर। किन्तु वह भी स्वर्ग की इन पैंड़ियों को अपने तईं कहाँ पार कर सका। 'पिकअप' हेतु स्वर्ग से रथ जो आ गया था। पर अपने दादा लोगों को रथ-सुभीता कहाँ। नतीजतन उन्होंने स्वर्ग की सीढ़ी तो टाप ली पर परली तरफ़ ऐसे फँसे कि जान गई कि गई।

परली तरफ़ जंगल था। कँटीली झाड़ियों, बाँस और भालुओं से अँटा जंगल। सघन ऐसा कि वहाँ दिशाएँ ख़ुद दिग्भ्रमित हो जाएँ, ऐसे में आदमज़ाद कहाँ ठहरे! हश्र यह कि अपने पर्वतारोही बन्धु भी भटक गए। भोजन ख़त्म। पानी ख़त्म। जिज्ञासा ख़त्म। बच रही तो बस जिजीविषा। जल तो उन्हें सोतों से मिल गया, पर भोजन? एक ही आस थी—बाँस की कोमल टहनियाँ—भालुओं का प्रिय भोजन। अब मानव बनाम भालू। दोनों की आस कोमल बाँस! प्रतिस्पर्धा कठिन थी पर अन्ततः जीवनेच्छा का जयकारा हुआ। इसके बाद शिपटन तो कभी इधर नहीं लौटा पर उसकी गाथा मानव जिजीविषा की नज़ीर बन यायावरों की दुनिया में आज भी अमर है।[5]

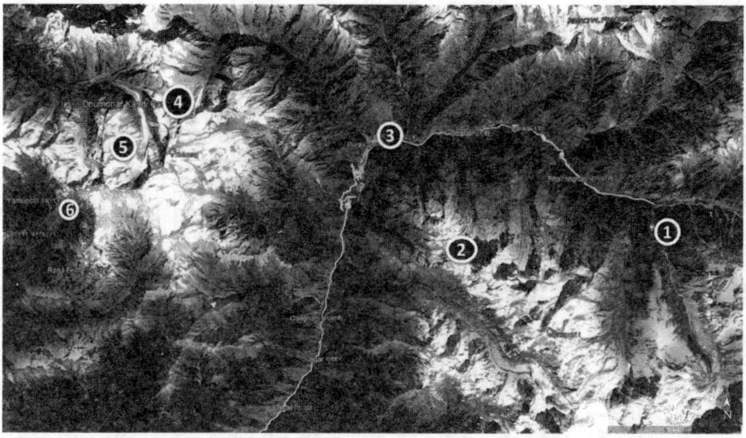

पुजारी कथा पथ—गंगोत्री से यमुनोत्री। 1. गंगोत्री धाम, 2. गंगोत्री बमक, 3. हर्षिल गाँव, 4. धूमधार कांडी दर्रा, 5. कालानाग बमक, 6. यमुनोत्री धाम।

वर्ष 1934 के बाद 1980 ई. तक इस तरफ़ सन्नाटा पसरा रहा। तदुपरान्त, 1992 तक, इस अभेद्य दीवार में दरीचे की तलाश में पाँच अभियान शिपटन के नक़्शेक़दम पर चले। कुछ जानें भी गईं। पर नतीजा वही – सिफ़र।[6] फिर 1997 में यहाँ आमद हुई मँजे पर्वतारोही हरीश कपाड़िया की। शिपटन की राह के बजाय कपाड़िया ने किसी अन्य विकल्प को तलाशना आरम्भ किया। बदरी-केदार के बीच वह दर्रा तलाशा जहाँ से केदारनाथ तो नहीं अलबत्ता केदार घाटी के मध्यमहेश्वर (मधमहेश्वर) मन्दिर तक जाना सम्भव दिखा। पनपतिया बमक के मुहाने (स्नाउट) पर अवस्थित इस दर्रे को नाम मिला 'पनपतिया पास'। हालाँकि कपाड़िया महोदय पनपतिया पास पार नहीं कर सके। अलबत्ता उन्होंने यह कयास ज़रूर लड़ाया कि समीचीन कथा में बदरीविशाल से केदारनाथ धाम की नहीं वरन् केदार क्षेत्र के इसी देवालय (मधमहेश्वर) तक जाने का ज़िक्र होगा।[7] कि ताबड़तोड़ बोले तो एक दिन में न सही पर पनपतिया टाप बदरी से केदार घाटी परिक्षेत्र में प्रवेश सम्भव है।

पंडे-पुजारियों को महिमामंडित करने वाली कथा पासंग से सुनने के बाद से अब तक हम 'आकाशीय चार-धाम मार्ग' का तक़रीबन तीन-चौथाई हिस्सा तय कर चुके हैं। जो बाक़ी रहा उसमें एक तो गंगोत्री-केदार के बीच का भिलंगना नदी-तट से मियाली होते हुए केदारनाथ जाने वाला मार्ग और दूजा है अपना यह पनपतिया क्षेत्र। जब से दादा शिपटन की गाथा और फिर एकाधिक माहिर पर्वतारोहियों के पनपतिया से पराभूत होने के क़िस्से सुने हैं तब से मुझ पर एक हड़बड़ी सी हावी है। हर काम मुल्तवी कर पनपतिया के बाबत अपने हिस्से की क़िस्मत आज़माने की हड़बड़ी!

वैसे मेरी उम्र भी तो कम हड़बड़ी में नहीं। मेरे तमाम मंसूबों से बेपरवाह ख़ुदग़र्ज़ मुझसे आगे निकलने को आमादा। सम्भवतः मेरी बेकली में कुछ योगदान इस एहसास-ए-उम्रदराज़ी का भी हो। बल्कि है ही। तभी तो ज्यों एक दिन गुज़रे त्यों लगे मानो पनपतिया मुझसे एक बिल्लात और परे सरक गया। उस पनपतिया और मेरे बीच क्या और कितना कुछ घटा वही सब आपसे बाँटने की नीयत से यह क़िस्सागो हाज़िर हुआ है। लेकिन इसके लिए हमें जाना होगा थोड़ा पीछे। ठीक वहीं जहाँ से क़िस्सा-ऐ-पनपतिया की इब्तिदा हुई।

2012 के अप्रैल माह के दूसरे पखवाड़े में मेरी यात्रा-डायरी के पहले सफ़हे पर यह बयाँ दर्ज है—

इंदौर, अप्रैल 22, 2012

मेरी बरबादियों की दास्ताँ में पासंग का नाम सरे फ़ेहरिस्त होगा। कमबख़्त ने पंडित का क़िस्सा सुना चैन हर लिया। दस बरस के ऊपर हो चले कथा का पीछा करते हुए। अब कहानी चरम पर है, सिर्फ़ बदरीविशाल और केदारनाथ का दरमियानी रास्ता तय करना बचा है। यानी कि पनपतिया दर्रे से गुज़रना है। अब हमें वहीं जाना है। मेरे अख़्तियार की तमाम चेतना अब उसी की दिशा में एकाग्र है। किन्तु सोचने भर से काम थोड़े ही चलने वाला। पनपतिया तक पहुँचने के लिए ज़रूरी है अनुमति। और यही एक बड़ा रोड़ा है। आसमाँ से तारे तोड़ लाना शायद सम्भव परन्तु बारहों मास शीत-निद्रा में ग़ाफ़िल सरकारी महकमे से पार पाना क़तई असम्भव। सुना है, प्रभु लोग पनपतिया के नाम तक से नावाक़िफ़ हैं। ऐसे में एकमेव आस है सोनी। उसी से कहा है अनुमति जुगाड़ने को। हमने तमाम काग़ज़ात भिजवा दिए हैं। पर्वतारोहण सम्बन्धी अनुभव के प्रमाण पत्र भी उस तक पहुँच गए हैं। अब मामला तहसील तथा वन विभाग के कारकुनों के हाथ है। कारकुन बोले तो भारत के कुल देवता। उनको सन्तुष्ट किए बग़ैर छोटा हो अथवा बड़ा कोई कारज सिद्ध हो ही नहीं सकता। पर सोनी आश्वस्त है। राबिता है उसका इन विभागों के दल्लों-पंडों से। कुछ दिन पहले उधर से फ़ोन आया था। फ़ौरन बुलाया है। एक लम्बी यात्रा की तैयारी के साथ। लगता है राह निष्कंटक हो चुकी, हमें पनपतिया जाने की अनुमति मिल गई है। तो बन्धुवर इस गुफ़्तगू को आज यहीं थमना होगा। अब जोशीमठ में मुलाक़ात होगी। ख़ूब बात होगी।

जोशीमठ में दीपस्तम्भ

अप्रैल 26, 2012। इंदौर छोड़े तीसरा दिन।

गढ़वाल के जोशीमठ (1875 मी.) में यह हमारा दूसरा फेरा है। सात बरस पूर्व इससे पहली मुलाक़ात हुई थी। कालिंदी खाल अभियान से लौटती यात्रा में। तब जोशीमठ में इस तरह ढुके जैसे अमूल बटर में छुरी। जो चाकू से लिपटा उसे चाटा। अटरली-बटरली-डिलिशियस कहा। और बाहर। ठहरकर देखने, परखने, गोकि इससे बाक़ायदा जुड़ने का मौसम अब बना है। कारण कि कुछ दिन गुज़ारने होंगे यहाँ। कितने? ठीक-ठीक ख़बर नहीं। शायद तीन-चार दिन खप जाएँ। वैसे उम्मीद तो थी कि सोनी हमारा स्वागत पनपतिया अनुमति-पत्रक के साथ करेगा। पर यह न हो सका। मालूम पड़ा कि एस.डी.एम. साहब के हस्ताक्षरों के उपरान्त ही वह पत्रक जारी हो सकेगा। किन्तु साहब को अचानक डी.एम. महोदय ने चमोली (या शायद गोपेश्वर) बुला लिया है। अगले कुछ दिनों में बदरीविशाल के पट जो खुलने वाले हैं। छह माह की नींद से बदरीनाथ को जगाया जाएगा। उत्सव मनेगा। हर कोई चाहेगा कि रावल के बाद भगवान की नज़र उस पर पड़े। इस प्रथम दृष्टि का बड़ा महत्त्व है। सो देश भर के अतिविशिष्ट लोगों का जमावड़ा होने वाला है। कि जब नारायण नैन खोलें तो उन्हें दिलख़ुश चेहरों के दीदार हों। ऐसे शुभ अवसरों पर आमजनों को कौन क़रीब फटकने दे? सूरत उनकी रोतली और हाल मुर्दनी। नींद से जागे प्रभु को सबसे पहले चिरकुट-चिन्दीचोर लोगों के चेहरे क्यों दिखें? लिहाज़ा इन्हें देवालय से दूर रोकने हेतु चमोली में योजनाओं को मुकम्मल जामा पहनाया जा रहा है। एस.डी.एम. भी वहीं गए हैं।

चुनाँचे हम सामान्यजन ज़ेहन में वही कुछ लिये जोशीमठ में बैठे हैं, जिसके संग जीवन गुज़ारा जाता है। बोले तो शंका-कुशंका और आलम-ए-बेबसी। इन हालात में समय भी घनीभूत हो जम सा जाता है। न टस, न मस। बिलकुल ठस्स। ऐसे ठोस समय को काटना बड़ा कठिन। पर हैं कुछ औज़ार। जैसे कोई ज़ायकेदार किताब आगोश में लिये पसर जाना। किसी फूल से बतियाना, पाखी को सुनना। या

2012 का जोशीमठ—जिसमें दादा शिपटन वाला क़स्बा ढूँढ़े नहीं मिलता। अलबत्ता भूचाल के लिए बदनाम इस भूमि को बहुमंज़िला इमारतों के तले दबा देख भय अवश्य लगता है।

किसी पहाड़ को देखते रहना—अनिमिष! पर हाय! यह कुछ भी तो सम्भव नहीं। हम जोशीमठ में बीच बाज़ार जो ठहरे हैं।* यहाँ दूर तक न कोई पेड़, न परिंदा। फूल गर हैं भी तो क्यारियों में क़ैद गूँगे, बेबस। सूनी नज़र से उस हिमालय को तकते जो क़रीब होकर भी कितना दूर चला गया सा लगता है। मानो हिमालय के बीचोबीच बसे क़स्बे में न होकर वे किसी पोस्टर प्रदर्शनी के दरमियान हों।

पर जोशीमठ सदा से ऐसा नहीं था। विगत अस्सी कम पाँच बरसों में उसकी तबीयत बदली है। बक़ौल दादा शिपटन 1934 ई. के जोशीमठ में आधे मील की छेंटी पर दो बाज़ार, एक स्कूल, एक अस्पताल, पोस्ट ऑफ़िस तथा इक्का-दुक्का बड़े मकान हुआ करते थे। उन बड़े मकानों के अलावा वहाँ सब क़स्बानुमा था। लोग भी और उनकी जीवनचर्या भी। तब क़स्बे के गँवठी मकान थे सादा तबीयत। पत्थरों की दीवारें, पत्थरों की ही छत। दुमंज़िला। ऊपरी माला इनसानों के लिए, नीचे

* बतौर चेतावनी एक बात यहाँ दर्ज करना ज़रूरी है। जोशीमठ में कई होटल वाले रात के समय मुख्य दरवाज़े पर ताला जड़ किसी गुमशुदा जगह पर सो जाते हैं। घोड़े बेच। कभी कोई अनहोनी घटे तो उन्हें तलाशना नामुमकिन जानिए। जोशीमठ रज्जु मार्ग पर अवस्थित जिस होटल में हम टिके हैं, होटल कामेट, वह तो बेइंतहाँ ख़तरनाक है। इसमें मेहमानों के लिए कमरे, और होटल के स्वागत कक्ष सह रेस्ट्रां के मध्य एक चैनल गेट है। रात को बन्दे इस गेट पर मज़बूत ताला ठोंक ग़ायब हो जाते हैं। गला फटे तक चीख़ लें, मजाल है कि सुबह सात-आठ के पहले कोई जवाब मिल जाए।

वाला जानवर, घास आदि के लिए। इनसानी दुनिया में जानवरों का हिस्सा बराबर का। पर अब सब बदल गया है। नीचे जानवर, ऊपर आदमी वाले पत्थर-निर्मित दुमंज़िला घर अब ग़ुम हैं। सारा क्षेत्र आधुनिक तर्ज़ में बने बहुमंज़िला इमारतों से अँटा है। दो बाज़ारों के बीच का वह अवकाश भी तो ढूँढ़े नहीं मिलता।

तंग सड़कें अब धुआँ छोड़ती गाड़ियों से बेजार हैं। और गलियाँ अँटी हैं रामनामी चादर ओढ़े लोगों से। दिल तो नहीं मानता पर लोग इन्हें साधु मानते हैं, सो अपन भी उन्हें यही कहेंगे। इन साधुओं की दृष्टि बुझी, दीदे राख रंग। झुर्रीदार चेहरा ऐसा जैसे मैला-कुचैला सूती रूमाल। बेतरतीब दाढ़ी, रूखी जटाएँ। कलाई और गले में रुद्राक्ष माल। इन साधुओं की जायदाद में शुमार एक अदद पोटली। जिसमें कुछ लत्ते, एक कमंडल, पीतल (या एल्युमिनियम) की तश्तरी। कहने की आपाधापी में इनकी सबसे ख़ास पहचान तो बताना छूट ही रही है। वो यह कि इनके हाथ में होती है चिलम और इनको घेरे रहती है एक विचित्र गंध—पसीने और गाँजे की मिली-जुली गंध।

ये साधु बदरीधाम के इलाक़े में नए नहीं। पहले भी रहे होंगे। बल्कि थे ही। पर हमारे दादा शिपटन के शौक़ शायद पेट तक ही सीमित थे। उसने मुर्ग़ा, गोश्त, अंडा और घी की तो बार-बार ढुँढ़ाई मचाई पर नशे के सामान का ज़िक्र तक नहीं निकाला।[8] यदि तलाशता तो शायद तब के साधु भी उसे मायूस भी नहीं करते। बात निकली तो गाँजा प्रेमी साधुओं को लेकर बदरीधाम के रावल जी की चिन्ताएँ मुझे याद आ रही हैं। यह वाक़िया शायद 1965-67 का है। तब गुरु की तलाश में भटकता एक पठान नवयुवक रावल जी से रूबरू हुआ। उस समय रावल साहब ने उस पठान युवक, जो आगे चलकर योगी श्री एम. के नाम से विख्यात हुआ, को दो बड़े महत्त्व की बातें कहीं। पहली—हिमालय में भव-गंगा पार कराने का दावा करने वाले तो कई मिलेंगे, पर उनके जाने ऐसा कोई गुरु हिमालय में नहीं रहता। दूसरी—हर हाल में भगवा वस्त्रधारी उन साधुओं से बचना है, जो गाँजे के नशे में देखी दुनिया का वर्णन कर उस जैसे पढ़े-लिखे युवकों को बरगलाते हैं।[9]

ख़ैर, गुरु-वुरु वाली बात पर कुछ कहना मेरे बस का नहीं, पर चिलमधारी साधुओं की जमात में निश्चित ही इज़ाफ़ा हुआ है। कई देशी-परदेशी युवा (अब अधेड़ भी) गाँजे की ललक से साल दर साल यहाँ आते हैं। ट्रैक पर निकलते हैं। साथ चल रहे स्थानीय और नेपाली भरिक मोटा पैसा ले इनके लिए नशे का इन्तज़ाम करते हैं।[10] सनद रहे इसलिए कह दूँ कि यह सब सुनी-सुनाई बात नहीं, हमारा आप देखा है।

चलिए, हटिए जनाब इन बातों में कुछ नहीं रखा। जो बदलाव होने हैं सो होने हैं। लोग कहते हैं, समय की माँग है। वैसे 'समय' कहाँ खड़े होकर माँगता है, और

भावनाएँ किन लोगों की आहत होती हैं, इसकी ख़बर किसी को नहीं। तथापि इन दोनों जुमलों ने सारे देश को बासती में झोंक रखा है। पर लोग जब उफ़ तक नहीं करते, तब एक मेरे रोने-चिल्लाने से क्या तो हासिल होगा! वैसे भी अपन तो ठहरे पाखी। प्रवासी पाखी। दो-चार दिनों का डेरा अपना। इन चन्द दिनों को ख़ामख़याली में बरबाद करना ठीक नहीं। सो, चलिए अपन थोड़ा बाज़ार घूमते हैं। यहाँ जो नृसिंह मन्दिर है और जो शंकाराचार्य का मठ है उनकी ढुँढ़ाई-शुँढ़ाई करते हैं। कुछ खाना-खुना करते हैं। और करते हैं पान-पुन का इन्तज़ाम भी। दोस्तो, दुमदार शब्दों को सुन चौंकिए मत। अब ऐसे जुमलों से हमारा सामना बारम्बार होने वाला है। इस तरह बोलने की इधर रवायत जो ठहरी। जैसे चाय की तलब होने पर वे कहेंगे 'कुछ चाय-चुई पी लें सर', या आवाजाही के वास्ते वे ढूँढ़ेंगे 'टैक्सी-टुक्सी'। ख़ैर, यहाँ की हवा में तिरते इन जुमलों को मुल्तवी रख हम आगे बढ़ लें तो बेहतर वरना यह फ़ेहरिस्त चन्द्रकान्ता संतति की सी लम्बी हो जावेगी।

अभी सुबह के सात बज रहे हैं। कचरे से पटी सड़कों पर चहल-पहल शुरू है। स्कूल बसें, सशस्त्र-बलों की लारियाँ, गोपेश्वर, ऋषिकेश जाने वाली टैक्सियाँ—नौ बजे तक सड़कें इनकी गिरफ़्त में रहेंगी। उसके बाद नीचे से आने वाली यात्री बसें और आसपास से अवतरित मोटरसाइकिलें सारे सहन को प्रेशर हॉर्न से गुंजाएँगी। रात आठ बजे तक फेफड़े धुआँ-धुआँ हो जाएँगे। भेजा भचक-भचक करने लगेगा तब जाकर चन्द घंटों की मोहलत मिलेगी लोगों को। कि सड़कों पर बेख़ौफ़ टहल-वहल लें। थोड़ा-बहुत सो-सा जाएँ। क्योंकि आपाधापी तो सुबह छह से आरम्भ हो जाती है। देहरादून से जोशीमठ और बदरीविशाल तक सामान पहुँचाने वाली लारियों की मेहरबानी से। यात्रा के मौसम में, मतलब देवालयों के पट खुलने से बन्द होने तक, ट्रकों की आवाजाही और भी बढ़ जाती है। बाहर से इतने अधिक लोग आ जाते हैं कि स्थानीय उत्पादक तो दूध, दही, सब्ज़ी तक की पूर्ति नहीं कर पाते, अनाज, फल की तो भूल ही जाएँ। कुछ हद तक कुमाऊँ इस कमी की पूर्ति करता है पर अधिकांश मालोअसबाब आता है देहरादून और उससे सटे अन्य शहरों से। नतीजतन जो धन्धा सरसरी तौर पर बढ़ता-फलता-फूलता नज़र आता है उससे अर्जित मुनाफ़े का अधिकांश भाग तो अन्ततोगत्वा ट्रक मालिकों, देहरादून, मेरठ, दिल्ली के धन्ना सेठों की तिजोरी में ही चला जाता है। जैसे धरती की कोख से पानी हेंचने के लिए पम्प लगाए जाते हैं, वैसे ही बड़े व्यापारियों ने धन सोखने हेतु लगा रखे हैं। देहरादून-दिल्ली-सिंगापुर-चीन में स्थापित इन उच्च हॉर्सपावर मोटरों के नॉन-रिटर्नेबल वाल्वशुदा पाइप ठेठ बदरीधाम तक पहुँचते हैं।[11]

अचरज है कि इतनी उठा-पटक के बाद भी जियारतियों और गाड़ियों जैसी भागने की, कहीं पहुँचने की बेकली स्थानीय लोगों में अभी नहीं दिखती। धूल-कादे-आपाधापी के बीच सड़क किनारे ठियों पर लोग इत्मीनान से चाय सुड़कते तथा भजिए खाते पाए जाते हैं। चाय-नाश्ते के ठिये तथा तीस से पचास रुपए में भरपेट दाल-चावल-रोटी-सब्ज़ी जिमाने वाली ये होटलें गढ़वालियों की हैं। जो स्थानीय लोगों तथा विदेशी सैलानियों को ही सुहाती हैं। 'एन्जॉय' करने निकले भारतीय सैलानियों की क्षुधापूर्ति हेतु लालाओं की तन्दूरशुदा होटलें हैं, जिनमें पहाड़ से उतरे या कुमाऊँ से चढ़े छोरे काम करते हैं। दिन भर लाला की घुड़कियाँ सुनते हैं। धार्मिक यात्रा पर निकले लोगों का अधार्मिक व्यवहार सहते हैं। दैनिक वेतन पाते हैं। सुट्टा हाथ में ले (जिसमें अक्सर गाँजा भरा होता है) रात को होटल में ही टेबुलों के बीच सिमटकर सो जाते हैं।

सुखद है यह जानना कि शहरीकरण अभी सतह तक ही सिमटा हुआ है। आमतौर पर लोगों में पहाड़ियत अभी बची है। वे अब भी हँसकर मिलते हैं, नरमाई से पेश आते हैं। इशारों से पता समझाने के बनिस्बत चार क़दम चल ठिकाने तक पहुँचाने वाले यहाँ बहुतायत से हैं। लुब्बे-लुबाब यह कि यदि सड़कों पर पसरी हायतौबा भूल जाएँ तो यहाँ अभी भी क़स्बाई गमक बाक़ी है। ऐसा लगता है जैसे यहाँ एक ही परिवार के लोग रहते हों। एक दूजे की तीन पुश्तों को व्यक्तिशः जानने-पहचानने वाले लोग। पहचान का यह दायरा सिर्फ़ जोशीमठ तक ही सिमटा नहीं रहता वरन् नीचे गोपेश्वर तक पहुँचता है। और ऊपर, नीती घाटी में तिब्बत की सरहद से सटे भारत की अन्तिम रहवासी बस्ती, गमशाली तक फैलता है।

अगर बाज़ार की बात करूँ तो वो ऐसा जो शहरातियों को तो फूटी आँख न सुहाए। छोटी-छोटी, बिना तामझाम वाली दुकानें देखने की अब हमें आदत ही कहाँ रह गई। भरोसा नहीं होता कि आगामी चन्द वर्षों में यह सब बदल जाएगा। आद्योपान्त। 2014 में दिखेगा थोड़ा सा बदलाव पर 2016 आते न आते यहाँ मॉलनुमा मार्केट बन जाएँगे। छोटे होटलों या मझोली किराना दुकानों वाले और पुश्तैनी धन्धा करने वाले अपना सामान समेटते नज़र आएँगे। कि मोबाइल कान से चिपकाए लोगों से सारा जोशीमठ अँट जाएगा। और लड़के बालों में हाइलाटर लगा, आधा पोंदा उघाड़ा छोड़ने वाली जीन्स पहने लुंगाड़ों की तरह मटरगश्ती करते फिरेंगे। जिस होटल में आज हम पाँच सौ रुपए प्रतिदिन के हिसाब से टिके हैं वही हमसे तीन हज़ार की माँग करेगी। एक अदद तंदूरी रोटी के लिए पन्द्रह और दोसे के लिए सौ टके तक ख़र्च करने की तैयारी रखनी होगी। और तो और बकरी का जो दूध आज बेचे नहीं बिकता, एक वक़्त ऐसा होगा कि वो सैकड़ों रुपए प्रति लीटर पर भी बमुश्किल हासिल होगा। आज जहाँ आइसक्रीम का एक कोन मुझसे तलाशा नहीं

जा रहा, उसी बाज़ार में क़िस्म-क़िस्म का आयातित सामान मिलेगा और मिलेंगी बेकरी की एक नहीं तीन-तीन दुकानें। पर इतना विकसित होने में इसे अभी वक़्त लगेगा। 2019 आने में अभी तो सात वर्षों की देर है। अभी तो जोशीमठ क़स्बा है। अभी तो यहाँ सुकून है। अत: भविष्य का रोना छोड़ लौटता हूँ आज में। कहता हूँ वहाँ का हाल जहाँ जाने को हम, यानी मैं और अपर्णा, निकले थे। बोले तो यहाँ के मठ व मन्दिर का हाल।

आपको क्या लगता है, हम उन स्थानों तक आसानी से पहुँच पाए? हाँ? भूल जाएँ जनाबेआली। मानव अर्जित तामझाम में मनुज ही नहीं, देवी-देवता भी दब-कुचल गए हैं। नतीजा यह कि काफ़ी वक़्त इधर-उधर टोहने के बाद भी न कोई मठ पकड़ में आया न गुम्बद ही। वह डगर देवताओं तक पहुँच ही नहीं सकती जो मनुज से होकर न गुज़रे। यह ख़याल ज़ेहन में उभरते ही हमने एक भले मानुष का सहारा लिया। उसी से मालूम हुआ कि मन्दिर बाज़ार से नीचे है और मठ काफ़ी ऊपर चढ़कर। कि दोनों ही ऊँचे मकानों के पीछे दब अपनी चमक-दमक हिरा चुके हैं। यह भी कि मन्दिर तक पहुँचने हेतु हमें एक-दो जगह और दरियाफ़्त करनी होगी। यह सलाह भी दी कि मठ जाएँ तो कल्पवृक्ष के दर्शन ज़रूर करें। कि शहतूत के इस गाछ तले जो गुहा है वहीं आदिगुरु ने तप कर ज्ञान हासिल किया। कि गुहा में जो शिवलिंग है उसकी प्राणप्रतिष्ठा आदिगुरु द्वारा हुई। कि इसी लिंग के चलते इस क्षेत्र को कालान्तर में जोशीमठ बुलाया जाने लगा।* यह भी ज्ञात हुआ कि हज़ार बरस जूने कल्पवृक्ष से जो कामना करो, फलीभूत होती है।

पहले मठ देखने का निर्णय हुआ। शायद कल्पतरु के लालच में। पनपतिया अभियान की सफलता की कामना करने। बोले तो अन्धे को आँखों से मतलब और भूखे को दो निवालों से। किस देह से निकाले नेत्र लगाए जा रहे, किस मुख से लूटा निवाला परोसा जा रहा है इससे हमें क्या लेना-देना? हम ठहरे मौक़ापरस्त।

---

* वैसे इसके ज्योतिर्मठ कहलाने का कारण *देवी भागवत पुराण* में आता है। सर्वज्ञात कथा है कि उमा (पार्वती का अवतार) के पिता दक्ष द्वारा आयोजित यज्ञ में शंकर (शिव) बिन बुलाए पहुँचे थे। तब दक्ष ने उनको नीचा दिखाने में कोई कसर नहीं उठा रखी। अपने पति के अपमान से व्यथित हो उमा हवनकुंड में कूद गई। उमा को जलता देख शिव त्राहि-त्राहि करने लगे। विरह वेदना से उनकी मन:स्थिति डाँवाडोल हो गई। वे उमा का अधजला शरीर काँधे पर डाल त्रिलोक में विचरने लगे। शिव को इस दशा से उबारने हेतु विष्णु ने चक्र चला उमा के शरीर को छिन्न-भिन्न कर डाला। उमा के अंग पृथ्वी पर गिरने लगे। जहाँ-जहाँ सती उमा के अंग गिरे वे स्थान ही आगे चलकर शक्तिपीठ कहलाए। कहीं-कहीं यह भी वर्णन है कि हिमालय के ऊपर से गुज़रते हुए उमा की आँखों से ज्योति निकल नीचे गिर गई। जहाँ यह ज्योतिर्पात हुआ वह स्थान कालान्तर में ज्योतिर्मठ के नाम से प्रसिद्ध हुआ! The Hindu An Alternate History by Doniger Wendy (p. 515) तथा Sacred Waters (p. 317) by Alter Stephen

हमारी सोच गिरगिटी। समयानुसार खेमा बदलने वाले हम दोनों का आज कल्पतरु ही माई-बाप! विज्ञान-शिज्ञान की बातें तो मंचों से कही जाती हैं जनाब!

बहरहाल, हाँफते-हूँफते ऊपर पहुँचे और अकबका गए। वो यूँ कि वहाँ एक नहीं दो मठ थे। पहले वाला एकदम टटका, सफ़ेद संगमरमर का। दूजा कुछ पुराना। उनमें से एक शान्तानन्द जी सरस्वती का है, दूसरा स्वरूपानन्द जी सरस्वती का। दोनों के हिसाब से आदि शंकराचार्य का असल मठ उनका वाला। दोनों के कने एक गुफ़ा है। दोनों का दावा अपने अहाते की गुहा का ही आदि-गुरु-तपश्चर्या स्थल होने का। यही नहीं दोनों के अख़्तियार में है अपना एक कल्पतरु भी। बोले तो सब कुछ हूबहू। फिलिम 'सीता-गीता' या 'अंगूर' वाली कथा। किसको छोड़ें, किसको मानें। ग़लत वाले कल्पतरु से लिपट गुहार लगाई तो अरदास कहीं पहुँचे न पहुँचे पर असल वाले से रार पक्की। सो प्रार्थना वाला आइडिया ड्राप। नहीं मतलब राह चलते यूँ फोकट फटे में पाँव क्यों उलझाएँ। पहले खात्री करें, फिर सिर नवाएँ। तलाश की गई।

नए दिख रहे मठ में तो कोई ऐसा मिला नहीं जो घड़ी दो घड़ी बतियाने को तैयार हो। किन्तु पुराने वाले में एक बटुक हमें आश्रम के किसी पदाधिकारी के पास ले गया। बहुत मनोरम स्थान था। शान्त भी। पहली मंज़िल तक जाने के लिए चौड़ी सीढ़ियाँ। सीढ़ियों के बाद लम्बा-चौड़ा, सुसज्जित बरामदा। बटुक हमें एक विशाल हॉल की चौखट पर छोड़ गया। हॉल में क़दम धरते हुए लगा मानो किसी राज दरबार में घुस रहे हों। कालीन से ढका फ़र्श, सामने सिंहासन नुमा आदिगुरु की गादी। हॉल में किनारों पर करीने से बिछे आसन और कुछ गादियाँ। वहीं एक भगवा वस्त्रधारी महानुभाव विराजमान थे। हँसते नयन, शान्त वदन। लगा जैसे किसी संत से रूबरू हों। मृदु मुस्कान से हमारा स्वागत किया गया। अपने सामने बिछे आसन पर बैठने का इशारा किया। अभिवादन की औपचारिकता पूरी होते ही, मैंने उनके सामने अपनी समस्या रखी। कि दोनों में कौन सा आश्रम असल है तथा कौन है उसका 'बॉडी डबल'।

जाहिर था कि वे अपने वाले को खाँटी बताते। बल्कि वे तफ़सील से समझाना चाहते थे किन्तु बात आगे बढ़ने से पहले ही वहाँ एक अन्य साधु की धमाकेदार आमद हुई। एकदम धड़धड़ाते हुए। तमतमाया चेहरा। प्रचंड भंगिमा। जिह्वा बेकाबू। न मालूम जनाब किसकी माँ-बहन पर पिले पड़े थे। वो तो गनीमत जानिए कि समय रहते उनकी नज़र अपर्णा पर पड़ गई। वरना मेरा तो उससे नज़र मिलाना दूभर हो जाता। अपर्णा को वैसे ही आश्रमों में जाने से गुरेज़, आज के साधु-संतों की संगत से ही परहेज़। वो तो मैं उसे जबरन ले आया, कि हमें कौन सा वहाँ किसी सत्संग में बैठना है। कि आदि शंकराचार्य से जुड़ाव के बायस मठ का एक ऐतिहासिक

महत्त्व है...इत्यादि तर्क दे उसे बमुश्किल मनाया। और यहाँ मिला क्या। विषवमन। उस नवागन्तुक की बड़-बड़ वो अगर बूझ लेती तो क़सम ख़ुदा की अगले छह मास मुझे पानी पी-पी कोसती। ख़ैर, जो हुआ नहीं उसका बखान क्यूँ? सो लौटता हूँ फिर उस मठ में। जहाँ प्रचंड साधु और अप्रचंड साधु कानाफूसी में मशगूल थे।

मालूम हुआ कि समीप के आश्रम वालों ने पहले तो इनकी ज़मीन पर अनधिकृत क़ब्ज़ा किया, ऊपर से उनके मठाधीश पत्रकार वार्ता बुला इनके विरुद्ध बातें बना रहे हैं। टी.वी. पर लाइव। उसी पल समझ गया सारा माजरा। कि इन लोगों के पास जोरू न सही ज़र-ज़मीन तो अकूत है। कि संतों के हत्थे चढ़े शास्त्र इन दिनों वैभवार्जन का साधन बन चुके हैं। ख़ैर, जो हो सो हो, दोनों संतों को अपनी भड़ास निकालने हेतु स्थान देते हुए अपन तो वहाँ से चुपचाप सरक लिए।

हॉल के बाहर का बरामदा अब सिकुड़ा-सिकुड़ा लग रहा था, सहन प्रतीत होता था कुछ उजड़ा-उजड़ा सा। और कल्पवृक्ष? उसके ऊपर जतन से चढ़ा मुलम्मा इधर-उधर से खुल गया था। भीतर लुका सत्रह मीटर घेर वाला शहतूत का पेड़ कुछ दुर्बल, अधिक झुका, ज़्यादा बुढ़ाया जान पड़ता था। जो आप बेज़ार है उससे क्या तो माँगना? सो समीप जा उसे छुआ, थोड़ा ढाढ़स बँधाया। और चल पड़े नीचे की ओर। बाज़ार की सिम्त।

साहिल की आस में जिस दीपस्तम्भ की ओर हम टकटकी बाँध देख रहे हैं, उसके तले इतना घोर तम! बरसों से इनके सहारे चल रहा समाज शायद इसीलिए अब तक भटक रहा है। मेरा मनपोत दिग्भ्रमित। भीतर ऊहापोह। हिचकोले। क़दम डगमग। किधर जाएँ? बाज़ार में घूमें? या मन्दिर जाएँ? या फिर होटल में लेट बिछौने पर विचारें अब तक सुनी तमाम कथाओं के बारे में फिर से? वही किया। यानी थोड़ी देर पलंग पर पड़े-पड़े छत ताकी फिर होटल के बरामदे में बैठ सड़क पर आते-जाते लोगों को देखने लगे। निष्प्रयोजन। निर्बाध। निःशब्द। मन शान्त होने लगा।

अहा! कितना सुख है कुछ नहीं कर पाने को शिद्दत से कर पाने में। कुछ नहीं करना अलावा अपना मनचाहा सोचने के। सोचना अपनी चिन्ताओं को, अपने सपनों को। वरना इन दिनों तो दिमाग़ भाड़े पर उठाकर ही जीवनयापन होता है। फ़िक्रें किसी और की, सपने भी दूसरों के, दिमाग़ अपना। किधर हैं अपने रसूल हमज़ातोव साहब? जो किसी को ख़बर हो तो उन तक मेरा सन्देशा पहुँचा दे कि अदीब हिन्दुस्तान का हो या कि दाग़िस्तान का—हालात उनके एक-से। उधर भी सरकारें बोलने नहीं देतीं। इधर भी। उधर की बीबियों को चुप्पा मार आसमाँ ताकता मरदजात खटके। इधर की भी। कह दे कोई हमज़ातोव साहब को कि 'मेरा हिन्दुस्तान' भी उनके 'दाग़िस्तान' का सा। हूबहू।

पर नहीं। आज का दिन तो मरदों की तारीख़ में पक्के से लिखा जाएगा। कि

आज बीबी अपने ख़ाविंद से ज़्यादा चुप है। कि वह बाज़ार देख रही है बिना किसी मक़सद के। कि वाहियात मूड के बावजूद उस पर कोई पिनक तारी नहीं। वरना किसी भी वजह से मन अव्यवस्थित हुआ कि अपर्णा को पिनक चढ़ जाती है खाने की। चॉकलेट बार, चॉकलेक आइसक्रीम, लड्डू, नमकीन...। जो हाथ आए सब भकर-भकर।

ख़ैर, आज वो नामालूम क्या सोच रही है, परन्तु अपन जो सोच रहे हैं वह आपसे साझा किए देता हूँ।

पहला ख़याल जो सोचा गया वो उत्तराखंड के धामों के मुतअल्लिक़ था। अब यह ख़बर किसे नहीं कि अतिशय जाड़े और बर्फ़बारी के चलते इधर के चारों धाम शीतकाल में बन्द हो जाते हैं। जो ग्रीष्मऋतु की आमद पर ही खुलते हैं। लेकिन कपाट खुलने पर जो हर्षोल्लास बदरीधाम के इलाक़े में दीख पड़ता है वैसा अन्यत्र नहीं। भला क्यूँ? सुना है कि कपाट खुलने के पाँच-सात दिन पूर्व से ही जोशीमठ में आयोजन होने लगते हैं। पहले तो विष्णु अपने वाहन (गरुड़) पर बैठ जोशीमठ में आते हैं। कुछ दिन विश्राम के उपरान्त उनकी सवारी बदरीधाम को जाती है। सुनने-पढ़ने में तो यह भी आया है कि पुराने समय में यहाँ पौराणिक देवी-देवताओं के बनिस्बत स्थानीय देवता/दानवों/वीर आदि को ही मान्यता थी। फिर यहाँ पौराणिक देवों की इतनी गहरी पैठ कैसे हुई? और यहाँ के पूर्ववर्ती देवी/देवता अब कहाँ हैं? क्या वे काल-गर्त में खो गए? या कि विस्थापित हो दीगर जगहों में लुके-दुबके हैं? तलाशना होगा। आगामी कामों की फ़ेहरिस्त में एक मसला और जुड़ गया!

अब दूसरी चिन्ता...अरे, लेकिन रुकिए। एक हैरतनाक बात तो बताने से छूटे जा रही है। आज सुबह ही सुनी यह बात। बाज़ार में चाय के ठिये पर। वो यह कि नृसिंह मन्दिर के प्रांगण में प्रतिवर्ष त्रिमुंडा वीर नामक एक देवता की आमद होती है। भूख से व्याकुल। देवी चंडी के प्रति क्रोध से उफनता वीर। लोग उसे शान्त करने के सामान जुटाते हैं। पाँच सेर चावल, पाँच सेर गुड़, तीन गगरा जल और एक भेड़ या बकरा। भूखा वीर यह सारा चट कर जाता है। कच्चा धान। ज़िन्दा भेड़। और गटक लेता है तीन गगरा जल। इतना सारा कुछ गुड़ुप, सैकड़ों लोगों के देखते-देखते। क़िस्सा सुन मेरे मुँह से फिर वही बात निकली, जो यहाँ दिन में तीन-चार बार लाख रोके निकल ही जाती है—

"ऐं! यह असम्भव है, गप है सब।"

मेरी टिप्पणी सुन लोग एकदम सुट्ट। पर बात बिगड़ने से पहले चर्चा का रुख़ बदलते हुए मैंने पूछा कि क्या बाहरी लोग उस देवता को देख सकते हैं? जवाब मिला क्यों नहीं। आगे कभी बदरीविशाल के पट खुलने से पाँच-सात दिन पहले आएँ। उसी दौरान यह देखने को मिल जाएगा।

अब वो दूसरी वाली फ़िक्र। सुनने में आया है, शायद सोनी के मुख से, कि नृसिंह मन्दिर ही हिरण्यकशिपु का वध-स्थल है। जो ऐसा है तो उसके महल का क्या हुआ? अगर यहीं खम्बा फाड़ नृसिंह निकले थे तो मन्दिर में कहीं प्रह्लाद की मूरत भी होनी चाहिए। वह तलाशनी होगी। और हाँ, तब तो इधर होली में भी ख़ूब रंग जमता होगा। स्थानीय लोगों से इस त्योहार के बारे में पूछना होगा।

अब फ़िक्र तीसरी। इस अंचल में रावल जी का बड़ा दबदबा है। बदरीविशाल से जुड़ा कोई कारज उनके बग़ैर सम्पन्न नहीं होता। दीगर धामों के पुजारियों का ऐसा मान क्यों नहीं? सुना तो यह भी है कि रावल प्रथा के जनक आदिगुरु ही हैं। उनकी जात का ब्राह्मण, यानी केरल का नम्बूदरीपाद धड़े में जन्मा मनुज ही रावल बनता है। पर अन्यान्य धामों में पुजारियों की नियुक्ति भी तो शंकराचार्य के बनाए नियमों से ही नालबद्ध है, तो बदरीविशाल के पुजारी को ही इतना सम्मान क्यों दिया जाता है?

फ़िक्रें तो और भी हैं। किन्तु सामने से सोनी आता दिख रहा है। सदा की तरह पतलून की पॉकेट में हाथ घुसेड़े। ख़रामा-ख़रामा। चाल देख उसका मानस बूझ पाने की जब भी कोशिश की, नाकामयाब रहा। बन्दा हर हाल में एक-सा ही रहता है। एक-सा ही चलता है। शायद कि उसके पास कोई अच्छी ख़बर हो। या कि न हो। सोनी के आते के साथ अपनी बातचीत का सिलसिला टूटना तय जानिए। सो उसके यहाँ पहुँचने से पहले मेरी एक आख़िरी चिन्ता और सुन लें।

यह फ़िक्र शंकराचार्य मठ की स्थापना के कारकों से जुड़ी है। चरितार्थ है कि उन्होंने धर्म को मज़बूत करने, देश को एकसूत्र में पिरोने हेतु यह बीड़ा उठाया था। तो विचार यह आ रहा कि यहाँ किस धर्म को मज़बूती देने की बात है? हिन्दुत्व तो एक सोच है, जीवनयापन की कला है। आराधना पद्धतियों से इतर महसूस करने वाली बात। इतने तो देवी-देवता इस भूमि पर, इतनी ढेर सी मान्यताएँ। इतने सम्प्रदाय, परिपाटियाँ और उनसे जुड़ी रूढ़ियाँ। मिसाल के लिए रामानुज सम्प्रदाय को ही लें। जो मूलतः वेंकटेश बालाजी को मानते हैं। ये कृष्ण या राम को तो फिर भी स्वीकार करते हैं किन्तु इन दो के अलावा किसी अन्य देवालय की पेड़ी चढ़ना तो अलग, वहाँ का प्रसाद तक हथेली पर नहीं लेते। इनके घरों में दुर्गा, शिव, गणेश तक का प्रवेश निषेध।

एक मिनट के लिए इसे सम्प्रदायगत सोच कह टाल भी दें, तो भी यह समझ से परे है कि उत्तराखंड के चारों तथा अन्य मैदानी धाम अगम्य इलाक़ों में क्यों स्थापित किए गए? जबकि पाणिनि (ई.पू. सातवीं सदी) ने उस काल में देश के भीतरी हिस्सों को हिमालय की तराई से जोड़ने वाली सड़क व्यवस्था का वर्णन किया है। इन प्रश्नों के असल जवाब तो कालगर्भ में कहीं दबे हैं। बहुत सम्भव है

कि लोक से जुड़े इन प्रश्नों के हल लोककथाओं में ही कहीं संवलित हों।

"हाँ भई सोनी। क्या ख़बर लाए...," सोनी के क़रीब आते ही अपर्णा ने प्रश्न दागा।

"मैडम, अभी तो कुछ पक्का नहीं। एस.डी.एम. अभी बाहर हैं। परसों बदरीविसाल के पट खुलने वाले हैं। कल यहाँ से उनकी गादी रवाना होगी। उसके बाद ही साहब से मुलाक़ात होगी..." 'श' को 'स' बोलने वाला सोनी यद्यपि हिचक-अटक कर बोल रहा था पर इसे अनुमति मिलने न मिलने की ऊहापोह से न जोड़ें तो ही बेहतर। आम पहाड़ी लड़कों की मानिंद वह भी महिलाओं से आँख मिलाकर बात नहीं कर पाता। हक़ीक़तन वो शर्मीला है, बेहद शर्मीला। बताऊँ तो आप भरोसा नहीं करेंगे कि अपने विवाहित होने की बात उसके ज़ुबाँ पर आने में चार से अधिक ट्रैक लगे। तब तक उसकी बेटी ही दो बरस की हो चुकी थी!

"परमिशन मिल तो जाएगी?" अपर्णा के स्वर में चिढ़ की एक हल्की कौंध थी। शायद कि सोनी का ढुलमुल जवाब उसे हज़म नहीं हुआ। वैसे अनुमति को लेकर हाँ-ना से यह हमारा पहला वास्ता नहीं। यह दिक़्क़त तो जानिए कि हर अभियान से पहले पेश आती है। तमाम औपचारिकताएँ पूरी करने के बावजूद यूँ अधर में लटकाया जाना किसे रास आएगा भला? अपर्णा चिढ़कर रह गई, बिफरी नहीं यही ग़नीमत है।

"आप लोड मत लो मैडम। परमिसन तो उन्हें देनी ही होगी। मैंने असोसिएसन वालों से बात की है। सरकार अगर ऐसे रोड़े लगाएगी तो कैसे आएँगे उत्तराखंड में एक्पीडिसन्स?" सोनी ने उत्तर देते हुए मेरी ओर यूँ देखा मानो विनती कर रहा हो मुझसे बातचीत का सूत्र थामने की।

"पर कोई सुनेगा भी असोसिएशन वालों की?" अपर्णा कुछ कहे उसके पहले ही मैं बोल पड़ा। मैडम को ताप चढ़े, सोनी पर कहर बरपे उसके पहले बीच में कूदने के लिए मैं सदा सन्नद्ध जो रहता हूँ।

"मेरे जानने वाले बहुत हैं उस विभाग में। वो भी हेल्प करेंगे सर। वैसे कल असोसिएसन का एक बन्दा साथ लेकर जाऊँगा।"

"मैं भी चलूँ?"

"नहीं, सर। आपके साथ रहने से बात खुलकर नहीं होगी," उसने रहस्यमय ढंग से कहा, "आप तो एक काम करना। कल सुबह ही मन्दिर चले जाना। पालकी-वालकी देखकर फिर औली निकल जाना। रात वहीं रुकेंगे। एक्लेमेटाइज़ेसन करना भी ज़रूरी है।"

"कोई आएगा हमारे साथ, या हम..."

"सर, रनी आ गया है। शायद वो रहे आपके साथ, नहीं तो मैं।"

रनी का आपसे आगे चलकर गहरा परिचय होगा। अभी फ़क़त इतना जान लेना ही काफ़ी कि वो है हाई एल्टिट्यूड पोर्टर रनबीर सिंह। जो कालिंदी खाल अभियान में आधे रस्ते हमसे औचक ही आन मिला और तब से तक़रीबन हर ट्रैक में हमारे साथ है।

ध्यातव्य है कि हम अपने अब तक के सबसे कठिन अभियान पर निकलने को तत्पर हैं। लिहाज़ा अलग क़िस्म की फ़िक्रें हैं, दबाव हैं। ऐसा होना अनहोनी नहीं। ख़ासकर तब जब कि पनपतिया ठहरा लगभग अज्ञात क्षेत्र और जो छिटपुट मालूमात है भी वे भरोसे लायक नहीं। हमारी चिन्ताओं का अन्दाज़ा इसी से लगा लें कि पनपतिया परिक्षेत्र में घुसना किधर से, इसको लेकर अब तक ऊहापोह बना हुआ है। कोई कहे इस इलाक़े में घुसने को बदरीविशाल मन्दिर के पीछे की शिपटन को पछाड़ चुकी अलकापुरी घाटी से। तो कोई बताए हनुमान चट्टी के पीछे वाली घाटी से निकल, विष्णुगंगा* में समाहित होने वाली खीरौ नदी के सहारे चलकर भीतर जाने वास्ते। उस पर तुर्रा यह कि नक़्शों से यहाँ का भीतरी इलाक़ा लापता सा है।

मेरे हमराही लोगो, हक़ है आपको पूछने का कि जब इतना पसोपेश है तो इजाज़त-अर्ज़ी किस डगर जाने वास्ते लगाई? मैं आपको बताऊँ कि हमने अलकापुरी घाटी से जाना तय किया है। ज़ाहिर है ऐसे 'लापतागंज' से पार पाने हेतु सोनी एक मज़बूत टीम जोड़ता। वही जुटाई भी है उसने। भला आदमी इस निमित्त निम** से ही कुछ मँजे खिलाड़ी संग लाया है। बोले तो ऐसे लोग जिन्हें वो कई पर्वतारोहण अभियानों में क़रीब से देख-परख चुका। एक संतोषदायक ख़बर और दूँ कि इतने बरसों में पहली बार एक महिला हाई एल्टिट्यूड पोर्टर भी हमारे साथ होगी। राजेन्द्री उर्फ़ राजी। उसके सहारे यहाँ की जनानियों का मानस बूझने मिले शायद?

ख़ैर। टीम बिखर न जाए इसलिए अभियान के आगाज तक सोनी या रनी में से एक उनके संग ही खाएगा, सोएगा। इस करके सोनी घंटा-आधा घंटा बैठ चला गया टीम के पास। हम भी अपने खाने-पीने का इन्तज़ाम करने निकल लिए बाज़ार की ओर।

---

* सतोपंत ग्लेशियर के इलाक़े (अलकापुरी) से निकली विष्णुगंगा माणा गाँव के क़रीब माणा-दर्रे से आने वाली धारा (सरस्वती) से मिलती है जो विष्णुगंगा के रूप में ही पहचानी जाती है। इसका मिलन तैंतालीस मील का सफ़र तय करने के उपरान्त विष्णुप्रयाग में (जोशीमठ के क़रीब) नीति घाटी से आने वाली धौली गंगा से होता है। इसके बाद ही इसे अपना बहुचर्चित नाम अलकनंदा हासिल होता है। इन दिनों ठेठ सतोपंत ग्लेशियर से ही नदी को अलकनंदा बुलाया जाने लगा है। जो त्रुटिपूर्ण है। मौक़ा है सो कह दूँ कि उपर्युक्त सरस्वती वह वैदिक सरस्वती नहीं है जिसके तीर्थों का (महाभारतानुसार) भ्रमण बलराम ने किया था।

** Nehru Institute of Mountaineering

बदरी का राजयान, कान्हा के गीत

27 अप्रैल, 2012। जोशीमठ, सुबह-सुबह

मेह तमाम रात बरसे। दीवानावार। उनका मिज़ाज देख लगा कि अगले एक-दो दिन तो ये निरात से नहीं ही बैठने वाले। पर उनका असलह चार बजते न बजते चूक गया। अब उनका मुख स्याह, बदन ढीला। थके-हारे सिपाहियों की तरह सुस्त मेघ-दल लौट रहे अपने ठिकानों पर। जब नभ में नहीं होते तब ये मेघ कहाँ होते हैं? किधर होती हैं बदलियों की छावनियाँ?

अब मौसम ख़ुशगवार है। पौ फट चुकी है। आकाशीय-युद्ध से उठा गुबार क़ुहासा बन जोशीमठ की गलियों में पसरा है। मन्थर गति से बहता प्रवात कुहासे को हाँक न मालूम किधर लिए जा रहा। कोहरा जाने को राजी नहीं, प्रवात मानने को तैयार नहीं। उनकी इस जद्दोजहद के चलते सुबह की गुलाबी ठंड हो चुकी है कड़ाकेदार। उँगलियाँ कर रही हैं झुनझुन। नासाग्र सुन्न। नाक-आँख से पानी चूने लगा है। नाक से टपकी बूँद की ख़बर होंठ तक ढुलकने के पहले होना नामुमकिन। मुख़्तसर कहूँ तो मौसम है विंडचिटर की जेब में हाथ डाल, दाँत किटकिटाते, मुख से धुआँ उड़ाते, छल्ले बनाते बगिया में डोलने वाला। या फिर भजियों के साथ तेज़ अदरक वाली ख़ूब मीठी गरमागरम चाय सुड़कते हुए नुक्कड़ पर ठिलुआई करने का।

भजियों की बात निकली है तो कह दूँ कि पहाड़ों पर अलस्सुबह नाश्ता तलाशना वैसे भी बड़ी जंग होती है, ऊपर से मौसम ऐसा हो, जैसा कि अभी है, तो जंग तब्दील हो जाती है महायुद्ध में। कहने को तो पकौड़े-शकौड़े सुबह-सवेरे दिख रहे हैं, पर बासी। ताज़ा बनेंगे तब जब गाँव वालों के आने का समय होगा। यानी दस बजे के बाद। हाँ, यात्रा तरतीब से शुरू होने के बाद लालाओं के रेस्तराँ में पराँठे ज़रूर मिलने लगेंगे। किन्तु सुबह आठ के बाद ही। परन्तु हमारी तासीर ठहरी पाखियों की सी। आँख खुली कि खाने को होना अपन को। पंछियों के बोले से उठने वाले हम-दोई, आठ बजे तक पेट दबाकर बैठें भी तो किस तरह!

भला हो अपर्णा का जिसने बाज़ार के दूसरे सिरे पर कल कुछ छोटे उपाहार-गृह

ताड़ लिए थे। मूलतः टैक्सी वालों के लिए बने होटल। जहाँ चाय-ब्रेड-ऑमलेट आदि अलस्सुबह से देर रात तक उपलब्ध रहते हैं। ग़नीमत है कि जोशीमठ अभी 'पवित्र' घोषित नहीं हुआ। यात्रा के दिनों में जब गढ़वाल मंडल वाले भी निरामिष ही परोसने लगते हैं, तब भी जोशीमठ के कुछ गोशे सामिष भोजन चाहने वालों को निराशा से बचाते हैं। नतीजतन ये कोने स्थानीय लोगों और बंगाली यात्रियों से आबाद रहते हैं। सुब्बो से देर रात तक। और हाँ, हमारे जैसे घोषित 'एगीटेरियन' भी तो मुश्किल समयों में यहीं ठौर पाते हैं। आप तो जान ही चुके कि हम हैं मौक़ापरस्त। वक़्तन-फवक़्तन हम सामिष भी खा लेते हैं। पर बात बताने की आए तो स्वयं को एगीटेरियन ही कहते हैं। हमारे जैसी डबल-बत्तीसी, मानी खाने के अलग दिखाने के दीगर दाँत वालों से ही दुनिया का कारोबार चलता है!

ले...त्तरे की, बात ही बात में बेबात की बहस में उलझ गया। बिनाबर* लौटता हूँ उस बात पर जो मैं कहने वाला था। वो यह कि मन्दिर जल्दी पहुँचना ज़रूरी जान हम सुबह अपर्णा चयनित एक उपाहार-गृह में गए। पर उधर तो आपाधापी मची थी। चाय के तलबगारों की भीड़ अपार, ख़िदमतगार फ़क़त एक। जिस बन्दे कने आँख उठाने का भी अवकाश नहीं वो कैसे तो हमारी बात पर कान धरता। लिहाज़ा हमारी नाश्ते की फ़रमाइश उसकी तवज्जो न जुटा सकी। तनिक ठहर फिर से गुहार लगाई। इस बार बुलंद गुहार। महाशय के कानों पर जूँ रेंगी। रुख़ पर हलचल हुई। होंठों के दाएँ कोने में फँसी बीड़ी बाईं ओर सरकी। मुँह से धुएँ का गुबार निकला। तब जाकर बन्दे की नज़र उठी, पल भर को हम पर ठिठकी। और फिर चाय के पतीले पर जम गई, इस तजवीज़ के संग—"थोड़ा टाइम लगेगा दादा लोग, बैठो।"

उसके 'दादा' बुलाने से कहीं आप यह न समझ लें कि हम ख़ाक-रू बुढ़ऊ दिखते हैं, सो एक ख़ुलासा करना ज़रूरी है। वो यह कि उत्तराखंड का पर्यटन दो प्रान्तों के मानुषों पर टिका है—एक गुजराती जो पंच-सितारा स्टाइल से घूमते हैं और दूजे बंगाली जो दमड़ी दाँतों से गिनते हैं। ये बाद वाले भद्र लोग छोटे होटलों में ठहरते-खाते हैं, दूरस्थ इलाक़ों में भ्रमण करते हैं और 'दादा लोग' के नाम से पहचाने जाते हैं। अब यह तो सर्वज्ञात है कि काल कोई हो तूती सदा धन की ही बोलती रही है। लिहाज़ा पर्यटन व्यापार से जुड़े लोग भी गुजरातियों को पलकों पर बैठाते हैं और दादा लोगों का पीठ पीछे मखौल उड़ाते हैं। इसी मानस के तहत नाश्ता देने के मुसलसल इसरार पर हमें चुनौती मिली कि या तो चुप से बैठ जाएँ या फिर ख़ुद ही अपना नाश्ता तैयार कर लें। चुनौती फ़ौरन स्वीकार की गई। इसके पहले भी छोटे होटल वाले हमें ऐसी 'सहूलियत' दे चुके हैं। बाज दफ़ा तो ऐसा भी हुआ कि किचन हमें सौंप होटल वाला दूर जा बैठा। जो चाहो पकाओ। आप

* इसलिए।

भी खाओ, उसे भी खिलाओ। बाद में बिना कोई जोड़-बाक़ी किए थोड़ी सी रकम चुकाओ, और ऐश करो। इसे कहते हैं 'विन-विन' सिचुएशन। उभयपक्ष प्रसन्न। होटल वाला हमारा चूतिया काटकर ख़ुश और हम होटल वाले का। ख़ैर जी, रौ में जो बहा तो फिर कहाँ का किधर निकल जाऊँगा। बिनाबर यह क़िस्सा यहीं छोड़ आगे निकलते हैं। तलाशते हैं नृसिंह मन्दिर की डगर।

मालूम हुआ कि देवालय गोविन्द घाट-बदरीविशाल मार्ग पर है। सड़क-सड़क गए तो दो किलोमीटर दूर। होटल वाले ने हमें 'लोकल लोगों के रास्ते' जाने की सलाह दी। वह रास्ता हमें ले गया सघन बस्ती के बीच। वैसे इसे रास्ता बुलाने से आप पर उसका न सीढ़ीदार होना ज़ाहिर होगा, ना ही गलीनुमा होना। पर था वह कुछ ऐसा ही। ऊँची व चौड़ी सीढ़ियों वाली गली। ऐसी कि उन पर घोड़े दौड़ जाएँ। पर हमारे-आपके घुटने घोड़ों सरीखे मज़बूत थोड़े ही हैं। वे ठहरे शहरी। ब्रेड-मक्खन पर पले-बढ़े। चन्द सीढ़ियाँ उतरे-चढ़े, थोड़ा मेहनत-ज़हमत हुई कि आम भारतीय की तरह कमबख़्त घुटने भी पलायन पर आमादा।

सीढ़ियों के दोनों ओर खुली गटर। पर गटर में घरों से निकला गन्दा पानी कम, ऊपर पहाड़ से आते झरने का जल ही अधिक। बता दूँ कि झरने का जल फ़िलवक़्त तो पाक-साफ़ है। एकदम टकाटक। कह चुका हूँ कि आधुनिक जीवनशैली अभी जोशीमठ की डेवढ़ी पर ही ठिठकी है। उसके भीतरी इलाक़ों में धँसने में अभी वक़्त है। चुनाँचे खुली गटर में भी न गंध न गन्दगी। पर चन्द बरसों में यहाँ भी सब बदल जाएगा। तब जोशीमठ बाज़ार का तमाम कूड़ा झरनों के संग बहते हुए नीचे आएगा और यह सीढ़ीदार गली बदबूमय हो जाएगी। लेकिन ऐसा जब होगा तब होगा। अभी तो इधर सब ठीक है। सुकून है। और हम हैं शान्त गली में। जो मकानों के बीच से गुज़र रही है। क़तारबद्ध एक दूजे से सटे मकानात। अधिकतर आयताकार, कुछ गोमुखी भी। अधिकांश सीमेंट-कांक्रीट से बने। अधिकतर दुमंज़िला, कुछ तीन माले के भी। प्रत्येक आशियाने के सामने छोटी सही—पर एक बगिया। बगिया में गुलदाउदी से लदे-फँदे पौधे। हर घर के अख़्तियार में एक बालकनी भी। किसी बालकनी में सोफा, किसी में कुर्सियाँ बिछीं, कहीं वाशिंग मशीन। हर बालकनी में प्लास्टिक की बाल्टी, टब। हर बालकनी पर कपड़े क़ाबिज़। कुर्सी पर, तार पर, रेलिंग पर। अँगिया-जाँघिया, साड़ी-सलवार, पतलून-बुशर्ट, मोजे-टाई। घरों से गढ़वाली परिधान गुम हैं। पारम्परिक पशुधन भी ग़ायब हैं अलावा कतिपय पालतू श्वानों के।

अरे बातों-बातों में चूक हो गई। अलहदा क़िस्म के कुछ आशियानों के बारे में बताना तो रह ही गया। उनमें कुछ तो बड़े मज़ेदार थे। घाटी की उतराई पर वे इस तरह बनाए गए कि उनकी छत सड़क से समतल हो जावे। आपके पास दुपहिया वाहन हो या एस.यू.वी. मज़े से उसे छत पर खड़ा करें और घर में घुस जाएँ। बस

आपको कुछ सीढ़ियाँ उतरने का कष्ट करना होगा। काम से सीधे छत, और छत से सीधे काम पर जाने की जिस सुभीता हेतु लोग करोड़ों-करोड़ खरच रहे हैं वो आसानी इत्ते सस्ते में मिल रही हो तो चार सीढ़ी उतरने से किसे गुरेज़ हो सकता है!

उफ़! इधर मौज़ूद पुराने क़िस्म के आशियानों का ज़िक्र भी छूटा जा रहा। वैसे थे वे बस दो-चार ही, पर थे बड़े मज़े के। चूना लिपीं पत्थर की दीवारें। लकड़ी के दरवाज़े, झरोखे। इन घरों की धज देखते ही बनती थी। विशेषकर काठ के उस जालीदार मुख्य द्वार की जिसकी चौखट बड़ी ज़ोरदार थी। दो पाट वाला मुख्य द्वार। जिसका हर पाट तीन लम्बवत लकड़ियों में काठ के आड़े टुकड़े खाँच कर तैयार किया गया था। इस तरह तैयार हुए काष्ठ-जाल को लोहे के किल्ले ठोंक मज़बूती दी गई थी। पाटों के मुक़ाबिल चौखट की कारीगरी बेहतर थी। चौड़ी चौखट की पूरी लम्बाई में पनारी बना बीच में बूटाकारी की गई थी। उसकी उतरंगे* पर गणेश की मूरत थी, शायद पत्थर की। इस द्वार के बरअक्स घर के झरोखे सादा थे। फिर भी उनमें कर्षण होने से इनकार नहीं किया जा सकता। ऐसा कर्षण कि पल दो पल थम देखने को जी ललचाए।

इसी राह हमें अनपेक्षित रूप से एक स्कूल भी मिला। अनपेक्षित इस करके कि वो था ईसाई संस्था द्वारा संचालित स्कूल। उत्तराखंड के ऊपरी इलाक़े में पहली मर्तबा हिन्दुओं से इतर किसी और के होने की ख़बर मिली—सुखद ख़बर। ध्यातव्य है कि इतने बड़े जोशीमठ में शायद उँगलियों पर गिने जा सके जितने ही मुस्लिम व क्रिश्चियन परिवार हों।[12] और जो हैं उन्हें भूषा-भाषा, टोली-हमजोली देख चीन्हना असम्भव। बोले तो वे समाज में यूँ घुले-मिले जैसे पानी में चीनी! ख़ैर।

यहाँ-वहाँ देखते हम आहिस्ता-आहिस्ता मन्दिर की दिशा में बढ़ ही रहे थे कि क़दम यकबयक थम गए। बल्कि कहना चाहिए कि जम गए। हमारी अचरज की तमाम सीमाएँ ध्वस्त करता हुआ सामने था एक बोर्ड। जिस पर दर्ज था—

'शक्तिपीठ, आदिगुरु शंकराचार्य, ज्योतिर्मठ'

उरी बाबा, एक और शंकर मठ! और वो भी कल देखे मठों की तरह कल्पवृक्ष,

* चौखट की ऊपर वाली आड़ी लकड़ी।

नृसिंह मन्दिर जो कभी रावल का शीतकालीन घर था।

आदिगुरु की गुफ़ा, गादी आदि से मालामाल। शंकर का असल मठ होने का दावा करते इन तीन मठों की पहेली कोई बुझक्कड़ लाल बूझ सके तो बूझ ले। यह अपने बूते के बाहर का मसला, सो अपन तो निकल लेते हैं मन्दिर की ओर।

तीजे मठ से कुछ आगे चलते ही हम पहुँच गए गोविन्द घाट वाली डगर पर। वह मुकम्मल डगर थी, गाड़ियों के लिए बनी सड़क। इसी पर मन्दिर का होना बताया गया था। सड़क पर दूर तक देखा। मन्दिरनुमा उधर कुछ भी तो नहीं दिख रहा। मकानों के बीच गहरी पड़ताल की तब नजर आया एक चौगान। सड़क से कुछ नीचे। उस चौगान के गिर्द थे कुछ भवन। पत्थर या पतरे की छत वाले मकानात। बताया गया कि यही नृसिंह मन्दिर परिसर है। कोई अचरज नहीं कि दादा शिपटन ने जोशीमठ में इस मन्दिर का होना दर्ज नहीं किया। क्योंकि वास्तव में तब यह बदरीधाम के रावल का शीतकालीन निवास ही होता था। जिसमें था एक मन्दिर।[13] शीतकाल में रावल जी तो अब शायद कहीं और रहते हैं। उस घर-देवालय के चलते इन दिनों यह परिसर नृसिंह मन्दिर के रूप में पहचाना जाता है।

बहरहाल, बेतरतीबी से बिछाई फ़र्शियों से ढके चौगान में अंग्रेज़ी अक्षर 'L' तर्ज़ में एक दूजे के समीप बनाए दो भवन दिखे। इसकी छोटी भुजा छज्जेदार दुमंज़िले भवन से बनी थी, और दीर्घ भुजा पर अवस्थित भवन की धज मन्दिरनुमा थी। दुमंज़िले भवन की गहराई कुल दस-बारह फ़ीट से अधिक न रही होगी। छत या छाजन हेतु पतरा प्रयुक्त हुआ था। मूल रूप से सीमेंट से बने इस मकान के ऊपरी तल पर लकड़ी की रेलिंगशुदा दो छज्जे। जिनमें चटाई डली हैं और कुछ

कुर्सियाँ भी। कुल जमा इसकी बनावट दर्शक-दीर्घानुमा। मकान को दो भागों में बाँटती एक सीढ़ी इन छज्जों को जा रही है। छज्जों के नीचे, यानी तल मंज़िल में हैं बग़ैर दरवाज़े के दो हॉल। वहाँ सूखते तौलिया-बनियान-जाँघिया, हॉल में पड़े तख़्त तथा लोहे की बाल्टी देख लगा कि इसका प्रयोग रहने-करने में होता होगा। इस छज्जेदार भवन के सामने, सहन की दूसरी तरफ़ दो मन्दिर दिखे। एक हनुमान का व्यवस्थित और बड़ा। दूसरे पर लिखा था—त्रिमुंडा वीर। वही वीर जो साल में एक बार कच्चा अन्न-मांस खाता है।

त्रिमुंडा वीर का मन्दिर था छोटा सा, हथेली बराबर। कुछ तिरस्कृत-सा। दीवारें भी जिसकी सीधी नहीं। लगा मानो किसी गुफ़ा को देवालय की तरह बरता गया हो। यहाँ त्रिमुंडा वीर मन्दिर के मान से गैरपारम्परिक तरीक़े से विराजित दिखा। एक पैर पेट की तरफ़ मुड़ा हुआ, दूसरा पालथी की तरह। माथे पर साफा पर शरीर पर कोई अलंकार नहीं। बदन थुलथुल, तोंदू। ढलकती तोंद पर तराशी डुंटी को छोड़ मूरत बिलकुल किसी आधुनिक कलाकृति की सी थी। यानी नाक, हाथ, होंठ, आँख सब कल्पना से बूझने की दरकार।

त्रिमुंडा मन्दिर से सटा एक जलक्षेत्र नज़र आया। बताया गया कि वह प्राचीनकाल से यहीं है, लगभग तब से जब नृसिंह देवता की यहाँ आमद हुई थी। पर आज तो उसकी वय: के निशानात गर कहीं नज़र आ रहे थे तो सिर्फ़ उस हिस्से में जहाँ हस्ति-मुखी नलकों से दो जलधाराएँ अनवरत बह रही थीं।[14] इन धाराओं के मध्य की दीवार पर ताँबे का एक फ़लक मढ़ा था। जिस पर देवता की युगल मूरति

उभारी गई थी। फ़लक पर लिखे लेख में जलधारा का नाम दिखा। 'डंड धारा' और 'नरसिंह धारा' भी। मान्यता है कि एक बार नृसिंह भगवान यहाँ दंड पेलने लगे। उसी के प्रताप से ये जलधाराएँ यहाँ प्रस्फुटित हुईं। शायद नृसिंह के सूखते कंठ को तर करने हेतु ममतामयी धात्री की छाती बह निकली हो!

फ़लक पर बने देवी-देवता को ठीक से पहचानना मुझे मुश्किल लगा। कारण था संकेतों का गड्डमड्ड होना। पुरुष देवता के मुकुट पर मोर व शेषनाग थे, ललाट पर था वैष्णवी तिलक, कान में कुंडल, काँधे पर तरकश, मोर पंखी कुरता, गले में पुष्पमाल और नीचे धोती। देवी को कुंडल के अलावा नथ भी पहनाई गई थी। उनके अग़ल-बग़ल मयूर दर्शाए गए थे। बताया गया कि वे राम सीता हैं और अति प्राचीन भी। बात गले नहीं उतरी। नृसिंह परिसर में इन दोनों का भला क्या काम? ख़ैर देवता जो हों सो हों पर यह निश्चित है कि मूर्तियों पर की गई कारीगरी बहुत मोहक थी और यह भी कि वे बहुत जूनी नहीं लगतीं।* मौक़ा है तो बता दूँ कि ऐसी जलधाराएँ गढ़वाल के हर गाँव में दिखती हैं। और अक्सर इन्हें देवधारा ही बुलाया जाता है। यह कहना भी अतिशयोक्ति नहीं होगी कि गिरि-गर्भ से निकलने वाली इन देवधाराओं के क़रीब ही गाँव बसा करते थे। कहते हैं कि भरपूर जाड़े में, जब हर तरफ़ बर्फ़ हो जाती है, तब भी देवधाराएँ अनवरत चलती रहती हैं।

इनके अलावा बेतरतीब फ़र्शी वाले सहन में दो खुली गटरें थीं। थे जहाँ-तहाँ पड़े पत्थरों के अम्बार और पत्थर काटने के कुछ अजीब से यंत्र। शायद मन्दिर के जीर्णोद्धार की तैयारी थी। जिसकी तसदीक हुई भवन-भीत पर ऑइल-पेंट से दर्ज दान देने की गुहार से। जीर्णोद्धार हेतु दान की गुहार। यानी कुछ ही समय में यहाँ सब बदलने वाला है। इस पुरानी धज की रुख़सती का वक़्त हो चला। वैसे नृसिंह मन्दिर हो या हो शंकराचार्य का मठ (जहाँ हम कल्पतरु से आवाहन हेतु गए थे, याद है न आपको) दोनों ग़ुज़श्ता वक़्तों में एकाधिक बार ध्वस्त हुए हैं। तब भूकम्पों ने तोड़ा मानव ने पुनर्जीवित किया। पर अभी तो यहाँ के भवन ठीक-ठाक ही दिख रहे हैं। फिर उन्हें जीर्ण-जर्जर क्यों बताया जा रहा है? गोया बुज़ुर्ग इन दिनों बरदाश्त नहीं होते। रेशम पर टाट के पैबन्द से खटकते हैं वे। फिर बात चाहे मनक की हो या हो इमारतों की। आपकी स्मृतियों में इस परिसर का हालिया अक्स महफ़ूज़ हो जाए इस ग़रज़ से बातफ़सील सब बताना मुझ पर लाज़िमी। तो लौटते हैं वहीं जहाँ से भटके थे। यानी पत्थरों के अम्बार के समीप।

वहाँ एक नलका है। रीसते जल के चलते थोड़ा कादा भी। सारे परिसर में यत्र-तत्र बैठे भिखारी। इन तमाम बेतरतीबियों के दरमियान वहाँ खड़ा था एक निराला

* मन्दिर के सेवानिवृत पुजारी लक्ष्मीप्रसाद डिमरी के अनुसार यह फ़लक फ़क़त सौ-सवा सौ बरस पुराना है। किसी भक्त ने अपने पितरों की याद में यह फ़लक यहाँ मढ़वाया है।

भवन। मानो झोंपड़पट्टी के बीच पंच-सितारा होटल या ज्यूँ ग़मगीन मरुथल के मध्य गमकता एक सब्ज़ दरख़्त।

उस दुमंज़िले पतरे की छत वाले भवन के बरअक्स इस भवन को पत्थर की छीलन (स्लेट) से बनी छाजन मुहैया थी। छाजन की मानिंद इसकी दीवारें भी पारम्परिक वास्तुशिल्प का नमूना थीं। कम ऊँचाई वाले काष्ठ निर्मित द्वार और दीवार में चन्द आलिए। पर इसकी चौंध तो थी सुर्ख़-ज़र्द तथा गहरे आसमानी रंगों वाले प्रवेश स्थल के चलते। मुख्यद्वार की चौखट पर शायद चाँदी का पतरा मढ़ा हुआ था। जिस पर पौराणिक देवी-देवताओं की मूर्तियाँ भी ढाली गई थीं। चाँदी वाले द्वार के अगाड़ी ओसारे में दो चबूतरे थे। जिन पर लकड़ी के पट्ट थे। उन पटियों पर गादियाँ पड़ी थीं और एक-दो पोटलियाँ भी। शायद भगवा चोला धारी कुछ साधु-साध्वी उन चबूतरों को अपने रैन बसेरे की तरह बरतने लगे हैं। प्रसाद में वितरित होने वाली खिचड़ी से उनके पेट में, एक टेम ही सही, थोड़ा अन्न तो जाता ही है। बाद बाक़ी चिलम ज़िन्दाबाद!

साधुओं का ज़िक्र फिर चल पड़ा है तो क्यों न एक मिनट ठहरकर उन पर थोड़ी चर्चा कर ली जाए। बता दूँ कि मन्दिरों के क़रीब दिखने वाले सभी साधुओं में संत-प्रवृत्ति होना ज़रूरी नहीं। स्थानीय लोगों की मानें तो इनमें से अधिकांश की आपराधिक पृष्ठभूमि है। 'संन्यासी' का बाना उन्हें अपना नाम और पहचान बदलने का अवसर देता है। लोग तो यहाँ तक कहते हैं कि कई साधुओं के लिए यह धन्धा है। वे यात्रा के मौसमों में यहाँ आते हैं। अच्छा-ख़ासा पैसा कमाते हैं। शीत ऋतु के पहले लौट जाते हैं अपने घरों को। यहाँ टापरियों में गुज़ारा करते ये 'साधु' मैदानों में लौटते ही साहूकार बन जाते हैं। बँगलों में रहते हैं। इधर उपार्जित धन उधर सूद पर चलाते हैं। ये धन्धेबाज़ साधु संतों के बाने के अतिरिक्त भोली आस्थाओं का दोहन अन्यान्य तरीक़ों से भी करते हैं। बतौर बानगी हिमालय पर तपस्यारत महादेव की छवि को लें। हर भारतीय के मानस में शंकर की यही छवि चस्पा है। आप में से जिन लोगों ने इस इलाक़े को देखा है, उन्हें पगवीथिकाओं के समीप या क़स्बों के दरमियानी मैदानों में बिखरी विशाल शिलाएँ दिखी होंगी। ऐसी शिलाओं के नीचे किसी लँगोटधारी को कुंडी में अग्नि प्रज्वलित कर, नंगे बदन पर भभूत लपेटे, सिर पर जटाएँ बाँधे, गले में (नकली) भुजंग लिपटाए, भुजा पर रुद्राक्ष बाँध, (असली) मृगछाल पर आँख मूँद बैठे भी देखा होगा। और देखा होगा ग्रामीण ही नहीं शहरी बाबुओं को इन्हें पूजते। थर-थर धूजते हुए इनके आगे नोट बिखेरते। दौर आस्थाओं को बेचने-ख़रीदने का चल पड़ा है। नगदीकरण के इस दौर में किसी तरह की ख़रीद-फ़रोख़्त हराम नहीं। श्राप के ताप का डर और भगवे बाने का असर भारतीय मानस पर इतना गाढ़ा है कि कोई माई का लाल

इनसे आँख नहीं मिलाता। बाक़ी की तो जाने दीजिए यहाँ तो पुलिस के अफ़सर तक इन्हें प्रणाम करते देखे जा सकते हैं। हो सकता है ये बातें आपको एकतरफ़ा लगी हों। लगना ठीक भी है क्योंकि इसमें साधुओं का पक्ष तो है ही नहीं। यही जान, जब अवसर जुटा उनसे बातें की गईं। पर अभी इस चर्चा को यहीं रुकना होगा। मुफ़ीद मौक़ों पर इस पर फिर से बात होगी। अभी तो बहुरंगी प्रवेश द्वार से भीतर ढुका जाए।

चमचमाती चौखट वाले दरवाज़े के भीतर जाने पर छोटा सा दालान मिला। जिसमें एक ओर दिखा गद्दी स्थल, दूसरी सिम्त मन्दिर। गद्दी स्थल यानी एक छोटा सा दुमंज़िला भवन। चटक रंगों से सराबोर। गहरे लाल, नीले, पीले रंग के प्रयोग के चलते भवन की छटा तिब्बती। इसी भवन की तल मंज़िल पर दिखे तीन द्वार। इनमें से पहला यानी बाईं तरफ़ वाला बन्द था, मध्य वाला खुला एक साँय-साँय करते कमरे में। तीसरा दरवाज़ा ओडाला हुआ था। उसके पीछे बरामद हुईं ऊपर को जाती पेड़ियाँ।

दालान से देखने पर ऊपरी मंज़िल पर पाँच खिड़कियाँ नज़र आईं। खिड़कियों के अग़ल-बग़ल मयूर बने दिखलाई पड़े। पहली नज़र में आपको वे मोहक मोर काष्ठ निर्मित प्रतीत होंगे परन्तु ग़ौर करने पर समझ आएगा कि दरीचों के शीर्ष पर उरेहे बेल-बूटे या उगते सूर्य (या कि सूरजमुखी पुष्प) की आकृतियाँ या तो लटकते कंगूरे सब सीमेंट से बने हैं। लुब्बे-लुबाब यह कि भवन उतना भी जूना नहीं जितना चरितार्थ है। संशय संपुष्ट हुआ टूटे कंगूरों से झाँक रहे सरिए टुकड़ों को देख।

ख़ैर, तीजे दरवाज़े से होकर ऊपर वाले माले पर गए, जहाँ आदिगुरु की गद्दी होने की उद्घोषणा दीवारों पर दर्ज थी। ऊपर हमने पाया स्वयं को एक आकर्षणहीन लम्बोतरे हॉल में। जिसकी भीत ओन एकदम सादा। मानी उन पर कोई चित्रांकन नहीं। हाँ, वहाँ सस्ते ऑइल पेंट से लिखीं कुछ इबारतें अवश्य दिखीं।

हॉल के फ़र्श पर पड़ा था एक बदरंग, घिसा-उधड़ा क़ालीन। हॉल के दूसरे सिरे पर नज़र आई एक कोठरी। सीख़चा-बन्द। जैसे कि हो कोई जेल या फिर चिड़ियाघर का एक दड़बा। दड़बे में एक मरगिल्ला तख़्त। जिस पर बिछी थी धूल-सनी दोहड़नुमा गादी। दोहड़ पर विराजित थी आदिगुरु की प्रतिमा। संगमरमर निर्मित। तख़्त के समीप धरा एक दानपात्र। आकार में शंकर-मूरत से सवा गुना चौड़ा। मुख़्तसर यह कि वहाँ हर कुछ बेतरतीबवार। सच कहूँ तो उधर पसरी थी मुर्दनी। गृहत्यागी, ताउम्र निर्बन्ध घूमने वाले संन्यासी की मूरत सीख़चे में क़ैद देख हिया में हूक उठी, धक्का सा लगा। इससे बड़ी नाइंसाफ़ी क्या हो सकती है? कुछ देर इत्मीनान गद्दी-स्थली पर बैठने के मानस से यहाँ आए पर इस उरेबदार स्थान पर पाँच मिनट रुकना भी भारी लगा। सो फ़ौरन कट लिये उधर से।

गद्दी स्थल से निकल मन्दिर में पहुँचे। आमतौर पर देवालय के ज़िक्र निकलते ही तसव्वुर होता है चमचमाते परिसर, कर्कश भजन ठेलते भोंगे, चुँधियाते गर्भगृह तथा श्रद्धालुओं को लतियाते-धकियाते स्वयंसेवियों का। पर यहाँ तो चमक न दमक। सब कुछ बिलकुल सादा। अगरचे इधर से तमाम लिफ़ाफ़िया लक़दक़ गुम थी पर माहौल में था कुछ वो जो आगन्तुक को इत्मीनान दे। मसलन वहाँ तैनात लोगों में मौज़ूद बन्धुत्वभाव, दर्शन सुकूनवार करवाने की ललक। ठीक-ठाक भीड़ के बाद भी सब सहज-सरल।

मन्दिर की बात करें तो छोटे से कमरे को दो हिस्सों में बाँट एक तरफ़ गर्भगृह बना दिया गया था। जिसमें कई मूर्तियाँ थीं। नृसिंह जी की सबसे छोटी। श्रृंगार के चलते जिसका सिर्फ़ मुँह भर ही दिख रहा था। यह प्रतिमा यहाँ कैसे आई इसके बारे में कई कथाएँ प्रचलित हैं। पढ़े-लिखे मानते हैं कि ईसा बाद की आठवीं शताब्दी में कश्मीर के राजा ललितादित्य युक्तापिंड ने इस प्रतिमा की स्थापना की। वहीं लोकोक्ति के अनुसार यह मूरत आदिगुरु नेपाल की गंडक नदी से निकाल यहाँ लाए थे। पुरावेत्ता व इतिहासकार इस मुआमले में चुप हैं।

मन्दिर प्रांगण में कई स्थानीयजन मिले। बातें हुईं। वे सवालात पूछे गए जो आपको पहले से विदित हैं। जैसे क्या यह देवस्थान हिरण्यकशिपु वध-स्थली पर बना है? और यहाँ होली कैसे मनती है? पाया कि वध-स्थली को लेकर मतैक्य नहीं था। कुछ ने कहा, हाँ। कुछ बोले, ना। कुछ ने पता नहीं कहकर टाल दिया। पर होली बाबत ख़ुलासे ठीक-ठाक ही हो गए।

परसारी गाँव के नन्दू मारतोलिया के हवाले से कहूँ तो यहाँ के गाँवों में होलिका-दहन की परिपाटी होते हुए भी रंग खेलने की परम्परा नहीं है। दहन के अगले दिन होलिका-राख से लोग एक-दूजे को तिलक काढ़ते हैं। यही है इधर की धुलंडी। रंग नहीं, सिर्फ़ राख़ से मनाया जाने वाला उत्सव। यह भी बताया उसने कि कुमाऊँ में तो बिलकुल ब्रज मार्का होली खेलते हैं, पूरे एक माह चलने वाली होली। उत्तर प्रदेश से नज़दीकी का असर है शायद कुमाऊँ पर। किन्तु इधर के बरसों में गढ़वाल में भी माहौल बदला है। इस विषय पर जोशीमठ से पच्चीस कि.मी. दूर, नीति घाटी के लाता गाँव में रहने वाले नरेन्द्र से भी संवाद हुआ। उसकी मानें तो केबल टी.वी. के चलते मैदानी रंग-ढंग के छींटे दूर-दराज़ इलाक़ों पर भी पड़े हैं। अब युवा धुलंडी को दिन में रंग खेलते हैं, दोपहर में डी.जे. लगा नाचते हैं और साँझ तक शराब पी टुन्न हो जाते हैं। पर मैं यह सब क्यों बोले जा रहा, जबकि इधर हो रहे बहुकोणीय बदलावों पर तो आगे भी चर्चा की जा सकती है। बल्कि करनी ही है। सो अब मैं चुपके से वापस घुस रहा हूँ मन्दिर परिसर में।

नृसिंह मन्दिर के मुतअल्लिक़ अभी बस एक जिज्ञासा ही तो शान्त हुई है। इससे

जुड़े कई और सवालात अब भी हल होने हैं। जिसके लिए दरकार थी भरोसे लायक एक अदद महानुभाव की। तलाश ने मुख्य पुजारी तक पहुँचाया। पर वे व्यस्त निकले। उन्होंने हमें मन्दिर-व्यवस्था में सहयोगी (सेवादार) आशीष के हवाले कर दिया।

आशीष पच्चीस-छब्बीस का युवा। काया भरी-भरी। छटाँक-दो छटाँक चर्बी और चढ़े तो बदन थुल-थुल हो जाए। मुटाती देह और टकली होती खोपड़ी पहाड़ी पुरुषों में गाहे-बगाहे ही दिखती है। जिसके पास इन दो में से एक भी गुण हो वो हज़ारों में हो जाता है एक। जैसे कि अपना आशीष। बन्दे की एक खुसूसियत और बता दूँ। वो यह कि श्रीमान की ज़ुबाँ जरा अटककर चले है, पर जो चले तो रोके न बने। बकौल उसके नृसिंह-मन्दिर और हिरण्यकशिपु वध का कोई वास्ता नहीं। यहाँ तो नृसिंह ने वधोपरान्त अपना क्रोध त्यागा था।*[15] अस्तु यहाँ नृसिंह का वीरासन में विराजित दूधाधारी विग्रह है। जिसकी अर्चना शहद, चन्दन, केसर और दूध से की जाती है। उसने बताया कि काले पत्थर (शालिग्राम) से निर्मित इस विग्रह की बाईं बाँह की कलाई दिन-ब-दिन पतली होती जा रही है। भविष्य में जब कलाई विग्रह से अलग होवेगी, तब बदरीधाम मार्ग में पड़ने वाले जय-विजय नामक पहाड़ परस्पर मिल जाएँगे।** नतीजतन हालिया बदरीधाम तक पहुँचने की कोई सूरत न बचेगी। पटमिलाई उपरान्त नीति घाटी के सुभाई गाँव में बदरीनारायण के दर्शन होंगे। कहते हैं उस गाँव में एक शिला शनैः-शनैः नारायण के रूपाकार में ढल रही है। जिसे 'भविष्यबदरी' कहा जाता है। इस धाम के बारे में अगली किसी बैठकी में बात की जावेगी। फ़िलहाल तो घूमा जाए यह मन्दिर-परिसर।

परिसर में बेतरतीब फ़र्शियों वाले आँगन से थोड़ा हटकर मन्दिरों का एक समूह था। मूल मन्दिर के बरअक्स यहाँ के मन्दिर अधिक जूने लगे। पाषाण निर्मित इन मन्दिरों की संरचना पारम्परिक गढ़वाली मन्दिरों की सी थी। जूने मन्दिरों में से तीन अपनी सुन्दर प्रतिमाओं के चलते ठहरने को बाध्य करते हैं। जैसे अष्ट भुजा गणेश, व वासुदेव की मूर्तियाँ। यहीं एक मन्दिर में दुर्गा की नौ प्रतिमाएँ हैं—नवदुर्गा। परिपाटी है कि गाँव में जिसके घर गाय ब्याती है, वह उस गाय के दूध से बने घी से नवदुर्गा का अभिषेक करता है। कहते हैं कि यह घी कभी नहीं पिघलता। इसका पिघलना क्षेत्र में महामारी फैलने का संकेत माना जाता है!

---

* औली के हनुमान मन्दिर के पुजारी महावीर प्रसाद सकलानी के अनुसार नृसिंह मन्दिर में आदि गुरु संध्या-पूजा करते थे। तथा यहाँ विष्णु की तमोगुण से ओतप्रोत मूर्ति है। इसलिए इसके दर्शन सामने के बजाय पीछे से किए जाते हैं। (लघु कैलाश, संजीवनी शिखर, जोशीमठ, 1994, पृ. 30) सम्भवतः जब सकलानी जी ने यह पुस्तक लिखी तब ऐसी परम्परा रही हो। क्योंकि हमने तो नृसिंह मूरत के न सिर्फ़ सामने से दर्शन किए वरन् आगे चलकर हमें पूर्ण विग्रह की शृंगारपूर्व छबि भी देखने को मिली।

** स्थानीय बोली में इसे 'पटमिलाई' कहते हैं।

आशीष बड़े मनोयोग से समूह के अन्य मन्दिरों के बारे में बता रहा था। पर मेरा चित्त प्राकृतिक आपदाओं के पूर्वानुमानों का देवताओं से जुड़ाव की ओर केन्द्रित हो चुका था। इसी सिलसिले में ध्यान आया श्रीनगर और रुद्रप्रयाग के बीच का धारो गाँव और वहाँ अवस्थित धारी देवी का मन्दिर। याद आई उस मन्दिर से जुड़ी एक कथा। जिसे हमने, ऋषिकेश से जोशीमठ आते समय, गढ़वाली ड्राइवर के मुख से सुना। कथा का सार यह कि अलकनंदा नदी के मध्य अवस्थित उस देवालय के डूबने पर उत्तराखंड में जल-प्रलय होगा। ड्राइवर भयभीत था उस तबाही से जो मचेगी अलकनंदा पर बन रहे बाँध की डूब में मन्दिर के आने पर!

वहाँ धारीदेवी मन्दिर के डूबने, यहाँ नृसिंह-कलाई के टूटने और नवदुर्गा पर चढ़ाए घी के पिघलने से जुड़े आपदा संकेतों के मानी क्या? आख़िरकार अनहोनी के पूर्वानुमान देवताओं के संग किस निमित्त जोड़े गए? क्या इनको ख़ामख़याली कह दरकिनार किया जा सकता है? ये तमाम सवालात ले गए मुझे अनुपम मिश्र की तालाब वाली किताब के क़रीब।[16] जिसमें ताल-जल स्तर मापने के पारम्परिक तरीक़े बातफ़सील दर्ज हैं। जैसे कि तालाब के समीप किसी ऊँचे स्थान पर घटोइया बाबा की प्रतिमा लगाई जाती थी। या कभी तालाब के बीचोबीच एक स्तम्भ (नागयष्टि) स्थापित किया जाता था। स्तम्भ पर नाग, चन्द्र, चक्र आदि उकेरे होते थे। बरखा ऋतु में लोग ध्यान रखते थे कि पानी कहाँ तक चढ़ा। नाग, चक्र या चन्द्र तक। मान्यता थी कि यदि घटोइया बाबा जलमग्न हो गए या फिर नागयष्टि पूरी तरह डूबी तो तालाब फूटेगा। गाँव में होगा जलप्रलय। अत: बरखा काल में लोग सचेत रहकर समय रहते सुरक्षा के बन्दोबस्त कर लेते। क्या धारीदेवी की मूरत भी अलकनंदा में किसी नागयष्टि की तरह लगाई गई थी? गाँव वालों को यथासमय चेताने की युक्ति है वो?

पूछने वाले इस देवी-कथा और जोशीमठ में नवदुर्गा पर घी चढ़ाने की परम्परा का नाता पूछेंगे। तो जान लें कि जोशीमठ इतना गर्म कभी नहीं होता कि घी पिघल जाए।[17] जो पिघला, तो मायने यह कि मौसम अतिशय गर्म है। जिस जगह ने कभी तीक्ष्ण ग्रीष्म ही नहीं देखा वहाँ गर्मी से कहर बरपा कि बरपा।* प्रतीत होता है हमारे पूर्वज उत्तराखंड हिमालय की तासीर भलीभाँति परिचित थे। उन्हें इल्म था कि वह अधिक दिनों तक एक पासे नहीं बैठने का। कि यहाँ भूचाल आते ही रहेंगे।** कि

* ज्ञातव्य है कि 2009 से 2019 ई. के बीच जोशीमठ में अधिकम तापमान कभी 25^{0}C से ऊपर नहीं गया। https://www.worldweatheronline.com/lang/en-in/joshimath-weather-averages/uttarakhand/in.aspx

** हिमालय की नदियों को बाँधने, जलबिजली पैदा करने हेतु बड़े-बड़े उद्यम स्थापित करने के हिमायतियों के हित में दर्ज करना आवश्यक जान कह रहा हूँ कि ज्ञात समयों में (1983 से 1992 ई.) अकेले गढ़वाल ने ग्यारह तगड़े भूकम्प झेले हैं। छोटे-मझोलों की गिनती ही →

हिमाला जैसा का वैसा नहीं रहने का। बिनाबर एहतियातन उन्होंने तमाम तैयारियाँ कर लीं। भविष्यबदरी की जगह नियत कर दी, भविष्यकेदार की भी। मुझे तो यह सब अज्ञान नहीं अनुभवजन्य विज्ञान लगे है। और धारीदेवी, टूटती कलाई व ठरे-घी की कथाएँ लग रहीं पूर्वार्जित ज्ञान घर-घर पहुँचाने की अद्‌भुत जुगत! सोचने पर लगता है कि मेरे पुरखों में आगामी आपदाओं और जगत की क्षणभगुरता को दैनिक जीवन में उतार लेने का कैसा विराट साहस था! दोस्तो, आप ही बताएँ क्या बग़ैर सोचे-जाने दन्तकथाओं को अन्धविश्वासियों का करकट कह देना न्याय है?

बाप रे! मैं ख़यालों में ऐसा डूबा कि वहीं खो गया। जब तक चैतन्य होता, आशीष जा चुका था। सहन में अफ़रातफ़री मची थी। चौगान के क़रीब सैन्य टुकड़ी बैंड बजा रही थी। सड़क पर सेना की लारियाँ खड़ी थीं। बदरीनारायण-गद्‌दी की विदाई का वक़्त हो चला था। मन्दिर से सड़क तक जाने वाली सीढ़ियाँ लोगों से ठस्सम-ठस्स। उन ठसाठस पेड़ियों पर एक पालकी दिखी। चार साधुओं के काँधे पर चढ़ सड़क की ओर जाती पालकी। जिसके सुसज्जित चँवर के नीचे गोटे से सजी गादी थी। कुछ महिलाएँ कीर्तन करतीं पालकी के पीछे चल रही थीं। जबकि पालकी में विष्णु अवतार बदरी का सामान था, पर भजन कृष्ण के गाए जा रहे थे।

रे...कन्हा...कान्हा बजेले मुरली...रे...कान्हा...
बजेले मुरली...कान्हा रे बजेले मुरली...

→ नहीं। कुछ तो तीव्रता में आठ से भी अधिक। जानमाल की हानि के साथ इनसे जोशीमठ, बदरीनाथ, गोपेश्वर के देवालयों का अतिशय नुक़सान भी पहुँचा। गोपेश्वर इलाक़े में धरती में पड़ी दरार पूर्व-पश्चिम की ओर अब भी बढ़ रही है।

गीत में न कोई अन्तरा, न संगत में कोई झाँझ या ढोलक। पुकार में न वापस आने की गुहार, न ठीक से जाने का इसरार। न गायिकाओं की भूषा गढ़वाली न भाषा। यह कैसी विदाई, यह कैसा गीत?

हर परम्परा का कोई मायने हो यह ज़रूरी नहीं लेकिन लोकगीतों के होते हैं। ब्याह-शादी में इन दिनों प्रचलित फ़िल्मी गीतों द्वारा विस्थापित हमारे पारम्परिक गीतों का ध्यान करें। क्या कुछ नहीं होता था उनमें? देव-आवाहन, दो परिवारों का पुश्त-दर-पुश्त इतिहास, ठिठोली। गिनाने पर आ जाऊँ तो गिनाता चला जाऊँ। फ़ेहरिस्त लम्बी है। पर इतना बता दूँ कि ये गीत मेरे निकट विवाह के सामाजिक-पारिवारिक और विवाहोपरान्त के दैहिक पक्षों को बूझने का साधन थे। विवाह की तो छोड़ दें मैंने अपने गाँव में मरणोपरान्त, तीसरे पर, भी गीत गाने की परिपाटी देखी है। जो रुदन कम दिवंगत को श्रद्धांजलि अधिक हुआ करते थे। ख़ैर, मैं नाहक ही इतनी लफ़्फ़ाज़ी कर रहा हूँ। आप तो ज़हीन हैं। क्या यह नहीं जानेंगे कि पारम्परिक गीत अवसरानुकूल ही हुआ करते हैं?

प्रतीत होता है पाश्चात्य संस्कृति के असर से जैसे विवाह से ठुमकते गीत गर्क़ हुए वैसे ही मधुर लोकगीत और मटिया-महक युक्त मीठी बोली जोशीमठ की नई पीढ़ी के हाथों से फिसल रही है। या यह भी हो सकता है अतिउत्साह में मैं जिन्हें गढ़वाली जनानियाँ मान बैठा हूँ वो तीर्थाटन पर आईं बाहरी महिलाएँ हों। आजकल ऊपरी धज से न तो शहर पहचाने जा सकते हैं, न मनक ही। सारा उत्तर भारत तो एक-सा ही दिखने लगा है। वैसी ही साड़ियाँ, गाड़ियाँ, मकान, दुकान, खाना, सोचना। सबके सब रंगरेज़ के हौज़ में डुबकी लगाकर खड़े हुए हैं। शहर, गाँव, लोग, यानी कि हम सब।

बहरहाल एक अन्य दृश्य जो मेरे ज़ेहन में आज तक जस का तस है वो है रावल जी से सम्बन्धित। पालकी को जिस मेटाडोर पर चढ़ रवाना होना था उसके पीछे थी एक एस.यू.वी.। जिस पर लगी पाटी पर लिखा था—'रावल जी'। उस गाड़ी का चालक सैनिक था। वर्दी में। जलूस आहिस्ता-आहिस्ता बढ़ने लगा। लारी में गढ़वाल स्काउट की टुकड़ी आगे, बीच में पालकी उठाए वाहन, पीछे रावल साब की एस.यू.वी.। मार्ग के किनारे खड़े लोग पालकी से अधिक रावल जी का अभिवादन कर रहे थे। उनके दरस को वे एक-दूजे के काँधे पर चढ़े जा रहे थे। बर्फ़ का झीना दुशाला ओढ़े खड़ा हिमालय, मकानों और लोगों की भीड़ के बीच में घुसने की असफल चेष्टा कर रहा था। लोग जयकारे लगा रहे थे। रावल जी के, बदरीनाथ के। हर जयकारे पर चौंकता हिमालय निरन्तर नेपथ्य में धँसता जाता था। देवों का प्रश्रयदाता हिमाला मायूस था, जनसमूह आनन्द से झूम रहा था।

ब्लू माउंटेन-रेड माउंटेन

औली (2750 मी.) कैसा अलग-अलग सा नाम है। जाने क्यों मिला होगा यह नाम इसे। नामों की होती है अपनी महिमा, अपनी गहराई। जाने कहाँ-किधर जुड़ी हो सकती है इन नामों की नाल। जैसे गढ़वाल में जगहों के नामों के सन्दर्भ या तो पौराणिक कथाओं से जुड़े मिलते हैं अथवा इधर की माटी से। मिट्टी की सोंधी गंध से आवृत कुछ नामों की बानगी देख लें तो भरोसा हो जाए आपको—परसारी, तोलमा, गमशाली, लाता, रेणी...। इनके मुक़ाबिल औली, कैसा अंग्रेज़ीदां नाम जान पड़ता है। इस नाम से जुड़ी एक बड़े मज़े की गल्प पढ़ने में आई थी। आप भी सुन लें।

> *बहुत पहले की बात है। कब की, किसे ख़बर? तब की जब एकान्त तलाशता एक प्रेमी युगल यहाँ के जंगलों में घूम रहा था। न जाने क्यों और कैसे युवती धुन्ध में कहीं गुम हो गई। प्रेमी ने उसे तलाशा। गाँव वालों ने भी। देर तक फिरते रहे सब वन में—औलीऽऽ...औऽऽऽली... का हेला लगाते हुए। औली-औली के मायने आओ...आ जाओ! तब से यह शब्द फ़िज़ा में यूँ स्थिर हो गया कि इस जगह का नाम ही औली पड़ गया।*[18]

जोशीमठ जिस पहाड़ की तलहटी में बसा है, उसी के शीर्ष पर अन्तिम बस्ती है औली। मठ से कुछ नौ सौ मीटर ऊपर तथा सड़क से तक़रीबन सोलह किलोमीटर दूर। सुनते हैं कि यह पहाड़ कभी वनाच्छादित था। सर-ता-पा। पर अब पहाड़ यहाँ-वहाँ से उघड़ गया है। जंगल विरल है अब इधर का। सुना तो यह भी है कि गढ़वाल स्काउट्स तथा सीमा सुरक्षा बल की छावनियों के चलते देवदार और चीड़ के वनों का रकबा घटा है। यह सच हो सकता है, नहीं भी। मतलब कि वन सैन्य गतिविधियों के चलते ही विच्छिन्न हुए यह सम्पूर्ण सत्य नहीं। तो आख़िर सच है क्या? ख़वातीन-ओ-हज़रात थोड़ा सब्र करें। संग बने रहें, ख़ुलासे होने को हैं।

तो मैं कह रहा था कि जोशीमठ से औली के दरमियान उस पहाड़ पर कई छोटे-छोटे गाँव हैं। पर कहने भर के गाँव। न उनमें ग्राम्य जीवन की महक है, न

वैसी मासूमियत ही। उनका रूप उस बच्ची का सा, जिसके उरोज इंजेक्शन लगा जबरन फुगाए गए हों। कि अंग भरेगा तो रंग जमेगा। कि पर्यटक आएँगे। पर गैस से पके आम में डाल-पाक आम का सा रस कहाँ से आए और कहाँ से आए अमराई की वो भीनी गंध? इस रास्ते के गाँव भी ऐसे ही। फुगे परन्तु नीरस।

अनछुई जगहों का कर्षण अनादि। पुरातन। मनुज-मज्जा में रचा-बसा। जिज्ञासा से वशीभूत हो आवें या फिर प्रकृति नेह में आबद्ध—लोग इन अक्षत कौमार्य जगहों पर पहले भी आते रहे हैं। पर छिटपुट। वक़्तन-फवक़्तन। आहिस्ता-आहिस्ता। पगडंडी-पगडंडी। समय ने करवट ली। सैनिक छावनियाँ आईं। सशस्त्रबलों की आवाजाही सुगम करने के लिए सड़कें बनीं। क़ुदरत की नुमाइश लगी। धरा के अनछुए गलियारे मीना बाज़ार में तब्दील हो गए। अचला बिकाऊ हो गई। बर्बर दलाल नमूदार हुए। कलाई पर गजरे लपेट क़ुदरत के ग्राहक गलियों में फिरने लगे। नथें उतरने लगीं। गाँव बदले, वन घटे। देखते ही देखते सामाजिक परम्पराएँ रेजा-रेजा हो गईं।

प्रकृति के प्रति हमारी बर्बर मानसिकता का ज़िन्दा नमूना है औली। कैसे? वो ऐसे कि 'बारह मास रोज़गार' के नाम पर यहाँ शीतकालीन खेलों को विकसित करने की योजना बनी। औली को अन्तर्राष्ट्रीय स्कीइंग डेस्टीनेशन में तब्दील करने की योजना। इस हेतु दरकार थी मानकों पर खरा उतरने वाले हिमादृत मैदान की। पहाड़ की ढलान पर से जंगल छाँटे गए। मैदान हासिल हुआ। पर बर्फ़ किधर से आए? यूँ कि प्रतियोगिता के दिन तो अरसा पहले मुक़र्रर हो जाते हैं, किन्तु कहाँ, कब और कितनी बर्फ़ गिरेगी यह कौन जान सकता है? बर्फ़ नहीं तो खेल नहीं। आयोजकों की नाक कटी कि कटी। अतः अर्जित ढलुआ सतह पर कृत्रिम बर्फ़ बिछाने के साधन जुटाए जाने लगे। हिमोत्पादन हेतु संयंत्र स्थापित हुआ। एक तरफ़ से जल घुसेड़ो दूसरी ओर से हिम बाहर। यहाँ तक तो ठीक था पर मसला जल आपूर्ति पर आकर अटक गया। जल किधर से लाएँ? वो भी भर सर्दी में तरल जल। इसके लिए औली के ऊपर पच्चीस हज़ार घन मीटर क्षमता वाला एक तालाब विकसित किया गया। वर्षाकाल में पाया पानी एकत्र किया गया ताल में। जहाँ से संयंत्र के ज़रिए छोड़ा गया पानी बनकर बर्फ़ फैल गया मैदान में। इस कृत्रिम बर्फ़ को दबा (काम्पेक्ट) कर फिसलवाँ बनाया गया एक दूसरी मशीन से।

खिलाड़ियों को ऊपर लाने-ले जाने के लिए जब रज्जु मार्ग* बना तब लालाओं ने मौक़ा ताड़ा। ज़मीनें हथिया लीं। कभी चरनौई भूमि रहे औली क्षेत्र पर रिसार्ट बने और घरों में होम स्टे। मानव-निर्मित उस मैदान पर 2011 में शीतकालीन एशियाई खेल हुए। फिर बरपा दोतरफ़ा क़हर। भू-माफियाओं का और प्रकृति का। भू-माफियाओं ने उस ढालवाँ मैदान के बीचोबीच होटल खड़े कर दिए। और प्रकृति

* यानी रोप-वे या गंडोला। कहते हैं कि यह एशिया के सबसे लम्बे रज्जु मार्गों में शुमार है।

के एक झटके से कृत्रिम बर्फ़ बनाने वाला संयंत्र बेकार हो गया। अब खेल खटाई में है। पर होटल धड़ल्ले से चल रहे हैं।

ग़नीमत है कि सैन्य छावनियाँ होने के कारण कुछ अंकुश है। थोड़ा-बहुत वन अब भी बचा है। जो वन्य-जीवन को आश्रय दिए है। पुरानी चरनौई भूमि (औली) को जाती वनवीथिका अब भी बची है। जोशीमठ से औली कोई पैदल जाना चाहे तो देवदार और बलूत (ओक) के जंगलों के बीच से गुज़रती इस पगडंडी से तीन घंटों में वहाँ पहुँचा जा सकता है। बशर्ते आप वन से भय न खाएँ। वो भी तब जब आपको बता दिया गया हो कि वन में भालुओं के डेरे हैं। और यह भी कि यहाँ के भालू आदमख़ोर हैं। घात लगाकर मारने में निष्णात। और साथ में पुछल्ला जोड़ दिया गया हो जंगल में बाघ होने का। स्थानीय लोग तो इतना भयभीत रहते हैं कि वे मोटरसाइकिल पर भी अकेले सड़क पर नहीं निकलते। सूर्यास्त उपरान्त तो क़तई नहीं। पहाड़ी डगर के किस वलय पर औचक ही भालू से सामना हो जाए कोई नहीं जानता। चुनाँचे, ऐसे में बाक़ायदा, स्वत:स्फूर्त, कॉनवाय बनाया जाता है। टॉर्च, लाठी जुगाड़ी जाती है। एक गाड़ी पर तीन लोग बैठते हैं, तब जाकर छोड़ते हैं अपना महफ़ूज़ ठिकाना।

बराय मेहरबानी सोनी अपन तो सूमो की सुरक्षा में अग्रसर है। ज़ाहिर है कि परिचालक स्थानीय नवयुवक था। तेज़ी का मुरीद। लिहाज़ा संगीत धमाधम था और गति भी दनादन। उन्हें कम करने का हमारा निवेदन उस तक पहुँचता ही न था। सो वाहन में दाएँ-बाएँ झूलते हम वलय-दर-वलय आगे बढ़ रहे थे। कि तभी गाड़ी ऐसे थमी कि सर डैशबोर्ड से टकराने से बमुश्किल रोक पाया। सामने का नज़ारा कर हम भौचक। बिलकुल धक्क। हिया हलक़ में। सामने एक तेंदुआ था। नि:शंक। मस्त। सड़क पर चहलक़दमी करता तेंदुआ। वह पलटा। हमें देखा। नज़रें चार हुईं। अब वह भी हक्का-बक्का। दो पल के लिए सब थिर। गाड़ी, संगीत, समय, धरती, धड़कन, तर्क, तेंदुआ गोकि हर शै थिर। वो चार क़दम हमारी ओर बढ़ा। ठिठका। फिर दिशा बदल वृक्षों के मध्य चल दिया। नीचे। जहाँ सड़क थी और सड़क से सटी थी एक मानव बस्ती। हो सकता है वहाँ से कल मुर्ग़ी या बकरी मारे जाने की ख़बर आए। या कि तेंदुआ आदमख़ोर घोषित हो जाए...सज़ा पाए...मार दिया जाए...।

गाड़ी ने हिचकोला खाया तब चेत तो हुआ, पर मन रहा विचलित। भेजे के गोशे-गोशे में एक ही शब्द गूँज रहा था—कौन? आख़िर कौन?...घुसपैठिया कौन?...कौन किस पर बरपा क़हर बन?...कौन है हक़ख़ोर? कौन ख़तरनाक है?...और कौन है सज़ा का असल हक़दार?...कौनऽऽ...आख़िर कौनऽऽऽ?...मैं भी तो जंगल लीलने वाली उसी सड़क का उपयोग कर रहा हूँ...मैं भी तो क़ुदरत की नुमाइश देखने जा रहा हूँ...फिर मैं कैसे निर्दोष हूँ?...बड़ा गुनहगार कौन होता है...बेजा

व्यापार करने वाला या जानते-बूझते उस दुकान से ख़रीदी करने वाला? कौनऽऽ... आख़िर कौनऽऽऽ?...गाड़ी चलने लगी थी, पर मन रमण से विरक्त हो चला था। ज़ेहन के ग्रामोफ़ोन की सुई अटक चुकी थी। वहाँ गेरेट हार्डिन* का कहा गूँज रहा था—there is only one pollusion...people!

अपराधबोध तारी हो गया। ग्लानि मुझे पंगु करे उसके पहले मुझे इस ख़याल से मुक्त होना होगा। अब शीघ्रातिशीघ्र औली पहुँचना चाहिए। वहाँ पहुँचें तो मन का मौसम बदले, कुछ त्रास कम हो। जैसे-जैसे औली पास आता है, हिमालय भी पहलू में आता लगता है। इस रास्ते जब सारे गाँव गुज़र जाएँ, सैनिकों के ठिकाने पार हो जाएँ। बोले तो जब तोपों के साये हट जाएँ और छँट जाएँ शहर-गाँव, तब जाकर दिखेगा ज़ख़्मे-जिगर पर मलहम जैसा क़ुदरत का करिश्माई रूप। वैसे यहाँ से अँगड़ाई लेते इक्का-दुक्का हिमशिखर दिखने लगे हैं। दरमियानी जंगलों का लिहाफ़ सरकने के उपरान्त ही हिम-शृंखला के नख-शिख नज़ारे होंगे। इसके लिए अभी दो किलोमीटर और जाना होगा। ठेठ औली तक।

औली, महत्त्वपूर्ण पर्यटन स्थल के लिहाज़ से एक मक़बूल नाम। इसकी शोहरत का बायस स्कीइंग प्रतिस्पर्धा के अलावा यहाँ का रज्जु मार्ग भी है। पंछी की तरह हिमालय का नज़ारा करने के लिए रज्जु मार्ग एक आसान साधन जो ठहरा। वैसे इस गंडोला मार्ग के समुचित उपयोग से ग्रामीणों का जीवन भी आसान किया जा सकता था। जो ऐसा होता तो जंगल के मध्य गुज़रती सड़क का उपयोग भी नियंत्रित हो जाता। पर अफ़सोस कि यह न हो सका। रोज़-ब-रोज़ आवाजाही वाला तीन सौ रुपए प्रति फेरे के शुल्क पर इसका उपयोग कैसे कर सकता है? सरकारें क्यों नहीं समझतीं कि हिमालय के दुरूह हिस्सों में बसे दूर-दराज़ गाँवों तक पहुँचने हेतु रज्जु मार्ग एक आसान और कम प्रदूषण फैलाने वाला उपाय है। नेपाल जैसे छोटे देश यह समझ चुके हैं। भारत ठहरा बड़ा देश। हमारे राजनेताओं का लक्ष्य आसमान भेदना, विश्वगुरु बनना। उन्हें इन पिद्दी मुद्दों और अदना अवाम पर ध्यान देने की फ़ुरसत ही कहाँ। उन्हें जनता के ख़ून-पसीने से निचुड़ा टैक्स-धन शहरातियों की मौज़-मस्ती पर बेख़ौफ़ ख़रचने से क़तई गुरेज़ नहीं।

ख़ैर, अपन को इन नीरस बातों के फेर में नहीं पड़ना चाहिए। अपने राम तो ठिकाने पर पहुँच गए हैं। सो अब उसी की बात की जाए। अभी, यानी कि वर्ष 2012 में, तो औली बहुत शान्त है। आज इसे कुल जमा एक ही होटल हासिल। स्कीइंग-शौक़ीनों के वास्ते बनाया गया गढ़वाल पर्यटन वालों का होटल। बताने की दरकार नहीं कि यहाँ शराब-कबाब का पुख़्ता इन्तज़ाम है। रज्जु मार्ग की झूला-चमरी

---

* Garrett Hardin सुप्रसिद्ध अमेरिकन इकोलॉजिस्ट जिसने जनसंख्या विस्फोट के दूरगामी असरों को बहुत पहले रेखांकित किया।

(केबिन) ठहरती है इसी होटल के शाने पर। यहाँ से और ऊपर ले जाने के हेतु एक कुर्सी वाला गंडोला अलग से उपलब्ध है। लोग इस होटल की तारीफ़ करते नहीं अघाते। पर इसे देख मेरा तो कलेजा कट रहा है। पहाड़ की लासानी सब्ज़ चादर और बाँह पसारे हिमशिखरों पर जैसे चेप दिया हो कोई टाट का पैबन्द। क्या ही अच्छा होता जो यहाँ कोई होटल होता ही नहीं। तम्बू गाड़ काट लेते एक रात। जो होना ही था इसे तो कम से कम इसकी धज तो गढ़वाली होती। छत होती पत्थरों की, दरीचे होते काठ के। सोचने लगा कहीं इसी होटल में रुकना न पड़ जाए। पर एक मिनट...टेंट तो शायद जोशीमठ में ही धरे हैं, यानी रात इसी होटल में...उफ़... नहीं...हरगिज़ नहीं...हज़ार मर्तबा नहीं...

"यहाँ नहीं ठहरना," मैंने अपने को कहते सुना।

सोनी हतप्रभ, "क्या हुआ सर, बेस्ट होटल है। मेरे जानने वाले हैं तभी तो यहाँ बुकिंग हो सकी..."

"सो तो ठीक है, पर मेरा दिल नहीं है यहाँ ठहरने..." मैं अड़ गया।

हतप्रभ सोनी—"तब क्या करें सर? जोसीमठ जा नहीं सकते। एक्लेमेटाइज़ेसन भी तो ज़रूरी है सर! एक रात यहाँ टिक जाएँ। परमिसन मिल गई तो कल ही आगे चल देंगे।"

अड़ियल मैं—"नहीं, मैं इस होटल में नहीं रहूँगा। कैम्पिंग करो, टेंट लगाओ।"

परेशान सोनी—"सर, टेंट तो नीचे ही छोड़कर आए हैं। रनी के पास।"

अड़ियल मैं—"रनी को बुलवाओ। चाहे कुछ हो, मैं इस बदमज़ा होटल में नहीं रुकने का।"

रुआँसा सोनी—"सर जी, समझो तो सही। टेंट लगाना मुस्किल है। इस बार किचन टेंट हैवी वाला लिया है। एवरेस्ट बेस कैम्प वाला। अभी से भीग गया तो उसे उठाने के लिए कोई पोर्टर तैयार नहीं होगा।"

यह बात मेरे भेजे में घुसी। गीला किचन टेंट इतना वज़नी हो जाता है कि उसे तोकने से भरिक बिदकते हैं। ट्रैक के दौरान बात अलग होती है। तब साथ जाने वाले सामान को अलग-अलग ढेरों बाँटा जाता है। जिसे 'लोड बँटाई' कहते हैं। कुछ इस तरह कि साधारण पोर्टर के वास्ते एक लोड में तक़रीबन 18-20 किलो माल हो। तथा 'हाईएल्टि' पोर्टर के लिए दस से बारह किलो। पहले दिन जिसने जो लोड चुन लिया पूरे अभियान में वो उसे ही उठाना होता है। लोड बँटाई के समय रसोई का सामान और शामियाना एक लोड गिना जाता है। जिसे ख़ानसामा और एक अन्य पोर्टर आपस में बाँट लेते हैं। मज़े की बात यह है कि पैदल यात्रा के आगाज़ पर हर भरिक की दिली तमन्ना रहती है किचन स्टाफ़ में चुने जाने की। क्यों? वो यूँ कि तमाम लोडों में एक इसका ही भार ट्रैक के दौरान कम होता

चलता है। कम होते वज़न की भरपाई वह कुली रसोइए का सहायक बन करता है। पर अभी तो ट्रैक शुरू होने में तीन-चार दिन हैं। किचन टेंट जो भीग गया तो उसे उठाए फिरने में सब भाव खाएँगे।

इधर मैं ज़िद्द पर अड़ा था, उधर मौसम का मिज़ाज बदलने लगा। काले बादल घिर आए। जिन्हें देख हर कोई मुझे समझाने पर उतर आया। पर मैं था कि मानने को राजी ही नहीं। शुक्र है कि माहौल गरमाने के पहले ही हमें मंडल-होटल से थोड़ा परे दो-चार कमरे दिख गए। टीन की छाजन वाले उन कमरों के गिर्द भंगार बिखरा था। और थोड़ा-बहुत कूड़ा-कर्कट भी। जो उसके पिछवाड़े लगी सिंटेक्स की टंकी चुगली नहीं करती तो हम उसे अटाला घर ही मानते। जल जीवन का संकेत। टंकी देख आस बँधी। सोनी ने पता किया। मालूम हुआ कि वह भी एक होटल है। सर्वथा साधारण। अधबना।

सोनी की जान में जान आई। बोला, "सर, हमें तो रात काटने के लिए छत चाहिए। आज इसी में रुक जाएँ। साम नहीं तो कल मार्निंग में, जब भी मौसम खुलेगा हम ऊपर चलेंगे। गौरसों भुग्याल (बुग्याल) तक। वहाँ से आप नंदा देवी देख सकेंगे।"

बात बन गई। मोल-भाव हुए। वहीं टिक गए। इतनी देर दम साधे हमारी बहस सुन रही अपर्णा के बोल कब फूटे मालूम? भंगार में संडास दिखने के बाद। बेचारी सोचती होगी की इतनी बसाहट में सुबह-सवेरे 'जावेंगे' कैसे? और किधर?

ख़ैर, यहाँ चुपके से टिक जाने के पीछे एक कारण और था। नंदा देवी। इधर सोनी के मुख से 'नंदा देवी' का नाम निकसा और उधर भीतर दहकती बासती पर घड़ों पानी पड़ गया। एक झटका सा लगा। मानो गहरी तन्द्रा टूटी हो। नंदा देवी हिमशिखर से जुड़ा कुछ ध्यान आया। माथा ठोंक ख़ुद पर लानतें भेजने लगा, "उज़बक! होटल के टंटे में नंदा देवी किस तरह भूल गया बे? 'औली जाऊव्वाँ ही जाऊव्वाँ' की रट लगा अपर्णा का भेजा जीम रहा था बरसों से। क्यों? नंदा देवी देखने वास्ते न। फिर उसे भूल कैसे गया रे घामड़..."

आप पूछेंगे नंदा देवी में ऐसा क्या ख़ास है कि मैं उसे देखने को मरा जा रहा हूँ? और जो वो इतना ख़ास है तो नज़र भर देख संतृप्त कैसे हो सकता हूँ? क्या यह मेरी तासीर के विरुद्ध नहीं? आपके तमाम सवालात जायज़ हैं जनाबेआली। सच है कि पहाड़ों को दूर से देख तृप्त होना मेरी फ़ितरत नहीं। पर मसला जब नंदा देवी का हो तो थोड़ी सबूरी ज़रूरी। यूँ कि नंदा देवी परिक्षेत्र में किसी आदमज़ाद का प्रवेश एक अरसे से वर्जित जो ठहरा।

इस वर्जना की ख़बर मुझे तब पड़ी जब मैं और सोनी पनपतिया-अनुमति को लेकर ऊहापोह में थे। जो अनुमति मिली तो ठीक। पर जो न मिली तो? हाथ पर

हाथ धर बैठे तो नहीं रह सकते। अतः कोई वैकल्पिक योजना होनी चाहिए। कि मौसम जब अनुकूल न हो तो 'प्लान बी' ही अवसाद से बचाए रखता है। वो मार्च माह की कोई शाम थी। सोनी फ़ोन पर था। उस शाम पनपतिया के विकल्प के बतौर मैंने नंदा देवी क्षेत्र का नाम सुझाया। पर सोनी मेरी बात पूरी होने से पहले ही बोल पड़ा—

"नहीं सर, वहाँ नहीं। उधर सिविलियन को जाने की मना है।"

"ऐसा क्यों? शिपटन जा सकता है, उसके बाद भी कई जने गए हैं, तो अब यह मनाही क्यों?"

"सर, क्या आपको नहीं मालूम?" उधर से अविश्वास से भरा स्वर उभरा।

"नहीं। क्या मसला है?"

"सर, उधर न सी.आई.ए. वालों ने कोई न्युक्लियर डिवाइस छिपाई थी। जो मिल नहीं रही। इंडियन गवर्नमेंट को जब मालूम हुआ तो यह एरिया ही बैन कर दिया।"

"हटो, यह नहीं हो सकता। हिमालय है, कोई हलुआ नहीं कि उठाया चम्मच में और गटक लिया।"

"पर सर, सब यही कहते हैं...यह सच..."

"भाई मेरे, सौ लोग यदि एक ही झूठ दोहराने लगें तो वह भी सच जान पड़ता है। सोचो तो ज़रा कि दूसरे देश का जासूस न्युक्लियर डिवाइस लेकर हमारे यहाँ घुसा कैसे? बिन अनुमति नंदा देवी तक पहुँचा कैसे?"

"ये तो नहीं मालूम। पर हमें परमिसन नहीं मिल सकती वहाँ जाने की...," इतना कह उसने फ़ोन काट दिया।

आज के काल को देखते हुए अगर ऐसा कुछ घटा हो तो वह किसी दन्तकथा के साकार होने जैसा ही तो होगा। इस युग में जब सरहदों के पार आते-जाते परिन्दों पर भी नज़र है तब परदेशियों का हमारे यहाँ बिना लक्षित हुए तेईस हज़ार फ़ीट की ऊँचाई तक पहुँच जाना मिथक-कथा सा लगता है। हनुमान का उड़ते हुए लंका से हिमालय पहुँचने जैसी कथा। भरोसा होना मुश्किल। सो ढूँढ़ मचाई गई। पराकाष्ठा तोड़ू अचरज तो तब हुआ जब मिला सी.आई.ए. द्वारा जारी अमेरिका के राष्ट्रपति को सम्बोधित एक पत्र। बरास्ता गूगल-देव।[19] अप्रैल 12, 1978 के पत्र में इस अभियान को शर्मनाक बताते हुए राष्ट्रपति कार्टर से जवाब-तलब किया गया था। ख़त के संग नत्थी था पूरे षड्यंत्र का सिलसिलेवार ख़ुलासा करता हॉवर्ड कॉह्न का ऐतिहासिक लेख। गोकि मामला पेचीदा है और दास्तां लम्बी पर आपको मैं छोटे में सुनाता हूँ।

यह सब घटा था उन्नीस सौ बासठ के भारत-चीन समर के बाद। युद्धोपरान्त चीन अपना सामरिक बल पुख़्ता करने में जुटा था। इसी आशय से अक्टूबर 16, 1964 में चीन ने परमाणु बम का परीक्षण भी किया। परीक्षण को सीने पर झेला चीन के सिंचियांग के लॉपनॉर नामक क्षेत्र ने। पर इसका सबसे ज़्यादा असर लिया अमेरिका ने। उसे अपनी सुरक्षा/प्रभुसत्ता पर ख़तरा मँडराता नज़र आया। उसकी सुरक्षा एजेंसी (सी.आई.ए.) जुट गई किसी ऐसे तरीक़े की तलाश में जिससे किसी भी सम्भावित हमले की उसे पूर्वसूचना मिल सके। निर्णय किया गया कि भारत-चीन की सीमा पर इतनी ऊँचाई पर एक जासूसी यंत्र लगाया जाए जो सिंचियांग की पल-पल की ख़बर उन तक पहुँचाए। तलाश ख़त्म हुई भारत की छब्बीस हज़ार फ़ीट से भी ऊँचे पर्वत 'नंदा देवी' पर आकर।

योजना की सफलता हेतु आवश्यक था एक ऐसा ऊर्जा स्रोत जो महाविकट मौसमों में भी एक सौ पच्चीस पौंड के जासूसी यंत्र को ज़िन्दा रख सके। वैज्ञानिक एकजुट हुए। परमाणु विज्ञान की गहायी होने लगी। निर्मिति हुई दो फ़ीट ऊँचे और तीन फ़ीट घेर वाले एक पावर बैंक की। नाम था जिसका—स्नैप!* इसमें बरसों-बरस निरन्तर ऊर्जा प्रदाय करने जितना प्लूटोनियम-238 भरा था। प्लूटोनियम से बनी ऊर्जा का संग्रह करने के लिए एक यंत्र और बनाया गया। इस संग्राहक यंत्र का अनुमानित जीवन पचहत्तर बरस था। ज्ञातव्य है कि प्लूटोनियम की विकिरण क्षमता पाँच-सात सौ बरस में भी पूरी तरह से ख़त्म नहीं होती।

सी.आई.ए. को अब तलाश थी ऐसे लोगों की जो इस अतिसंवेदनशील योजना की गोपनीयता भंग किए बिन तमाम मालोअसबाब हिमालय पर ले जा सकें। इसके लिए अमेरिकी पर्वतारोहियों को बुलवाया गया। सारी योजना को राष्ट्रप्रेम और देश-रक्षा का मुलम्मा चढ़ा उन्हें परोसा गया। कुछ इस चतुराई से कि न तो प्लूटोनियम का ज़िक्र निकले न नंदा देवी की बात आए। पाई-पाई को तरसते पर्वतारोहियों को एक साल तक हज़ार डॉलर प्रतिमाह के मोटे मेहनताने का लालच दिया गया। ऊपर से मुफ़्त के सैर-सपाटे, संग में राष्ट्रसेवा का गौरव—भला ऐसा पैकेज किसे नहीं सुहाता। नतीजतन उन्नीस सौ चौसठ के मध्य तक अमेरिका के नौ दिग्गज पर्वतारोहियों ने मरते दम

* SNAP—Space Nuclear Auxillary Power generator

तक गोपनीयता की शपथ उठा ली। इनके अतिरिक्त अमेरिकी एजेंसी ने उन चार भारतीय पर्वतारोहियों को भी जोड़ा जो उन्नीस सौ बासठ के एवरेस्ट विजेताओं में शुमार थे। सी.आई.ए. ने इस अभियान को नाम दिया ऑपरेशन 'ब्लू माउंटेन'।

अब समस्या थी गुपचुप भारत में घुसने की। हालिया युद्ध के बाद भारतीय जाँच एजेंसी, सी.बी.आई. सूचनाओं के लिए लगभग पूरी तरह सी.आई.ए. पर ही निर्भर थी। इसी का लाभ उठा सी.आई.ए. ने भारतीय जाँच एजेंसी पर दबाव बनाया। और राजी कर लिया कि वह भारत के प्रधानमंत्री से छुपाकर इस योजना को पूरा करे। एक विशिष्ट तरीक़े से बने अमेरिकी हेलिकॉप्टर ने पर्वतारोहियों को तमाम यंत्रों के साथ नंदा देवी अभयारण्य में चौदह हज़ार फ़ीट पर उतारा। स्थानीय लोगों को ग़फ़लत में रखने के लिए सी.बी.आई. ने तमाम कार्यक्रम को अमेरिका के साथ साझा योजना बताकर नाम दिया 'हेट'।***

सितम्बर उन्नीस सौ पैंसठ में टीम ने नंदा देवी के सत्ताईस हज़ार फ़ीट ऊँचे शीर्ष की ओर चढ़ना आरम्भ किया। पर उसकी रज़ामन्दी के बग़ैर हिमालय से पार पाना ठहरा महाविकट कारज। लिहाज़ा गिरिराज के ताप का सामना इस दल को भी करना पड़ा। जब दल अपने अभीष्ट से तीन हज़ार फ़ीट नीचे था, तब मौसम बिफ़र गया। ऐसा तूफ़ान उठा कि न आगे जाना सम्भव था न इतना भारी सामान लेकर लौटना ही। निर्णय हुआ, स्नैप को वहीं चट्टानों में छिपा देने का। और आती गर्मी में लौटकर बचा काम पूरा करने का।

*कुछ माह उपरान्त, 1966 के वसंत में टीम नंदा देवी क्षेत्र में लौटी। फिर वहीं, उसी ऊँचाई, उसी स्थान तक पहुँची। किन्तु वहाँ का हाल देख सब सन्न रह गए। वहाँ कुछ न था। न वे चट्टानें, न वे सामान। थे बस एवलांच के निशान। उधर था सपाट मैदान और थी बर्फ़ ही बर्फ़। बहुत ढूँढ़ मची। अन्ततः एवलांच में उलझ नीचे फिसले सामान के धुँधले निशानात मिले भी। पर स्नैप इतना गहरा धँस चुका था कि उसे निकाल पाना असम्भव जान प्लूटोनियम-238 से भरा 'असला' वहीं छोड़ दिया गया।****

---

* इस जहाज़ पर से सारे नम्बर और पहचान चिह्न मिटा दिए गए थे।

** HAT—Air Force Hight Altitude Test program.

*** दरअसल प्लूटोनियम का बाहरी आवरण इतना गर्म था कि इसे उठाने वाले कुलियों की पीठ पर घाव पड़ गए थे। इसी उष्णता के चलते स्नैप बर्फ़ में सैकड़ों फ़ीट नीचे चला गया।

मज़े की बात है कि भारत की सरकार को अब तक कुछ ख़बर नहीं थी। जबकि सी.आई.ए. को अन्दाज़ था कि प्लूटोनियम धीरे-धीरे अपने आवरण से रिसेगा। कि वह फैल जाएगा आसपास। कि अन्तर्भुक्त होकर पिघलती बर्फ़ और धसकती चट्टानों के संग वो विष पहुँचेगा यहाँ से निकलने वाले गदेरों में। कि नंदा देवी ग्लेशियर के गदेरे बनाते हैं ऋषि गंगा। तथा उसका जल धौली गंगा में घुल अन्ततः असंख्य जीवों के कंठ तर करता है। खेती में सहायक बनता है।*

अमेरिकी एजेंसी की नाइंसाफ़ी और हमारी सी.बी.आई. के दब्बूपन की इंतहां तो अभी बाक़ी थी। अपने अभियान की विफलता से बौखलाए सी.आई.ए. एजेंट एक बार फिर 1967 में भारत लौटे। इस बार सी.बी.आई. को बाक़ायदा ब्लैकमेल किया गया। सी.बी.आई. की कमज़ोर नस उनके हाथ में थी। अपनी सरकार से छुपाकर ऐसे ख़तरनाक़ अभियान का हिस्सा बनने का जुर्म जो हुआ था उससे। मजबूर सी.बी.आई. फिर साथ आ गई। एक नए स्नैप युक्त यंत्र के साथ नूतन अभियान को अंजाम देने के लिए। इस मर्तबा गुप्तचरी हेतु नवनिर्मित मशीन को नंदा देवी के बनिस्बत नंदा-कोट में स्थापित करने की योजना थी। इस अभियान को आड़ मिली कूटनाम 'रेड माउंटेन' की।

गोपनीयता बनाए रखने की ग़रज़ से इस बार अभियान में शुमार गोरों की चमड़ी को रासायनिक लेप लगा भारतीय रंगत दी गई। आधी रात को दिल्ली के सैनिक हवाई पट्टी से जहाज़ उड़ा और अभियान दल को नंदा-कोट की तले में उतारा गया। नंदा-कोट अभियान कहने को तो सफल रहा। पर कुछ समय पश्चात् ही सर्दियों में इसने काम करना बन्द कर दिया। सी.आई.ए. 1968 में फिर लौटा, यंत्र की मरम्मत की। 1969 तक इससे चीन की तमाम ख़बरें जुटाने के बाद सी.आई.ए. इसे भूल गई। क्योंकि चीन पर नज़र रखने के लिए तब तक वह ताइवान में नंदा-कोट से ख़ूबतर एक टॉवर स्थापित कर चुकी थी।

1978 में अभियान की भनक कुछ लोगों को मिली। उन्होंने अमेरिकी राष्ट्रपति कार्टर को उपर्युक्त पत्र लिखा। उनसे भारत के साथ मिल इस सांघातिक भूल को सुधारने का भरसक प्रयास करने की अपील की। किन्तु अमेरिका ने बेशरमी की तमाम हदें पार कर यह चरितार्थ किया कि भारत ने, जी हाँ, भारत ने, नंदा देवी से प्लूटोनियम निकालकर अपने परमाणु परीक्षणों में उपयोग कर लिया

* जबकि अमेरिका के राष्ट्रपति को पल-पल की ख़बर पहुँच रही थी।

है। भारत सरकार को जब तक यह सब मालूम हुआ, मुआमला हाथ से बाहर हो चुका था।

इतना बहुत सा प्लूटोनियम यहाँ ठेल तो दिया पर उस दुरूह वादी से इसे निकालना दुष्कर है। आज भी नंदा देवी अभयारण्य में प्लूटोनियम रिसाते ये दोनों यंत्र पड़े हैं।[20] गंगा मैली हो रही है। नंदा-परिक्षेत्र में प्रवेश निषिद्ध है।[21]*

---

* इस अभियान का हिस्सा रहे भारतीय पर्वतारोही कैप्टन एम.एस.कोहली 2003 में सामने आए। एक किताब लिखी। Spies in the Himalayas : Secret Missions and Perilous Climbs (Modern War Studies) तब भारतीयों को भरोसा हुआ कि जिसे वे गप मान रहे थे वो सत्य था।

जाते थे जापान चल दिए चीन...

दुनिया में हूँ दुनिया का तलबगार नहीं हूँ।
*बाज़ार से गुज़रा हूँ, ख़रीदार नहीं हूँ॥**

जो ज़िन्दगी इस तरह से बरती जाए तो कोई टंटा ही न रहे। वक़्त गुज़रे एकदम मक्खन-मक्खन। पर भाईजान लोगो ऐसा होता थोड़े ही न है। ऐषणाओं के अधीन मुझसे मनक की तो उम्र कटती है इच्छाओं के सहारे। तलब-दर-तलब। यह बात ज़ुदा कि दुनियावी मेले में दिलचाहा दिखे मगर मिले नहीं । ज़ेहनी ख़रीद-फ़रोख्त पर सुकून रहना हमारी पेशानी पर लिखी तहरीर। ऐसे में अक्सर कभी भूले से ज़िन्दगी मेहरबान होती दिखे भी तो वक़्त का कोई अनसोचा वक़्फ़ा** उसकी तमाम तरतीबें धराशायी करने को मौज़ूँ हो जाता है।

इस बात की ताक़ीद के लिए अधिक दूर जाने की दरकार नहीं। हम मायूस क्यों हैं फ़िलवक़्त यही बताना काफ़ी। इस मुआमले पर आने के पहले भला बताइए तो हमारे जोशीमठ या औली से न टलने का बायस क्या है? काग़द के उस अदद पुर्ज़े को हासिल करना जिसे लोग परमिशन कहते हैं! कि यह रोड़ा हटे और हम बढ़ जाएँ पनपतिया अभियान हेतु। ऐसे में जो ख़बर हो कि एस.डी.एम. ऑफ़िस वाले सैद्धान्तिक तौर पर पनपतिया की अनुमति देने को राज़ी हो गए हैं तो दिल बल्ली-बल्ली कूद्दी मारेगा कि नहीं? मारेगा न! इस ख़ाकसार के दीदों में पनपतिया के ख़्वाब तिरेंगे कि नहीं? तिरेंगे न! लेकिन क्या यह सब हो सका? ख़ैर जनाबेआली, इन बेसबब पहेलियों में उलझने के बनिस्बत आप तो सुनिए वो जो कल शाम बाद घटा। सिलसिलेवार। हमारी मायूसी के सबब जानने हेतु भी इसे सुना जाना चाहिए।

कल ऑपरेशन रेड माउंटेन का वाक़िया मुकम्मल होने तक आसमाँ स्याह पड़ चुका था। बादलियों की कगार से ढुलकी बूँद-बूँदकियाँ हम

---

* अकबर इलाहाबादी

** वक़्फ़ा—अन्तराल

तक पहुँचने लगी थीं। तभी सोनी के पास जोशीमठ से सन्देशा आया कि एस.डी.एम. ऑफ़िस वाले पनपतिया-अनुमति देने को राज़ी हैं बशर्ते फ़ॉरेस्ट विभाग वालों का अनुमोदन पत्र हम आवेदन के साथ नत्थी कर सकें। यह काम आसान न था। जंगलात वालों से तो सोनी पहले ही सिरपच्ची कर चुका। वे अनुमति-पत्र जारी करने हेतु एस.डी.एम. का अनापत्ति-पत्र चाहते हैं। बेड़ा ग़र्क़। फँस गई दुम निकलते हाथी की। या कहूँ कि पेच उलझ गया।

आज यानी शनिवार अप्रैल 28, 2012 के लिए न जाने क्या-क्या सोचा था। जैसे कि सुबह नंदा देवी पर्वत शिखर को इत्मीनान से बैठ निहारेंगे। कि ठेठ गोरसैण (गोरसों बुग्याल) तक पैदल जाएँगे। सुना है वहाँ से हिमाच्छादित शिखर यूँ दिखे हैं जैसे अपनी हथेली। उन शिखरों के संग दिन गुज़ार सूर्यास्त के समय फिर से नंदा देवी की धज देखी जाएगी। वग़ैरह...वग़ैरह...। पर सोनी को मिली ख़बर से गुड़ जा मिला गोबर में। तमाम योजनाएँ फुस्स। कि कल ताबड़तोड़ शिखर-दर्शन कर भागना होगा नीचे। जोशीमठ। जंगलात वालों की हाथ जोड़ाई, पग पकड़ाई करने वास्ते। साला इतनी दंडपेलाई तो यू.एस. वीसा के लिए भी नहीं होती होगी जितनी यहाँ सरकारी तंत्र करवा रहा है। यह सब सोच ही रहा था कि पेच में एक आँटी और पड़ गई। मौसम की आँटी। बोलूँ तो आशाओं पर भारी तुषारापात। मुहावरों वाला नहीं असल वाला।

साँझ की बूँदा-बाँदी के बाद तेज़ आँधी-तूफ़ान व बारिश का जो दौर चला तो देर रात तक न थमा। ज़ाहिर है इसके चलते ऊँचाई वाले क्षेत्रों में जमकर बर्फ़ पड़ी होगी। पहाड़ धसके होंगे। फलतः ऐसे इलाक़ों में जाने की अनुमति हासिल करने में नाकों चने चबाने पड़ सकते हैं। रात सोये तो धड़-धड़ यूँ भी हो रही थी कि काली घटाएँ कहीं हमें नंदा देवी शिखर दर्शन से भी महरूम न कर दें। पेच लड़ाते, जुगत भिड़ाते रहने से तमाम रात बड़ी बेचैनी रही...

आज सुबह पाँच से थोड़ा पहले नींद खुली। हिचकते-हिचकते बाहर झाँका। बलूत-वन धुन्ध की मोटी चादर लपेट उकड़ूँ बैठा था। चादर का दूसरा सिरा जंगल से परे दूरस्थ पहाड़ों तक पहुँच रहा था। बलूत की मज़बूत पकड़ के चलते पहाड़ों को मनचाहे जित्ती चादर नहीं मिल पा रही थी। दोनों में लिहाफ़ को लेकर ज़बरदस्त खींचतान चल रही थी। उधर से पहाड़ हावी हों तो बलूतों की खोपड़ियाँ लिहाफ़ से बाहर। इधर से जंगल जोर मारे तो पहाड़ शाने तक उघड़ जाएँ।

उस जद्दोजहद में जाने क्या था कि टकटकी बँध गई। मेधा चैतन्य। विचार-बदलियाँ मनोकाश में चंचल। बिजुरी चमकी। कौंध हुई। इलहाम हुआ कि धुन्ध कोई विकट विपदा नहीं क्षणिक स्थिति मात्र है। वो पल-दो पल के लिए किसी का बदन भले ढाँप दे पर उसे लील नहीं सकती। कि अडिग का प्रकटीकरण कुहासे के रोके नहीं रुकता। फिर मेरे भीतर कशमकश किसलिए? ऊहापोह आख़िरकार धुन्ध नहीं तो और क्या है? आइंदा की फ़िक्र आइंदा* ही करे। मेरे कने नन्हा सा यह फ़िलवक़्त ही है। उसे ख़ामख़याली में क्यों जाया किया जावे?

ग़ैब से धुन्ध छँटी। चित्त चमका, चिन्ता हटी। परिष्कृत दृष्टि से पहाड़ों को फिर से देखा। कल के धूसर पहाड़ों की छवि बदली-बदली जान पड़ी। लगा रात कोई उनके बदन पर महीन बर्फ़-भभूत मल गया। सर-ता-पा। कि पहाड़ अब वृद्ध, जटाधारी योगियों से जान पड़ते थे। विपरीत परिस्थितियों के समक्ष तनकर डटे रहने से पहाड़ नुक़सान में नहीं रहे! दिखा कि बादल छँट रहे थे। बाहर से भी भीतर से भी। पौ बस फटी कि फटी।

सूरज की पहली किरण के साथ नंदा देवी-दर्शन की ललक होने लगी। हम-दोई ने विंड चीटर डाला। अपर्णा ने दूरबीन उठाई। मैंने कैमरे का बैग पीठ पर लादा, अपर्णा ने अपना पिट्ठू। जूते गाँठे और चल दिए दो दीवाने 'नम्बर टेन' की ओर। 'नम्बर टेन' यानी रज्जु मार्ग का दसवाँ टावर। हमारे होटल से कोई दो किलोमीटर की खड़ी चढ़ाई के पार। जहाँ से दिखेगा अपना मनचाहा शिखर।

नम्बर टेन सम्त कुछ दूर चलने के बाद जहाँ चढ़ाई कम हो जाती है, वहाँ मिला एक देवालय। इसके रामकथा से जुड़े होने की चर्चा स्थानीय लोगों में आम है। मान्यता है कि 'संजीवनी बूटी' की तलाश में भटकते हनुमान ने यहाँ कुछ पल विश्राम किया था। ठीक भी है। क्लान्त तन और डूबते मन की क्षीणप्राय ऊर्जा की धुँकाई लाज़िमी। ऐसे में किसी शान्त-मनोरम स्थान पर पल-दो पल गुज़ारने से बेहतर उपाय और क्या हो सकता है? शायद इसी ग़रज़ से हनुमान यहाँ रुके हों। शायद यहीं से उन्हें संजीवनी बूटी से चकमक पर्वत के दीदार भी हुए हों। किन्तु आज इधर के हाल जुदा हैं। गोकि हिमालय तो जस का तस है किन्तु शान्तता यहाँ से पलायन कर चुकी। कारक है तथाकथित हनुमान-विश्राम स्थली पर बना देवालय। पौ फटने के साथ गला फाड़ चीख़ते उसके भोंगे। वे बेसुरे भजन, वो बेतुके प्रवचन। सामाजिक-चेतना, सामंजस्य और आत्म-उत्थान हेतु आविष्कृत अन्यान्य प्रतिष्ठानों की तरह समादृत धर्मसंस्थान भी अधुनाकाल की कुसंगति में कर्तव्यच्युत हो चुके। फ़िल्मी गीतों की तर्ज़ में पिरोए भजन और धार्मिक आस्थाओं के जबरिया पेलिकरण से त्रस्त मानख 'जीवन-बूटी' की तलाश में आता है यहाँ। परन्तु औली घाटी में

* भविष्य में, अनागत काल

वैसा सुकून अब कहाँ। न गहन चिन्तन सम्भव। न शान्तचित्त सैर की गुंजाइश। ऐसे में आदमी यहाँ निश्चिन्त हो भी तो किस तरह?

वैसे जो कोई पूछे कि पुराग्रन्थों में कहीं इस विश्राम-स्थली का ज़िक्र है? तो उत्तर देने में ग़फ़लत होना सम्भव। कारण? एक नहीं दो। पहला पुराकालीन ग्रन्थों में गिरिराज की एकाधिक आकार-प्रकार-संस्कार में उपस्थिति। उस पर हिमशिखरों की भौगोलिक स्थिति का उथला वर्णन। और तब के नामों का प्रचलन से बाहर हो जाना।

बतौर बानगी हिमालय की बात ही लें। उस काल में इसे कहीं हिमवंत तो कहीं हिमवन, हिमवंत प्रदेश, हिमाद्रि, हिमवत, नगाधिराज या महानगेन्द्र बुलाया गया है। कहीं इसे मेरुपर्वत के दक्षिण में अवस्थित दर्शाया है, तो कहीं मेरु को हिमालय श्रृंखला में समाहित किया गया है। कहीं हिमालय और कैलास को अलहदा पर्वत कहा गया है तो कहीं समूचा हिमालय ही 'कैलास' निरूपित हुआ है और कहीं तो बदरी क्षेत्र को ही कैलास बुलाया है।[22]

औली में हनुमान के विश्राम करने की बात तो जिह्वा-दर-जिह्वा चलने वाली कथा लगती है। वाल्मीकि प्रणीत रामायण में इसकी क़तई चर्चा नहीं है। बल्कि आदिकवि ने तो पवनपुत्र को वायु समान वेगवान और कभी न थकने वाला बताया है। आदिकवि के हनुमान तो हिमालय पहुँचे, बिना कहीं थमे। यहाँ पड़ने वाले कैलास एवं ऋषभ पर्वतशिखरों के दर्शन उसने उड़ते हुए ही किए।[23] वाजेह हो कि इसी हलक़े में देवतुल्य ऋषियों द्वारा अपने शिष्यों को दीक्षित करने का ज़िक्र है रामायण में।

इन तमाम जानकारियों को गर आज के सन्दर्भों से परखें तो एक धुँधली पर मानीख़ेज़ तस्वीर ज़ेहन में उभरती है। वो यूँ कि अधुना औली (जोशीगठ) के आगे दो राहे हैं। एक उत्तर-पूर्व को नीति घाटी की तरफ़ बढ़ती और दूजी उत्तर-पश्चिम में माणा घाटी को जाती।

माणा घाटी में बदरीधाम का होना तो सर्वविदित है। और यह भी कि इसे विष्णु प्रदेश कहा गया है तथा किसी समय में यहीं तमाम ऋषि-मुनि अपने शिष्यों को ज्ञानोपार्जन हेतु लेकर आते थे। इसके बरअक्स नीति घाटी के उस पार है मानसरोवर वाला कैलास, जो सर्वमान्य शिव की साधनास्थली है। ग़ौरतलब है कि कालिदास ने शिव की तपस्थली ऐसे शिखर पर होना बताई है जहाँ गंगाजल सिंचित देवदारु के वृक्ष थे। अब शिखर पर तो देवदारु होने से रहा। सम्भवत: कवि शिखर तलहटी में पाए जाने वाले देववृक्षों को शंकर-तपस्थली से जोड़ गया है।[24] यहाँ आपको यह ध्यान भी दिला दूँ कि आदिकवि वाल्मीकि ने 'संजीवनी बूटी वाले पर्वत' को कैलास तथा ऋषभ नामक दो पर्वतों के बीच अवस्थित बताया है। जो आज के हिमालय को विचारें तो बदरीक्षेत्र वाले ऋषभ पर्वत और नीति घाटी पार के (मानसरोवर वाले)

कैलास शिखर के दक्षिण-मध्य में है द्रोणगिरि (दुनागिरि) पर्वत।* कहते हैं कि यहीं हनुमान को संजीवनी बूटी मिली थी।

द्रोणगिरि की तलहटी में गाँव है—दोनागिरि। एक विचित्र सत्य आप पर ज़ाहिर करूँ? वो यह कि इस गाँव में हनुमान की पूजा तो दूर उसका नाम लेना भी वर्जित है। वजह जानना चाहेंगे? शायद आप यह भी जानना चाहें कि बदरीपरिक्षेत्र में ऋषभ पर्वत का होना मैं किस बिना पर बता रहा हूँ? तो आदिकवि की वो गवाही सुन लें जिसमें इन प्रश्नों के उत्तर अन्तर्भुक्त हैं।

*जामवान् के निर्देशानुसार पवनपुत्र संजीवनी बूटी लाने को सन्नद्ध हुए। भयंकर गर्जना करते हुए वो सागर तट से निकले और प्रचंड वेग से उड़ते हुए देखते न देखते हिमालय पहुँच गए। उन्होंने ऋषभ पर्वत देखा जिसकी आभा सुनहरी थी। वहीं उन्हें देवतुल्य ऋषियों के आश्रम दिखे और दिखा ब्रह्मा का वह इलाक़ा जहाँ से सृष्टि-सृजन नालबद्ध (हिरण्यगर्भ का रजतनाभिका स्थान) है।** यहीं से रुद्र देव ने बाण छोड़ा था। तदुपरान्त आकाशीय मार्ग से अग्रसर पवनपुत्र को कैलास पर्वत का दर्शन हुआ। फिर उन पर नमूदार हुआ झिलमिल करता वह पर्वत जहाँ जामवान् ने संजीवनी होने की ख़बर दी थी।****

हनुमान उसी पर्वत पर पहली बार उतरे। झिलमिलाती अलौकिक जड़ी-बूटियों ने वायुपुत्र की मंशा भाँप ली। उखाड़े जाने के भय के मारे ज्योतिर्युक्त बूटियाँ पर्वत के भीतर ऐसे दुबकीं कि ढूँढ़े न मिलें। हनुमान ने पर्वतराज का आवाहन किया। मिन्नत ओ' मनुहार की। लछमन का हाल कहा। जामवान् का नुस्ख़ा बताया। राम की ज़रूरत गिनाई। पर पहाड़ चुप। वानरश्रेष्ठ तपने लगा। पहाड़ चरमराने लगा। पेड़ गिरने लगे। विध्वंस बढ़ता रहा पर पर्वत रहा चुप का चुप। तब हनुमान ने प्रचंड प्रहार करते हुए पहाड़ का शीर्ष उखाड़ा और उसको हथेली पर उठा लंका की राह पकड़ी।

---

* यह स्थान नंदा देवी शिखर को घेरने वाले पर्वतों में शुमार है। नीति घाटी के मध्य में, औली से कुल साठ कि.मी. दूर द्रोणगिरि पर्वत तक जाने हेतु तीन दिन पैदल चलना होता है।

** बदरी परिक्षेत्र में एक स्थान है 'ब्रह्मकपाल'। कहते हैं यही हिरण्यगर्भ स्थान है और यहीं रुद्रावतार धारण कर आदिशिव ने ब्रह्मा के ऊपर देखने वाले (पाँचवें) मस्तक का विच्छेदन किया था। बदरी परिक्षेत्र में ही नीलकंठ शिखर है, जो सुबह और साँझ सोने सा चमकता है। इसी क्षेत्र में गुरुकुल होने की बात एकाधिक पुराग्रन्थों में उद्धृत है।

*** इसी कथा से प्रेरित हो कालिदास ने मंदाकिनी नदी के पास रहने वाली हिमालय पुत्री पार्वती के रूप को रात में चमकती महाऔषधियों सा चमकदार बताया है। (कुमारसम्भवम्—1:30) कवि ने हिमालय पर चमकती जड़ियों का होना भी दर्ज किया है।

द्रोणगिरि (दोनागिरि) आज भी शीर्ष हीन है। बूटी पा लछमन और राम की वानर सेना तो पुनर्जीवित हुई किन्तु दोनागिरि के बाशिन्दे अब तक हनुमान द्वारा किए विध्वंस को भुला नहीं पाए हैं। उनकी निगाह में आज भी हनुमान एक आतंकी है। उनके देवतुल्य पर्वत को खंडित करने वाला आतंकी!

यह है लोक स्मृति की निराली गति। बिसराना तो जैसे उसे आता ही नहीं। जो देखा-महसूसा वो लिखा, आगे बढ़ाया। उसकी अदालत में देव-अदेव सब एक। ख़वातीन-ओ-हज़रात मुझ नाचीज़ पर थोड़ा करम करें। मेरा एक काम कर दें। चाहता हूँ कि आप सा ज़हीन यह सन्देसा पहुँचा दे उन तक जो आज के दौर में प्रकृति पर क़हर बरपा रहे हैं। कोख कुरेद रहे हैं उसकी, लोकेच्छा को नज़रअन्दाज़ कर। अपने आकाओं की स्वार्थसिद्धि के सबब से। पहली फ़ुरसत में कह दें उन्हें कि चेत जाएँ। जान लें कि मीडिया मैनेज करके लोक मैनेज नहीं होता। लोक अदालत सबका निकाल करेगी। उसने देवताओं को नहीं बख़्शा तो आपकी-हमारी क्या औकात!

देवा रे देवा! मैं क्यों भलती बातों से आपका वक़्त ज़िबह किए दे रहा हूँ। अब मेरी बेहतरी इसी में कि आपको औली के इस हनुमान मन्दिर से आगे ले चलूँ। जहाँ है समतल ज़मीं। जिधर हासिल होती है तेज़ी से बढ़ने की आसानी। किन्तु पर्वतराज पर आसानियों की वय: चिन्गारी से भी कम। समतल का दायरा वहाँ बिल्लात से भी ओछा। नतीजतन आदमी चैन से दो दम भी न भरे और सामने दिखे दूसरी विकट चढ़ाई। अब पहाड़ लाँघना कोई हलुआ थोड़े ही है। दीगर परेशानियाँ पेश आती हैं हर क़दम। चुनाँचे मन की मौज बनाए रखने के लिए नज़र या तो आसमाँ छूते शिखरों पर रहे या फिर क़दमों के क़रीब ज़मीं पर। जैसे मेरी टिकी है फ़िलवक़्त समतल मैदान पर। जहाँ अभी घास है। छितरी-छितरी। कहीं ज़र्द, कहीं सब्ज़। अभी तो ताना भर तना है। सूत अभी तकली पर है। बुनकरी शुरू ही हुई है। बेल-बूटेदार क़ालीन मुकम्मल होने में थोड़ा वक़्त लगेगा अभी।

फ़िलहाल यहाँ चन्द हड़बड़ी-राम फूल ही हैं। प्रिकॉशियस प्युबर्टी के सताए, उम्र से अगाड़ी चलने को बेकल गुल। इन गुलों में कुछ भी तो सौ टंच नहीं। रंग फीके, गन्ध गुम। निहायत निष्प्रभ! निरातवाले फूल तो अभी माटी की कोख में महफ़ूज़ हैं। बेमौसम बरखा का असर वे क्यों लें भला? वे तो बारिश के असल मौसम में ही किलकारियाँ भरेंगे।

सार यह कि सब्ज़ क़ालीन पर ख़ुशरंग बूटाकारी का आगाज़ अभी होना बचा है। फ़िलहाल तो पाखियों की गुलूकारी ही वादियों का मिज़ाज रंगी किए है। यों कि पूरब में हल्का सा उजास होते देख पक्षी चहचहाने लगे हैं। कुछ मैदानों में फुदक

नंदा देवी शिखर

रहे हैं, कुछ आसपास की झाड़ियों पर झूल रहे हैं। इस डगर पेड़ नहीं हैं। कौन जाने कट गए या कि कभी थे ही नहीं। परिणामत: पेड़ों पर दिखने वाले महत* और कोयल (मादा) यहाँ धरती पर फुदक रहे हैं। कल साँझ हुई बारिश के चलते मस्ताए पतंगे और ज़मीं पर सुस्ताते कीड़ों का लालच है उनको।

दूर कहीं सुनहरी तूती** बोल रही है। एक ही साँस में दो-तीन तरह के सुर और इतनी ही तरह की लय में उसका गाया कितना दिलकश लगता है। एक काला भुजंगा (ड्रेन्गो) हवा में उड़ते हेलिकॉप्टर (ड्रेगॅनफ्लाय) का पीछा कर रहा है। दोनों की कलाबाज़ियाँ देखते ही बनती हैं। पर यह हेलिकॉप्टर कुछ अधिक ही चतरा है। धुरन्धर। हवा में डुबकियाँ लगाने में माहिर। शिकारी को छका-छका हलकान कर दिया है उसने। बेचारा भुजंगा अब एक डंठल पर बैठ हाँफ रहा है। बापड़े की तो बोनी ही बिगड़ गई। न मालूम बचे दिन में कुछ कमा पाएगा या कि नहीं?

लीजिए जनाब देखते-देखते हम अपने ठिकाने पहुँच गए। डेरे से दस नम्बर तक की पौन घंटे की चढ़ाई चुटकियों में निपट गई। टॉवर नम्बर दस पर हमारे सिवा था कुंकुम-ध्रूम कपोत*** का एक जोड़ा। हमारी आहट से वे यूँ हड़बड़ाए कि उनमें से एक दूर जा बैठा। तर खीचड़ी में कंकरी बनने की शर्मिंदगी तो है मुझे, पर क्या करूँ? कबूतरों से मुआफ़ी की गुज़ारिश करूँ भी तो कैसे? किस तरह

---

* Yellow Billed Blue Magpie

** Europian Gold Finch

*** Rufos Turtle Dove

नंदा देवी परिक्षेत्र

भरोसा दिलाऊँ उन्हें कि हम किसी बेज़ा मक़सद से इधर नहीं आए। कि हमसे भय का कोई कारण नहीं। कि हम कोई भयदोग्धा थोड़े ही हैं। कि हम किसी पर भी उनका राज़ ज़ाहिर नहीं करेंगे। किन्तु हमारा यह सब कहना प्रेमी युगल को आश्वस्त करेगा? इनसानी फ़ितरत से वाक़िफ़ पाखी क्या आज के मनुज को भरोसेमन्द पाते हैं? लीजिए फिर हो गया बेड़ा गर्क़। फिर फँस गया मन ऊहापोह-भँवर में। कैसे जानूँ कि पाखी बेहतर किंवा मानव?

ख़ैर, सोचा तो बहुतेरा कि कपोत युगल ये कहूँ या वो बोलूँ, पर बोल न फूटा। मौक़ा ताड़ दर्प जो हावी हो गया था सर पर। उसने वहीं से सरगोशी की, 'अजय बाबू तुम्हारे सामने इन पाखियों की हैसियत ही कितनी? पिद्दी से भी पिद्दू। इनके आगे सर झुकाना ठहरी तुम्हारी तौहीन...'

भाईसाब, दिमाग़ ज़रूरी शै सही पर जो वो हरवक़्त चूँ-चपड़ करे तो खीज होती है। पल्लव-पाखी, पानी-माटी से संवाद की शर्त बस यह कि दिमाग़ दिल के ताबे में रहे। लिहाज़ा बहुत समझाया स्वयं को कि मगज की छोड़ दिल की सुनो। कर लो तितिक्षा याचना। कि जीव के स्तर पर मानव व कपोत में क्या विभेद? प्रेम-लगन में कैसा फ़र्क़? लाख जतन किए भी जब कोई बोल न फूटा तो चुप से आगे बढ़ गया—टॉवर के शीर्ष को जाती पेड़ियों की ओर।

ऊपर पहुँच चहुँ दिग नज़र फिराई। प्राची के कपोल लाल हो रहे थे। दूर... कुछ बड़े पहाड़ बादलों की चादर परे धकेल अपने हिमाच्छादित आँगन में खड़े थे। अर्धनग्न। अधर-तन कुहासे से ढका, बाक़ी उघड़ा। छोटे पहाड़ अभी लिहाफ़ के

भीतर लेट अँगड़ाई ले रहे थे—जिससे उधर की श्वेत बदलियों का रूप पर्वतनुमा हो गया था। कुछ पलों बाद ही पहाड़ों के संग प्रेमकेलि से क्लान्त किरणें लजाती हुई लिहाफ़ से बाहर निकलीं। उनकी कामतृप्त बिनाई निःसृत रस से हिमशिखरों के बदन गुलाबी होने लगे। अहा! कैसा अद्भुत नज़ारा। लोमहर्षक। अनिर्वचनीय। इसको शब्दों में बाँधने की सोचना भी प्रकृति के हक़ में नाइंसाफ़ी!

बहरहाल, लगता है आज भाग्य हमारे साथ है। अनेक स्वनामधन्य शिखर अब नुमायाँ हैं। उत्तर से पूर्व की ओर चलें तो पहले है हाथी पर्वत। फिर क्रमशः द्रोणगिरि, नंदा देवी, नंदा-कोट आदि। नंदा देवी से तो दृष्टि ही नहीं हटती। दो शिखरों वाले इस पर्वत की धज ही निराली है। क्या निसर्ग का चरम सौन्दर्य यही है...इसे जितना निहारो उतना कम। पर क्या करें अब लौटना होगा। चाय-पानी कर जोशीमठ जो जाना है। अनुमति के लिए सिरपच्ची करनी है। मन तो है और आगे, ठेठ गोरसों तक जाने का। पर दस नम्बर से वो दूर है। दो से तीन घंटे और लग जाएँ शायद। साथियो, सब छोड़ अब पनपतिया अभियान पर निकलने की उलटी गिनती शुरू की जाए। जोशीमठ चला जाए।

अभी पौने आठ बज रहे हैं। दस बजते न बजते हम फ़ॉरेस्ट विभाग के दरवाज़े पर हाज़िर थे। अनुमति हेतु अपने किसी जानने वाले के साथ सोनी ही पहले भीतर गया था। कोई तीस मिनट बाद उतरा मुँह लिए वह बाहर लौट रहा है। बावजूद पचास क़दमों की दूरी के उसका उत्साह विपन्न चेहरा हमारा दिल डुबाए दे रहा है। हो सके है वो कोई मसखरी करता हो। उम्मीद ने धकियाया तो उससे पूछा किया—"क्या ख़बर है सोनी, हो गई हाँ..."

"सर, ये तो बात सुनने को राजी नहीं। बस एक ही बात रिपीट कर रहे हैं, परमिसन नहीं मिल सकती।"

"कुछ कारण तो बताया होगा?"

"कहते हैं ऊपर से आदेस नहीं है।"

"पर इनके ऊपर है कौन? उससे मिलते हैं।"

"उसके लिए तो गोपेस्वर या देहरादून जाना होगा।"

"मैं बात करूँ?"

"कोई फ़ायदा नहीं।"

"फिर भी एक कोशिश करने में क्या हर्ज़ है..."

मैं और अपर्णा भीतर गए। सोनी ने एक टेबल की ओर इशारा किया, जहाँ एक पचास-पचपन वर्ष का आदमी बैठा था। यहाँ का सेक्शन इंचार्ज।

"नमस्ते सर, हम इंदौर से..." मैंने बात शुरू की ही थी कि वह सोनी की ओर देख गुर्राया।

"तुम समझते क्यों नहीं। कहा न परमिशन नहीं मिलेगी।"

बहुत देर तक उससे बहस होती रही। कि वह कोई तो कारण बताए, हमें पनपतिया न जाने देने का। अन्ततः वह फट पड़ा।

"तब से पनपतिया पास, पनपतिया पास की रट लगाए हैं आप सब। देखिए, यह रहा नक़्शा, दिखाएँ इसमें यह पास है किधर?"

"सर, वो अभी नक़्शे पर नहीं है। पर कुछ लोग उसके क़रीब गए हैं। आप कहें तो उनके लेख दिखा सकता हूँ।"

"ऐसा थोड़े ही होता है। एक तो मौसम इतना ख़राब है। ऊपर से आप मैडम के साथ जाना चाहते हैं। कल से कुछ हुआ तो...क्यों...आत्महत्या करना चाहते हैं आप, वो भी सामूहिक!!"

"सर जी, मौसम कौन हमेशा ख़राब रहना है, दो-चार दिनों में ठीक हो जावेगा तब ही निकलेंगे...सर, प्लीज़ मना मत..."

"लिखकर देंगे कि कुछ घटना हुई तो उसकी रिस्पॉन्सिबिलिटी आपकी होगी?"

"जी वह तो हम आवेदन के साथ लिखकर दे ही चुके हैं, यहाँ तक कि जो मर भी जाएँ तो भी ज़िम्मेदारी हमारी। यह ट्रैक हमारे लिए बहुत ज़रूरी है, आप समझते क्यों नहीं सर..."

"नहीं, नहीं। आप लोग बिना अनुमति के चले जाओ। जीते जी तो मैं अनुमति-पत्र नहीं दूँगा," मुझे बाहर का रास्ता दिखाते हुए उसने अपनी तर्जनी यूँ झटकाई मानो दूध से मक्खी निकालता हो।

मैं धड़ाम से बाहर। मेरे क़दम मन-मन के। मुंडी ऐसी ढुलकी कि ठेठ ज़मीं तक। भेजा भाँय-भाँय। मति कुंद। चित्त कटी पतंग। कभी यहाँ भटके कभी वहाँ अटके। हाय! इतने दिनों की मेहनत जाया गई...अभियान दल को जोशीमठ में बैठा रखा है...उन्हें तो पूरे तीस दिन की दिहाड़ी देनी ही होगी...उनसे एक माह का कौल जो ठहरा...अगर कोई विदेशी टीम होती तो ये सरकारी बाबू उसके आगे-पीछे डोलते फिरते...उनकी अनुमतियाँ तो दिल्ली से आती हैं वो भी अग्रिम...तीन माह से सोनी जुटा है...साला हम हिन्दुस्तानियों को कोई घास तक डालने को तैयार नहीं...। मेरी मुट्ठियाँ बन्द, दाँत भींचे। मुझ पर शैतान हावी...

"भाड़ में जाए अनुमति...चाहे कुछ भी हो जाए जाना तो पनपतिया ही है...," मैंने घोषणा की।

"यह कैसे सम्भव है, नियम-क़ायदा भी आख़िर कोई चीज़ है...।" अचरज हुआ अपर्णा का कहा सुन। कम से कम उसे तो मेरा मन समझना था। मेरी तरफ़दारी करनी थी...

"चूल्हे में जाएँ नियम-क़ायदे...अपन तो जाऽऽएँ...गे...," मैं दाँत पीस रहा था।

"नहीं, यह ठीक नहीं। बीच रास्ते कोई मिल गया, चेकिंग हुई तो तमाशा..." वह समझा रही थी। पर मेरा तो समझ से जैसे कोई वास्ता ही न बचा। मैं शैतान के ताबे में। मेरा आपा गुम। व्यक्तित्वान्तरण होते ही तमाम शिष्टाचार हुए धराशायी।

"ये लटक रहे नियम-क़ानून और ये लटक रहे तुम्हारे चेकिंग करने वाले मरदूद...चाहे जो हो सोडानी साहब तो अब पनपतिया ही जाएँगे," मैं उसे घूर रहा था।

मेरे मुख से ऐसी भाषा उसके क़रीब अप्रत्याशित थी। वो भौचक। उसकी नज़र एक पल को कौंधी फिर वहाँ निविड़ तम। स्याह बदली की एक टुकड़ी न जाने कहाँ से आई और उसके दीदों में उलझ गई। उसकी अँखड़ियाँ औचक प्रकट हुए सिंह के समक्ष किंकर्तव्यविमूढ़ हिरणी की सी। वहाँ से चंचलता ग़ायब। वो अब पनियल, भयभीत, निरीह। दीदों में क़ैद बदली गहराने लगी। इन्द्र-इन्द्राणी बस डूबे कि डूबे। चुप्प का एक बड़ा सा वक़्फ़ा गुटकने के बाद ही उसकी वाणी फूटी। आर्द्र व शीतल वाणी। जैसे जेठ की तपिश विखंडित करती वर्षा ऋतु की पहली फुहार।

"तुम्हें क्या हो गया है अजय? ऐसा हठ ठीक नहीं! भूल जाओ नियम-वियम दो पल को। इतना भर सोचो कि अनुमति नहीं मिलने के पीछे शायद वक़्त की ही कोई मंशा हो? शायद कि हिमालय ने ही हमारा पनपतिया प्रवेश रोका हो? तुम किसी की मत मानो। मेरे कहे पर गरिया लो। पर एक पल ठहर प्रकृति का कहा तो सुनो। किसी की न सही अपने हिमराज की तो मान लो...।" उसके टकटकाते नैनों के कोर भीग रहे थे।

अश्रु फूटे उधर, बरसे मुझ पर। सर पर सवार शैतान भसान की कगार पर। कंठ से कहीं कारगर थे दीदों के बोल। भीतर कोई फुसफुसाया—

सोचो तो सिलवटों से भरी है तमाम रूह
देखो तो इक शिकन भी नहीं है लिबास में। *

ख़ुद पर एक घिन सी छूटी। मैं अपराधी। मैं शर्मसार। मैं हताश। बोला—

"कुछ सूझता नहीं। तुम कहो सो करें! कहो तो घर लौट चलें?"

"नहीं, घर क्यों जाएँगे भला। क्यों न हम गंगोत्री से केदारनाथ वाला अधूरा रह गया वह अभियान ही पूरा करें..."**

"ठीक है, पर वहाँ जाने से भी जो रोका गया तो...?"

---

* शाकेब जलाली

** 2009 में हम गंगोत्री से केदारनाथ जाने को निकले थे। पर बिगड़ते मौसम के कारण ऑडेन-कॉल और खतलिंग ग्लेशियर पार करने के बाद हमें अभियान बीच में ही छोड़ना पड़ा था। इस यात्रा से आप बरास्ते 'दर्रा-दर्रा हिमालय' गुज़र चुके हैं।

"आज उलटा सोचने की ठान रखी है क्या...पहले घुत्तु चलते हैं...फिर हिमालय जो चाहेगा सो होवेगा।"

"चलो यही सही। आज से अपनी ज़िमामे हुकूमत* हिमाला के सुपुर्द। अब से वो ही मेरा मुर्शिद, वो ही सार्थवाह।"

मेरे भीतर गीता घट रही थी। अन्त:पटल पर नमूदार हुई सृष्टि अपने विराट रूप में। परास्त मन को कुछ तो सहारा होना। कोई तो भरोसा होना! तुम कहो भगवान... मान लिया...जो कहो अल्लाह...पुकार लिया...या कहो ईसा...स्वीकार लिया...तुम कहो सृष्टि सर्वोच्च...धार किया। गोया तमाम ख़ेमेबाज़ मुझे अपना मान लें। बस मेरे होने को बेवजह होने से बचा लें। मेरी चाहत फ़क़त इतनी कि मुझे हिमालय के क़रीब जाने दो...इतना बहुत सा क़रीब कि ले लूँ उसे आगोश में...होऊँ उससे यूँ एकमएक कि ताक़यामत उसकी धड़कनों में सुना जाऊँ...

साहेब लोगो, ख़यालातों का क्या—वे तो यूँ ही उमड़ते-घुमड़ते रहेंगे। उनमें आपको क्यों उलझाया जाए। सो अपनी बात समेट जो घटा सीधे उसी पर आता हूँ कि मियाँ-बीबी की नोक-झोंक से घबरा एक किनारे बैठे सोनी के समक्ष घुत्तु से केदारनाथ जाने का प्रस्ताव रखा। उसने अन्य सभी से बात की। सबकी हामी मिलते ही, हम औली को भागे। सामान समेटने।

मन में कसक थी कि जोशीमठ में कई काम अधूरे रह गए। कई कथाएँ सुनी जानी थीं अभी। कई लोगों से मिलना था। यहाँ के गाँवों में जाना था। और भी बहुत कुछ। पनपतिया के लिए आगे जब भी आएँगे तब उन पर ध्यान दिया जाएगा। अब तो हिया फ़ौरन से भी फ़ौरन घुत्तु पहुँचने को बेताब है। जब भीलंगना घाटी में ही जाना है तो यहाँ फोकट अपना समय खोटी करने से क्या लाभ!

---

* शासन की बागडोर

रुद्रप्रयाग में गोष्ठियाँ

आप मुझे ढुलमुल सोचते होंगे। कि बन्दा घुत्तु को निकला और ऐन वक़्त पर चल दिया रुद्रप्रयाग। बेशक़ मुझ पर मर्ज़-ए-कशमकश तारी परन्तु इस निर्णय से मेरा क़तई वास्ता नहीं। हक़ीक़तन रुद्रप्रयाग में रात गुज़ारना सोनी के दिमाग़ की उपज है।

सब जानते हैं कि हमारा मक़सद पनपतिया जाना था। तदनुसार सोनी ने जुटाया था सहयोगी दल। पूरी सावधानी बरतने के बावजूद बतौर ख़ानसामा संग चलने वाले महानुभाव, मय अग्रिम राशि, जोशीमठ से उड़नछू हो गए। अतः सोनी ने निम (उत्तरकाशी) से प्रदीप को बुलवा भेजा था।

योजनानुसार प्रदीप कल, यानी अप्रैल 29, 2012 को सुबह पाँच बजे की उत्तरकाशी से रवाना हो और दोपहर में घनसाली से जोशीमठ हेतु गाड़ी बदलेगा। बता दूँ कि हमें घुत्तु रुद्रप्रयाग-घनसाली होकर ही जाना है। चुनाँचे प्रदीप की बाट जोशीमठ में जोहते बैठने के बजाय उसे घनसाली में ही पकड़ने की योजना बनी। बकौल सोनी घनसाली ठहरा बिल्लात जित्ता क़स्बा। वहाँ न ठीक-ठाक होटल, न करीनावार धर्मशाला।* लुब्बे-लुबाब यह कि रुद्रप्रयाग प्रकरण से मेरा कोई सरोकार ही नहीं। यह सब सोनी का किया-धरा। सो बदनामी का ठीकरा उसी के सर पर फोड़ा जाए और मुझे मुक्त किया जाए 'ढुलमुल' वाले इल्ज़ाम से। बहरहाल, मौक़ा भी है और हाथ में बहुतेरी फ़ुरसत भी। तो क्यों न आपकी पहचान हमारे अभियान-दल के सदस्यों से करवा दूँ?

हमारे सहयोगियों में सरे फ़ेहरिस्त राजीव रावत उर्फ़ सोनी से तो आप भलीभाँति परिचित हैं ही। फिर भी उसके बाबत कुछ बातें अद्यतन कर लेने का दिल कर रहा है। जैसे उसका चाक्षुस भूगोल इधर के बरसों में बदल गया है। छरहरी काया अब काफ़ूर हुई। गाल भर जाने से चेहरा गोल हो चुका और तोंद भी दिखने लगी

* यह सुनी-सुनाई बात घनसाली से रूबरू होने पर ग़लत साबित हुई। आपाधापी और पक्के मकानों से परिपूर्ण यह क़स्बा किसी मझोले शहर का सा लगता है। मालूम हुआ कि यहाँ के तक़रीबन हर घर से कोई न कोई जापान में काम कर चुका/रहा है। इस करके लोग घनसाली को 'उत्तराखंड का मिनी जापान' भी बुलाते हैं।

है। अलबत्ता उसका 'श' को 'स' बोलना, उसके घुँघराले केश और मन्थर मगर लयबद्ध डगभराई क़तई नहीं बदली। वैसे उसका स्वभाव भी समय के थपेड़ों से अनछुआ है। आज भी वह महिलाओं से आँख मिला बात नहीं करता। और आज भी अपनी शादी या बिटिया का ज़िक्र निकलते ही उसके गाल गुलाबी हो जाते हैं। जिन्हें ध्यान न हो उन्हें बता दूँ कि सोनी 'फॉरेन रिटर्न' भी हो चुका और यह भी कि वह स्नातक है। कि इसी शिक्षा की बदौलत उसका अंग्रेज़ी से ठीक-ठाक परिचय भी है। पर्वतारोहण के लम्बे अनुभव व आंग्ल भाषा से राबते की वजह से उसे आई.एम.एफ.* के मार्फ़त बतौर लाइज़िनिंग अफ़सर भी काम मिलता रहता है। लाइज़िनिंग अफ़सर यानी विदेशी पर्वतारोहियों और भारत सरकार के बीच का सम्पर्क सूत्र। इसी के चलते वह इटली की एक कम्पनी के सम्पर्क में आया। अवसर पाया। और पहुँच गया इटली! वहाँ तक़रीबन दो बरस रहा। पर इसे हिमालय की पुकार कहें या बिदेसिया चौंध के पीछे पसरे अँधियारे से साक्षात्कार, सोनी पास्ता-पिज्जा छोड़ अपनी लेंगड़ा-भाजी** के पास लौट आया।

जैसा कि आप जान चुके, बतौर ख़ानसामा (कुक) हमारे संग होगा प्रदीप। मझोले क़द, गदराए बदन, साफ़ रंग और तोते की सी नाक वाला प्रदीप भी निम से पर्वतारोहण तकनीक में दीक्षित है। वैसे हमारे कुक महोदय की बस नाक ही तोते सी नहीं, ज़ुबान भी उसकी सी चलती है। वक्त-बेवक्त टें...टें। और जब चुप हो तो जान लें कि महाशय अपने चलन्तू-फ़ोन में डूबे हैं।

बकबकाने की बात चल रही है तो लगे हाथ आपको सावधान करता चलूँ कि इस अभियान में अपनी टें...टें से दो जने और आपका भेजा भंड करने वाले हैं। इनमें पहला है 'सच्चे' को 'सुच्चा' बोलने वाला रनवीर सिंह उर्फ़ रनी। इससे भी आप पूर्व परिचित हैं। चिमनी-हाँड़ी का सा लम्बोतरा वदन और लक़लक़ बदन वाला अलमस्त मानुष। मुश्किल पलों में भी इसका दाँत निपोर हँसना जैसे अँधेरी कोठरी में जलती चिमनी धर देना। बताता चलूँ कि मैट्रिक तक शिक्षित रनी ने निम से पर्वतारोहण का बेसिक कोर्स किया है।

और इस बरस हमारे संग दूजा...नहीं...दूजी बकबकिया है राजेन्द्री उर्फ़ राजी। एक दम में निरन्तर बोलने का खेला हो तो टुकटुकिया*** भी राजी को टुकुरता रह जाए। महफ़िल में सबसे ऊँचा सबसे ज़ुदा राग आलापने में माहिर। ऊपर से वह ठहरी रनी-पछाड़ हँसोड़! मसखरी नम्बर वन! आँख मिलाओ तो हँसे, कुछ

---

* Indian Mountaineering Foundation

** गढ़वाल के वनों में जून से सितम्बर माह के मध्य सहज प्राप्य डंठलनुमा घास। जंगल के आसरे चलने वाले हम भटकुरामों के लिए महत्त्वपूर्ण भाजी।

*** छोटा बसन्ता, ताँबट, Copper Smith Barbet

पूछा करो तो बोले बाद में किलके पहले। लेकिन रनी की फटफटियानुमा हँसी के विपरीत राजी की खिलखिलाहट में है मंजीरे की सी खनक। उसका खनकता हास जब वादियों में बिखरे तो मुझ सा सत्यापित रसहीन भी खिलखिलाने लगे। राजी की काया है इकहरी। सपाट। जो सुरेन्द्र मोहन पाठक का जुमला इस्तेमाल करूँ तो वह कहलाए 'दो पिट्ठावाली जनानी'। पर बदन में बला का लोच। पहाड़ के कठिनतम वलयों से हवा के माफ़िक़ निकलने में सक्षम। और क्यों न हो, वो नेपाल व गढ़वाल का घालमेल जो ठहरी। गढ़वाली बाप से उसे मिला है लचीला तन और नेपालन माँ से उस तक आए हैं नाक-नयन। वाजेह हो कि खेतों, जंगलों तथा जड़ी-बूटियों की उसे गहरी मालूमात है। गढ़वाल के दुश्वार और बेसाख़्ता तन्हा गोशे से वाबस्ता इसके परिवार का ज़िक्र यूँ भी ज़रूरी कि उन्होंने राजी को तालीमयाफ़्ता बनाया। तमाम सामाजिक वर्जनाओं को दरकिनार कर उसे पुरुषप्रधान पर्वतारोहण-क्षेत्र में आगे बढ़ने दिया। जिसके चलते बाईस-तेईस बरस की कच्ची उम्र में ही उसने निम से पर्वतारोहण के एडवांस तथा रेस्क्यू कोर्स कर लिए हैं।

बता दूँ कि राजी के संग से अपर्णा ख़ुश है। जो न सँभालो फट जाए, इत्ती ख़ुश। और मैं? मैं क्या राजी के होने से अप्रसन्न हूँ? नहीं जनाब...हज़ार बार नहीं! वो इस सार्थ में शुमार है तो किसी विशेषज्ञता के चलते। दरअसल कुछ नियम-क़ायदों पर खरा उतरने वाला ही हमसे जुड़ पाता है। यूँ कि दक्ष पर्वतारोही होने के साथ उसमें कोई अलहदा बात होना लाज़िमी। जैसे कि स्थानीय भाषा का ज्ञान, क़िस्सागोई का इल्म, स्थान-विशेष के पाखी फूल व भूगोल से परिचय आदि...आदि। राजी की बात करें तो वो जंगल को मोगली की तरह जानती है। फिर उसकी आमद का मुझ पर मिला-जुला असर क्यों? इस सवाल का मुख़्तसर जवाब है—ख़ब्त। मेरी सनक। कि चलते समय मुझे होना शान्ति। इतनी कि अपने होने का एहसास भी सालने लगे। कि एकाकी झरने के क़रीब दोज़ानू बैठूँ तो उसके निनाद में वाबस्ता दर्द-ओ-ग़म मुझ तक बेरोक-टोक पहुँचें। या लेटूँ जो किसी फूल के पहलू में तो महसूस हो उसका रंग, देख पाऊँ उसकी गंध! यह सब घटित होने के लिए दरकार शान्त सहन और विरव मन की। राजी के होते इसमें बाधा आवेगी। आप शायद जानना चाहें राजी पर इस तोहमत का सबब? तो मैं बताऊँ आपको कि अपर्णा एवं राजी की चन्द आदतें एकदम कार्बनकॉपी। मसलन बीच्च बहस औचक ही विषय परिवर्तन करने की अथवा चलते-फिरते, सोते-जगते गीत सुनने-गुनगुनाने की लत। नतीजतन जब मैं चश्मे से पूछता होऊँ कि 'क्यों हो हड़बड़ी में, कहाँ जा रहे हो यूँ विकल' तभी नेपथ्य में सुन पड़े, 'रुक्मणी...रुक्मणी...शादी के बाद...क्या-क्या...हुआ'...या अपर्णा गुनगुनाने लगे, 'पीऽऽ लूँ...तेरे नीले...नीले नैनों...से शबनम...पी...लूँ...'।

मैं तो कहता हूँ कि आप भी ऐसे जालिम हमलों के लिए तैयार रहें। क्योंकि

उनके पास गीत पेलू मशीनें भी हैं। राजी को हासिल मोबाइल। अपर्णा के अख़्तियार में ट्रांजिस्टर। ज्ञातव्य है कि जबसे 'मरफ़ी' बन्द हुआ है तब से फ़िलिप्स के 'बहादुर' बिना अपर्णा घर नहीं छोड़ती! ख़ैर दिल्लगी छोड़ संजीदा बात करूँ तो वास्तव में राजी के होने से आसानियाँ हज़ार, हर्ज फ़क़त दो-चार। लिहाज़ा कोई दरमियानी रास्ता तलाशना होगा कि न वो कुम्हलाए, न मैं बौराऊँ!

बात साथियों की चल रही है और इनमें जो सबसे महत्त्व के हैं उनका ज़िक्र छूट रहा है। जी मेरा इशारा है भरिक यानी पोर्टरों की ओर। पहले तो बता दूँ कि रनी हाई-एल्टिट्यूड पोर्टर और राजी बहैसियत पर्वतारोहण सहायक हमारे साथ चलेंगे। इनके अतिरिक्त हमें सात भरिक या पोर्टर और चाहिए। जिनमें से पाँच सोनी के संग निम से आ चुके हैं। बचे दो घुत्तु से लेना है। धत् तेरे की! बातों का रुख़ पलटा तो कहाँ का किधर निकल आया। पर फिकर नॉट जी, ख़िदमतगार आपको फिर ले चलता है उसी ठौर जहाँ से भटके थे। बोले तो रुद्रप्रयाग की चर्चा पर।

रुद्रप्रयाग में अलकनंदा एवं मंदाकिनी नदियों का मिल इकसार हो जाना तो सब जानते हैं। पर मेरी जान तो दो लफ़्ज़ों के बीच झूल रही है। 'रुद्र' और 'इकसार'। इकसार होना—अहा! कैसा पुनीत कारज। निरन्तर ख़ूबतर होने का आधार। इतर संस्कृतियाँ, जुदा नदियाँ जहाँ निजता की आहुति दे हो जाएँ एकप्राण वहीं तो घटे है असल याग। वही कहलाए प्रयाग। ऐसा रूहानी मिलन न तो कोलाहल कारक हो सकता है, न भयानक। तो फिर किसी प्रयाग के संग 'रुद्र' क्योंकर जुड़ गया? नहीं मतलब कि सहज सवाल है, नाम है तो कोई कारण तो होगा न! तपास करनी होगी। पुराकथाएँ खँगालनी होंगी। तलाशी ली गई। जूने सामान में सिर खपाया गया। हस्तगत हुईं कुछ अनूठी कथाएँ। कहते हैं अलकनंदा और मंदाकिनी संगम स्थली के नज़दीक कभी नारद मुनि ने शिव को प्रसन्न करने हेतु तप किया था। सैकड़ों बरस एक पैर पर अविचल खड़े रहने वाला घोर तप। लोक मान्यतानुसार इसी महातप की स्मृति को स्थायी करने के बायस इस प्रयाग के संग कालान्तर में 'रुद्र' विशेषण जुड़ गया। सवाल उठता है कि देवऋषि को ऐसा घनघोर तप क्यूँकर करना पड़ा? इसे बूझने के लिए एक अन्य कथा सुननी होगी। आप कहें तो सुनाऊँ? क्या कहते हैं? कथा शानदार है, सुन लें उसे भी!

बात बहुत पुरानी है। तब की जब भूलोक नीरस था। सर्वथा रसहीन! यहाँ नदियों का अवतरण होना बचा था। राग-रागिनियों से भी यह लोक अपरिचित ही था। तमाम राग, हर सुर और सभी रागिनियाँ संगीत-लोक में चैन से रहते थे। ऐसे में नारद मुनि की गति संगीत की ओर हो गई। मुनिश्रेष्ठ के हाथों वीणा आविष्कृत हुई।

नारद का नीरस जीवन रसमय हो गया। वीणा को टंकारा देते, भजन गाते, अपने गाए-बजाए पर मुग्ध होते मुनिवर लगे घूमने त्रिलोक। फिरते-फिराते वे एक विचित्र देस में जा पहुँचे। जहाँ हर ओर था दुःख-दर्द और कराह-तड़प। उस विचित्र देस में सबको दैहिक दोष। कोई काना तो कोई लूला। किसी का आधा शरीर ही ग़ायब तो कोई क्षत-मस्तक... सार यह कि उस देस में किसी की देह दुरुस्त नहीं। नारद भौचक। उन्हें काटो तो ख़ून नहीं। मुनि सोचने लगे ऐसा कैसा लोक? ऐसे कैसे लोग? इनके महाविकट कष्टों के कारक क्या हैं? विचारते-सोचते जब सर चकरा गया, तो पहुँचे सीधे विष्णुधाम।

नारद ने सवाल रखा। विष्णु हँसे और कहा, 'मुनिवर यह तो आप ही का प्रताप है। जिस देस की आप बात करते हैं वह संगीत-लोक है। राग-रागिनियों का देस। आपके गायन-वादन के प्रचंड प्रहार से वहाँ के वासी ज़ख़्मी हो तड़प रहे हैं।'

नारद थे सृजक-दर्प से ओतप्रोत। विष्णु का कहा उनको ऐसा चेंटा कि सब भूल लगे विवाद करने। विष्णु ने बहुतेरा समझाया। नारद नहीं समझे। दर्पान्ध मति-कुमति, उसे सिर्फ़ जिह्वा हासिल, वह कर्णरन्ध्र हीन। बोले तो अन्धमति वाचाल और बहरी। नतीजतन बहस बढ़ने लगी। ऐसे में विष्णु को एक प्रयोग सूझा। वहाँ एक भालू बुलवाया और उसे नारद-वीणा थमा दी। भालू ने वाद्य थामा। उलट-पुलट देखा और बजाने लगा। देखते ही देखते वीणा और भालू एकरंग हो गए। रस झरने लगा। भालू का बजाया नारद के वादन से कहीं बेहतर और कर्णप्रिय था। नारद हतप्रभ। उन्हें अपने किए का बहुत पछतावा हुआ। तब के तब रागों की भग्न देह सुधारने और व्यवस्थित तरीक़े से संगीत सीखने का प्रण किया।

यह हो कैसे? गुरु कौन हो? नारद के पूछने पर विष्णु ने उन्हें शिव की शरण में जाने को कहा। पर शिव छुप गए। वे नारद को राग-रागिनियों का ज्ञान देने को क़तई इच्छुक न थे। इधर नारद ने भी ठान रखी थी कि संगीत शिव से ही सीखना है, और भंगार हो चुके रागों का उद्धार भी करवाना है। मुनिवर तप सन्नद्ध हुए। हिमालय पहुँच एक शिला पर जम गए। साधना आरम्भ की। एक पैर पर खड़े हो गुहारते रहे शिव को, बरसों-बरस। अन्ततः शिव पसीजे। तपस्थली पर महफ़िल जुटी। शिव गाते रहे, रागों के देह सुधरते गए। शिव के वादन-गायन का असर ऐसा कि विष्णु पिघलने लगे। उनका देह-रस उनकी पगतलियों से चूता हुआ पृथ्वी पर बह निकला। रस धारा से बनी अर्णा गंगा कहलाई। और तपस्थली रुद्रप्रयाग!

कैसी लगी कथा? थी न जलेबी सी करारी, रससिक्त। ऐसे रसीले क़िस्से तो उत्तराखंड के कण-कण में समाए हैं। बाज दफ़ा शुबहा होता है कि मानो कथाएँ ही इस देस की आत्मा हों। मन करता है बस सुनते रहें उन्हें। पर हमें तो यात्रा करनी है। सो इस कथालोक से बाहर निकल यात्रापथ पर लौटना ठहरी अपनी मजबूरी।

जनाबेआली क्या मैं आपको मौसम का हाल कह चुका? शायद हाँ, या कि नहीं? जो हो, जानकारी अद्यतन करने हेतु कह दूँ कि औली छोड़ते के साथ जो मेह झमझमाना शुरू हुए वो रुद्रप्रयाग पहुँचने तक गरजते-बरसते रहे। नतीजतन रुद्रप्रयाग कादे से अँटा था। सड़कों पर आपाधापी मची थी। हबड़तान से आजिज़ हम बाज़ार से परे एक सरायनुमा धर्मशाला में टिक गए। 'व्यू-लेस' सँकरी गली में अवस्थित धर्मशाला के चयन के पीछे थी उसकी घाट से नज़दीकी। और यह लालच कि सूर्य-प्रस्थान और आगमन बेला में घाट से संगम स्थली को निरखा जाए। वैसे काले मेघों के चलते सूर्यास्त-दर्शन तो सम्भव नहीं हुआ अलबत्ता घाट पर पहुँचे ज़रूर। धर्मशाला से कोई आधा किलोमीटर दूर होगा घाट। पर उस तक जाती डगर इतनी गन्दी कि मारे सूग के सूअरों को भी उबकाई आए।

गोकि घाट पक्का था पर वहाँ के हालात थे पहुँच मार्ग से भी बदतर। कर्कट के तहत भी जो कल्पनातीत हो वो वहाँ मौजूद था। कूड़ा ढेर-ढेर। गोशे-गोशे में पोठे के टीले। मनुष्य (?) के खोड़ले करमों की न पूछें तो ही बेहतर। उसकी कारगुज़ारियों की चुगली करते यहाँ सैकड़ों निशान। बोलूँ तो लहू-सने लत्ते, वीर्य-भरे फुग्गे, मयकशी की मुनादी करती बोतलें और मानव-मल के ढूह। दुबारा इस जगह आना...तौबा... तौबा...यहाँ तो दो पल ठहरना भी भारी पड़ रहा था। विश्वास जानिए, हम संगम निहार पाए न नदी। काँधे पर टँगा कैमरा टँगा का टँगा रह गया। उलटे पैर चल दिए बाज़ार की ओर। वैसे भी अब साँझ होने को थी। और भूखनुमा कुछ उदर में कुनकुना रहा था। अपर्णा को हवाई चप्पल की दरकार थी और मुझे मोटे पॉलिथीन की।

बाज लोग पूछेंगे, "चप्पल तो समझ में आती है पर यह पॉलिथीन क्यों?"

मैं कहूँगा "जनाब यह ट्रैक को थोड़ा आसान कर देता है।"

बात लोगों को आसानी से हजम नहीं होगी, सो कहेंगे, "ऐं! ट्रैक की आसानियाँ वो भी कचकड़े जैसे मोटे पॉलिथीन से...?"

तो मेरा उत्तर होगा, "मैडम/सर जी, बड़े मज़े की चीज़ है यह पॉलिथीन। मैं तो इसका पाँच गुणा चार फ़ीट का टुकड़ा हर्मेश* अपने संग रखता हूँ। गीली

---

* हर्मेश—इसका अर्थ शब्दकोश में नहीं मिलेगा। यह तो अपर्णा के निजीकोश से मेरे पास आया है। जब 'हमेशा' को वज़नदार बनाना हो तो वह इसका प्रयोग करती है। भाषा के संग प्रयोग करना उसका प्रिय शगल जो ठहरा। कभी शब्द को उलटे बोलना, कभी पूरा वाक्य ही। तो कभी नूतन शब्द गढ़ना।

ज़मीं पर बिछा कैमरे का बैग रख दो, या फिर लेटकर 'मैक्रो फ़ोटोग्राफ़ी' कर लो। वक़्त-ज़रूरत पैर पसार दो पल सुस्ता लो या फिर ढालवाँ बर्फ़ पर इसकी सवारी करते हुए सरपट आगे बढ़ जाओ..."

मेरा जवाब उनको मुफ़ीद नहीं लगेगा, वे कुछ कहने को मुँह खोलें उसके पहले मैं कह दूँगा, "अब इस बहस को विराम दें। बात यह कि बाज़ार हमें गुहार रहा है। भूख जख नहीं लेने दे रही। सुना नहीं, पहले पेट पूजा फिर काम दूजा। सो अपने राम तो चले बाज़ार...।"

बाज़ार मझोले डील-डौल का था। आधुनिक और क़स्बाई जगत के मध्य टँगा सा। यह बाज़ार नज़दीकी गाँवों के लिए ही नहीं यात्रियों के लिए भी ज़रूरी। चुनाँचे गहमागहमी ख़ूब थी और सामान भी ख़ूब। पॉलिथीन पाने में तो दिक़्क़त नहीं हुई। पर बारिशों में हवाई चप्पल मिले तो कैसे मिले?* पूछा किया। ख़बर पड़ी कि मार्केट के अन्तिम छोर पर जूते वालों की दुकानें हैं, वहाँ जाना होगा।

ट्रैफ़िक काटते हुए आगे बढ़े। लोहे के पुल के सहारे उफनती नदी पार क्या की, बाज़ार का चरित्र ही बदल गया। उस पार के बरअक्स इधर के माहौल में थी अलहदा रवानी, एक ठेठपन। ख़ैर, पुल से थोड़ा आगे बढ़े ही थे कि क़दम ठिठक गए। वजह? एक होटल। निहायत लुल्ल होटल, पर भीड़ यूँ पिली पड़ी जैसे बौराई अमराई पर भ्रमर।

होटल के काउंटर पर एक अधेड़ बैठा था। भीतर थीं काठ की चार-पाँच टेबुलें। जिन पर मेज़पोश की जगह एल्युमिनियम की चादर चढ़ी हुई। किसी टेबुल के गिर्द छह तो किसी के गिर्द आठ जने बैठे थे। कहीं तो दस भी। मैं चकित। एक मेज़ पर इतने बहुत सारे लोग बैठे कैसे हैं, वो भी चैन से? छोटे-छोटे कोनों में ढेर-ढेर जनों का ठँस पाना शायद मेज़ के गिर्द कुर्सियों के न होने से तअल्लुक़ रखता हो? लगा जैसे बिल्लात भर के पुट्ठों के लिए हाथ भर की कुर्सी कबाड़ने की वासना ही दुनियावी आपाधापी का प्रमुख कारण हो। बेंच लगते ही वैयक्तिक आसन्दी हथियाने के हथकंडे ख़त्म! सिमट-खिसक दूसरे के लिए जगह बनाने की परिपाटी शुरू। इस होटल वाले ने यही तो आजमाया था। धत् तेरे की, इन बेतुकी बातों में किसी को भला क्या दिलचस्पी? सो कहता हूँ वो जो आगे घटा।

तो भाई लोग, मैं कहने वाला था कि हमने सड़क से ही उपाहार-गृह के भीतर नज़र फिराई। कि वहाँ उपलब्ध क्या है? दिखा काउंटर के पीछे टँगा बोर्ड—

---

* ट्रैक तो पैरों के आसरे ही मुकम्मल होते हैं। आठ-दस घंटों की चलाई से जूते में क़ैद पैर अक्सर पसीने से भीग पिलपिले हो जाते हैं। सो कैम्प पहुँचते ही पहला काम होता है पैरों को सुखाना। उन्हें धूप-हवा दिखाना। बेध्यानी करने पर उँगलियों के बीच फफूँद उग जाती, वे गलने लगती हैं। अतएव कैम्प में हवाई चप्पल या फ्लोटर पहने जाते हैं।

छोले-भटूरे (दो पीस) बारह रुपये
छोले-चावल प्लेट—पन्द्रह रुपये,
एक्स्ट्रा छोले—पाँच रुपये
यहाँ चाय नहीं मिलती
आज नगद कल उधार
काम करने वाले लड़कों की ज़रूरत है

और दिखी काउंटर के बग़ल में एक पेड़ी। सड़क से होटल को जोड़ती पेड़ी। जिसके समीप था खौलते तेल से भरा कड़ाह। कड़ाह के क़रीब था वह बन्दा जिसे देख मैं सड़क पर ठिठका हुआ था। भाई, भटूरे तलने के एकरस काम में इस क़दर डूबा था कि जैसे कला साधना करता हो। लोई तोड़ने से लेकर भटूरा बेलने तक आलाप चले। उसे तेल में डालते समय उँगलियों का संचलन यूँ ज्यूँ संकेत दे नृत्यांगना खिलते कमल का। झारा हाथ में आते ही भुजा लयबद्ध थिरके। तालबद्ध ठुनकती कलाई का कमाल देखना हो तो तेल में लहराता झारा देखना ज़रूरी। जिसकी छुअन से स्पंदित भटूरा कभी तेल में डुबकी खाये तो कभी सतह पर आ कालबेलिया नर्तकी की तरह विवर्तन करे। बार-बार यही प्रक्रिया दोहराते हुए एक मिनट के वास्ते भी बन्दे के चेहरे से न मुस्कान गुम हो न नयनों से रस की उमड़न। बंदिश के अन्त में उसका सुनहरे भटूरे को तेल से ऊपर उठा वो तीन बार झटक सम पर लाना और हौले से धर देना तश्तरी में कुछ इस तरह कि दिल कर उठे वाह! वाह!! सच बोलूँ तो लगा जैसे वो होटल नहीं कलाकक्ष हो। वहाँ महफ़िल जारी थी...राग...रागिनियाँ...टुकड़े...तोड़े...सभी भटूरों में कायापित हो रहे थे...मंत्रमुग्ध लोग भटूरों से रस समोट रहे थे।

इस रसीले आलम का असर हम पर भी हुआ। मैंने अपर्णा को देखा, उसने मुझे। नज़र ही नज़र में तय हो गया कि सिर्फ़ अभी ही नहीं कल का कलेवा भी यहीं होगा। तब के तब होटल में धँस गए। छककर खाया। फिर चल दिए चप्पल तलाशने।

जब तक जूतों की दुकान तक पहुँचते बूँदा-बाँदी फिर शुरू हो चुकी थी। गली सुनसान सी हो चली थी। अलबत्ता दुकानों में रौनक थी। उस दुकान पर थमे जहाँ चार-छह बन्दे मौज़ूद थे। एक बन्दा ज़ीने के सामने मोटरसाइकिल पर क़ाबिज़, बचे भीतर धरे स्टूलों पर। वहाँ गरमागरम बहस जारी थी। मुबाहिसा से छिटक कुछ जुमले हम तक पहुँचे तो कान अपने आप उधर हो गए—

"...गाँ...फट...गई भाई जी...धड़ाम...पूरा पहाड़...चीख़...लोग मर...बड़ी मुश्किल से बचकर आया...भेऽऽणचोऽ इतने यात्री क्यों आ जाते हैं यहाँ मरने हर

साल...।" बोलने वाला फटफटिया पर बैठ बहस में भाग ले रहा एक तीस-बत्तीस साल का युवा था। गेहुँआ रंग, भूरी आँखें, मध्यम क़द, बेतरतीब बाल। चेहरे पर भावों का कॉकटेल...भय, क्रोध, निराशा, उत्तेजना सब थोड़ा-थोड़ा।

हमारी आमद से दुकान में सन्नाटा पसर गया। मानो बहता पानी एकदम से जम गया। फटफटिया सवार की ओर मुस्कान फेंकते हुए मैं बोला—

"क्या हुआ भाई जी, क्यों हम यात्रियों को कोस रहे हो?"

फटफटिया सवार ने यूँ मुँह फेरा जैसे ट्रैफ़िक सिगनल पर भिखारी से फेर लेते हैं लोग। मैं धक्क। छाती में गोला सा उठा। कान गरमाने लगे। भला हो दुकानदार का कि उसने बात बिगड़ने से पहले ही हवा में झूलता सूत्र थाम लपक लिया—

"कुछ नहीं सर, यूँ ही आपस की बात थी। आप अपनी कहें। क्या चाहिए आपको? कहाँ से आए हैं सर आप लोग।"

मैंने बताया।

"क्या चारधाम यात्रा के..."

"नहीं। ट्रैकिंग के लिए..."

"अच्छा, ट्रेकर हैं। किधर जाएँगे?," दुकान वाला उत्साहित था। शायद उसने भी कभी ट्रैकिंग की हो।

"भिलंगना घाटी से होकर केदारनाथ..."

"ऐं! केदारनाथ! मरना है क्या...भेऽण..." फटफटिया पर बैठा युवक तिलमिलाकर बीच में कूद पड़ा। उसका चेहरा तमतमाया। मैंने 'केदारनाथ' ही कहा था। कोई गाली तो न दी थी। शायद यह नाम उसकी चिढ़ावनी रही हो। पर उस वक़्त तो उसकी भाव-भंगिमा मुझे बींध रही थी। मैं भेजे की अटारी से कोई मुफ़ीद इंदौरी गाली उठाता उसके पहले ही दुकानदार मुझे समझाने लगा। वह कहता गया मेरे ज्ञानचक्षु खुलते गए।

इत्तला मिली कि फटे में फटफटिया फँसाए फिरने वाला वो युवक पत्रकार था। ख़बर-बहेलिया। केदारनाथ की पटखुलाई 'कवर' करने आया अख़बारनवीस। बता चुका हूँ कि इन दिनों देवस्थानों के पट खुलने-बन्द होने जैसी मासूम परिपाटी भी ख़बरदोग्धाओं के क़रीब बड़ी घटना ठहरी। ऐसे अवसरों पर देस-बिदेस से ख़बर-आखेटक एकत्र होते हैं, कि कुछ अनूठे चित्र पा जाएँ। कि न मालूम कहाँ राष्ट्रपति पहुँचें, किधर प्रधानमंत्री दिख जाएँ। कुछ नहीं तो बच्चन, अंबानी जैसे महानुभावों के ही दीदार होवेंगे। कुपोषण के मारे अख़बार जो पाएँ सो गुड़ुप! वैसे भी जनता की नज़र में आने की डगर इन दिनों धामों से होकर जो गुज़रने लगी है। इसी ग़रज़ से फटफटिया-चस्प वह अख़बारनवीस भी केदारनाथ गया था। ज़ाहिर है मोटरसाइकिल से। वहाँ से अभी बस लौटा ही था कि हम आ धमके।

"इस वाहियात मौसम के चलते रामबाड़ा के क़रीब केदारनाथ मार्ग अचानक धसक गया। कम से कम बीस लोगों के मरने या दबने की ख़बर है। वो अफ़रातफ़री मची कि मत पूछो। सब देखा मैंने। घटना के समय मैं वहीं था, रामबाड़ा में। जान बचाकर नीचे भागा, फटफटिया दनदनाते हुए यहाँ आया। बहुत मुश्किल से जान बची, मैडम...," अख़बारनवीस अपर्णा से कह रहा था। उसकी भंगिमा बदल रही थी, वाणी में नरमाई थी।

अपने कहे की प्रतिक्रिया देखने के लिए वह दो पल को थमा। मोटरसाइकिल साइड स्टैंड पर टिकाई। नीचे उतरा। बदन से जैकेट अलग कर सीट पर धरी। शर्ट का कफ़ खोला। और आस्तीन चढ़ाते हुए मेरे नज़दीक आया। उघड़ी बाँह मेरे मुँह के आगे करते हुए बोला, "देखिए, मेरे रोंगटे अब भी तने हैं। साला जब से दिल्ली वालों ने मुझे यहाँ भेजा है रोज़ ही पहाड़ों की धँसान में लाशें गिन रहा हूँ। भेऽऽणचो...मरता पहाड़ देखने के लिए क्यों लाखों लोग हर बरस यहाँ...वैसे क्यों जा रहे हैं आप लोग उस क़ब्रिस्तान में?"

मैं चुप। अपर्णा भी चुप। इस सवाल का कोई सीधा उत्तर नहीं। मेरे सबब अलग, अपर्णा के इतर। इस माहौल में जो बहस छिड़ी तो कहीं हम दोनों ही गुत्थमगुत्था न हो जाएँ। ऐसे अन्धे मोड़ों से बच निकलने के दो ही साधन। धीरपायी और चुप्प! लिहाजा शान्ति को थामा। चुप से चप्पल के दाम चुकाए। चल दिए धर्मशाला की ओर। न मैंने कोई बात निकाली, न अपर्णा ने ही कोई सवाल उठाया।

धर्मशाला पहुँचते ही बिस्तर में घुस गया। पर नींद किसे आनी थी! ऊहापोह के जिस दलदल से बचना चाहूँ वो ही रूप बदल फिर-फिर सर पर डोलने लगता है। दिमाग़ का 'राइट विंग' अपराधबोध-ग्रस्त। क्या अपनी ऐषणापूर्ति हेतु मैं अपर्णा की जान पुनः जोखिम में डालने जा रहा हूँ? दिमाग़ का 'लेफ़्ट विंग' आत्ममुग्धता का हामी। उसके अपने तर्क। सोचना और दूसरों को ओछा साबित कर गरियाना उसका शग़ल...

रात सरकती रही। मैं धँसता रहा—मन की गहरी खाई में। खाई जहाँ जन्म-जन्मान्तर से दुबके कितने बहुत सारे कीड़े कुलबुला रहे थे। शंका के, विद्रोह के, जुगुप्सा के, भय के। चित्त विचलित। और तन मेरा ऐसे तड़पे ज्यूँ उथले जल में मछली। कभी लगे कि खाट में खटमल भरे हों। कभी यूँ जैसे सलाखें भोंकता हो कोई बदन में। असह्य वेदना। दिल रोऊँ-रोऊँ। पहले पनपतिया जाने की योजना पर सरकारी महकमे ने पानी फेर दिया और अब केदारनाथ के बुरे हालात की ख़बर! जो वहाँ भी जाने से रोके गए तो? भरोसा डगमग। कभी प्रकृति पर गुस्सा, कभी अपनी क्षमताओं पर शंका। कभी लानत हिमालय को कि वह आततायी है, कि मुझसे न जाने किस जनम का बैर निकाल रहा है।

इधर मैं पासा पलट-पलट बेजार उधर अपर्णा बेख़बर। वह खाट से सटते के साथ नींद के ताबे में। वह इतने सुकून में कैसे? झूठे हैं सब जो नारी को कमज़ोर बताते हैं। दम्भी हैं वे जो स्त्री को पुरुष के आसरे जानते हैं। मैं गवाही देता हूँ कि नारी के कोमल तन में एक बलवान मन रहता है। फुलटुस सिक्स पैक मन। आज में जीने वाला, भरोसा करने वाला, विपरीत दशाओं में भी हिम्मत न छोड़ने वाला मन! जिसे भरोसा न हो एक बार मेरे पहलू में सोती अपर्णा को देख ले। इतनी सर्दी में मैं पसीने से तरबतर और वो कैसी खर्राटेदार नींद सो रही है।

बहरहाल, उसकी लयबद्ध खुर्र-खुर्र से भाव विमुग्ध निशा खरामा-खरामा सुबह तक पहुँच ही गई। मैंने बिछौने की सलीब से ख़ुद को छुड़ाया और जा खड़ा हुआ दालान में। करने लगा सूरज का इन्तज़ार। कि कब वो आए और कब मैं दौड़ लगाऊँ भटूरे वाले होटल की ओर। पुनः दोहराऊँ वह अद्‌भुत दृश्य। कि दुनिया की तमाम तकलीफ़ों को ताक में धर अपनी ज़िम्मेदारी को संगीत की मानिंद बरतता आदमी फिर कभी देखने को मिले न मिले? कि शिक्षित भले विश्वविद्यालय करें, दीक्षित तो अन्ततोगत्वा समाज ही करता है। कि समाज ही विचलित हिया का महफ़ूज़ ठिकाना!

भिलंगना में बटमारी

स्वअर्जित को सहर्ष नि:स्वार्थ और आत्मप्रेरणा से जब किसी के हक़ में समर्पित किया जाए तब घटता है महादान। महादानी मानवों को लेकर क़िस्से तो बहुतेरे हैं पर इन सारी कसौटियों पर सौ प्रतिशत खरा उतरने वाला मेरे जाने तो कोई नहीं। जबकि प्रकृति के अन्यान्य घटकों के यहाँ तो यह रोज़मर्रा का काम ठहरा। मिसाल के लिए हिमाला की जल धाराओं को ही लें। हिमनद, नाले, प्रपात, छोटी-मझोली गुमनाम नदियाँ कितने हर्षोल्लास से अपनी हर बूँद, अपना सम्पूर्ण वजूद, अर्पण कर देती हैं कि एक ख़ूबतर और हृष्ट-पुष्ट अर्णा आविर्भूत हो। कि धरा पर जीवन चक्र अक्षुण्ण बना रहे।

मेरी प्रिय भिलंगना* भी ऐसी ही एक अर्णा है। आज वर्ष 2012 की अप्रैल के उनतीसवें दिन की दोपहर में घुत्तु जाते हुए उसी से मुख़ातिब हूँ। न जाने क्यूँ वो वैसी नहीं दिख रही जैसी दिखा करती थी। वो मायूस लग रही है। कुछ तो बदल गया है, कहीं तो गड़बड़ है।

"चल हट पगले, नदियाँ भी कहीं मायूस हुआ करती हैं?"

"जी बिलकुल! नदी के साथ जो बटमारी हो जाए तो होती है वो मायूस।"

"नदी बटमारी का शिकार! बड़ी दूर की कौड़ी लाए हो मियाँ! नदी है क्या बहते जल के सिवा! अर्थात् ऐसा है क्या उसके पास जो लुटेरों को लुभाए?"

"माना नदी में जल होता है, पर महाराज! नदी के मायने सिर्फ़ जल ही नहीं होता। क्या नहरों-नालों में बहते या उपवनों में जबरिया धकेला पानी दरिया कहलाता है? नहीं न। मानव लाख उतापा कर ले पर वो नई नदी, नूतन समन्दर नहीं गढ़ सकता। क्यों? इसलिए कि नदी में बहता है पर्वतीय वनों द्वारा अभिमंत्रित, अनुप्राणित जल।[25] नदी होती है पहाड़ों की सृजना। शैलबाला। पहाड़ का जल, माटी-पत्थर, शैवाल ले बहती नदियाँ मुझे तो पर्वत ही जान पड़ती हैं। तरल पर्वत। महादानी पर्वत।"

---

* इस नदी को कहीं 'भिलन गंगा' तो कहीं 'भिलंग' बुलाया गया है। इन दिनों भिलंगना नाम ही अधिक प्रचलित है।

"बटमारी की बात पर टिके रहो गुरु, यहाँ-वहाँ भटको मत। अच्छा बताओ कि आख़िर तुम्हारे गिरिराज ने नदी बनाई क्यों? मानव ही के लिए न!"

"निस्सन्देह सरिता-सलिल सम्पदा पर आदमी का हक़ है। पर फ़क़त आदमी का ही नहीं। इसमें तो नभ से धरती तक के हर चर-अचर का हिस्सा है...।"

ख़ैर, हक़-ओ-हुक़ूक़ की बहस में पड़ क्यों अपना मन खट्टा करें! बात चल रही थी भिलंगना के उदास दिखने की। सच कहता हूँ भाई साब कि कुछ तो लोचा है, यह नदी वैसी नहीं जैसी पहले दिखी थी।

याद आ रहा है वर्ष 2009 की जुलाई का वह दिन। ध्यान आ रहा है हमारा ऑडेन-कॉल पार करने के बाद केदारनाथ जाना मुल्तवी कर घुत्तु पहुँचना।* कैसा मनहूस दिन था वो। भिलंगना घाटी फाँसीघर में तब्दील थी। वहाँ के पहाड़ों की मुश्कें बाँधी जा चुकी थीं। कारण कि वे न झुकते हैं न मुड़ते। भिलंगना को बाँधने देते हैं न सड़क को ठहरने। उनका अकड़ू होना साबित हो चुका था। सार यह कि वह दिन पर्वतों की अकड़फ़ों उतारने का दिन था। उनके ज़िस्म में सलाखें घुसेड़ी जा रही थीं। बारूदी सलाखें!

बन्धुओ, कसाई भी आड़ में जा बकरा काटता है। तालिबानी भी छुपकर ही बम लगाता है। पर घुत्तु में मौज़ूद हिमालयहंताओं का बर्ताव तो क्रूरतर था। क़तई इस्लामिक स्टेट वालों की मानिंद यहाँ भी था सारा कुछ बेपर्दा। हिमालय की देह में छेद करना। छेद में डायनामाइट फँसाना। डायनामाइट में दूर बैठ बत्ती लगाना और नगाधिराज के शरीर का रेजा-रेजा होते देख जश्न मनाना। सब सरेराह, सब खुलेआम। घबराकर भाग लिए थे हम तब इसी राह, यानी कि घनसाली को जाती डगर पर। भिलंगना नदी के तीरे-तीरे।

घुत्तु के पहाड़ों का हाल देख चिन्ता व्यापी थी मन में। कि इस निर्मम तोड़-फोड़ का सबब क्या रहा होगा? सड़क बनने की भनक तो थी। पर क्यों? घुत्तु तो सड़क से पहले ही जुड़ा है। और भिलंगना घाटी में तो कोई उल्लेखनीय मानव बस्ती नहीं? फिर सड़क किस वास्ते? क्या घाटी में दीगर तीर्थ बनाने की मंशा है? या कोई तफ़रीहगाह बोले तो एग्ज़ोटिक डेस्टिनेशन?

तफ़्तीश शुरू की। ख़ुलासा हुआ कि भिलंगना घाटी में तो तीर्थ-धाम से भी ख़तरनाक शै की आमद तय है। बोले तो बाँध और कई जलविद्युत् परियोजनाएँ (जविप)। विकास-पुरोधाओं के अनुसार इनके बिना अब संसार की गति नहीं। जो बाँध बन्द तो बिजली बन्द। बिजली बन्द तो प्रगति बन्द। प्रगति बन्द तो मानव पत्थर युग में पहुँचा ही पहुँचा! सौ टंच सही। नहीं क्या? एक समय मेरी धारणा भी यही थी कि नदी को अल्पकाल के लिए रोकने, या उसे सुरंग में ठेल देने से किसी को

---

* इसका सिलसिलेवार ब्योरा 'दर्रा-दर्रा हिमालय' में दर्ज है।

आपत्ति क्यों होना चाहिए। कोई पानी अंटी तो कर नहीं रहा। रोका जल अन्ततः छोड़ा ही तो जाता है। गोया अर्णा और अश्व समतुल्य। थोड़ा वक़्त अस्तबल में गुज़ारने से वे खच्चर थोड़े ही हो जाते हैं। लेकिन फिर आया जीवन में भ्रमण का दौर। ज्यूँ-ज्यूँ घूमता गया, फलता गया। निःसर्ग से संसर्ग तथा ज़मीन से सीधा सम्पर्क होते ही सोच, समझ व दृष्टि बदलने लगी।

जाना कि बाँध से अनेकों घर-आँगन डुबोने के एवज़ में चुनिन्दा लोग पाते हैं झकास ज़िन्दगी। लोगों की कई पुश्तों को निविड़ तम में धकेल जगमगाते हैं शहराती बाज़ार। ज्ञान हुआ कि बाँधों के दूरगामी परिणाम घातक होते हैं। कि धाम-देवालयों का असर तो स्थानीय भूगोल पर रफ़्ता-रफ़्ता और आधा-अधूरा ही पड़े है। पर बाँध लील जाए भूगोल, इतिहास, संस्कृति, जंगल, माटी, मानव, जन्तु...सारा कुछ... वो भी एकमुश्त।[26]

बन्धु, आपको एक बिन माँगा मशविरा दूँ कि जो सुकून से जीना हो तो दीठ-बन्द, सोच-बन्द जीना। कि खुली आँख ज़माना देखने वाले को चैन नसीब नहीं! मैंने देखा। हश्र यह कि ए.सी. चेंटने लगा। कार बेकार लगने लगी। लगा निरन्तर चलता नलका तंज़ करने। अब मेरा हाल आईना-घर में क़ैद 'एंटर दी ड्रैगन' के ब्रुस ली का सा। हर सम्त नज़र आए लहूलुहान क़ुदरत के पीछे ख़ुद का शर्मसार चेहरा। सोचूँ प्रायश्चित्त कैसे हो? छोड़ना इन सुविधाओं को असम्भव लगे, बरतो तो मन मेरा कोसे मुझे ही। जीना मुहाल हो गया। हृदय अधीर हो उठा कि कब जाऊँ भिलंगना घाटी में दुबारा। करूँ तितिक्षा याचना उससे। देख आऊँ वहाँ के वन, जीव, पहाड़ और चौबारे ठीक से। सुन लूँ वो जो उनको कहना है। बँधा आऊँ उनको ढाढ़स, धर हाथ काँधे पर उनके। किन्तु इस बीच पनपतिया का फच्चर मगज में ऐसा फँसा कि ध्यान कहाँ का किधर हो गया। भला हुआ जो हिमाला की नज़र हम पर बनी रही। जिसकी बदौलत अब हम घुत्तु की ओर बढ़ रहे हैं।

साँझ होने में अभी थोड़ा समय बचा है। घुत्तु क़रीब है। थोड़ी ही देर में हमारी मुलाक़ात होगी वहाँ के समाज से। समाज मानी वहाँ के पाखी, पवन, तितली, फूल, जड़ी, जंगल, पेड़, प्रपात और उस घाटी के मनुज भी। ज़ाहिर है घुत्तु-समाज के इन घटकों के रूबरू होने पर दीगर बातें निकलेंगी। कुछ पहचानी, कुछ अनजानी। उन्हें भलीभाँति समझने के लिए तथ्यों से सटाकर देखना होगा। चुनाँचे लाज़िमी है कि मैं अपनी स्मृतियाँ अद्यतन कर लूँ।

भारत के मुतअल्लिक हर सौ किलोमीटर पर बानी और पानी बदलने की कहावत आम है। किन्तु यह मसल हिमालय पर मुफ़ीद नहीं बैठती। क्योंकि यहाँ तो चरितार्थ है 'पग-पग बदले बानी, हर डग बदले पानी'। मान लीजिए आपने मैदानी इलाक़े में अस्सी कि.मी. की यात्रा करी, तो बताएँ कि आप मौसम, भाषा

या भू-परिदृश्य में कितना फ़र्क़ पाएँगे? उत्तर है लगभग नगण्य। किन्तु हिमालय के यहाँ इतनी दूरी तय करने पर दुनिया बदल सकती है। क्यों? कैसे?

वो यूँ कि हिमालय ठहरा अपरिच्छन्न। उसे घेरना, बाँधना सम्भव ही नहीं। उसका फैलाव चार नहीं छह दिशाओं में। उसके यहाँ आकाश और पाताल भी दिशाओं में शुमार। हिमालय पर अस्सी किलोमीटर चलने वाला जाने कि गिरिराज फैलता नहीं वरन् निरन्तर बढ़ता है—नभ की ओर। या कभी चल देता है पाताल की तरफ़। नतीजतन देखते न देखते बदल जाता है सारा कुछ—हवाओं की खुनक, पहाड़ों की रंगत, मिट्टी की तासीर, नदियों का बहाव, वनों का घनत्व, पेड़-पौधों की प्रजाति, जीव-जन्तुओं के आकार-प्रकार, घरों की बनावट, मानव संस्कार-संस्कृति और उनकी बोली। इन बदलावों को समझने हेतु भूगोल-शास्त्र गिरिराज को विभिन्न खंडों में बाँट परोसता है। जैसे हिमालय का बाहरी इलाक़ा (शिवालिक), लेसर हिमालय, उच्च हिमालय (हिमाद्रि), अति उच्च हिमालय (ग्लेशियर ज़ोन), ट्राँस हिमालय (कोल्ड डेसर्ट)। दूसरी तरह से कहूँ तो समुद्रतल से 1600 मी. तक का हिमालय 'लेसर' और 2400 से 4500 मी. की ऊँचाई वाला हिमालय 'हिमाद्रि', 4500 मी. से ऊपर अतिउच्च हिमालय तथा कोल्ड डेसर्ट। लेसर हिमालय तथा हिमाद्रि बीच में है हिमालय का मध्य क्षेत्र (मिडिल हिमालय)।

बता दूँ कि फ़ितरतन शिवालिक और लेसर हिमालय हैं राजपूताना रियासतों की तरह। हरदम अपनी सीमाएँ बढ़ाने में जुटे। इसी कोशिश में वे मुसलसल अपने से ऊपर वाले हिमालयीन क्षेत्रों से भिड़ उन्हें ठेल रहे हैं। लिहाज़ा शिखर ऊँचे उठ रहे हैं और घाटियाँ गहरा रही हैं।[27] यही ठेलमठेल हिमालय में होने वाले भूकम्पों और धँसावों के मूल में है। भूकम्प को तो धरती रोक नहीं सकती पर भू-स्खलन पर लगाम हेतु उसने हर इलाक़े में अलहदा क़िस्म की वनस्पतियाँ तैनात की हैं। पेड़-पौधे हों अथवा तृण-झाड़ी हर एक धरती की सुरक्षा हेतु सन्नद्ध सिपाही। या कह लें उसे अरण्यवाहिनी यानी जंगल-रेजिमेंट। जिसके ज़िम्मे जल-प्रवाह एवं भूमि-क्षरण को नियंत्रित कर नदियों की निर्बाध गति सुनिश्चित करना।*

---

* सामान्यत: यह माना जाता है कि पेड़ वर्षा काल में माटी थामने के अलावा पावस जल को सहेज धरती की कोख में उतार देते हैं। भूमि के भीतर संगृहीत यह जल वनों को हरा-भरा रखने के साथ-साथ शनैः-शनैः नदी-नालों में निःसृत उनके सतत प्रवाह का बायस बनता है। यही जल उत्तराखंड के अनेक गाँवों की तृष्णा 'देव धारा' बन बुझाता है। पारम्परिक ज्ञान कहता है कि पहाड़ों पर जंगलों की कटाई के चलते वर्षा जल धरती में उतरने के बजाय नदियों में बहने लगता है। अपने संग मिट्टी समेट नदी में पहुँचा यह जल बाढ़-कारक होने के साथ गिरते भूगर्भीय जलस्तर तथा औचक बढ़ने वाले जल स्तर (स्थानीय भाषा में बादल फटना) का बायस भी है। पर वृक्ष, माटी तथा जल के अन्तर्सम्बन्ध को लेकर वैज्ञानिकों में मतैक्य नहीं है। पिछली सदी के अन्त तक तो कई भू-शास्त्री उपर्युक्त विवेचना जंगल को महिमामंडित करने की चेष्टा →

प्रसंगवश याद आ रहे हैं इंदौर के कलाकर्मी श्री जे.राज. दस्सानी। जो 1962-1968 के दौरान शान्तिनिकेतन में रहे। उनके अनुसार तब विश्वभारती में वृक्षारोपण एक उत्सव की तरह मनाया जाता था। पौधों को पालकी में बिठला, मय गाजे-बाजे के संस्थान में लाया जाता था। पर आज के दौर में पेड़ों की आमद उत्सव का कारण है क्या? नवशिक्षा प्रदत्त नवबोध के असर में इन दिनों आदमी अरण्यवाहिनी को सबसे विकट चुनौती दे रहा है। तृण और झाड़ियाँ अब उसे झंखाड़ प्रतीत होते हैं। और पेड़ लगते हैं उसे सिर्फ़ और सिर्फ़ ऑक्सीजन देने तथा बेहतर कार्बन फुटप्रिंट प्रमाणपत्र जुटाने के साधन। साम्राज्य-विस्तार को सिकन्दर से भी बढ़कर लालायित मनुष्य के समक्ष प्रकृति के ये अदना सिपाही आज हतप्रभ खड़े हैं।

चुनाँचे हम अपने को ऐसे काल में पाते हैं जहाँ लोग प्रकृति के कारोबार पर मुकम्मल अख़्तियार चाह रहे। देह खटा रोटी जुटाना उन्हें अस्वीकार। धनोपार्जन ही नहीं जीवनचर्या की सामान्य गतिविधियों के लिए भी उन्हें काँख तक में पसीना मंज़ूर नहीं। जिस कालखंड में 'दी लास्ट एम्परर'* के बादशाह की तरह रति-प्रसंग में भी सहायक रखने के मानस वाले लोग हों उसमें यंत्रों का बोलबाला होना ही था। सो हुआ। बल्कि बेहिसाब हुआ। लोग एकमुश्त दैहिक-ऊर्जा से विद्युत्-ऊर्जा आधारित जीवनशैली की ओर मुड़ गए। विद्युतीय ऊर्जा की माँग निरन्तर बढ़ने लगी। जिसकी आपूर्ति हेतु आरम्भ हुआ कोयले का खनन। पर्यावरण पर इसके दुष्परिणाम सामने आने पर विकल्पों की ढूँढ़ मची। आविष्कृत हुई जल से विद्युत् तैयार करने की प्रविधियाँ। इस प्रविधि से उत्पन्न बिजली को पर्यावरणानुकूल कह अग्रेसित किया गया। इसे तमग़ा मिला 'ग्रीन एनर्जी' का। पर नूतन तकनीकों के साथ जो होता रहा है, वही इसके संग भी हुआ। व्यापारियों के हत्थे चढ़ते ही 'हरित ऊर्जा' का नारा बन गया नेज़ा। जिसे थाम मुनाफ़ा-मुरीद टूट पड़े मासूम नदियों पर।[28]

राजनीतिक स्थिरता और आवाजाही की सुगमता से मालामाल, 'पॉवर बैंक ऑफ़ इंडिया' की पदवी पर इतराता उत्तराखंड नव-आविष्कृत 'जल विद्युत् परियोजना' (जविप) के शिकंजे में आसानी से फँस गया।** हालेमौज़ूद में यहाँ चार सौ पचास

→ के रूप में देखते रहे। जंगल-कटाई पर आलंबित कारोबारी उनके प्रकाशित शोध पत्रों को आगे कर आज भी अपना उल्लू सीधा कर रहे हैं। वह भी तब, जब देहरादून में, बतौर प्रयोग किए गए वनसंधारण से भूमि-कटाव और जल बहाव पर होने वाले धनात्मक प्रभावों की पुरज़ोर पैरवी की है। Kettleman R. Uncertanity in Assessing Himalayan Water Resources, Moutain Research and Development, Vol. 7, No. 3, 1987, पृ. 279-286

* इतालवी फ़िल्म निर्देशक बनार्डो बर्टोलूची की एकेडेमी अवार्ड (1987) विजेता रचना।

** अन्य पहाड़ों के बनिस्बत गढ़वाल हिमालय में पूर्व काल से सड़कें हैं। चरक संहिता में भी इनका ज़िक्र है।

जविप कार्यरत हैं अथवा विकसित की जा रही हैं।[29] इनमें शुमार है टिहरी बाँध। एक सौ दस गाँवों को डुबोने वाला, एक लाख से ज़्यादा लोगों को विस्थापित करने वाला बाँधों का चंगेज़ खाँ, टिहरी बाँध।

प्रसंगवश बता दूँ कि भिलंगना नदी खतलिंग बमक से निःसृत हो भागीरथी से मिलने वास्ते कुल जमा सौ कम पाँच कि.मी. का सफ़र तय कर पहुँचती थी टिहरी। जी हाँ! 'पहुँचती थी'। क्योंकि अब न भिलंगना-भागीरथी का वह पुरातन संगम स्थल ही बचा है, न टिहरी का कोई निशान ही शेष है। गंगा के सुन्दर स्वरूप को ग़र्क़ करने वाले महाविशाल बाँध ने सब जीम डाला। भिलंगना नदी को हलकान करने वाला दो सौ साठ मीटर ऊँचा टिहरी बाँध ही अकेला नहीं और भी कई पिस्सू चिपटे हैं इसके ज़िस्म से। आँकड़े कहते हैं, सन् 2009 में खतलिंग से टिहरी के मध्य भिलंगना (और इसकी सहायक नदी बालगंगा) पर पाँच छोटे-बड़े बाँध सह जविप विकसित हो रही थीं। अब तक तो (यानी 2012 में) घुत्तु के समीप, देवलिंग जविप पूर्ण भी हो चुकी हो। हुआ सो हुआ कह इत्मीनान कर लेता जो हवाएँ सरगोशी नहीं करतीं। यह ख़बर दे कमबख़्त ने नींदें हराम कर दीं कि भिलंगना पर नौ और जविप प्रस्तावित हैं। कहती है कि विश्वस्त सूत्रों से मिली ख़बर के मुताबिक इन नौ में से कुछ तो घुत्तु और खतलिंग के दरमियाँ स्थापित होंगी।

मालूम हो कि अब बड़ी जविप के बेजा असर भी सामने आने लगे हैं।* विरोधी कहते हैं जविप से जनजीवन और पर्यावरण को अपूरणीय क्षति पहुँच रही है। सरकार नहीं मानती। बल्कि आँकड़े बदल अपनी बात पर वैज्ञानिक मुलम्मा चढ़ा देती है। बतौर बानगी उत्तराखंड के वन विभाग द्वारा 2011 तथा 2014-15 में जारी रिपोर्ट को ही लेते हैं। जिसके अनुसार 2011 में यहाँ के जंगलों का क्षेत्रफल 24496 वर्ग कि.मी. था जो 2014-15 में 37999.60 वर्ग कि.मी. का बताया गया।[30-31] सवाल है कि इतने अल्प अन्तराल में इतना बहुत सा नया जंगल तैयार कैसे हुआ? जबकि इसी दौरान 184 वर्ग कि.मी. के वनों की कटाई सरकारी आँकड़ों में दर्ज है। वहीं अन्य स्त्रोतों से हासिल आँकड़ों के अनुसार तो इस छोटे अन्तराल में पश्चिमी हिमालयीन क्षेत्र के तीन-चौथाई वनों का ह्रास हुआ है।

---

* बाँध हिमालय की नदियों का सिर्फ़ जल ही नहीं रोकते, वे यहाँ से मैदानों में जा रही मिट्टी भी रोक लेते हैं। इस मिट्टी के अभाव से नदियों के आसपास के क्षेत्रों (riverine+riparian area) की ही नहीं वरन् मैदानी इलाक़ों की भी उर्वरा शक्ति का ह्रास होता है। नतीजतन कृषक रासायनिक उर्वरक का उपयोग करने के लिए बाध्य हो जाता है। टिहरी की तरह उष्णकटिबंधीय जलवायु क्षेत्र में बने बाँधों में पानी, माटी के अलावा जंगल से निकला जैविक अपशिष्ट (पेड़, पौधे, पत्ते, मरे जीव-जन्तु) भी एकत्र होता है। ठहरे जल में बैक्टेरिया के साथ मिल जब जैविक अपशिष्ट सड़ता है तब पैदा होती हैं अकूत मात्रा में पर्यावरण को हानि पहुँचाने वाली गैसें (greenhouse gases)।

बाँध विरोधियों तथा सरकारी आँकड़ों का अन्तर्विरोध और भी कई बिन्दुओं पर आकर मुखरित होता है। जैसे वे कहते हैं, सरकार व्यापारियों के हाथ में खेल रही है। सरकार नकारती है। उनका कहना है कि विभिन्न परियोजनाओं के चलते लोग बरबाद हो गए हैं या उन पर जुल्म ढाए जा रहे हैं। सरकार इन ख़बरों को षड्यंत्र कह चुप हो जाती है।

लिहाज़ा सच तलाशने हेतु मैदान में उतरना ज़रूरी। तो चलिए संशय के बादल छाँटने के लिए हम-आप चलते हैं घुत्तु। आँखों देखें, कानों सुनें फिर निर्णय करें कि किसके दावों में दूध किसके में पानी ही पानी।

घुत्तु का बिजूका

भृगु-गंगा यानी कि भिलंग नदी से सटा घुत्तु एक छोटा सा क़स्बा, टिहरी से निकली कच्ची-पक्की सड़क का अन्तिम ठिकाना है।[32] थलेसागर पर्वत शिखर तथा पवाली कांठा पहाड़ की निगहबानी में बसे इस क़स्बे को लेसर-हिमालय का अन्तिम छोर माना जा सकता है। लगभग पाँच हज़ार फ़ीट पर बसे होने से यहाँ का मौसम गर्म उष्णकटिबंधीय (वार्म ट्रापिकल) है, लिहाज़ा इधर बुरांश चीड़ का घना वन अपेक्षित था। पर है नहीं। जंगल-रेजिमेंट परे धकेल दी गई है यहाँ से। इधर बर्बरीक हिमाला यहाँ-वहाँ से गंजा हो रहा।* डील भारी हुआ तो क्या, बच्चा है हिमाला अभी तो। जड़ूला (झँडूला) उतरने से पहले उसे ऐसा विकट गंज रोग कि क़स्बे से सटे कुछ पहाड़ तो क़तई चपटगंजू।** या कि ग़मी के चलते मुंडन करवा लिया है पहाड़ों ने। कौन क़रीबी गुज़र गया है इनका?

बहरहाल, गंजू पहाड़ों के शानों, ढलानों और पैतानों पर या तो सीढ़ीनुमा खेत या फिर मकान। मकानात खेत में हों या क़स्बे के भीतर—सब पक्के। अधिकांश दुमंज़िला, कुछ तिमंज़िला भी। हाईस्कूल, सरकारी डिस्पेंसरी, पोस्ट ऑफ़िस और बाज़ार की मौज़ूदगी से इस क्षेत्र में घुत्तु का ख़ासा महत्त्व है। गोया महत्त्व का तो यह हम सरीखे यात्रियों के लिए भी कम नहीं। पवाली कांठा, खतलिंग ग्लेशियर तथा मियाली पास जाने वालों के लिए घुत्तु प्रथम पायदान जो ठहरा।

हम भी यहाँ रुकेंगे। एक या दो दिन। आगे जाने का दिन तो तय करेंगी अनुमतियाँ। अनुमति जंगलात वालों की तथा मौसम की। माहौल मुफ़ीद होते ही हम भिलंग नदी के पश्चिमी किनारे को थाम भिलंगना घाटी में उत्तर-पूर्व को बढ़ेंगे। पहले पहुँचेंगे रीह। वहाँ से गंगी। वहाँ से कल्याणी होते हुए जाएँगे ठेठ खतलिंग बमक तक। खतलिंग के क़रीब हमें भिलंगना लाँघ उसके पूर्वी किनारे पर पहुँचना होगा। कि नदिया पार है चौकी, मशरा टॉप, मियाली पास, वासुकी ताल और अन्त में केदारधाम। अन्दाज़न यह मुहिम कम से कम दस दिनों की पैदल यात्रा चाहेगी। अभियान का अंजाम दो

---

* बर्बरीक—घुँघराले केश वाला

** गंज रोग-Alopecia

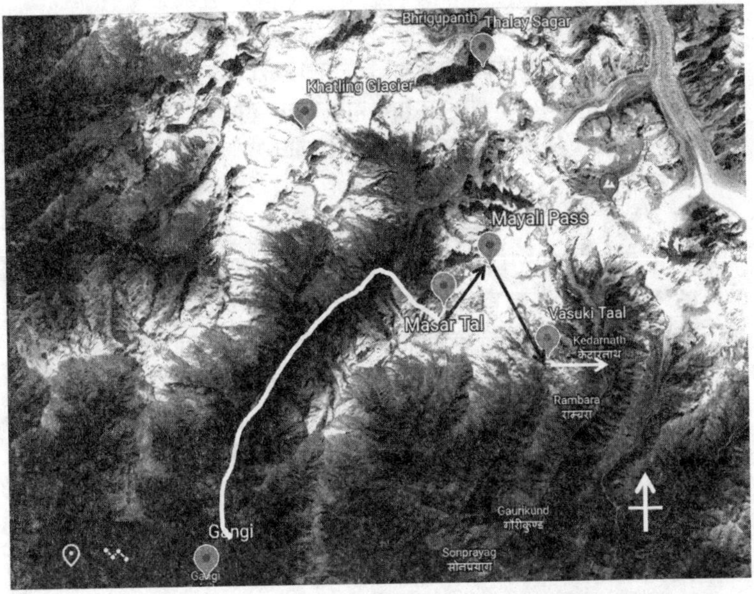

गूगल-अर्थ की निगाह से वह क्षेत्र जिससे हमें केदारधाम पहुँचना होगा।

चीज़ों पर टिका है–जंगलात वालों की अनुमति और बक्करवालों का पुल। दरअसल बक्करवाल या भेड़वाल भिलंगना पार कर चौकी बुग्याल जाने के लिए हर बरस एक कच्चा पुल बनाते हैं। गर्मियों में। खतलिंग हिमनद के क़रीब। जो वहाँ पुल मिला तो अपन तर गए। नी तो गए, मुंगेरीलाल के सपने पानी में।

ख़ैर, तब की तब देखी जाएगी। अभी अपनी जबड़ा-जुगाली बन्द कर लिए चलता हूँ आपको घुत्तु के भीतर।

येल्लो...कल्लो...बात। क़स्बे की कगार पर इऽऽत्ता बड़ा सारा बिजूका! यानी कि गढ़वाल मंडल वालों का मोटल। कमबख़्त जो बुलावे कम हड़काए अधिक। यूँ कि ऐसी सुरम्यवादी में शहराती तर्ज़ का यह पथिक निवास, जैसे कि कोई नासूर। व्याघात। तथापि उसे नज़रअन्दाज़ करना सम्भव नहीं। कारण यह कि हथेली भर के इस क़स्बे में सर छुपाने योग्य ठीक-ठाक ठिकाने विरल ही हैं। यदि कोई मिल भी जाए तो उसमें इस मोटल का सा आँगन कदाचित् ही मिले। कि बैठे-ठाले क़ुदरत का ख़ज़ाना लूटने वास्ते इससे मुफ़ीद बरामदा और कहीं नहीं। जहाँ बैठ नज़र घुमाई कि हुआ 'खुल जा सिमसिम'। बाईं बाज़ू बरामद हो पूरा घुत्तु। दाहिनी तरफ़ सीढ़ीदार खेत, खेतों में काम करतीं जनानियाँ। इन सबके पीछे नुमायाँ हो पुरनूर हिमाला। दालान की पाँचिल से टिक नज़र झुकाएँ तो पाएँ एक सँकरी सड़क और सड़क पार

के ढलान पर क़ाबिज़ फूलों से लदे-फँदे गाछ, झंखाड़ व झाड़ियाँ। झाड़ियों से परे नज़ारा हो पहले की भृगु-गंगा आज की भिलंगना का। ग़रज़ कि 'नज़र बदली कि नज़ारे बदले' वाला जुमला यदि चरितार्थ होते देखना हो तो गढ़वाल मंडल के इस बिजूकानुमा मोटल में रुकना ज़रूरी। इसके दालान में बिराजना परम आवश्यक। सो हम उसी ओर चल पड़े।

जो मैं कहूँ कि मोटल में बड़ी जद्दोजहद से दो कमरे जुगाड़े गए तो यह न मान लिया जाए कि घुत्तु में कोई विशिष्ट व्यापारिक कर्षण है किंवा भिलंगना घाटी में कोई महा प्रचलित ट्रैक है। अगरचे लखनवी तर्ज़ में बोलूँ तो इस घाटी में कोई महा बदनाम ट्रैक नहीं। फिर मोटल में जगह मिलने में दिक़्क़त क्यों? दोस्त लोगो, दरअसल इसकी जड़ में है यहाँ जारी 'भिलंगना जविप'। कहते शर्म लगती है पर जो न कहूँ तो आप कैसे जानें कि हमारी, बोले तो हम सबकी, भिलंगना नदी भाड़े पर चढ़ी है! और कैसे जानें यह भी कि उसे भाड़े या लीज़ पर लेने वाली कम्पनी यात्रियों वास्ते बनी इस मोटल के अधिकांश कमरों पर क़ाबिज़ है। कम्पनी बोले तो वो संस्थान जिसे जविप निर्माण का ठेका हासिल है।* यहीं, इसी मोटल में, उसका दफ़्तर भी है और प्रोजेक्ट सम्बन्धित कम्पनी-बहादुरों के आवास भी। उनके चंगुल से बचे कमरों का हाल ऐसा कि टिकना तो भूल जाएँ, वे दूर से देखने लायक भी नहीं। लुब्बे-लुबाब यह कि इधर दिक़्क़त कमरों की न होकर सड़े टमाटरों में से अध-सड़े ढूँढ़ पाने की थी।

पूछा जा सकता है कि कैम्प क्यों नहीं लगाया? शामियाने क्या दूध देंगे? जी सवाल बेजा नहीं पर जो यहाँ के हालात देख उठाए जाते तो ठीक होता। क्या कहा आपको ख़बर कैसे हो दरपेश हाल की? टेंशन-नॉट जी। हालेमौज़ूद की रिपोर्ताज़ मैं हाज़िर किए देता हूँ हुज़ूरेआला।

सड़क के किनारे, दूर तक, हैं प्रोजेक्ट में काम करने वालों की टपरियाँ ही टपरियाँ। जिनमें रहने वालों को शायद निहायत साधारण सुभीताएँ भी हासिल नहीं। नतीजतन नदी तट पर दुर्गंध ही दुर्गंध। विष्ठा के टीलों के बीच डेरा-डंडा गाड़ने हेतु पचास-साठ वर्गफ़ीट की साफ़ जगह जो कोई तलाश भी ले तो भी बात न बने। क्यूँ? वो यूँ कि वे दिन कब के लद चुके जब दरिया होते थे क़ाबिले एतमाद।** साहिल हुआ करते थे महफ़ूज़ और नदियाँ होती थीं मेहमाननवाज़। ऐसे दिनों का रस हम ले चुके हैं। बहुत पहले। मेकलसुता, रेवा यानी नर्मदा नदी की यात्रा के दौरान। तैराकी में ढ-ढक्कन होने के बावज़ूद, बहाव के विपरीत डोंगी खेते हुए की गई थी वह यात्रा। एक-दो नहीं, दस रातें तब या तो मेकलसुता से सटकर सोए

* Swasti Power Engineering Ltd

** एतमाद—भरोसा

अथवा उसके नन्हे-मुन्ने टापुओं पर। क़ुदरत के नियमों से बँधी नर्मदा का मिज़ाज बूझना आसान था तब। मुमकिन था पूर्वानुमान उसके घटने-बढ़ने-बिफरने का। कुल जमा बात यह कि निर्बंध होते हुए भी वह थी भरोसे योग्य। पर अब नर्मदा ही क्या और भी तमाम नदियों पर आदमी का मुकम्मल अख़्तियार। घोर मतलबी शहराती अवाम व महा-मुफ़्तुल्ले नेता अपनी निरंकुश ऐषणापूर्ति हेतु चाहे तो उसे बँधुआ मजूर की तरह बापरें या फिर जल्लीकट्टू के बैलों की मानिंद छोड़ दें आदम बस्तियों के बीच। किसके कहने पर नदी रात-बेरात कब धड़धड़ाते हुए किनारों पर दौड़ आए, किसे ख़बर! चुनाँचे साहिलों से सटकर सोने का साहस अब हममें नहीं।

ख़ैर, आप ठहरे उस्ताद लोग। आप से तो कुछ छुपा नहीं। मेरे लोलुप मन का हाल तो क़तई नहीं।

जंगल और खुला आसमान छोड़ ईंट-गारे की दीवारों के दरमियान रहने का कारण अन्ततः आप भाँप ही लेंगे। आपकी लताड़ के अव्वल क्यूँ न मैं ही क़बूल कर लूँ कि इसी मोटल में किसी हाल जगह पाने के परोक्ष में मेरा एक लालच था। एकाकीपन से त्रस्त किसी कम्पनी बहादुर को 'बोतल' में उतार जविप सम्बन्धित कुछ बारीक़ नुक़्ते हथियाने का लालच। सो होटल में घुसते के साथ हम सोम-यज्ञ समिधा जुगाड़ने में जुट गए। सोनी के ख़ज़ाने से रनी ने 'बिदेसी माल' का खम्बा जुटाया। प्रदीप ने चखना जमाया। राजी ने सलाद काटा, बैठक व्यवस्था को अंजाम दिया। और अपने राम लगे तलाशने कम्पनी के मैनेजर तथा अभियन्ता को।

गोरा, हीरोनुमा अभियन्ता था तो तीस-बत्तीस का, पर घाघ ऐसा कि पूछो मत। दस मिनट की मस्का-पॉलिश के दौरान बन्दा दस सेकेंड भी बोला हो तो जो कहे वह हार जाऊँ। जब उधर दाल गलती न दिखी तो रुख़ किया मैनेजर की सिम्त। वह था चालीस-बयालीस का। घुँघराले बाल। साँवला रंग, भरा बदन। चेहरे पर खाए-खेले मनक वाली लिजलिजी चमक। बातचीत में दक्षिण भारतीय लहज़ा। दुआ-सलाम की। मौसम की बातें हुईं। प्रोजेक्ट की प्रतिष्ठा में झूठे कशीदे काढ़े। हँसी ही हँसी में शाम को साथ बैठने-खाने का न्योता दे दिया।

वह आया। विदेशी माल देख उसकी कनखियों से झब्बा भर जुगनू निकले और पैमाने के गिर्द डोलने लगे। उसका हाथ आगे बढ़ा। सागर में ठिठकी शराब में हिलोर उठी ही थी कि गिलास को बढ़ता उसका हाथ सलाद-तश्तरी की सिम्त घूम गया। बेचारे जुगनू भौचक! कुछ पल गिलास से लिपट गुज़ारने के बाद पलटे और ग़ुम हो गए उसके दीदों के स्याह गलियारों में। उसके बोल बन्द। उसने लुटी-पिटी नज़र सोनी पर डाली। टमाटर का एक टुकड़ा उठाया। चबाया। और धन्यवाद ज्ञापित करते हुए लौट गया वो अपने कमरे में।

लीजिए, खड़ा हो गया एक यक्ष प्रश्न। कि मैनेजर ने पैमाना उठाने के बजाय टमाटर क्यों उठाया? जो बूझे सो महा बुझक्कड़। आप कोशिश करेंगे?

...?...

एक कोशिश तो कीजिए जनाब।

...?...?...

सुराग़ दूँ? जवाब एक शब्द का है...

?...?...?...

हाँ जी क्या हुआ...कुछ आया दिमाग़ में। नहीं?

ख़ैर, मैं ही बताता हूँ—उत्तर है 'बीबी'। जी श्रीमान सही सुना आपने। ग्रीष्मावकाश के चलते भाईसाब की घरवाली घुत्तु आई हुई थी। भारत भर में नदियों को बाँधते फिरने वाला तेज़तर्रार मानुष भी कैसे भार्या-भय में बँध जाता है, इसका मुलाहज़ा किया हमने उस साँझ। ख़ैर, सोमयज्ञ समाप्त हुआ जान अपन तो खिसक लिए। पर सोनी आदि वहीं जमे रहे। उनका हवन देर रात तक चलता रहा। रनी गढ़वाली गीत गुनगुनाता रहा। सच है कि आदमी अपने किए का फल इसी जनम में भुगतता है। फलतः पुण्यात्माओं को मिली सुर व सुरा की संगति और पापियों ने पाई कमरे की क़ैद में कुढ़ने की दुर्दान्त शास्ति।

अकस्मात् नींद खुली। भड़-भड़-भड़ाऽऽक...कोई दरवज्जा पीट रहा था। बाहर ओ' भीतर घुप अन्धकार। अभी तो पौ भी नहीं फूटी। तो इतनी रात गए कौन होगा? क्या किसी टल्ली की तबीयत नासाज़ है? क्या ग़मज़दा मैनेजर माथा भड़ीक रहा है दरवज्जे...दरवज्जे...

भड़...भ...ड़...

बग़ल में देखा। अपर्णा बेख़बर। खुर्र...खुर्र...।

रोशनी करने हेतु खटका टटोला। खट्ट...खट्ट...खट्ट-खट्ट-खट्ट...कई बार खटका चापा पर मिला बाबा जी का ठेंगा...बिजली तो घुत्तु में घुसे तब से गुल की गुल। जल परियोजना के कमाए पर शहरों का हक़। गाँव वाले तो मुआवज़ा पा चुके, उनका हिसाब चुकता।

भड़...भड़मभड़...भ...ड़ऽऽड़ाम...

"कौन है भाई," मैंने दरयाफ़्त की।

जवाब में वही भड़...भड़...भड़ाम्म...

इंदौर होता तो डर लगता, दिल धड़कता। इधर डकैती-शकैती होती ही कहाँ है! पहाड़ों पर मन में एक ख़ास क़िस्म की आश्वस्ति रहती है। भय नहीं लगता। सो उठा और द्वार उघाड़ दिया।

एक ज़बरदस्त धक्का लगा। ऐसा कि मैं दो क़दम पीछे। पर भीतर ढुका कोई नहीं। बाहर झाँका। उधर भी कोई नहीं, अलावा दूर डोलते काले मेघों के प्रबल एहसास के।

फिर वह धक्का कैसा? कोई तो आया होगा भीतर? अब भय लगा। भूत-पिशाचों के पहाड़ी क़िस्से भेजे में लपलपाने लगे। कमरे में नज़र दौड़ाई। उधर पसरा तिमिर अब आकार ले रहा था। उसका एक सिरा मेज़ पर से फिसलते हुए अपर्णा के देह तक फैला था। खेंच के कारण अपर्णा के ऊपर से गुज़रते हुए तम तनिक झीना पड़ गया था। सौड़ पर छपी बूटाकारी का धुँधला, श्वेत-श्याम अक्स झलक रहा था। अपर्णा से हटा नज़र पुनः ड्योढ़ी पर गाड़ दी। अब जाकर दिखीं कमरे में घुस आईं बर्फ़ की चन्द अंटियाँ।

अच्छा तो मुझे धकियाकर भीतर ढुकने वाली शै 'हवा' थी। मेघों की गड़गड़ाहट और बिजुरी की चौंध से भयज़दा, महफ़ूज़ ठौर तलाशती हवा। ओऽऽत्तेरे की! अँधेरे में मेघों का चरित्र भी बदल जाता है, इसकी ख़बर तो मुझे अब तक न थी। दुष्ट मेघ। मासूम हवा को अकेला जान छेड़ रहे थे। बेचारी का नाज़ुक बदन बर्फ़ की गोलियों से ताड़ रहे थे। दरवज्जा भेड़ बिस्तर पर लौटा। थरथराती हवा को अपनी रजाई के भीतर ले सोने का प्रयास करने लगा।

लेकिन नींद भी एक खचड़ा चीज़ है। हवा को तो सौड़ में समेटा जा सकता है पर नींद जो एक बार पलकों से बाहर गई तो हज़ार जतन किए भी फिर ढुकाए न ढुके। सोचने लगा। इस बार मौसम को यह क्या हो गया है? क्यों हाथ धोकर पीछे पड़ गया है हमारे? पहले पनपतिया के कार्यक्रम में फच्चर फँसाया, अब यहाँ भी हलकान किए है।

अरे हाँ! आपको शायद बताने से चूक गया कि गढ़वाल मंडल और जंगलात वालों का अहाता साझा है। हमें देखते ही उनकी आँखें छितरा गईं। घाघ लोग ताड़ गए हमारी आमद का सबब। कि इतने साजो-सामान के साथ कोई पवाली कांठा के लिए तो नहीं ही आएगा। कि हो न हो हमारी आमद मियाली पास के बायस है। मियाली पास यानी घुत्तु और केदार के बीच का शीर्ष बिन्दु। 16500 फ़ीट से ऊपर निकलता दर्रा। वे छूटते ही बोले, ऐसे मौसम में 'लेडीस' के साथ मियाली नहीं पहुँच सकते। कि स्थानीय लोग भी अभी गंगी से ऊपर नहीं जा पा रहे। चुनाँचे घुत्तु से आगे जाने की अनुमति नहीं मिलेगी।

जंगलात वालों की निर्मम घोषणा मुझ पर गाज सी गिरी। लगा जैसे मैं आदमज़ाद नहीं जीवविज्ञान प्रयोगशाला का मेढक हूँ। कि बन्दे ने टाँगों से उठा दचीक दिया हो मेरा मस्तक मेज़ पर। मैं सुन्न। मेरे हाल बेहाल। मुझे गश आया कि आया। पर घुमक्कड़ी ज़िन्दाबाद! जिसने हाँ और ना की दरमियानी लकीर पर बिना हिम्मत

हारे बढ़ते रहना सिखा दिया। अपने राम तो कुछ पलों में उबर गए। किन्तु धोबी पछाड़ का असर अपर्णा पर गहरा था शायद। वो ऐसी चुप हुई कि साँझ की बैठकी में भी उसके बोल न फूटे।

बैठकी से लौटने के उपरान्त, एकान्त में उसकी पेशानी छूकर मैंने पूछा, "क्या हुआ मैडम जी, बड़ी चुप-चुप हो? सब ठीक-ठाक तो है न?"

तल्ख़ स्वर में जवाब आया, "होना क्या है, ठीक ही हूँ।"

"फिर भी कुछ तो वजह..."

"तुम क्यों खेंच लाते हो मुझे हर्मेश...फोटक (फोकट) में।"

"खेंच लाता हूँ...कहाँ?"

"हिमालय पर, और कहाँ?" स्वर में कुछ खीज, थोड़ी कनकनाहट। नतीजतन साँस कुछ तेज़-तेज़, आँखों में गुलाबी डोरे। रूठा-रूठी में ठीक वो समय जब अपर्णा को देख कुछ-कुछ होने लगे, उस पर लपककर प्यार उमड़े।

"ऐं, यह क्या बात हुई? मैंने कब जबरनदस्ती की तुमसे," लाड़ में ज़ुबाँ का तुतलाना और नए शब्दों का गढ़ा जाना अनहोनी नहीं।

"मैं पैले से बोल रही थी, एकले चले जाओ। मुझे लादे फिरने से तुम भी अटक जाते हो...," उसने भर्राए कंठ से कहा।

"कोई किसी को लद्दू-फद्दू करके नहीं घूम रहा...तुम अपने तईं रास्ते तय करती हो...घुत्तु आने का ख़याल भी तो तुम्हारा ही था...नहीं क्या...कुछ तो कहो... तुमसे ही तो हौसला रहता है..." उसको तोखने की ग़रज़ से मैं यूँ बोल रहा था मानो लफ़्ज़ों को मलाई में लपेट 'बिस्तरबन्द' गढ़ रहा होऊँ।*

"इतना तो कर रही हूँ, अब और क्या चाहते हो तुम लोग मुझसे?" कहते हुए उसने मेरी ओर देखा। लगा कि मेरी मेहनत रंग ला रही है। उदास दीदों के मौसम बदल रहे थे। स्याह नज़रों का नूर लौटा कि लौटा। गिरिराज किशोर के मुहावरे में कहूँ तो लगा जैसे डबरे पर सूरज आ गया हो।

ख़ैर, मैंने मौक़ा जान बड़ी देर से हलक़ में हिलगा सवाल दागा, "सॉरी मैडम जी। बीती ताहि बिसार जरा यह बताया जाए कि ऐसा क्या कह दियाऽऽ मैंऽऽने?"

"क्यों कहते हो कि मेरे साथ होने से परमिशन नहीं मिलेगी। क्या मैं लंगर बन गई हूँ तुम्हारे लिए...ऐसा करो तुम निकलो ट्रैक पर...मैं वापस चली..." बात अधूरी छोड़ वह मेरी ओर देखने लगी। अपलक। वहाँ से सूरज की चौंध गुम। नयन-भाव

---

* इसे ट्रेन वाला होल्डाल मत समझ लीजिएगा। बिस्तरबन्द से मेरा सबब मोटी मलाई की तहों के बीच हल्का-सिंका खोया भरकर बनाई जाने वाली उस बेमिसाल मिठाई से है जो भरतपुर (राजस्थान) में बनती है।

फिर बदल रहे। पहले जुगुप्सा, फिर बेबसी, फिर जलप्लावन। पनियल नयनों से निकलती आर्द्र दृष्टि मुझे विह्वल किए दे रही थी।

मैं तड़प उठा, "मैंने कब कहा ऐसा कुछ? लोगों के कहे का दंड मुझ बेचारे को क्यों? मुझे आप नहीं सुहाता एहसासे कमतरी में डूबे लोगों द्वारा तुम्हारी क्षमताओं पर टिप्पणी किया जाना। तुमसे पूछा जाना कि स्त्री होकर भी तुम इतनी दुरूह यात्रा कैसे करती हो? ध्यान करो कि इस तरह के सवाल मर्द तो मर्द जनानियों की तरफ़ से भी आते हैं..."

"फोटक की बात तो करो मत मुझसे। जो उनका कहा खटकता है तो चुपके से सुनते क्यों हो? विरोध क्यों नहीं करते..."

"मेरी समझ से रुग्ण मानसिकता वालों का प्रलाप जान इन सवालों को नज़रअन्दाज़ करना ही बेहतर। मुझे लगता है, बल्कि विश्वास है, कि पुरुषों के प्रश्न जहाँ उनके अहम् को पहुँची ठेस से उपजते हैं, वहीं महिलाओं की जिज्ञासा स्वयं को कमज़ोर जानने के संस्कारगत मानस से नालबद्ध होती हैं..."

"..."

"चन्द बौड़म अफ़सरों के प्रलाप को दिल पर क्यों ले रही हो तुम? जनम के अन्धों को कोई कैसे समझाए कि टाँगों के बीच लटकते छटाँक भर गोश्त से कठिन पथ तय नहीं किए जाते। कि कठिन डगर मज़बूत मन और अडिग विश्वास के सहारे तय की जाती है।"

"दिल्लगी तो नहीं कर रहे..."

"मैडम जी, तुम मजबूरी नहीं, मेरी ज़रूरत हो। निहायत से भी ज़रूरी ज़रूरत, जीवन का आधार।"

वो पिघल गई। क़रीब आ उसने मेरे काँधे पर सर टेक दिया। मैं थपकियाँ देने लगा। लल्ला...लल्ला...लोरी...दूध की...ममत्व उमड़ रहा था भीतर से। देहावरण दरक रहे थे। आत्माएँ विस्तार पा रही थीं। यह ठीक वो पल था जब लिंग हो जाता है गुणातीत...प्रेम आविर्भूत होता है...बदन बेसबब हो जाते हैं...

घुत्तु का मरुत-लोक

अप्रैल 30, 2012। जब आँख खुली तो भोर हो चुकी थी। बारिश थमी थी फिर भी सर्दी कल से कहीं अधिक। हो न हो यह बेलौस विचरते पवन का ही किया-धरा है। छूटा है हाल ही में वो सँकरी भिलंगना घाटी की गिरफ़्त से। घुत्तु का खुलापन देख हो गया है बावरा। जैसे हो जाते हैं कोचिंग को शहर गए पोरा-पोरी या मोटा पैकेज पा छोरा-छोरी।

आस-पास देखा। अपर्णा कमरे में नहीं थी। दरवाज़ा चौपट था। ये औरतें सोते मनक को इतनी बेरुख़ी से क्यूँ उठाती हैं प्रभु? कभी चादर खेंच, कभी पानी के छींटे डाल तो कभी कड़कड़ाते जाड़े में कमरे के दरीचे-दरवाज़े उघाड़। ख़ैर, कानों को टोह-कर्म में जोत दिया। बाहर पाखी बोल रहे थे। चव्वी चिड़ियाएँ बिन्दास डोल रहीं और मैं जाड़े से जूझता कमरे में दुबका पड़ा हूँ। ख़ुद पर लानत भेजी। बिछौना छोड़ा। शॉल लपेटी और कमरे के साथ लगे बरामदे में अपर्णा के संग बैठ गया।

रनी बाज़ार से चाय बनवा लाया था। तश्तरी में अपर्णा के पसन्दीदा बिस्कुट धरे थे। इतनी बार हमारे साथ चलने से रनी-सोनी अपर्णा से भलीभाँति वाक़िफ़ हो चुके। उन्हें ख़बर रहती है कि किस कठिन मोड़ पर उसे सहायता लगेगी। कि वह कितना चल लेगी या कितना चल चुकने के बाद वह चिड़चिड़ाएगी। और यह भी कि 'पारले-जी' बिन सुबह की चाय उसके गले नहीं उतरेगी, आदि...आदि। सो यहाँ भी वही बिस्कुट परोसे गए थे।

बरामदे के सामने छोटा सा बग़ीचा था—गलियारानुमा। जिसमें कुछ जंगली तो चन्द पहाड़ी गुलाब की झाड़ियाँ थीं। सब फूलों से लक़दक़।* अपर्णा चाय के संग कुछ पढ़ने में मगन थी। मैं चाय में बिस्कुट डुबोने में। तभी, कहीं क़रीब ही से, रिरियाने की आवाज़ आई। जैसे कोई कातर स्वर में गुहार रहा हो।

ऐं...ऐं...ऐंऽ...ओ...आं...आंऽऽआं

---

* ज्ञातव्य है कि इस इलाक़े में वसंत की आहट तनिक विलम्ब से सुन पड़ती है। मैदानों से फ़ुरसत पाने के बाद ही वो ऐसे ऊँचे इलाक़ों में रंग भरता है। तब से शुरू हुआ फूलों का मौसम फिर देर तक, बोले तो शीतकाल के आरम्भ तक चलता है।

मेरा ठिठका-ठिठुरता मन, तनकर खड़ा हो गया। यह कैसा स्वर? भला इतनी सुबह कौन कष्ट में है?

अग़ल-बग़ल देखा। सहन में यहाँ से उधर तक कोई नहीं—अलावा कुछ एक पहाड़ी बुलबुलों, पवन की थाप पर सर हिलाते गुलों और चार बन्दरों के। बन्दरों में से एक हमारे बरामदे के ऊपर वाले छज्जे पर बैठा। दो गलियारेनुमा बाग़ की पाँचिल बोले तो परकोटे पर। पाँचिल वालों में से एक का डील-डौल तनिक बड़ा। चौथा बैठा था बगिया में, गुलाब की झाड़ियों के पास। क़तई मरगिल्ला। चेहरे पर झुर्रियाँ। ख़ाली बारदाने की सी लूगी देह। खाल खजैले कुत्ते की सी, जहाँ-तहाँ से लुंचित बालों वाली। सीधा हाथ कोहनी के बाद ग़ायब। फूलों और बुलबुलों को तो न हमसे कोई वास्ता न तश्तरी में धरे बिस्कुटों से। पर उन बन्दरों को था। उनकी नज़र तश्तरी पर एकटक। लगा जैसे वे बिस्कुटों पर सामूहिक हमला करने को सन्नद्ध हों। बन्दरों का क्या भरोसा, मनचाहा पाने के लिए कुछ भी कर सकते हैं। भीतर जाना श्रेयस्कर, यह सोच उठने को हुआ कि फिर वही गुहार—

'ऐं...ऐंऽ...आं...ओ...आं...आंऽऽआं...ओ...'

यह मरगिल्ले बन्दर का स्वर था। वो रिरियाते हुए अपनी बाईं हथेली पसार हमें देख रहा था। अब उसका चेहरा पहले से अधिक दयनीय। आँखें सजल। लो कल्लो बात! सुब्बे-सवेरे भिखारी! वो भी वानर भेस में। मुआमला कुछ बेढब लगा। बन्दर कब से देवालयों की दहलीज़ पर दिखने वाले निखट्टुओं की तरह माँगने लगे? अकल्पनीय। मन में कौंधा—साला नौटंकी! पर यहाँ कोई तीर्थ न धाम। फिर कहाँ सीखी होगी इसने यह नौटंकी? तो क्या वन में बिन्दास घूमने वाले मर्कट भी विस्थापित होने पर भिखारी बन जाते हैं? नहीं, वानर की गति मानव की सी कैसे हो सकती है? उसे झपट्टामार छीनने से कौन रोक सकता है भला? तो फिर यह किसी मदारी का बन्दर है? डमरू की डमर-डमर पर नाचने वाला, स्नो-पावडर मल आईना देखने वाला, टोपी हाथ में ले भीख माँगने की जुगत सीखा जीव?

'ऐं...ऐंऽ...आं...ओ...आं...आंऽऽओ...ओ...ओऽआं', थोड़ा आगे सरक वह फिर रिरियाया।

मन पसीजा, हाथ का बिस्कुट उसकी ओर उछाल दिया। मरगिल्ले शरीर में हलचल हुई, मन्थर गति से वह बिस्कुट की ओर सरका। खाना अन्य वानरों ने भी देखा। पर हलचल किसी में नहीं, सिवा उस छज्जे वाले बन्दर के। वह भी झपटकर बिस्कुट के समीप। तत्क्षण पाँचिल पर बैठा बड़े डील वाला उनका साथी गुर्राया। छज्जे वाला जहाँ था वहीं थिर। परेड थम! इस बीच टुंडे बन्दर ने बिस्कुट इत्मीनान से मुँह में धर लिया। इसके बाद तो उसे कई बिस्कुट दिए गए। सब के सब उसे ही मिले। बाक़ी कुनबा कुछ देर उसे खाते देखता रहा, तदन्तर उसे वहीं छोड़ चल

दिया...। इस दौर की आदमीयत से तो यह बन्दरियत भली। जागतिक दाब के तले दबे मन के किसी कोने से एक सोता फूटा एकाएक। शर्म का सोता। नयन नम हुए। फिर ढुलकने लगे। कुछ बूँदें गालों पर, कुछ दरूनी दरारों की ओर। जानता हूँ चुपचाप रोने का हासिल सिर्फ़ सिफ़र। फिर भी स्वयं को रोका नहीं। कि अर्धमूर्च्छित मनुजता गुनगुनी बूँदों से भीग शायद चैतन्य हो जाए!

बहरहाल, इस बीच भरपूर सुबह हो चुकी। सहन में बिन्दास डोलता पवन कहीं बैठ गया था थक-हार कर। बहुत दिनों बाद नभ की रंगत थी समन्दरी और दिख रही थी उसकी सिन्दूरी किनारी। पाखी-पेट मेरा, दाना-पानी को मचल रहा था। पर मोटल में नाश्ते की व्यवस्था नहीं। इस हेतु जाना होगा बाज़ार में, तलाशना होगा कोई उपाहार-गृह। सो मरगिल्ले बन्दर को फूलों की सहचरी में छोड़ चल दिया तैयार होने।

गुसलख़ाने के तमाम कारोबारों के दरमियान ज़ेहन में बन्दरकांड उलटा-सुलटा कर समझने की कोशिश करता रहा। कि जो देखा वो कहीं भ्रम तो नहीं? जो बूझा वो कहीं पूर्वग्रहों से अनुप्रेरित तो नहीं? उथल-पुथल के बीच बन्दरों से वाबस्ता दीगर दास्ताँ यादों के दरीचे से नमूदार हुई।* जो सुनाने वाला हूँ वो घटना मेरी आप देखी नहीं। कानों सुनी है—उमेश गोयल के मुख से। चालीस-पैंतालीस बरस के उमेश गढ़वाली हैं और ऋषिकेश में पर्वतारोहण सामग्री का व्यापार करते हैं। ग्राहक-दुकानदार का रिश्ता कब दोस्ती में बदल गया मालूम नहीं। बहरहाल, उमेश जी का कहा वाक़िया जस का तस आपके सामने रखता हूँ—

> *भाई जी तब मैं छोटा ही था। शायद पाँचवीं या छठी क्लास में पढ़ रहा होऊँ। मेरे एक क्लासमेट को साइकिल मिली देख मैं भी मचल उठा। तब नाना जी ने मेरी इच्छा पूरी की। यू नो उस ऐज़ में मन कैसा फ्री रहने का होता है। कोई रोक-टोक अच्छी नहीं लगती। साइकिल क्या मिली नीड़ का पाखी आज़ाद हो गया। या यूँ कहें कि चींटी को पर निकल आए। जो आज तक मना था, सब करने का मानो परमिट ही मिल गया। फिर तो अपने फ्रेंड के साथ जब-तब बाहर निकल जाता। दूर। कभी बहुत ही दूर।*
>
> *एक दिन दोनों दोस्त साइकिल ले के जो निकले तो निकलते चले गए। पहुँचे झरनों के पास। जंगलों के भीतर। बहुत भीतर। हमारे इधर के जंगल तो आपने देखे ही हैं, तब वे और भी सघन हुआ करते थे। जंगल में घूमते-घामते जब शाम घिर आई तो घर का ख़याल आया।*

---

* दरीचा—झरोखा; नमूदार—प्रकट

ध्यान आए घरवालों के तमतमाते चेहरे। अँधेरे से पेश्तर जंगल छोड़ना ज़रूरी, घर पहुँचना लाज़िमी। पर जाएँ कैसे, और किधर से? बहुत हाथ-पैर मारे पर जंगल से बाहर जाती कोई पगडंडी मिलती ही न थी। वो यूँ कि वन में हर डगर किसी मोड़ पर ख़त्म और हर मोड़ एक नई शुरुआत। चकरा गए। घबरा गए। बाघ... भालू... याद आने लगे। भूत-चुड़ैल वाले क़िस्से नज़रों के आगे नाचने लगे। अपने रंगीन कपड़ों पर ध्यान गया तो लगा कि अब शामत से बचना नामुमकिन। कि अब कभी घर नहीं जा पाऊँगा। या तो भालू खाएगा अथवा कोई मातरी हर लेगी मुझको। देवताओं को याद करते हुए हम एक पेड़ के नीचे बैठ गए। भय व थकान से पस्त दोनों लगे रोने। तभी हमारे सरपरस्त पेड़ पर कुछ हलचल हुई। खड़... खऽऽड़... धम्म... और एक लंगूर हमारे सामने था। मैं कुछ समझता उसके पहले उसने मेरी उँगली पकड़ी, और खींचते हुए जंगल के बाहर ले गया... "*

कौन भरोसा करेगा ऐसी ऊलजलूल गल्प पर? मैं तर्काधीन मनुज। मैंने तो नहीं किया। मैं क्या जानूँ निःसर्ग के तर्कातीत कारोबार? सुना है उन्हें बूझने वास्ते होना कठहुज्जती से महरूम मन। होना ऐसा हिया जो धड़के नदी-फूल-वन-पहाड़ से लयबद्ध। होना एक अन्तस जहाँ अब तक ठहरा हो अनहद-नाद। मुझ-सा मनुज कहाँ से पाए वैसी मम्नूनीयत,** वैसा वितंडा-मुक्त तरल चित्त जैसा हुआ करे है गुमनाम गोशों के बाशिन्दों का। गोया इसीलिए बाज़ार में, पराँठे खाते हुए, जब घुत्तु के मरगिल्ले व जंगल वाले नाख़ुदा-वानरों के क़िस्से सुनाए तो किसी को अचरज नहीं हुआ। अलबत्ता इन क़िस्सों के असर में संग बैठे स्थानीय लोग भी क़िस्सागोई पर उतर आए। अचम्भा हुआ यह देख कि मेरे भीतर रेबीज़ का भय पैदा करने वाला जीव उन्हें वात्सल्य रस से ओतप्रोत किए है। भरोसा न हो तो आपको सीधे वहीं लिए चलता हूँ। दृश्य—घुत्तु बाज़ार का। समय—सुबह के आठ-साढ़े आठ। स्थान—नीली मटमैली दीवारों वाला उपाहार-गृह, जिसमें बैठने को दो बड़ी टेबुलें और चार बेंचें। हमारी टेबुल पर दो जने और। हमारे सामने आलू-प्याज़ के पराँठे, उनके सामने चाय-पिल्लर।***

पहला (जो यहाँ के सरकारी स्कूल में मास्टर था)—"घुत्तु जैसे समझदार बन्दर आपको और कहीं नहीं मिलेंगे..."

* गढ़वालियों की अडिग मान्यता है कि रंगीन वस्त्र पहन पहाड़ों पर गए लड़कों को परियाँ (मातरी) अगुआ कर लेती हैं।

** मम्नूनीयत—कृतज्ञता

*** पिल्लर—गढ़वाल में बहुप्रचलित क्रीमरोल सा दिखने वाला खारीनुमा बेकरी आइटम।

दूसरे ने जोड़ा—"जिस बन्दर की आप बात कर रहे हैं वो बुड्ढा है। उसके साथी उसे खिलाए बिना नहीं खाते। यदि उनके बीच एक रोटी डाल दें तो पहले बुड्ढे को ही मिलेगी..."

तीसरा (होटल वाला) बीच में धमका, "हमारे घुत्तु के बन्दर तो धरम-करम मानने वाले हैं..."

"ऐं! बन्दर का धर्म से क्या वास्ता," अपर्णा ने हस्तक्षेप किया।

मास्टर जी—"कभी किसी अमावस्या पर आएँ। उस रोज़ तो बहुत सुबह से ही यहाँ बन्दरों का मेला लग जाता है। न मालूम कहाँ-कहाँ से आ जाते हैं इतने सारे बन्दर नदी में स्नान करने।"

"चान्स की बात है भाई जी यह तो। नहाते होंगे बन्दर कभी गर्मी से परेसान होकर," सोनी के कहे का राजी ने अपनी मजीरे की सी खिलखिलाहट से अनुमोदन किया।

"चान्स कैसे? मैंने ख़ुद देखा है। कितनी भी ठंड हो या कैसी भी गरमी हो, अमावस को वे आएँगे ही। एक डुबकी लगाएँगे ही।" मास्टर जी विचलित हो रहे थे।

"हें...हें...ह...ही...ही," रनी ने खीसें निपोरीं।

"इसमें हँसने की क्या बात है..." स्टोव के समीप से स्वर गूँजा।

होटल वाले की वाणी में तैश देख रनी की फटफटिया सी दनदनाती हँसी में एकदम से ब्रेक लगा, "हीईईऽऽइ...इ...," हास थमने के बाद वो बोला, "तुम लोग तो मिलकर फ़ालतू स्टोरी बना रहे हो, सुच्चे हो तो बताओ कि और कितनों ने देखा यह सब?"

मैं विस्मित। मुआमला मेरी सूझ से बाहर का था, सो मैंने भी सर हिलाकर रनी का साथ दिया। मेरे सर हिलाने, रनी के मुस्कुराने, राजी के ठहठहाने के असर से टेबुल के गिर्द चुप्पी पसर गई। जो महफ़िल को कहीं पहुँचे बग़ैर ही बिखरने से बचाना है तो यह सन्नाटा फ़ौरन से भी जल्दी तोड़ना ज़रूरी। सोचने लगा कि क्या किया जाए?

ध्यान गया उस फ़ॉरेस्ट गार्ड पर जिसे सोनी नाश्ते के लिए संग लाया था। तीन बरस से घुत्तु में तैनात वो गार्ड अब तक की सारी बहस तो चुप से सुन रहा था, पर बन्दर-नहान की चर्चा निकलने के बाद से कुछ कहने को बेताब जान पड़ रहा था।

"क्या बात है गार्ड साहब आप चुप-चुप क्यों बैठे हैं," कहकर मैंने उसको बेताबी निकालने हेतु दरीचा बना दिया।

"सर, इतने साल हो गए सर्विस में ऐसा कभी देखा न सुना। पर यह सच है। तीन साल से देख रहा हूँ उन्हें हर अमावस्या पर भिलंगना में नहाते हुए। अब के

पहले कोई हादसा नहीं देखा। कोई बन्दर न तो नदी में डूबा, न जाड़े से मरा। पर इस वर्ष, मौनी अमावस्या पर जब बहुत से बन्दर घायल हुए, दो-चार मरे, तब हम लोगों का माथा ठनका। उनकी जाँच में ब्रेन में ज़ख़्म मिले..."

मास्टर जी ने विजेता की सी नज़र सोनी पर डाली। पर सोनी उसका असर लिए बग़ैर गार्ड से ही मुख़ातिब रहा, "टोलियाँ आपस में लड़-भिड़ गई होंगी..."

"नहीं सर। वे चट्टानों से टकराकर मरे होंगे शायद। नदी में इस साल पानी ही नहीं था, बन्दर अँधेरे-अँधेरे आए और कूद गए नदी में..." कहते हुए होटल वाले का कंठ रुँध रहा था।

होटल वाले की बात से ध्यान आया कि पिछली दफ़ा जो भिलंगना कूदती-फाँदती, ठहठहाती दिखी थी वह इस बार हमें चट्टानों से डर के, बच के बहती बरामद हुई। मौजदार नदी घुत्तु के क़रीब आज इतनी निरीह कि कोई मूषक भी उसे चुटकियों में पार कर जाए!

"अरे, इतनी भरी-पूरी नदी सूऽऽख कैसे गई?" मेरी विचार शृंखला छिन्न हुई अपर्णा के सवाल से।

"सूखी नहीं मेम सुखा दी गई!" मास्टर जी के स्वर में पीड़ा थी, कम्प था। और क्यों न हो? कइयों के नज़दीक जलस्रोत मात्र वह नदी उनकी सहचरी जो ठहरी। न जाने क्या कुछ घटा होगा उनके जीवन में उसके साहचर्य में। नदी का सूखना यानी साथ देखे सपनों का टूटना!

मैंने सधे स्वर में पूछा, "सुखा दी गई मतलब?"

"सर, यहाँ से थोड़ा ऊपर देवलिंग गाँव है। वहीं से नदी को सुरंग में डाल घुत्तु से चार कि.मी. नीचे बनाए गए पॉवर स्टेशन में पहुँचाया जा रहा है..."[33]

मास्टर जी का कहा मगज पर घन की तरह पड़ा। दे...भड़ीक...टन्नऽऽ...। सुस्त मालवी हुआ चुस्त। अब जाकर तमाम बातें उसे सिलसिलेवार समझ आईं। वो यह कि पिछली बार हिमालय की जिस फोड़ाई से हम घबड़ाकर भागे थे उसका सबब तीर्थ नहीं एक अदद सुरंग बनाना था। ताकि सदानीरा भिलंगना के जल को जविप संयंत्र को चला सकने जितनी गति दी जा सके।

बात चल पड़ी है तो बता दूँ कि इस प्रविधि से संचालित परियोजनाओं को ही 'रन-ऑफ़-दी-रिवर' (आर.ओ.एफ.) कहा जाता है। विद्युत् बनाने की इस प्रविधि में नदी को बाँधा नहीं जाता। अतः वह जलाशय में नहीं बदलती। गाद एकत्र नहीं होता। थमे जल में पैदा होने वाली पर्यावरण-शत्रु 'ग्रीन हाउस गैस' पनपने का ख़तरा नहीं रहता। इसलिए आर.ओ.एफ. तकनीक को पूर्णरूपेण पर्यावरणसम्मत मान इन दिनों इसी से बिजली बनाने पर ज़ोर है। यह दीगर बात कि जहाँ तकनीक-चौंध विजड़ित लोग बड़े बाँध और आर.ओ.एफ. जविप से होने वाले, तुरता व दूरगामी,

असरों को दबा जाते हैं।[34] वहीं बाँध विरोधियों का दिखाया वैभवान्ध समाज देखना नहीं चाहता।[35] उनका हाल उस पाखी का सा, जो सिंह देख ताक़ीद तो करे पर हरिण उसकी गुहार को नौटंकी कह चक-मस्त चरा करे। सार यह कि जो समाज चाहे वह सरकार (व बाज़ार) बनाए। ऐसे में किसे तो कोसो और किसे दोष दो। गवाही के लिए ज़्यादा दूर क्यों जाएँ, अपने सोनी को ही देख लें।

अब ऐसा भी नहीं कि सोनी को पेड़-पौधे नहीं सुहाते। सुहाते भी हैं तथा उनके बाबत मालूमात भी ख़ूब है उसके पास। और तो और वन-हिमनदों में हो रहे बदलावों पर भी नज़र है उसकी। परन्तु उसके लगाव की सीमा निज स्वार्थ की ज़द के भीतर। चुनाँचे पर्यावरण ह्रास पर लम्बी बातों से उसे शीघ्र ही विरक्ति होने लगती है। तराई क्षेत्र से आने वाले सोनी की आजीविका पर्यटन पर जो टिकी है। सुगम आवाजाही और विद्युत् की निरन्तर उपलब्धता यानी तीनमासी धन्धे के बारहमासी होने की सम्भावना। तो क्या अचरज कि वो बाँध और चौड़ी सड़कों का हिमायती है! मुझे मालूम था कि बाँध चर्चा कुछ देर और चली तो वह कोई न कोई बहाना बना यहाँ से चल देगा। सो जानबूझकर चर्चा को पुनः वानरों की ओर मोड़ा गया।

"सोनी, तुम्हारे देहरादून में भी तो बहुतेरे बन्दर हैं। क्या उनमें भी ऐसी समझदारी है?"

"सर, वहाँ के बन्दर तो बहुत बदमास हो गए हैं," आप तो जानते ही हैं कि सोनी 'श' को 'स' बोलता है। मूल की जगह किसी एवज़ी अक्षर के उपयोग के पीछे लम्बा-पूरा इतिहास है। समय मिला तो इस पर बाद में कभी चर्चा करेंगे। अभी तो अपना वानर पुराण जारी रहे।

"बदमास...श बन्दर, यानी...?"

"सर, अब तराई में तो गढ़वाली बन्दर बचे ही नहीं। मेनका गांधी ने मथुरा, दिल्ली के बन्दर पकड़कर हमारे जंगलों में छोड़ दिए हैं। ये बाहर वाले इतने उत्पाती हैं कि क्या बताएँ। घरों में घुस आते हैं, खेत खोद डालते हैं। सेब तोड़कर फेंक देते हैं। गाँव वालों की मेहनत बेकार हो जाती है। सख़्ताई के चलते अब सिकार भी बन्द है। इनसे कैसे निबटें, कुछ पता नहीं पड़ रहा।"

"पर उत्तराखंड में जो इतने लंगूर हैं, उनसे काम नहीं बनता?"

"अरे कहाँ सर! सुरू-सुरू में तो लंगूर देख वे भाग भी जाते थे। लेकिन कुछ समय बाद ही लंगूर सिटी वाले बन्दरों से हिल-मिल गए। उनके साथ रह अब तो लोकल बन्दर भी जंगल से बाहर निकल गाँवों में उत्पात मचा रहे हैं। इनके चलते लोग खेती छोड़ सिटी में जा रहे हैं।"

'गाँव से पलायन के ज़िम्मेदार हैं बन्दर' कैसा सनसनीख़ेज़ जुमला है। सौ टंच हेडलाइन मुवाफ़िक। पर सोनी के वक्तव्य में कितना दम है इसका आकलन

करना होगा। अब से यह सवाल भी ज़ेहन में लिए फिरना होगा। अपने तईं देखना होगा, तपास करनी होगी।

साहेबान लोगो, इसी के साथ हम ठीक उस मुकाम पर आ पहुँचे हैं जहाँ दो पल थम, बन्दरों के व्यवहार पर गहन चर्चा कर ही लेनी चाहिए। गो इसमें 'बात खेंचू' कहलाने का धड़का है पर जो न कहूँ तो अन्धविश्वास को तूल देने की तोहमत भी तो लगे। खाई में गिरूँ या कुएँ में, अपुन तो मरे ही मरे। नी मतलब कि बाद में भूत बन आपको परेशान करने से तो कह-कुहा कर आज ही मोक्ष पा लेना बेहतर।

तो जनाबेआली, घुत्तु के वृक्षचर हमारे समक्ष तीन रूपों में प्रकट होते हैं। भिक्षुक, कर्मकांडी और रहबर। इन मर्कट अवतारों पर सिलसिलेवार नज़र डाली जाए। बन्दरों का परले दर्जे का नक़लची होना तो सर्वज्ञात है। इसी खुसूसियत के चलते आदमी के संसर्ग में उनका आचरण बदलता है। मसलन बाँदीपुर राष्ट्रीय उद्यान के बन्दर आगन्तुक से, हाथ पसार रिरियाते हुए, भोजन याचना करते देखे गए हैं। जिस क्रिया (रिरियाना) के परिणामस्वरूप एक बार भी इनाम (भोजन) मिल जाए, वानर उसे दोहराने लगता है।[36] शहरी बन्दर की संगत में पड़ वन-वानर अगर गाँव में एक मर्तबा भी आसानी से भोजन पा जाए तो वह जंगल में क्यूँकर लौटे! बाबूजी! वो बन्दर है, बौड़म नहीं। चलती बात में एक बात और जोड़ दूँ। वो यह कि आदमी से भोजन दरयाफ़्त की अक्ल मानव सम्पर्क में आए दीगर जीवों में भी देखी है मैंने। जिनमें बाग़ान में फिरने वाली गिलहरी, वहीं फुदकने वाली बुलबुल के अलावा मुझे देख दुम मटकाने वालीं घर के एक्वेरियम की मेरी मछलियाँ भी शामिल हैं।

अब प्रयास करते हैं उनके अमावस-नहान के गुंताड़े से छूटने का। धर्म-अधर्म, पाप-पुण्य, स्वर्ग-नर्क आदि तो भविष्य के प्रति कुशंकाओं से कुंठित मनुज-मन की अवधारणाएँ हैं। वे वानर—मानस का हिस्सा किस तरह बन सकते हैं? भाई साब, ये कुदक्कड़ कोई लाल बुझक्कड़ तो हैं नहीं। वैसे भी फ़िक्र-ए-मुस्तक़बिल* के मुआमले में बन्दर-चिड़ी-चींटी तो छोड़िए गिंडोलों के मुक़ाबिल भी नहीं बैठते। जहाँ गिंडोले अनागत की चिन्ता में टिकाऊ घर बनाते हैं, भोजन संग्रहण करते हैं। वहीं मर्कट ठहरे शाश्वत अनिकेतन। अपवादस्वरूप कुछ बड़े वानर यदि घर बनाते भी हैं तो बेमन से। बोले तो बिना छत का घर, वो भी सिर्फ़ एक रात वास्ते।[37] संग्रहण तो जैसे वानरों के शब्दकोश में है ही नहीं। वे तो हर सुबह 'हैंड टु माउथ'। ऐसे जीवों के अमावस-नहान के परोक्ष में किसी धार्मिक-चेतना का होना सम्भव नहीं दिखता। अलबत्ता इस आचरण के वैज्ञानिक पहलू हो सकते हैं।

चाँद की घट-बढ़ के संग अन्यान्य जीवों में होने वाले बदलावों को हमारे पूर्वजों ने गल्प व शिल्प के ज़रिए एकाधिक स्थानों पर दर्ज किया है।[38] चन्द्रकलाओं के

---

* भविष्य की चिन्ता

संग जीव-जन्तुओं के आचरण में होने वाले बदलावों पर जब आज के वैज्ञानिकों की नज़र पड़ी, तो शोध हुए। जिनसे ख़बर मिली चन्द्र-चक्र के संग पृथ्वी की विद्युत्-चुम्बकीय* तरंगों में होने वाले बदलावों की। और तरंगों के बदलने से जीव-जन्तुओं (इनमें मानव भी शुमार) के हार्मोनों में घट-बढ़ की।[39] माना जा रहा है कि हार्मोन स्तर के बदलने से जीवों का आचरण बदलता है। मेरे कयास से बन्दर श्रद्धालुओं द्वारा अमावसी स्नान उपरान्त किए गए अन्नदान से आकर्षित हो नदी तट पर जाते हैं और उनकी देखा-देखी उसमें एक डुबकी भी लगा लेते हैं। वैसे सम्भव है कि इसमें बदले हार्मोन स्तर से उत्पन्न बेचैनी का भी अवदान हो।

अब जो रहबरी और साथी के प्रति अनुराग को सोचूँ तो ऐसा कोई जीव ध्यान नहीं आता जिसमें करुणा क़ुदरतन मौजूद न दिखे। इसी के चलते राजस्थान की बंजारन अपने आँचल का दूध छौने हरिणों को देती है और मथुरा के बन्दर उनको नित्य दाना-पानी देने वाले के जनाज़े में साथ चलते हैं।** करुणा व प्रेमरस से गूँध माटी विरचित ही चैतन्य। सप्राण। इश्क़-ओ-रहम से महरूम दुनिया 'मुर्दों का मेला' के सिवा कुछ नहीं।

---

* Electro-magnetic

** हमारे रिश्ते में एक थे प्रेमचन्द महेश्वरी साहब। मथुरावासी। सुबह उठते के साथ सलाद काट बन्दरों को परोसना उनका रोज़ का शगल था। जहाँ सोते उस कमरे की खिड़की खुली रखते। कि कभी उठने में देर हो जाए तो बन्दर उन्हें थपका-हिला कर जगा दें। एक दिन जो सोए तो फिर न उठे। बन्दर हिलाते रहे, वे सोते रहे। इसके बाद जो घटा सबने देखा। मैयत को घेर बन्दरों का बैठना। सैकड़ों बन्दरों का उनके जनाज़े के साथ दूर तक चलना। यह हाल आँखों देखा है, सुना-सुनाया नहीं। सच में!

घुत्तु मन मुत्तु

आप सोचेंगे ये 'मुत्तु' किस चिड़िया का नाम है? या यह कि तुक भिड़ाने वास्ते मैं यह शब्द भलते ही ठेल रहा हूँ। नहीं जनाब, नहीं, क़तई नहीं। 'मुत्तु' को यहाँ ठहराने का वास्ता तुक भिड़ाने से नहीं, किशोरवय की यादें सहेजने से है। इसका तअल्लुक़ उस दिन से, जब ठुमका था महमूद के गाये सुरीले गीत को सुनते हुए।[40] यद्यपि तब तक इश्क़-ओ-मुहब्बत की निजी चौपड़ी झक्क-कोरी थी पर प्रेमगीत और मधुर संगीत सुन पेट में गुदगुदी, हिया में हिलोरें उठने लगी थीं। उस दिन से आज दिन तक 'मुत्तु' कानों में गूँजता रहा, तो जुट गया इसे अर्थाने में। मालूम हुआ कि दक्षिण (तमिल, कन्नड़) से आयातित इस शब्द का मायने है—'मोती'। आज जब वही लफ़्ज़ फिर कौंधा तो फ़ौरन लपक यहाँ बैठा दिया।

ख़ैर, जब आप इतनी तवज्जो से सुन रहे हैं तो क्यों न खुलकर बात की जाए कि घुत्तु मन मुत्तु क्यों लगा मुझे? राजी हों तो कहूँ? ओ.के.। गुफ़्तगू का दामन हम वहाँ चल थामते हैं जहाँ छूटा था। मतलब कि चलते हैं, घुत्तु बाज़ार के उपाहार-गृह में। जहाँ भिलंगना और वानरों पर चर्चा में ऐसे डूबे कि कब सुबह के दस बज गए, पता ही न चला। जलपान से निवृत्त हो जब फ़ॉरेस्ट-गार्ड हमसे विदा ले चुका तो बैठकी में जुटे लोग भी अपनी-अपनी राह चल दिए। हम भी चल दिए बाज़ार से रेस्ट हाउस की तरफ़।

अब हमारी प्राथमिकता जंगलात वालों से मिलना, ट्रैक की अनुमति पाना। कल उनसे खड़े-खड़े अनौपचारिक चर्चा हुई थी, आज काग़ज़-कुग़ज़ के साथ तरीक़े से मिलना है। दिल कहता है आज सफलता मिलेगी। कारण कि बराय मेहरबानी सोनी, कल के सोम-यज्ञ में जंगलात वाले भी समिधा दे चुके।

राह चलते सोनी ने बताया कि जंगलात वालों के संग गत रात हुए 'सेटलमेंट' के बारे में। वो यह कि जो आज मौसम ठीक रहा तो कल यानी एक मई को हम ट्रैक आरम्भ कर सकेंगे। कि फ़ॉरेस्ट का एक जना हमारे साथ रीह गाँव तक जाएगा। उधर मौक़ा-मुआयना करेगा। उसके बाद जैसी वन-रक्षक की मर्ज़ी। चलो, कुछ नहीं से कुछ तो सही। अँधेरी सुरंग का कोई छोर तो नज़र आया। इस बीच अपर्णा

अन्य साथियों के संग आगे निकल गई। मुझे मालूम कि नाश्ते के बाद अपर्णा को जरा 'जल्दी' रहती है, सो उसे रोका नहीं, जाने दिया। अब अपने राम घुत्तु के नज़ारों के साथ अकेले।

अगरचे जिस राह इधर आया उसी से लौट रहा परन्तु अब डगर सर्वथा नूतन मालूम पड़ती थी। बाज़गश्त में जाना कि रेस्ट-हाउस को जाती डगर के एक हाथ पर मकानात थे और दूसरे पर भिलंगना। और यह भी कि सड़क व भिलंगना के बीच था एक तीव्र ढलान। ढलान पर थीं कँटीली झाड़ियाँ और थे छायादार तरुवर। पेड़ व झंखाड़ इतने सघन कि दरिया की सूरत व सुर उसमें उलझ-उलझ जाएँ। यह अलहदा बात कि उन्हीं झाड़ियों में से पंछियों की चहचह बाहर आ रही थी। निर्बाध। मन किया पाखियों को थमकर देखूँ, सो रुक गया। पर कुछ दिखने के पहले ही एक अनजानी गंध ने मुझे घेर लिया। ऐसी मादक वास कैसे चूक गया जाते बखत? क्या मेरी घ्राण क्षमता छीजने लगी है? पर पिद्दी सी नासिका पर ही सारा दोष क्यों मढ़ूँ? जब मनोवृत्ति एकाधिक दिशाओं में एक साथ मशगूल हो तब इन्द्रियाँ सुस्त पड़ ही जाती हैं। ग़नीमत से अब जी हल्का है और मन फ़िक्रों से फ़ारिग। लिहाज़ा घ्राणेन्द्री अब है सचेत।

गंध-आस्वादन हेतु गहरी-गहरी साँस भरी और लगा सोचने। कौन है इस मीठी महक का प्रणेता? फ़िज़ा महकाने वाला इत्रदान किधर छुपा है? आलमे तसव्वुर में जाने कब कँटीली झाड़ियाँ टापीं। कब और कैसे वह तीव्र व बेतुका ढलान पार किया। न जाने कितनी बार फिसला और कितनी जगहों से ख़ाल खुरच गई, न पूछें तो ही बेहतर। बाग़-ए-बिहिश्त का सफ़र आसान हुआ है क्या कभी?*

होश आया तो अपने को छुईमुई की सी पत्तियों वाले गुलदार पेड़ों के बीच पाया। अवाक्! अचम्भित! क्या ऐसे भी पेड़ होते हैं जिन पर गुल नहीं गुलदस्ते झूमते हों? पतली-नाज़ुक टहनियाँ। हर टहनी की न मालूम कितनी प्रशाखाएँ, जिन पर असंख्य डंठल। प्रत्येक डंठल से दस्तावार दोलते गुँचे। वैसे दस्तों में अभी कुछ ही फूल खिले हैं। पर क्या उन्हें फूल बुलाया जा सकता है? यूँ कि उनमें पंखड़ियाँ तो हैं ही नहीं! तो क्या ऐसे भी फूल हैं दुनिया में जिनमें पंखड़ियाँ ही न हों? जी मेरे सामने तो हैं। शिरीष के फूल। नी गिन सको इतने बहुत सारे फूल अपनी मादक गमक और अनूठी छबि से मुझे पागल किए हैं। छबि अनूठी यूँ कि इनकी कली जब खुले तो बाहर निकले मात्र पुष्पकेसर-गुच्छ ही। पंखड़ियाँ नदारद। मकरंद-गुच्छ ही सम्पूर्ण पुष्प! जापानी हाथ पंखे सा यह कानन-कुसुम बुरुश सा जान पड़े है। उठाओ और कैनवस पर फिरा दो—चित्र तैयार। रंग की दरकार ही नहीं। जैसे होते हैं प्रीफिल्ड पेन वैसे ही इस बुरुशनुमा पुष्प का तीन-चौथाई हिस्सा गुलाबी रंग में

---

* बागे बिहिश्त—स्वर्ग-वाटिका (Garden of Paradise)

डुबा मिलता है।* किस दवात में डुबोके गए हैं ये पुष्प? क्या सांध्य-आकाश में?

बात मौज़ूँ है सो कहने से क्यों हिचकूँ कि इस फूल की सुख़नवरों की दुनिया में गहरी पैठ है।** वाल्मीकि तथा कालिदास से रवीन्द्रनाथ टेगौर तलक न जाने कितनों के कवित्त में शिरीष की महक वाबस्ता है।[41] शंकर जैसे ऊँचे पाए के तपस्वी का तप विच्छिन्न करने वाले कामदेव का भी तो इस फूल से गहरा नाता है। इतनी अद्भुत गमक वाला फूल चित्तहर के तरकश में न हो, यह हो सकता है क्या? सम्भव ही नहीं। तभी तो कामेच्छा जगाने वाले उनके पाँच बाणों में से एक है शिरीष-बान।[42] सच कहूँ तो उसी शिरीष-बान के असर से एक मैं ही नहीं, यहाँ और भी कई जीव बौराए फिर रहे हैं। मसलन उन तितलियों को देख लें जो इस सुकोमल वन्य-कुसुम पर टूटी पड़ी हैं। अप्रतिम रूप, विराट देह तथा तेज उड़ान वाली एक तितली पर से तो मेरी दृष्टि हटती ही नहीं। काले परों पर सफ़ेद छींट और लाल-बदन वाली वो तितली इतनी बड़ी कि पहली नज़र में उसके पंछी होने का भ्रम हो। जो बग़ल से गुज़रे तो पंखों की फड़फड़ाहट सुन पड़े। हो न हो वो स्वालोटेल प्रजाति की पूँछ वाली कॉमन विंडमिल है।*** हिमालय क्षेत्र में बहुतायत से मिलने वाले इस चित्रपतंग को देखो तब तक ठीक, पकड़ने जावो तो माथा फिर जाए। कारण कि थामते के साथ वो बू छोड़ती है—एकदम नष्टघ्राण! ख़ैर!

कह चुका हूँ कि शिरीष-वाटिका में भाँति-भाँति के कीट-पतंगे विचर रहे हैं। लाल-बदन चित्रपतंग के क़रीब ही, दूसरे फूल पर, बैठी है पीली-सफ़ेद तितली। स्वालोटेल के मुक़ाबिल लगभग आधी और उड़ान भी सुस्त। इसके अगले पंखों की कगार कत्थई और सतह पर इसी रंग बुंदकियाँ भी।**** इस तितली के नज़दीक वाले शिरीष-पुष्प पर एक भँवरा निहायत निराली ढब में विराजित।[43] कभी लगे जैसे खरहा बैठा हो तो कभी कोई दुधमुँहा बबुआ। अल्ले...अल्ले... कित्ता प्याला, कित्ता छुन्दल...यकलख़्त ढेर-सा लाड़ उमड़ा उस पर। दिल किया कि दौड़कर उसे अंक में भर लूँ। चूम लूँ उसका मुख। पुच्च...पुऽऽच्च। अचानक लगा कि ये जो क़ुदरत है न वो है सर्वोच्च कलाकार। अजब, ग़ज़ब और बहुमुखी कलाकार। बहुमुखी से मेरी मुराद उसके एकमुश्त चित्रकार, गीतकार, संगीतकार,

* पहाड़ी शिरीष (Silktree Mimosa) जो हिमालय पर 1000-2100 मी. ऊँचाई तक पाया जाता है। भर गर्मी में पुष्पित होता है।

** सुख़न वर—कवि

*** लगभग इसी रूप-आकार की तितली को Tailed Redbreast *Papilio bootes janaka* भी बुलाया गया है।

**** हिमालय में 1500 से 3700 मी. तक दिखने वाली Indian Cabbage White। नदी-नालों के किनारे की पंकिल भूमि से नेह रखने वाली इस तितली का दिखना हिमालय में ग्रीष्म ऋतु के आने की मुनादी। शीतकाल में यह तराई क्षेत्र में चली जाती है।

शिल्पकार और भी तमाम बचे-खुचे 'कार' होने से है।

अन्यथा न लें तो एक बात कहूँ कि दुनियावी रचनाकार तो क़ुदरत के रचे से छन्द-छबि-भाव-भाषा उठा हमारे सामने धरा करे हैं। फिर चाहे वो महाकवि कालिदास ही क्यों न हों! मेरे कहे पर भरोसा नहीं करेगा कोई। करे भी तो कैसे, ज़माना सुबूत चाहता है, एक अदद चश्मदीद माँगता है। आप बनेंगे मेरे गवाह? विश्वास करें भटकाऊँगा नहीं आपको। आपकी हामी है...जी शुक्रिया।

दो पल यहीं ठहर बस उस भँवरे को ग़ौर से देख लें—जिसकी काया आगे से ज़र्द तो पीछे से केसरिया। जिसके कत्थई पंख, स्याह मुख-मस्तक के बग़ल से बाहर को फैल रहे।* चार रत्ती के उस अलिंद के नीचे शिरीष यूँ कसमसाए ज्यूँ सूमो-पहलवान थल्ले नाज़नीन। हो न हो ऐसे ही किसी दृश्य से प्रेरित हो कालिदास ने पार्वती को कोमलांगी सिद्ध करने वास्ते शिरीष-पुष्प का सहारा लिया।[44] उपमा तो अच्छी है, पर क्या यह सच्ची है? मन में संशय जागा तो हुआ भेजा व्योमकेश बक्षी। कहने लगा—'कवियों का कोई भरोसा नहीं, भाई लोग रससृजन हेतु कुछ भी कह सकते हैं। आँख मूँद न स्वीकारो। सवाल उठाओ। मालूम करो कि क्या वास्तव में ये फूल इस दर्जा नाज़ुक हैं?'

हाय! अपने इस विज्ञान-दीक्षित मगज का क्या करूँ? कैसे समझाऊँ उसे कि उपमा गणित-सूत्र नहीं जो जाँची जा सके। कि यह तो अनुभव-रस में पगी वो पेट-बोली है जो दिमाग़ में नहीं उस ग़ैब में उपजती हैं जिसे लोग मन कहा करे हैं। कहे का माने यह कि अँजुरी जित्ते दिमाग़ की क़ैद से छूटूँ तो पाऊँ सहालियत अंजुमन में बिन्दास फिरने की।**

कहते हैं गिरिराज देता है यह सलाहीयत अपने चाहने वालों को। यही तो है मेरे बारम्बार हिमालय आने का सबब भी। पर फ़िलवक़्त तो मैं हूँ दरमियानी 'नो मेन्स लैंड' पर खड़ा। जहाँ संशय का वास। जिस कमबख़्त के असर में भूल गया शाइर का कहा—"रंग आँखों के लिए, बू है दिमाग़ों के लिए/ फूल को हाथ लगाने की ज़रूरत क्या है।"*** बेध्यानी में हाथ बढ़ाया और छू लिया शिरीष-मकरंद। हौले से। बल्कि हौले से भी कहीं अधिक हौले से। नतीजा? भौंरे की आस तकता पुष्प, मानव संसर्ग कैसे सहता भला? लिहाज़ा वह चौंका। घबराया। परे सरका। और भरभराकर गिरा धरा पर। बाप्पऽऽ रे! यह फूल तो स्वप्न का सा सुकोमल है। परसने की नहीं फ़क़त देखने की चीज़!**** लगा कि अलावा मेरे यह राज़ शायद

---

* Bombus haemorrhoidalis

** अंजुमन—आकाशगंगा, सभा, महफ़िल

*** शहीद कबीर

**** परसना-स्पर्श करना

सारे बाग़ पर ज़ाहिर था। तभी तो बुलबुल व शकरखोरे इसके पास भी नहीं फटक रहे। उनको मालूम—'नो के मायने नो'। शिरीष की हामी सिर्फ़ भौंरे या तितलियों के संग। वो भी एक बार में एक। सामूहिक सोहबत क़तई वर्जित!

आप परेशान हैं न कि इस बन्दे को यदि भौंरे पसन्द ही हैं तो उनके दो-चार फोटू खेंच आगे क्यों नहीं बढ़ जाता? कि वह क्यों ऐसे लिजलिजे जीव पर इतना समय बर्बाद कर रहा है? कि हिमालय पर आए हो तो हिमालय देखना, इन निकृष्ट कीट-पतंगों पर क्यों टेम खोटी करना? पर मेरे अज़ीज़ घुमक्कड़ो, जरा सोचिए कि जो कीड़े-मकोड़े किसी काम के नहीं तो प्रकृति इन्हें डायनासोर की तरह विलोपित क्यों नहीं कर रही? सच जानिए कि ये अकिंचन जीव यथार्थतः हमारे हक़ में क़ुदरत की नेमत हैं। प्रकृति चक्र का परम आवश्यक अंग हैं ये।[45] एक बात और कहूँ, जो यहाँ घूमते हुए मुझ पर ज़ाहिर हुई कि हमारे पूर्वज इस सत्य से भलीभाँति परिचित थे। तभी तो उन्होंने इन कीटों को कथा-साहित्य में जगह दी। अधुनाजीवन के बरअक्स लोकजीवन के तो ये जीव अभिन्न अंग ही रहे। बात भौंरे की लें तो लोक के यहाँ वह कभी बुरांश पर बैठा दिखता तो कभी देवता-रूप में।* आपकी खात्री के लिए एक गढ़वाली दन्तकथा सुनाता हूँ।

> *यूँ तो उत्तराखंड की एकाधिक लोककथाओं के भौंरे स्थायी निवासी हैं। पर इसकी अकाट्य मिसाल है नंदा देवी की कथा। बता दूं कि गढ़वाल, विशेषतः चमोली क्षेत्र में नंदा देवी की बड़ी मान्यता है। अगस्त-सितम्बर में पड़ने वाली नंदा-अष्टमी पर यहाँ गाँव-गाँव में जश्न होता है। देवी के नैहर लौटने का जश्न। इस नंदा-उत्सव का आगाज़ होता है उत्तराखंड के राजपुष्प ब्रह्मकमल के अर्पण से।** सनद रहे सो कहता चलूँ कि देवपुष्प-ब्रह्मकमल की तासीर भी सामान्य कमलों जैसी ही होती है। यानी कि सूरज चढ़ने पर खुलने और ढलने पर बन्द होने की तासीर।*
>
> *ख़ैर, भूमिका बहुत हो गई। अब आता हूँ उस कथा पर जो कहने चला था। वो यह कि वर्षाऋतु के उत्तरार्ध में ही हिमालय के बर्फ़ीले*

---

* Rhondodendron यानी बुरांश का फूल। इस प्रजाति में कई उपप्रजातियाँ हैं, जो हिमालय पर 1600 से 4200 मी. तक देखी गई हैं।

** Saussurea obvallata-3600-4500 meters. (ब्रह्मकमल) जिन कुछ रूढ़ियों के परोक्ष में पर्यावरण संवरण की मंशा परिलक्षित होती है उनमें से एक इस पुष्प से जुड़ी है। यह फूल नंदा अष्टमी पूर्व तोड़ना वर्जित है। माना जाता है कि ऐसा करने से आपदा आती है। ज्ञातव्य है कि नंदा अष्टमी तक ब्रह्मकमल के बीज बन चुके होते हैं। इसके बाद फूल तोड़ो या छोड़ो ख़ास फ़र्क़ नहीं पड़ता।

क्षेत्र में देवपुष्प खिलता है। सो गाँव वाले अपनी जान की परवाह छोड़, ऐसे कठिन मौसम में भी, उच्च-हिमालयीन क्षेत्रों में जाते हैं। नंदा अष्टमी के एक दिन पूर्व। मंसूबा यह कि अगले दिन एक देवपुष्प के संग गाँव लौटें ताकि वहाँ नंदा-उत्सव आरम्भ हो। पर कथा में एक पेच है। उसका आग्रह है—कि उत्सव के लिए वह ब्रह्मकमल हासिल किया जाए जो देवी द्वारा आप चयनित हो। कहते हैं कि अष्टमी के एक दिन पूर्व, उत्तुंग शिखरों पर रहने वाली नंदा देवी पीहर लौटने के लिए भ्रमर-रूप धर देवपुष्प ब्रह्मकमल में बैठ जाती है। सूर्यास्त के साथ देवपुष्प बन्द हो जाता है। ब्रह्मकमल परिक्षेत्र में पहुँचे लोग बैठे रहते हैं टकटकी बाँध। एक दिन व एक रात का इन्तज़ार। कि कब देवी आए। फूल में बैठे। शाम होने के बाद भी भौंरारूपी देवी फूल शैया न छोड़े। फूल बन्द हो जाए और वे देवी-चयनित फूल तोड़, पौ फटने के पूर्व ही गाँव लौट जाएँ। यहाँ पर कथा का दूसरा पेच है और वो है कमल में लुके भँवरे का ज़िन्दा निकलने का इसरार। ग़रज़ यह कि अर्पणोपरान्त जब फूल खोला जाए तो भौंरा न सिर्फ़ नमूदार हो बल्कि उड़े और गाँव में निकल जाए। माना जाता है कि जो ऐसा हो जाए तो गाँव में वर्ष भर ख़ुशहाली रहती है। शायद यही कारण है जिसके चलते पुराग्रन्थों में 'नंदा' शब्द का अर्थ 'आनन्दित करने वाली' भी बताया है।

मज़ेदार बात है कि जिस जीव के गीत पहाड़ों पर न मालूम कब से गाए जा रहे, उसकी जीवनचर्या से जीवविज्ञानी 1962 ई. तक भी ठीक से वाक़िफ़ नहीं थे। उनके हिसाब से तो वो सिर्फ़ मैदानों में पाया जाने वाला कीट था! अवसर है तो क्यों न आपको गढ़वाल की नीति घाटी में प्रचलित एक लोकगीत सुना दूँ—

धौली भागीरथी का क्या फूनां छन
तै फूल हेरी ओलो क्या फूल छह
रात मखमली क्या फूल छह
तै सिर भौंरो गुंजन क्या फूल छह
सेता सिर ताज क्या फूल छह
तै फूल हेरी ओलो क्या फूल छह
*पोतल रीटेन क्या फूल छह**

* सार यह कि जिनके ऊपर भौरे गुंजन कर रहे हैं, जिन पर तितलियाँ मँडरा रही हैं धौली नदी के किनारे रात को मखमल से लगने वाले वो कौन से फूल हैं, जिनके सिर धवल मुकुट की मानिंद हैं। आओ उस फूल को देखकर आएँ।

कोई भला आदमी जो ठहरकर विचार करता तो उसे लोककथा व लोकगीतों में ही भौंरों के मुतअल्लिक कई महीन तथ्य दिख जाते। वो बहुत पहले जान जाता कि भौंरे उस ऊँचाई पर भी उड़ने में सक्षम होते हैं जहाँ किसी दिग्गज उड़ंकू के डैने भी साथ छोड़ दें। और यह भी कि भौंरे ना हों तो बर्फ़ीले इलाक़ों के फूलों का जीवन-चक्र ही विच्छिन्न हो जाए। जो कथाओं में अन्तर्निहित इस जीव को ज़िन्दा रखने के आग्रह पर ग़ौर किया होता तो उनको बचाने के उपाय भी हुए होते। और तब भौंरों की आबादी उतनी विरल न हुई होती जितनी कि आज हो चुकी है।[46]

आगे बढ़ने से पहले, भौंरों से जुड़े दो सवाल पूछता हूँ आपसे? पहला सवाल—इनकी आबादी के ह्रास के कारण क्या हैं? जी बिलकुल ठीक—धड़नतख़्ता शहरीकरण। अपनी देखी कहूँ तो दस बरस पूर्व फूलों का मौसम हमारे बागान में भौंरों की बरात के साथ आता था। चाहे सजावटी सही पर फूल तो आज भी हैं वहाँ। बल्कि पहले से कहीं अधिक ही हैं। किन्तु भौंरे कदी-कदार, बोले तो यदा-कदा ही नज़र आते हैं। ये भ्रमर, भिक्षु सही किन्तु किसी ऐरे-गैरे का दिया स्वीकार नहीं करते। इनकी पारखी नज़र से फूलों की प्रजाति ही नहीं, उनमें वाबस्ता बेजा तत्त्व तक नहीं छूटते।[47]

अब दूसरा सवाल—भँवरे कहाँ रहते हैं, उनका घर कैसा होता है? प्रश्न टेढ़ा है सो मैं ही हल किए देता हूँ—उनकी पहली पसन्द है—चूहों के परित्यक्त बिल और दूसरी ऊँची घास।[48] बेलगाम शहरीकरण और सफ़ाई के नाम पर 'जंगली' घास की कटाई ने इन बेचारों को बेघर कर दिया। बाद बाक़ी कीटनाशक और मौसम परिवर्तन तो अपना काम कर ही रहे हैं। ख़ुदारा इन कीट-पतंगों को अपनी दुआओं में शामिल कर लें। कि वे महफ़ूज़ रहें और आदमी रहे ख़ुदफरेबी से दूर!

कैसी बावलों की सी बातें कर रहा हूँ न मैं? गुरु लोगो, चाहे कुछ करना किन्तु हिमालय की घाटियों में एकले पैर न धरना। इन घाटियों को तो आप कलाली ही जानिए और हवाओं को 'बॉटल लेगर'। दस दम में आदमी बेदम। आलमे-बेख़ुदी इस क़दर तारी हो कि आप हो जाएँ बावरे। दीन-दुनिया से बेख़बर। यह भी भूल जाएँ कि महबूबा आपके इन्तज़ार में है। कि वो आपकी ख़ैरियत को लेकर चिन्ता करती होगी। जो मुझ पर गुज़रा, उससे आप न गुज़रें—सो आगाह कर दिया। जहाँ तक मेरा सवाल है, अपर्णा का ध्यान आते ही उसका रूसा चेहरा आँखों के आगे नाचा और मैं भड़भड़ाकर खड़ा हो गया। सावधान! अटेंशन! परेड की तैयारी शुरू। आव देखा न ताव, लपका ऊपर की ओर। हड़बड़ी में गड़बड़ी होनी थी, सो हुई। मालूम नहीं पैर रपटा या पतलून झाड़ी में उलझा पर अजय बाबू हुए धड़ाम! एक

गुलाँटी, एक कलाबाती और तीसमारखाँ औंधे मुँह।* सर ढलान की ओर, पैर ऊपर को। गर्दन उठाई तो सामने थी भिलंगना। लो जी! इसे सलाम करना छूट रहा था, सो कर दिया। अटेंशन सीकिंग भिलंगना! बदन झुर्रीदार पर नज़रअन्दाज़ी बरदाश्त नहीं उसको। यूँ ही पड़े-पड़े कुछ पल उसे देखा, फिर उठा और चल दिया मोटल की ओर।

भिलंगना का अक्स रह-रह आँखों में कौंध रहा था। जविप के चलते नदी का तो जो हुआ सो हुआ पर यहाँ के लोगों पर क्या गुज़री? क्यों न दो-चार जनों से बात की जाए? जाना जाए उनका मता-मत। पर अपर्णा! उसका क्या? चिन्ता कर रही होगी। उँह! देर तो हो ही चुकी, जहाँ सेर वहाँ सवा सेर सही। छोत तो वैसे भी उतरना ही है, ऐसे भी उतरेगी। पर घुत्तु के लोगों से बतियाने का अवसर फिर कदाचित् ही मिले। सो बात करते-कराते ही होटल लौटना तय किया।

राह में कई लोग मिले। किसी से चलते-चलते बात हुई, किसी से कहीं बैऽऽठ कर...पर जरा ठहरिए...इजाज़त हो तो आगे बढ़ने से पहले आपसे किया एक वादा वफ़ा कर लूँ? क्या कहा, कौन सा वादा? भई वही, सोनी के 'श' को 'स' बुलाने पर विस्तार से बात करने का वादा। दो पल ठहरकर सुन लें। आला हुज़ूर को पहाड़ी बोलियों का उत्स समझने में सहूलियत होगी और आपका ख़ादिम वादाशिकनी** के अज़ाब से भी बच जाएगा।

तो साहेब/साहिबा जी, जब से उत्तराखंड के ठेठ लोगों की ज़ुबाँ पर मालवी, राजस्थानी, उर्दू, संस्कृत आदि भाषाओं के लफ़्ज़ देखे तब से मैं सोच में पड़ा हूँ। सोच यह कि इतनी मुख़्तलिफ़ भाषाओं के शब्द, इन दुर्गम दूरदराज़ इलाक़ों में पहुँचें तो पहुँचें कैसे? प्यास लगी तो तपास की, थोड़ा पूछा किया। मालूम हुआ कि यह प्रदेश उतना भी एकाकी नहीं रहा जितना मैं समझ रहा था।[49] दीगर जगहों के लोगों की यहाँ पुराने समयों से आवाजाही रही है। चूँकि बात भाषा से जुड़ी है तो ध्यान आ रहा है एक नाम—कालिदास। कोई माने न माने पर यहाँ के लोग तो मानते हैं कि विक्रमादित्य व महाकवि कालिदास गढ़वाल से मालवा पहुँचे।[50] गर कालिदास यहाँ से थे तो संस्कृत तो इधर होनी ही थी।

जैसे-जैसे तपास आगे बढ़ी, ज्ञान चक्षु खुलते गए। समाज में भाषा कैसे बनती-ठहरती है इसकी सूझ पड़ी। जाना कि गमाठिए जो शब्द गढ़ते हैं, पंडित ओन वही पढ़ते हैं। पर जो इस दिशा में जाऊँ तो बात बहुत लम्बी हो जाए, सो चर्चा मात्र सोनी वाले मसले तक ही सीमित रहे तो बेहतर। यह तो सर्वविदित है कि ई.पू. तीसरी शताब्दी के सम्राट अशोक ने जाने कहाँ-कहाँ पाली और प्राकृत

---

* कलाबाती—somersault

** बात कहकर पूरी न करना

भाषा में लिखे प्रस्तर पटल रख छोड़े हैं। इनमें से कुछ देहरादून के समीप कालसी नामक स्थान में भी मिलते हैं। ग़ौरतलब है कि कालसी में प्राप्य लेखों की भाषा अन्य स्थानों के शिलालेखों से जुदा है। कालसी लेखों में से 'ण', 'र' व 'श' इस शिद्दत से गुम हैं कि मानो इस क्षेत्र में तब तक ये अक्षर अवतरित ही न हुए हों। उन लेखों में 'र' की जगह 'ल' (यथा, राजा=लाजा), और 'श या ष' का काम 'स' से चलाया गया है। जैसे 'प्रियदर्शी' यहाँ 'पियदसी' हो गया है।[51] ऐसा इसलिए हुआ क्योंकि प्रस्तर-पटल स्थानीय कारीगरों ने तैयार किए होंगे। सीधी सी बात है कि जो शब्द उनके कने थे ही नहीं, उन्हें वे लिखते कैसे? भाषा विज्ञानियों की मानें तो 'श' को 'स' बुलाने की तब की आदत गढ़वाल में आज तक चल रही है। यानी सोनी जब 'श' को 'स' बोलता है तब उसकी ज़ुबाँ से ढाई-तीन हज़ार बरस पुराना पहाड़ी बोलता है।[52]

बहरहाल, अब लौटता हूँ उस बातचीत पर जो लोगों से हुई। हुआ यूँ कि राह में चन्द लोग गपियाते दिखे तो अपन भी उनमें ठँस लिए। दुआ-सलाम के बाद शहरी चातुर्य का इस्तेमाल कर मैंने उनकी बातों का रुख़ जविप की ओर आसानी से मोड़ दिया। जब मैंने उनसे हायड्रो प्रोजेक्ट से होने वाले लाभ जानना चाहे तो एक बुज़ुर्ग तपाक से बोला—

"फ़ायदा इतना कि अब हमें लाइट हासिल है।"

"घुत्तु के बाज़ार में टी.वी., फ्रिज बेचने-खरीदने वाले कल हम देख चुके हैं। बिजली आने से तो बहुत आराम हो गया आप लोगों को।" मैंने उसके कहे को सहारा दिया।

"आराम तो हुआ भाई जी पर इत्मीनान न मिला? लाइट तो सिर्फ शाम को ही मिलती है...।"

"सिर्फ़ शाम कोऽऽ?"

"जी हाँ, वह भी बस घुत्तु में। रीह, गंगी तो अब भी अँधेरे में हैं। सारी बिजली ग्रीड में चली जाती है।"

"चलिए किसी का तो फ़ायदा हुआ..."

"नुक़सान जादा हो गया भाई जी," वहीं बैठा दूसरा प्रौढ़ बोला। वो सुमेर सिंह था। मूलतः गंगी निवासी। कभी बतौर पथप्रदर्शक अभियान दलों के साथ जाया करता था, पर अब उसका मन अपने खेत व जानवरों में ही रम गया है।

"नुक़सान?...क्या ज़मीनें चली गईं...?" यह मेरा सवाल था।

"नहीं, प्रोजेक्ट में जादा ज़मीन तो नहीं गई, पर रीह तक सड़क बनने से उनके दाम ज़ुरूर बढ़ गए..."

ख़ैर, बहसो-मुबाहिसा का यह दौर जरा लम्बा चला। जो तमाम बातें सिलसिलेवार

कहने लगूँ तो साँझ यहीं हो जाए। चलताऊ शब्दों में कहूँ तो 'आप चट जाएँ।' चुनाँचे घंटे भर का हासिल आपको बिन्दुवार बता देना बेहतर :

- प्रोजेक्ट व्यवस्थापकों द्वारा अपने कर्मचारियों के लिए मुँहमाँगे दामों पर कमरे/घर किराए पर लेने से लोग घर पक्के करने लगे, अपनी ज़मीनों पर घर बनवाने लगे।
- पहले जो कमरा चार-पाँच सौ रुपए प्रतिमाह में किराए पर उठता था, उसके जविप वाले दो से चार हज़ार प्रतिमाह देने लगे। हालात ऐसे बने कि मकान मालिकों ने कमरों में ठहरे बाहरी, जैसे मास्टर, डॉक्टर तथा बाज़ार में काम कर रहे अग़ल-बग़ल के गाँवों के लोगों को बाहर धकिया दिया।
- महँगाई बढ़ने लगी। सक्षम लोग फले-फूले, अक्षम लोगों के हाल बद से बदतर हो गए। मास्टर, डॉक्टर पहले भी यहाँ मुश्किल से ही आते थे अब तो उनके दर्शन भी दुर्लभ हैं। जंगल कटने से चारे की मारामारी हुई सो अलग। ऊपर से दूध की किल्लत और क्योंकि लोग जानवर रखने से परहेज़ करने लगे।
- नदी के छिछले होते ही सिंचाई हेतु बनी गँवठी नहरें सूखने लगीं, खेती आधारित जीवन की चूलें हिलने लगीं।
- मुआवज़े में या तो कुछ नहीं मिला। जो मिला भी तो रकम इतनी न थी कि कुछ नया शुरू किया जा सके। अधिकतर लोग पाया धन ठीक से वापर नहीं सके, इस करके वे बरबादी की कगार पर हैं।

गाँव वालों के संग हुई इस बैठकी ने मेरी दृष्टि ही बदल दी। मालूम पड़ा भिलंग की मायूसी का सबब। और क्यों न हों वो मायूस? नदी निर्जीव तो होती नहीं। नामालूम कितने ज़माने उसके क़रीब से गुज़र चुके। जानती है वो अपनी ज़िम्मादारी। मालूम है उसे कि उसकी कल-कल में सैकड़ों बरस का इतिहास बोलता है। और यह ख़बर भी रहती है उसे कि उसके भीतर एवं तटों पर बसे असंख्य जीव-जन्तु शैवालों को सहेजना भी उसी का काम ठहरा। पर आज उसकी मुश्कें बँधी हैं। वो अब झुके सिर, चुपचाप बहने को बाध्य। आज भिलंगना का हाल उस महाप्रबन्धक का सा जिसे अधिकारों से तो वंचित कर दिया गया हो पर पद से नहीं। प्रिवी पर्स पर जीवित भृगु-गंगा!

भिलंग नदी को पुनः देखा गया। इस बार और भी अधिक ध्यान से। उसके भीतर से छोटी-बड़ी चट्टानें बाहर झाँक रही थीं। मछलियों के संग खेलने-खिलखिलाने वाली छोटी चट्टानें अचम्भित, कि वे पानी के बाहर कैसे? जल को फेंट उसमें प्राणवायु गूँधने वाली बड़ी शिलाएँ भी परेशान थीं। उनका हाल दिहाड़ी की आस

लिए चौक में बैठे मजदूरों जैसा। कि कब कोई हिल्लोल उठे, उन पर चढ़े और वे फिरकी सा घूमा उसे आगे फेंक दें। काम के अभाव में बेज़ार, बेकार, बेबस मनक से जो चाहे करवा लो। ग़रीब की जोरू, न कराहे, न भगाए! नतीजतन छोटी चट्टानें अब किलकिलों का अड्डा। वो बेचारी अपनी चहेती मछलियों को शिकार होते देखने को मजबूर। दरिया-बरार में पड़ी बड़ी शिलाएँ भी चकित कि उनके समीप यह पंकिल भूमि कहाँ से आई? और कहाँ से आए कभी उन पर, अधसूखी भूमि पर, चोंच से प्रहार कर कीड़े समेटने वाले ये हुदहुद।

निगाह नदी से हटी तो सड़क पर ठहर गई। उधर पड़े गोबर व कीचड़ पर लाल कमर वाला एक पक्षी मँडरा रहा था। उड़ते-उड़ते शिकार पकड़ने में माहिर यह पक्षी, लार में सानी माटी से प्यालेनुमा घोंसला बनाता है। मिट्टी को मनचाहा आकार देने में प्रवीण यह पाखी कभी भांडिक* भी बुलाया गया हो तो क्या अचरज। इनके घरों के मुतअल्लिक दो और बातें क़ाबिलेग़ौर हैं। पहली तो यह कि बया के मानिंद भांडिक को प्रत्येक प्रजनन मौसम में नया घर नहीं बाँधना होता। एक आशियाना बनाया और सालों-साल की फ़ुरसत। दूसरी यह कि ये अपने मिटिया-महल वृक्षों के बनिस्बत खँडहर, मन्दिर या मस्जिद में बनाते हैं। यही कारण है कि इन्हें मस्जिद अबाबील (हिन्दी, उर्दू) या मन्दिर देवकन्हई (मराठी) भी बुलाया जाता है।

पाखी, फ़ूल और विहगों को देख किसे सुख नहीं मिलता। मुझे भी भरपूर मिलता जो मैं सारा कुछ बतौर पर्यटक देख पाता। पर मेरा कमबख़्त हिया! सरासर रुदालीनुमा। समय देखता है न मौक़े की नज़ाक़त। बस बुक्का फाड़ा और लगा रोने। पर वो बापड़ा करे भी तो क्या, उससे जुड़ी नज़र भी तो कमज़र्फ़ है। जो सामने दिखे तो उसे न देखे, नामाकूल भटका करे है अन्धी गलियों में। जैसे उस दम मुझे दिख रहे थे घुत्तु में मौज़ूद दो समानान्तर संसार। तितलियों-पाखियों का जगत अलग, नदियों-जलचरों एवं दृष्टि से दूर बसर करते सूक्ष्म जीवों का अलग। एक आनन्द में आकंठ डूबा, दूजा निर्वाज़ दरकता। ऐसा क्यों कि ऊँची उड़ान भरते हुदहुद, किलकिलाते किलकिले, और चपल अबाबील में निर्बल भिलंगना के प्रति लेशमात्र भी फ़िक्र नज़र नहीं आती? वैसे, उन्हें फ़िक्र हो भी तो किस विध? चिन्ता के लिए चाहिए संवेदनाओं से ओतप्रोत कोमल हृदय। जिन्हें मजबूर काँधे की सवारी का शऊर हासिल, जो ज़माने से बेहद ऊपर उड़ने में सक्षम और जो आशियाना बनाने के लिए खँडहर ही तलाशते हों उनकी दुनिया हृदय से नहीं, आँकड़ों से चला करती है। एक का दरकना जब दूसरों के लिए उत्सव का कारण बन जाए तो संवेदनाओं के लिए अवकाश बचे भी तो किधर!

---

* कुम्हार

हो गई अपनी बल्ले-बल्ले

मज़दूर दिवस, 2012। घुत्तु, सुबह नौ बजे।

कल मौसम ठीक रहा और जंगलात वालों का मूड भी। सो हमें ट्रैक पर निकलने की अनुमति मिल गई। पर सिर्फ़ रीह तक। वैसे तो आपको ख़बर है, फिर भी कह दूँ कि घुत्तु से खतलिंग के दरमियानी सत्तावन कि.मी. में तीन मानव बस्तियाँ हैं देवलिंग, रीह, गंगी। जैसा कि सोनी बताया था, रीह तक हमारे संग एक वन-रक्षक जावेगा। रीह से आगे हमारा बढ़ना, न बढ़ना निर्भर रहेगा इसी गार्ड पर। हाल हमारा डूब में आए आदमी जैसा कि बतौर मुआवज़ा फेंके टुकड़े ले लो। ज़्यादा नाक लगाई तो भजो बैठ यहीं राम नाम! डैने फड़फड़ा कर पिंजरा-बन्द बुलबुल कितना तो उड़े, किधर तो जाए? बिनाबर हामी भरी और सोचने लगे गार्ड को मैनेज करने की युक्तियाँ।

इसी बीच, अनुमति हस्तगत होने के बाद, एक यक्ष प्रश्न हमारे सामने आ खड़ा हुआ। कि रीह तक जाना कैसे? पैदल या गाड़ी से। गाँव से समेटी ख़बरों के अनुसार घुत्तु से रीह तक सड़क बनी तो है, पर काग़ज़ पर अधिक वास्तव में कम। बोलूँ तो ढुलकते-गुड़कते पत्थरों से अँटी ऐसी डगर जिस पर गाड़ी से जाना कमर पर अत्याचार और पैदल चलना घुटनों पर। तथापि मेरा इसरार पाँव-पैदल यात्रा करने का। कि रास्ते में देवलिंग क़रीब से देखने को मिलेगा। और मिलेगा सघन वन से गुज़रने का सुनहरा अवसर भी। अवसर यूँ कि हम-दोई की तमन्ना, जनम-ज़िन्दगी की साध, वादियों में आज़ाद फिरते हिमालयीन भालू देखने की। इसी के चलते हम उत्तराखंड के विभिन्न वनों में हफ़्तों भटक चुके, किन्तु सफलता नहीं मिली। पर कौन जाने कब मुराद मुकम्मल हो जाए? सो जंगल में पैदल चलने का हर मौक़ा लपकना ज़रूरी। पर वो गार्ड, ख़ुदा उसकी उम्रदराज़ करे, किसी भाव पदचरी को तैयार न हुआ।

आज, जीप के आते ही गार्ड बाबू ने उसकी अगली सीट पर क़ब्ज़ा कर लिया। जनाब एक तीर से दो निशाने साधेंगे। रीह तक हमारे साथ जाएँगे और इसी गाड़ी से

फ़ौरन ही लौट आएँगे। यह होगी उनकी 'पेट्रोलिंग'। श्रीमान जी अपनी गश्ती-डायरी में नोट करेंगे, 'वन महफ़ूज़, जानवर भरपूर, शिकार की कोई घटना नहीं, वैली में सब चुस्त-दुरुस्त'। बाबा जी का ठेंगा दुरुस्त है। बेड़ा ग़र्क़ हो ऐसी रिपोर्ट भेजने वालों का, जिनके भरोसे हमें वनों के चकाचक होने का भरोसा दिलाया जाता है। जबकि, देखने जाएँ तो यहाँ बड़ा गड़बड़झाला दिखे। याद कीजिए 2009 को। जब यहाँ का पटवारी हमें रीह के जंगल में ज़मीन देने पर आमादा था, और जब गंगी गाँव में शिकार (गोश्त) 'बाँटा' लगाकर तक़सीम किया जा रहा था।[54]

बहरहाल, गार्ड बाबू को उस पिकअप जीप का बड़ा सा हिस्सा सौंप बचे-खुचे में हम-दोई और बाक़ी सब मानी सोनी, रनी, राजी, प्रदीप, तमाम माल-ओ-असबाब व पाँच भरिकों को ठूँसा गया। बता चुका कि अभियान की माँग सात कुलियों की थी, और यह भी विदित है आपको कि हमें दो आदमी घुत्तु से उठाने थे।* जिनकी तलाश में कल सोनी ने सारा घुत्तु छान मारा। पर सफलता न मिली। कारण थी बर्फ़। शिरीष खिल गया, सफ़ेद-पीली तितलियाँ आ गईं पर यहाँ ग्रीष्मऋतु का कहीं नामो-निशां नहीं। इधर तो अब भी जारी है बर्फ़बारी। जारी है बेमौसमी बरखा। यानी ऊँचे इलाक़ों में ख़तरा ही ख़तरा। लिहाज़ा सोनी घुत्तु बाज़ार से रीते हाथ ही लौटा। ख़ुदा तू ढूँढ़े नी मिलता और तेरा बन्दा साथ नी चलता—ऐसे में हम क्या तो करें और क्या नी करें? ऊहापोह के इस आलम में उम्मीद बन नमूदार हुआ जयदीप सिंह।

बावन वर्षीय जयदीप से कल घुत्तु में ही भेंट हुई थी मेरी। उसी ठीये पर जहाँ मैं बाग़-ए-बिहिश्त से लौटते हुए रुका था। वहीं मालूम हुआ कि जयदीप दो दशकों से अभियान दलों के संग जाता रहा है। उसे संग चलने को कहा। चिरौरी की हद पर खड़े हो मनुहार भी की, मुदा उसकी रुचि न जगी। बाद में शायद उसका जी पसीजा हो। चुनाँचे रीह से दो भरिकों को हमारे साथ जोड़ने की ग़रज़ से वो भी आज हमारे साथ था।

भला हुआ कि जयदीप का साथ पाया। उसकी संगत एकाधिक कारकों से मानीख़ेज़ रही। दौराने सफ़र गुफ़्तगू के वो सैलाब उठे कि समझ की झील पर जमे शैवाल हट गए। एक के बाद एक कई ख़ुलासे हुए। जैसे कि घुत्तु के ऊपर की भिलंगना घाटी में, अस्सी परिवार, मय दो सौ बच्चों के, निवासरत हैं। इन

---

* ट्रैक-मार्ग में पड़ने वाले गाँवों से कम से कम दो भरिक साथ लेने का हमारा प्रण है। 2001 से आज तक यह सिलसिला जारी है। वाहवाही बटोरने के लिए कह सकता हूँ कि हमारा मक़सद स्थानीय लड़कों को रोज़गार मुहैया करवाना है। पर झूठ बोलूँ और वह भी आपसे? असम्भव। दरअसल इसका बायस परमार्थ नहीं स्वार्थ है। उत्तराखंड में हर घाटी की भाषा और परिपाटियाँ जुदा होती हैं। गढ़वाली होने के बावजूद सोनी व रनी अन्यान्य गाँवों में पहुँच व्यवस्थित संवाद नहीं कर पाते। स्थानीय बन्दे की सहचरी गाँव वालों के क़रीब पहुँचना आसान कर देती है। अन्यथा शहरातियों को ग्रामीण अपने घर तो छोड़िए आँगन तक में क़दम न धरने दें।

सबका मूल गाँव गंगी (2590 मी.) है।[55] कि गंगी से ऊपर कल्याणी तथा नीचे रीह (2130 मी.) में गंगी वालों की ही छानियाँ हैं।* और यह भी कि जाड़ा काटने हेतु कुछ परिवार गंगी से रीह (यदा-कदा घुत्तु) में उतर आते हैं और ग्रीष्मऋतु में, नई घास की आमद के साथ, कल्याणी जा पहुँचते हैं।

यहाँ एक सूचना देता चलूँ। मौसमानुसार पहाड़ पर ऊपर-नीचे करने की यह परम्परा फ़क़त इसी घाटी तक महदूद नहीं। कृषिजीवी गढ़वालियों में यह रवायत आम है। लिहाज़ा इस तर्ज़ पर जीने वाला हर गढ़वाली सीमित अर्थों में एक ख़ानाबदोश ही हुआ। सूचना समाप्त हुई। आगे की बात फिर जयदीप के हवाले से।

बहस-ओ-मुबाहिसा से इल्म हुआ कि गंगी पंचायत के अस्सी परिवारों को आधुनिक सुविधाएँ मुहैया करवाने के लिए, घुत्तु से ऊपर सत्तावन कि.मी. की घाटी में, चार जल विद्युत् परियोजनाएँ तथा ठेठ खतलिंग हिमनद तक सड़क प्रस्तावित है। इन विद्युत् परियोजनाओं में से पहली रीह में तथा अन्तिम ठीक खतलिंग ग्लेशियर से सटे खरसोली (2890 मी.)[56] में स्थापित होगी। खतलिंग को जाने वाली सड़क अभी रीह ही पहुँची है। जान पड़ता है परियोजना वालों की रुचि सड़क से अधिक पेड़ों में रही। फलतः रीह तक आधी-अधूरी एवं अधकचरा सड़क तो है पर उससे सटे वन, जो पिछली यात्रा में दिखे थे, अब सिरे से नदारद।

देवलिंग परियोजना के चलते भिलंग नदी का हाल देख मैं आगे ही विचलित था। घाटी में घुसते ही जब जंगल से रूबरू हुआ तो दिल भर आया। ध्यान आता है पिछली सदी के आठवें दशक का वह आन्दोलन जो स्त्री शक्ति की नज़ीर बन आज भी दुनिया के सामने खड़ा है। भरोसा करूँ भी तो कैसे कि मैं उसी प्रदेश में हूँ जो वनों के हक़ में पेड़ों से लिपट गया था? कहने को तो तब से अब में यहाँ के माली हालात बेहतर हुए हैं, शिक्षा की पैठ भी बढ़ी है। फिर क्यों आज किसी के चेहरे पर जंगल कटने का त्रास नहीं दिखता? विरोध के मुखर स्वर क्यों नहीं सुन पड़ते? क्या आर्थिक उन्नति वन्य-चेतना ही लील जाती है? क्या आधुनिक शिक्षा प्रकृति-प्रेम हर लेती है? जानना होगा कि अरण्य-आखेटक इस सड़क को लेकर इधर के लोग क्या सोचते हैं? जयदीप से ही पूछा किया कि यहाँ तक सड़क लाने से क्या और किसको लाभ होगा?

जयदीप के अनुसार गाँव वाले तो बस पंचायत के भरोसे रहते हैं। इन परियोजनाओं के बाबत पंचायत ने भी उन्हें अँधेरे में रखा। परियोजना कितने बड़े पैमाने पर लागू होने वाली है यह तो जनता को काम शुरू होने के बाद ही समझ आया। विरोध के महीन स्वर सुनाई पड़े तो अन्धकार से स्थायी मुक्ति का दाना फेंका गया। नतीजा—लोग चुप। जहाँ तक सड़क का प्रश्न है तो जयदीप के अनुसार प्रस्तावित घुत्तु-खतलिंग

* छानी यानी खेती या जानवर चराने हेतु घर से बाहर गए लोगों की अस्थायी टपरियाँ।

मार्ग का मूल मक़सद है इस सीमावर्ती क्षेत्र में सेना की आवाजाही सुगम बनाना। सड़क को जब राष्ट्रहित में आवश्यक बताया गया तब तो बचे-खुचे 'जागरूक' भी गल गए।[57] यहाँ एक पल ठहर रमेश मुमुक्षु का कहा सुन लिया जाए।* रमेश भाई पर्वतीय लोक विकास समिति, घुत्तु (ग्राम ऋषिधर) से जुड़े हैं। जलविद्युत् परियोजनाओं के प्रस्तावित प्रारूप के विरोध में खड़ी इस संस्था के अनुसार सड़क परियोजना के परोक्ष में बाँध/जविप निर्माण में सुभीता तथा सैलानियों को गाड़ी से ठीक खतलिंग बमक (भमक) तक पहुँचाने की सहूलियत देना है!

बनी बात है कि मेरी तरह आप भी उलझन की चपेट में फँसे होंगे। उलझन यह कि जो छुपाया गया था, अब सर्वज्ञात है। परियोजना के नफ़ा-नुक़सान भी सामने दिखने लगे हैं। फिर भी चुप्पी क्यों? क्या कोई प्रभाव नहीं पड़ा इसका लोगों की सोच पर? औरों की तो ख़बर नहीं पर लगता है जयदीप पर तो असर है। मामूली नहीं बल्कि गहरा असर। वो यूँ कि अपने रोज़गार में इज़ाफ़ा होने की प्रबल सम्भावना के बावजूद जयदीप सैलानियों व सेना को खतलिंग ग्लेशियर तक धड़नतख़्ता ले जाने वाले मार्ग का हामी नहीं है। कारण? पिछले कुछ बरसों में खतलिंग ग्लेशियर का तक़रीबन दो कि.मी. पीछे सरक जाना।[58] इस बदलाव को वह अनियंत्रित पर्वतारोहण और जंगल कटाई का असर मानता है। शायद इसी के चलते उसने तथा इसी इलाक़े के सुमेर सिंह (इनसे भी अपन शिरीष-बाग़ से लौटते बखत मिले थे) ने अब अभियान दलों के साथ जाना लगभग बन्द ही कर दिया है।

अचरज नहीं कि प्राकृतिक सम्पदा पर लार टपकाते लोग ऐसे बदलावों का असर नहीं लेते। वे परियोजना विरोधियों की वामपंथी कह खिल्ली उड़ाते हैं। योजनाओं के शिकार लोगों को झूठा, चोट्टा बताते हैं। अन्ततः वे 'धार्मिक वैशिष्ट्य' और 'राष्ट्रहित' जैसे पवित्र जुमलों को 'भावना उद्दीपन्नास्त्र' में तब्दील कर जन-मन पर क़ाबिज़ हो जाते हैं। ज्ञातव्य है कि 'धार्मिक वैशिष्ट्य' की ओट से जब खतलिंग को 'महादेव का पाँचवाँ धाम' कहा जाने लगा तो पर्यावरणविद् भी शीश नवाने लगे।[59] 'राष्ट्रहित' या 'सीमा सुरक्षा' भी रहा ऐसा ही एक जुमलास्त्र। इस अस्त्र को कनपटी से सटा हिमालय के अनछुए इलाक़ों का मनचाहा दोहन तो अब जैसे रवायत ही बन चुकी। बात इसी घाटी की लें। बताइए क्या यह सीमावर्ती क्षेत्र है? नहीं न। खतलिंग बमक और विदेशी सरहद के मध्य तो कई ग्लेशियर व पर्वत हैं। फिर इस घाटी से सेना को कहाँ पुगाने की चाह है? क्या लोगों की मंशा, खतलिंग व गंगोत्री हिमनदों को बिंध, इस सड़क को ठेठ घनसाली (बदरीधाम परिक्षेत्र) पहुँचाने की है? यह तो अफ़सानों की सी बात लगती है। मेरा कयास है कि 'राष्ट्रहित' वाला

* आर.टी.आई एक्टिविस्ट रमेश कुमार 'मुमुक्षु' जी से 2010 से 2014 के बीच मेरी फ़ोन तथा ईमेल पर लम्बी चर्चाएँ हुईं। 2019 में उनसे लम्बी मुलाक़ात भी हुई।

जुमला परियोजना से जुड़े बन्धुओं ने स्थानीय स्तर पर ही गढ़ा और परोस डाला।

अब बात लम्बी खिंच ही गई है तो थोड़ी और सही। निर्मल परदों के पीछे से आदमी किस तरह अपना मतलब साधता है, कैसे जनता की आस्थाओं का दोहन करता है, इसका नमूना देखिए। हुआ यूँ कि आगे चलकर भिलंगना परियोजनाओं का मुखर विरोध होने लगा। जिसे देख, 2010 से आसपास, उत्तराखंड के गांधी कहाने वाले इन्द्रमणि बडोनी जी की स्मृति के बहाने खतलिंग-मेले व धार्मिक यात्रा का पुनरारम्भ हुआ।* इसमें हज़ारों की संख्या में लोग जुटे। नतीजतन विकास और सड़क की 'माँग' होने लगी। परियोजना विरोधी मुँह तकते रह गए।

कहा जा सकता है कि सिर्फ़ सत्य साध कर जीवन नहीं चल सकता। तारीख़ का हवाला दे यह भी कह दे कोई कि झूठ भी हर काल में ज़िन्दगी की ज़रूरतों का हिस्सा रहा। चलिए मान लिया आपका कहा कि मौक़े पर तो युधिष्ठिर ने भी मिथ्या का टेका लिया। ठीक है जनाब! जिसे रास आए, बोले झूठ...पर निधड़क नहीं। इतना भर ख़याल रहे कि कड़ुवा सच हो कि निरा झूठ, दोनों ही मौक़े पर परमाणु बम का सा असर दे सकते हैं। पर क्या इतना सोचता है कोई झूठखोर? दिल टूटता है देखकर कि निज वासना पूर्ति हेतु लोग ऐसे-कैसे, कैसे-कैसे झूठ बोल लेते हैं! सोच-सोच बदन में झुरझुरी भरने लगी।

बाक़ियों का हाल जानने के लिए गाड़ी में नज़र फिराई...तो मन कह उठा... जयदीप ज़िन्दाबाद! तुम्हारे साथ होने से आवारा भटकता मेरा एक सवाल ठिकाने पहुँच गया।

कौन सा सवाल? अरे वही कि जब पर्यावरण ह्रास को लेकर इतना लिखा-बोला जा रहा है तो भी समाज का एक बड़ा धड़ा धड़ाधड़ विकास का हामी क्यों है? गार्ड बाबू तुम्हारा भी इस्तक़बाल बुलंद हो! जो तुम्हारी ज़िद न होती तो क्यों मैं गाड़ी से आता और कैसे वो सब देख पाता जो देख पाया? तुम दोनों के चलते आज सूझ पर से पर्दा भी उठा, कुहासा भी छँटा। देखा मैंने कि लोगों पर बोले का असर एक सा नहीं होता। जो गाड़ी में जारी बहस के परिप्रेक्ष्य से देखें तो इतनी देर में प्रदीप व सोनी के मुँह से दो बोल भी न फूटे थे। वे तो कब के सो चुके। सोता मनख क्या तो विचारे, कैसे तो उच्चारे? राजी पर हमारी बातों का असर न था। वो इयर-फ़ोन लगा प्रेमगीत सुनने में मगन। इनके बरअक्स, साल में छह बरस खेती करने वाला रनी बाका, बोले तो मुँह फाड़ सुन भी रहा था और नाड़ हिला नुक़्तों से जुड़ भी रहा था। परदेसी (नेपाली) होने के बावजूद भरिकों में से एक हमें ध्यान से

* यह यात्रा बडोनी जी और उ.प्र. सरकार ने मिल उत्तराखंड बनने के पूर्व आरम्भ की थी। तब इसका प्रारूप धार्मिक हुआ करता था। कहते हैं कि सामाजिक कार्यकर्ता बडोनी जी स्वयं इसके संग चलते थे। उनकी मृत्यु (1999) के कुछ काल बाद यह खतलिंग-यात्रा बन्द हो गई थी।

सुन रहा था (यह तो बाद में पता चला कि वो नेपाल में इसी तरह के हमले भुगत चुका)। और अपर्णा—उसके नम नयन ऐसे 'जैसे कोई सिसकी बेसाख़्ता, दबा ली गई हो सुनाई देने से पेश्तर'।* ग़रज़ ये कि महल्ला हो या हो कोई शुमारा, वहाँ होंगे चौकस दो-चार और सुषुप्त हज़ार। आप अपना रोते रहिए, वे अपना सोते रहेंगे। कुम्भकर्णों को या तो पेट की अगन जगाए या फिर युद्ध की लपक। जो उन्हें सोते से उठाया, सोचने को बाध्य किया तो आप पर शामत आई कि आई!

अरे भाई साब, आज तो मैंने हद ही कर दी। बहका तो वो बहका कि बहकता ही चला गया। नी मतलब कि चालू होओ तो बन्द भी तो होना पड़े है। है कि नी? यूँ कि आप यहाँ बिगड़ते पर्यावरण में दिमाग़ खपाई वास्ते थोड़े ही आए हैं। अब रीह (2130 मी.) आने को है। सो अपने राम अब सूत साँवल में रह के बात करेंगे। वो भी बस हिमाला की।

तो भाई लोगो, घुत्तु के बाद, दो-तीन कि.मी. तक तो दीठ की हद में थे बहुत से भी ज़्यादा सीढ़ीदार खेत और कम से भी कमतर बुरांश के पेड़। तदनन्तर दचकों के चलते ध्यान वादियों से क़तई भटक गया। रीह आते ही सड़क ख़त्म हुई और तन निजात पा गया। पर मन? वह भी तो घायल है। उसे आराम कैसे मिले? हिमालय दर्शन से और कैसे! रीह यानी गिरिराज के महल का चौबारा। शृंगार-पुष्ट उच्च-हिमाला की धुँधली झलक यहाँ से दीख पड़ती है। हिमराज दर्शन, मन का मलहम। हो सकता है कि यह कथन आपको झरने, नदी, सागर की अनदेखी लगे। इनके क़रीब जाने से भी तो मन इत्मीनान होता है। जो जानना चाहेंगे कि ऐसा कौन है जिसे शान्ति न मिलती हो नदी के कल-कल बहते जल को निहारते हुए; या निरन्तर झरते झरने की बूँदों को अपने बदन पर महसूस करते हुए; या रक्ताभ नभ के चंगुल से ढुलक समन्दर के आगोश में सिमटते दिनकर को देखते हुए। तो मेरा उत्तर होगा—'मैं'। क्योंकि सरिता, समन्दर व झरने मुझे बेकल कर देते हैं। हिमालय का स्थायित्व, उसकी अविचलता कितनी विराट लगती है, नदी-सागर-निर्झर की निरन्तर उठापटक, अन्तहीन अस्थिरता के समक्ष। इसलिए, हे मित्र, मुझे तो सुकून देता है शैलराज को निहारना...एकटक। अपन अब रीह में हैं। मेरे सामने है हिमाला। सो अब दुनियावी चर्चे स्थगित, अन्तस् की तीमारदारी शुरू।

रीह गाँव जरा हटकर बसा है। चुनाँचे सड़क से नज़र नहीं आता। यहाँ, सड़क के इर्द-गिर्द तो खेत हैं। उत्तर-पूर्व को जाती इस सड़क के बाईं बग़ल जो पहाड़ है, सीढ़ी-दर-सीढ़ी खेत उसके शाने तक चढ़ चुके। कदाचित् उन शानों पर कभी वन रहा हो, अब तो वे खेत ढो रहे हैं। तो यह जानकारी सही है कि गंगी के लोगों ने रीह तथा कल्याणी में जंगलों की अवैध कटाई कर खेत बना लिए हैं। पर यह हुआ

---
* पंक्ति आशुतोष दुबे की कविता से साभार उद्धृत।

जागतिक मसला, जिस पर चर्चा अभी करना नहीं। सो ध्यान फ़क़त उन सीढ़ीनुमा खेतों पर रहे जिनमें कहीं सरसों लहलहा रही तो कहीं गेहूँ। वैसे कहीं भुसभुसी माटी वाले, हाल ही जुते, रीते खेत भी दिख रहे। इनमें से कुछ में हैं माटी के क़तारबद्ध नन्हे-नन्हे ढूह। अचरज हुआ। अच्छे-भले खेत में ये टीले क्यूँ? बग़ल में चल रही राजी ने बताया, 'लोकल मानसून' के चलते यहाँ लगभग हर दिन मेह बरसता है।* ढाल पर होने से खेतों में पड़े बीज पानी के संग बह जाते हैं। इससे बचने के लिए आलू व राजमा की बुआई इन नाने-ढूहों में ही होती है।

खेतों के बीच कुछ झाड़ीनुमा पेड़ भी दिख रहे, जिन पर फुदक रही हैं कलगीदार हिमालयीन बुलबुलें। वैसे हमारी तरफ़ की बुलबुलों से ये बुलबुलें ज़रा कम फुदकू हैं। जिस डगाल पर बैठें, थमकर बैठें। इनके बैठने में एक अलहदा ठसक है। बैठना जरा तनकर। वो भी पेड़ की फुनगी अथवा टहनी के अन्तिम छोर पर। मंसूबा यह कि जब टहनी हवा में डोले तो ये भी संग-संग थिरकें। राजी से ज्ञात हुआ कि हवा के संग डोलतीं वे बाँसनुमा झाड़ियाँ रिंगाल की हैं। दो-ढाई हज़ार मीटर की ऊँचाई तक दिखने वाला रिंगाल वैसे तो जंगल का सामान है पर इन दिनों इसे सचेष्ट भी उगाया जाता है।[60] लचीला रिंगाल बहुउपयोगी जो ठहरा। मसलन इसका उपयोग घरों के छप्पर छाजने तथा अनाज भंडारण हेतु चंगेली और मनौटा बनाने में होता है। और हाँ, इसका प्रयोग सामान ढोने हेतु पिट्ठू बनाने के लिए भी किया जाता है। गुज़श्ता वक़्तों में तरकश भी इसी से बना करते थे। पर्यटक-बाहुल्य इलाक़ों में रिंगाल से बनीं डलिया, छबड़ी आदि ख़ूब बनाई-बेची जा रही हैं।

घुत्तु-रीह मार्ग के दाहिने की धरती ढलान पर फिसलते हुए नीचे, बहुत नीचे, ठेठ भिलंगना नदी तक जा पहुँची है। इसी ढलान पर भाँति-भाँति के गाछ हैं। कुछ छितरे, कुछ सटकर खड़े। लगे जैसे ढलान को उन्होंने सब्ज़ चादर से ढाँप रखा हो। उस चादर पर यहाँ-वहाँ छितरा है सुर्ख़ रंग। आप ही बताएँ सब्ज़िअत में इन गुलाबी धब्बों का राज। क्या कहा आपने? गुल-ए-बुरांश! दुरुस्त फ़रमाया जी! ये बुरांश ही तो हैं। जबसे उत्तराखंड से राबता हुआ, बुरांश कभी चर्चा से बाहर नहीं गया। जब यहाँ की बात निकले, बुरांश की बात चले। क़रीब से देखा है क्या इनको? देखा भर या छुआ भी? छुआ भर या सूँघा भी...और यह भी कि बुरांश देखना हो तो नार्थ ईस्ट जाना...कि असल बुरांश तो वहीं हैं...वग़ैरह...वग़ैरह...। जी हुज़ूर देखा है मैंने उनको। लगभग हर यात्रा में। पर छुआ कभी नहीं। 'फूल को हाथ लगाने की ज़रूरत क्या है' वाली जो इबारत है न, वो खोपड़ी में बजने लगती है कमबख़्त। पर इस बारी खोपड़िया गई तेल लेने। अपन बुरांश के मझोले पेड़ों के पास जाएँगे। फूलों

* ग्रीष्मकाल में, समशीतोष्ण हिमालयीन क्षेत्र की घाटियों में, स्थानीय स्तर पर बदलियाँ बनती हैं जो दोपहर बाद बरसती हैं। गढ़वाली नवयुवाओं में इसे 'लोकल मानसून' बुलाना प्रचलित है।

को देखेंगे, छुएँगे और (अपर्णा से नज़र बचाकर) चखेंगे भी। कहे देता हूँ जगजीत बाबू बीच में टपक के दिमाग़ का दही तो करना ही मत...हाँ नी तो।

ख़ैर, बिन्दास हो दस-बीस क़दम ढलान पर उतरा। फूल को क़रीब, बहुत क़रीब से देखा। पाया कि दूर से एक नज़र आता बुरांश दरहक़ीक़त फूलों की एक गाँठ है। जाना कि फूलगोभी की सी संगठना वाले बुरांश के दस्ते में आठ-दस छोटे-छोटे फूल होते हैं। बसंत ऋतु की आमद पर खिलने वाले इस फूल की गंध इतनी भीनी होती है कि नाक सटाए बिना महसूस ही न हो। और स्वाद? खट्टा-कसैला!

"तो फिर इसका शरबत इतना मीठा कैसे होता है?" मैंने राजी से पूछा जो मेरे पीछे नामालूम कब से खड़ी थी।

वह खिलखिलाई। वादी में मजीरे बज उठे। हास थमा तो बोली, "अरे सर, क्योंकि शरबत के लिए लाल फूलों का रस निकाल उसे चीनी में पकाया जाता है।"

उसके कहे में लाल से इतर रंगों के बुरांश होने का इशारा था। इस बाबत कुछ पूछने को हुआ कि तब तक अपर्णा बोल पड़ी, "क्या यह शरबत हमेशा से बना करता था या अब बेचने के लिए ही बनने लगा है।"

"मेम, यह तो हर घर में बनता है। गर्मियों में पेट ठंडा रखता है बुरांश। वैसे यह हार्ट और बी.पी. में भी बहुत काम आता है...।" और भी न जाने उसने बुरांश के कितने गुण गिनाए ध्यान नहीं। गाँव में पली-बढ़ी राजी की जड़ी-बूटियों की गहरी मालूमात का चर्चा तो अब आम है।

गोकि बुरांश के मुतअल्लिक लोकगीत हैं, नृत्य हैं, कथाएँ हैं पर इतना सब कह पाने का अभी अवकाश कहाँ? सो इतना भर बता दूँ कि इस ऊँचाई तक पाए जाने वाले बुरांश लाल होते हैं, अधिक ऊपर जाने पर पीले, गुलाबी और सफ़ेद रंग बुरांश भी देखने को मिलें—शायद।[61]

सोचता हूँ, बुरांश-चर्चा को यहीं विराम दे अब ढलान के सामने, इस घाटी की दूसरी कगार पर ध्यान देना चाहिए। यानी कि पूर्व में, भिलंग नदी के उस पार। वहाँ एक ऊँचा-पूरा पहाड़ है। रँगरूट-टाइप पहाड़। अकड़ू, कड़क, सीधा-सट्ट। वैसे उसकी अकड़ नाजायज़ भी नहीं, आख़िरकार उसी की बाँह गह भिलंग उत्स से यहाँ तक आई है। नदिया का उस पर नेह भी बेवजह नहीं। क्योंकि सत्तावन कि.मी. की इस यात्रा में उसी ने तो ढोई है अपने काँधों पर भिलंग की शृंगार-पेटी, बोले तो सघन वन। उन पेड़ों को चीन्हने की चेष्टा की। नंगी आँख कुछ सूझ न पड़ी। दूरबीन के सहारे मालूम हुआ कि उधर देवदारु (देवदार), चीड़ और बाँज (बन ओक), थुनेर आदि वृक्षों की भरमार है। शायद जंगली अखरोट के भी कुछ पेड़ हों वहाँ। इन हरे-भरे दरख़्तों के बीच बुरांश के क़ुरमुज़ी फूल यूँ लग रहे मानो

किसी ख़िदमतगार ने पहाड़ पर सुर्ख़रंग बूटाकारी कर दी हो। पीछे हिमाली के उत्तुंग शिखर और सामने बेल-बूटेदार, सुसज्जित पहाड़। नेपथ्य में भिलंगना का जलतरंग वादन। बोलूँ तो क़तई सूफ़ियाना माहौल। उधर नज़र एकटक हुई कि इधर क़दम थिरकने लगे। ग्रीवा एक ओर नम जाए, हाथ आसमाँ की सिम्त हो जाएँ और बन्दा घूमने लगे अपनी धुरी पर। मेरा हिया भी बहुत देर घूमता रहा। जब विवर्तन थमा तो मन करने लगा संगीत बिखेरती भिलंगना को देखने का। पर यह सम्भव कैसे हो? वो तो घाटी के तले में है और बीच में है ढालवाँ पहाड़ तथा झाड़-झंखाड़। यात्रा के आरम्भ में ज़्यादा उतापा ठीक नहीं। तनिक धीर धर रे मना! निर्बाध बहती भिलंगना भी छूने को मिलेगी तुझे!

बहरहाल, सप्रयास भिलंग पुकार नज़रअन्दाज़ कर ध्यान देवदारु पर एकाग्र किया। जब से देवदारु को देखा है मन कर रहा है इसके बाबत दो पल बतियाने को। वो यूँ कि जब-जब इस तरुवर को देखता हूँ, मन कैसा-कैसा होने लगता है। कितने क्रूर रहे हैं हम इस पेड़ के प्रति। किस बेदर्दी से काटा है हमने इसे विगत दो सौ बरसों में। बग़ैर सोचे कि जब भी एक देवदार कटता है, हमारा इतिहास छिजता है। पूछा जाएगा कि एक अदना विटप का इतिहास से कैसा सरोकार? है जी...है। सरासर है। और बड़ा गहरा वाला है जी। जानता हूँ, आप कहेंगे कि इतिहास मानव आविष्कृत है और भूसम्पदा प्रकृति प्रदत्त। दोनों में नाता कैसा? हुज़ूरेआली वो यूँ कि भूगोल विलोपित कर आदमी का इतिवृत्त दर्ज करना ठहरा असाध्य काम। कि भूगोल में मानवीय हस्तक्षेप की कथा ही तो है इतिहास का आत्मा। मेरे तईं तो आदमी की कहानी से जुड़ा हर पेड़, पाखी, नदी या अरण्य मानव-इतिवृत्त का हिस्सा ठहरा। अभिन्न, अटूट हिस्सा। बानगी तो बहुतेरी दी जा सकती हैं पर अभी करें देवदारु की बात—बरास्ते कुमारसम्भवम्। आप चौंकेंगे कि घुमक्कड़ी के बीच साहित्य चर्चा का क्या काम? कि केसरिया भात में हींग का छौंक क्यों? किन्तु श्रीमान केदार-क्षेत्र में कालिदास का स्मरण हो आना तो अपेक्षित ही ठहरा। महाकवि ने शिव को हिमालय के ऐसे ही किसी क्षेत्र का वासी बताया है। महाकवि ने कहा है कि जहाँ किन्नर व गंधर्व रहते हैं, जहाँ के सघन वनों में कस्तूरी मृग बिन्दास फिरा करते हैं, जहाँ भागीरथी सिंचित बहुत ढेर से देवदारु वृक्ष हैं, वहीं किसी देवदारु-तले शंकर समाधिस्थ मिलते हैं।[62] तभी तो देवदारु हुआ देवताओं का वृक्ष!*

---

* माना जाता है कि इसकी अर्चना से बुरी आत्माएँ क़रीब नहीं फटकतीं। वैसे दीगर कारणों से भी देवदारु को देवताओं का वृक्ष कहा जाता है। उत्तराखंड में काठ की देव-प्रतिमाओं का चलन पुराकालीन है। एक समय था जब समाज के हर वर्ग के लिए इतर पेड़ की लकड़ी से ईश मूरतें बना करती थीं। मसलन क्षत्रियों के मन्दिरों के लिए बिल्व (बेल), शूद्रों हेतु अर्जुन या साल तथा ब्राह्मणों के वास्ते देवदारु, चन्दन एवं शमी की लकड़ी का प्रयोग होता था।

किन्तु यह तो रही तब की बात—आज यहाँ न तो कस्तूरी मृग हैं, न बिन्दास फिरता अन्य कोई वनचर ही। देवदारु विरल हैं। नदियाँ वन से परे हैं और शंकर के स्पंदन ग़ुम। कहाँ हिरा गए ये सब? किसने हड़प ली शैलराज की सम्पदा? पर जनाब मेरा यह सवाल है किससे? और वो है कौन जो जवाब देगा? यह तो वही मिसाल हो गई कि सितमगर ही महल्ले में पूछता फिरे, "ये काम किसने किया है, ये काम किसका था।"[63] सामने आप हैं और हाथ में मौक़ा कि दिल के दाग़ धो लूँ। स्वीकार लूँ कि चोरी की है मैंने! कि इस डकैती में मेरे, बल्कि कहना चाहिए हमारे, लालची मिज़ाज का हाथ! हाँ जी हाँ, दिनौंधी का मारा ज़माना ही है हिमाला की बरबादियों का सबब। पर सबसे बढ़कर ज़िम्मादार हैं इस अंचल के निवासी।

बन्धुवर, दुनियावी बातें न करने का कौल तोड़ना ही पड़ा। क्या करूँ, एक ओर आप हैं दूसरी तरफ़ है हिमाला? इधर से इसरार दुनियावी बातें न करने का, उधर से दाब कि 'जो जाना सब सच बताना'। मेरी धृष्टता क्षमा कर वो सुन लें जो यहाँ हमने सुना, घुत्तु में—

कि गंगी के लोगों का लहू गर्म है इसलिए सँभलकर यात्रा करें। क्योंकि वे ठहरे आदतन शिकारी। उनके कने बड़ी संख्या में आग्नेय अस्त्र हैं। बहाना है बाघ से आत्मरक्षा का। किन्तु गोलियों का उपयोग होता है आखेट हेतु।

निरन्तर शिकार के चलते ही इस घाटी से भरल लापता हैं। मोनाल की संख्या दिनों-दिन गिरती जा रही है। अपनी पित्त-थैली और सोने से महँगे नाखूनों के चलते भालू भी सतत निशाने पर हैं। चुनाँचे वे अब गाहे-बगाहे ही दिखते हैं। कि वन दोहन हो या हो शिकार—सब ठेकेदारों, ग्राम पंचायतों एवं जंगलात वालों की मिलीभगत से संचालित है...

गढ़वाल के जानवर शिकारियों से महफ़ूज़ नहीं, इसकी ख़बर तो हमें अपनी पहली यात्रा से है। पर इसे आज तक किसी ने यों चौड़े होकर स्वीकारा नहीं, जैसे इस घाटी के लोग स्वीकारते हैं। यहाँ याद आता है फिर अपना इतिहास। जानते हैं कालिदास के अनुसार देवताओं ने तारकासुर का वध क्यों चाहा? क्योंकि वो असुर हिमालय के शिखर खंडित करता, वहाँ के पेड़ों को काटता, नदियों को बन्धक बनाता, हवाओं को कुन्द करता, फूलों को हिमाला से तोड़ अपने महल की बावड़ी में रोपा करता था।[64] तब देवताओं ने विकट प्रयास कर शंकर-पार्वती का विवाह करवाया। विवाह से हासिल शंकर-सुत के हाथों उस असुर की इहलीला समाप्त करवाई। किन्तु आज लगता है कि तब तो तारकासुर की काया का ही अन्त हुआ। उसकी प्रकृति-दोहक मनोवृत्ति वाला आत्मा तो सरासर बच निकला। जो अब भी विचरे है भू-लोक में। बिन्दास। उसका अभीष्ट? आदमी को तारकासुर का सा बना

देना। नतीजा यह कि तारकासुर-मनोवृत्ति वाले मनक अब तो हर घर, हर गोशे में दीख पड़ते हैं।

ख़ैर जी, रहा नहीं गया सो जो जी में आया वो बक दिया। हिमालय-मोहबन्ध में फँस मैं तो सड़क पर ही खड़ा रह गया। सोनी, रनी और जयदीप गाँव में जा चुके थे, लेबर जुगाड़ने। अपर्णा और राजी भी कब के गढ़वाल मंडल के पर्यटक पथिक-आवासगृह में धँस चुके थे। पंथशाला या मोटल, जिसमें विगत तीन बरसों में राई-रत्ती फ़र्क़ नहीं आया। वही जर्जर परकोटा। वही परकोटे से सटा, पत्थर की कच्ची चहारदीवारी पर फटा तिरपाल डाल तैयार किया गया टपरी-कैंटीन। यहाँ से हमेशा नदारद रहने वाला वही चौकीदार। तथापि मंडल वालों का आभार मानना होगा कि उसने औली की तरह यहाँ कोई आँय-बाँय-शाँय होटल नहीं बनाया। अभी तो यहाँ सड़क आई ही है। और बिजली के खम्बे लग चुके हैं। विश्रामगृह के सहन में टी.वी. डिस्क मुस्तैद है कि कब खम्बों में तार भरे जाएँ और वह झनझना उठे। ऐसे में किस जमानत के भरोसे यह मुनादी कर दूँ कि आने वाले दिनों में यह पथिक-गृह ऐशगाह नहीं बनेगा...कि अब रीह में बाज़ार को आने से कौन और क्यूँकर बचावेगा? भाई लोग, अब रीह पर शामत आई कि आई।

टप...टप्प...आसमाँ से बूँदे टपकीं और चश्मे पर ठहर गईं। ये किसका दिल भर आया है? ये कौन बैठ ऊपर मेरे आँसू रोता है? मन का मौसम बदल रहा है, बाहर का भी। बदलियाँ घिर आई हैं। प्रवात वेग बढ़ता जा रहा है। पाखियों की चह-चह मन्द पड़ गई है...मुझे भी अब भीतर जाना चाहिए।

जंगल में मंगल

रीह। मज़दूर दिवस की उतरती दुपहर।

बादल दल बना गरज रहे हैं। बिजुरियाँ फेंकी-झेली जा रही हैं। ऊपर मेघ-युद्ध चल रहा है। नीचे तन धूज रहे हैं और मन हैं ख़ामख़याली में मशगूल—

> *पक्के से, अब फ़ॉरेस्ट गार्ड हमें आगे जाने देने वाला नहीं...ये घटिया मौसम तो हमें बरबाद करने पर तुला है...मई में ऐसी बारिश!...बाप रे... इतना बर्फ़?...बाप रे बाप...बर्फ़ की तो ख़ैर चिन्ता नहीं...अपने कने भरपूर साधन हैं उससे निपटने के लिए...पर यह पानी...इसका क्या करें... अरे भई बरसने से मना नी कर रिया...बरसो...छुटुक-पुटुक...ये क्या कि बरसे तो बरसते चले गए...आगे भिलंगना पार की जानी है...जो वो पूर पर आ गई तो?...तो...बज गी इस अभियान की पुंगी...*

हम बेचैन। ताश निकाली, पर खेल जम न सका। किताब निकाली, पर मन रम न सका। अतः हम कभी फाइबर हट की खिड़की से बाहर झाँकें...कभी एक दूजे का मुँह ताकें।

कोई एक घंटे बाद घमासान थमा तो कुटिया से बाहर निकला। ओऽऽत्तेऽऽरे की...ये क्या हुआ? दरपेश मंजर इस क़दर बेगाना कि दिल धक्क। पंथशाला के अहाते से घास ग़ायब, वहाँ बर्फ़ की झीनी चादर पड़ी हुई। पहाड़ों पर से बेल-बूटेकारीदार बिछावन ग़ायब। हिमादृत शिखर ग़ायब। बुरांश, देवदारु ग़ायब। जो देखा था कुछ देर पहले सब ग़ायब। अब हर सिम्त धुआँ ही धुआँ। गहरी धुन्ध, सघन कुहासा। माहौल कुछ माँदा-माँदा, किसी बोझ तले दबा हो जैसे। इतनी बर्फ़बारी! अब? सोनी...हाँ सोनी से फ़ौरन बात करनी होगी। गार्ड को 'सेट' करना होगा। इसी गुँताड़े में डूबे हम चल पड़े टपरीनुमा कैंटीन की ओर।

टपरी में झाँका। सोनी नहीं था।

"सोनी सो रहा है क्या?" मैंने वहाँ बैठी राजी से पूछा।

"नहीं सर! अभी वो गाँव से लौटा ही नहीं।"

"ओ...उँ...उँ...ऊँ...और वो फ़ॉरेस्ट वाले साहब।"

राजी हँसी। सहन में सैकड़ों मजीरे बज उठे, "सर, वो तो तभी के तभी घुत्तु चला गया।"

"अरे, वाह! एक बला तो टली," अपर्णा की चहकती आवाज़ गूँजी।

"हाँ, छोटी वाली तो टल गई। पर बड़ी वाली हमें घेरे बैठी है," उनकी सवालिया नज़र मुझ पर टिकी देख मैंने जोड़ा, "अरे भई, यह महाभयंकर मौसम। इसका क्या करें? राजी, क्या लगता है, हमें आगे जाना चाहिए या यहीं से..."

वह फिर हँसी। फिर फ़िज़ा में मजीरे गूँजे, "सर, इसकी चिन्ता क्यों कर रहे हैं? यह तो लोकल मानसून है। रोज़ ही बरसेगा..."

"लोकल मानसून में बिजली भी कड़कती है क्या..."

"सर, और ऊपर जाएँगे तो और बिजली दिखेगीऽऽ...अरे...सोनी सऽऽर्रर!... देखो न मेम लोग बारिश से घबरा रहे हैं।"

झींसी और चुभती हवा से बेपरवाह सोनी जेब में हाथ घुसेड़े मोटल में घुसता दिखा। खरामा-खरामा। मौसम कैसा भी हो उसकी रफ़्तार तस्सु भर भी नहीं बदलती। अलबत्ता जाड़े के असर में हाथ जेब में ज़रूर घुस जाता है उसका। जो हो, उसे अपने क़रीब पा हमेशा राहत होती है। आदत जो बना गया है सोनी हमारी!

"क्या हुआ सर?"

"कुछ नहीं। राजी तो फोकट में हमारे मज़े ले रही है। तुम अपनी बताओ, कोई लेबर मिला कि नहीं?"

"हाँ मिल गए, रनी उन्हें साथ लेकर आ रहा है।"

"चलो, एक चिन्ता ख़त्म हुई तुम्हारी। पर जयदीप...वो नहीं दिख रहा?"

"गाँव में उसके जानने वाले थे, वहीं रुक गया।"

बड़ी देर से अपनी बारी की बाट जोहती अपर्णा सोनी से मुख़ातिब हुई, "सोनी, गाँव में कोई 'बाँटा-वाँटा' नहीं लगा क्या आज..."

"नहीं मेम, बर्फ़ बहुत है ऊपर। सिकारी लोग अभी जंगल नहीं जा रहे। चार दिन पहले फाँसी लगी थी एक सुअर को। एक बुढ़िया वही दे रही थी...बासी था...इसलिए..."

आँय! फाँसी वो भी सुअर को! पड़ गए न आप असमंजस में कि बिन गर्दन वाले इस जीव को फाँसी कैसे दे सकता है कोई? जनाब ये हमारी तिहाड़ जेल वाली फाँसी थोड़े ही है। यह तो जनजातियों में बदस्तूर जारी शिकार की आदिम प्रविधि का नाम है। राजी ने बताया कि फाँसी दो तरह की होती हैं। मुर्ग़े-शुर्ग़े पकड़ने के लिए अलग, बड़े जीवों के लिए अलहदा। ज्ञातव्य है कि जंगल में जीवों की होती

है एक तयशुदा दिनचर्या, और अपने-अपने इलाक़े भी। और तो और हर जीव के अवाजाही के रास्ते भी होते हैं सुनिश्चित।

अपनी वनमुर्ग़ियों को ही लें। जो रहती हैं घास व झाड़ी-झंखाड़ वाले वनक्षेत्र में। उनके 'हाइ-वे' भी झाड़ियों के बीच से ही गुज़रते हैं। मुर्ग़ी-शिकार हेतु पहले एक 'मुर्ग़ा हाइ-वे' को चिह्नित किया जाता है। हाइ-वे की किसी झाड़ी में एक फन्दा बाँधा जाता है। असावधान मुर्ग़े की टाँग फन्दे में फँस जाती है। इसके मुख़्तलिफ़ बड़े जानवर को फाँसने के लिए एक रस्सी की दरकार होती है। रस्सी एक सिरे पर बड़ा सा भाटा और दूसरे पर अभीष्ट जानवर का प्रिय भोजन बाँध इस तरह लटकाया जाता है कि जैसे ही जानवर खाने पर मुँह मारे भाटा गिरे उसके सर पर। वैसे इस तरह से शिकार का काम आसान नहीं। जंगल और जानवर के व्यवहार की महीन जानकारी रखने वाला ही इसे अंजाम तक पहुँचा सकता है। बेहतर फन्दा बनाने वाले की गाँव में बड़ी धाक होती है। राजी के अनुसार बक्करवाल और नेपाली लोग इसमें पारंगत होते हैं। वैसे राजी का हाथ भी इस विधा में ओछा नहीं पड़ता। हमारे अनुरोध पर वो आने वाले दिनों में इस 'फाँसी कला' का प्रदर्शन भी करेगी। मुर्ग़ी-फन्दा बनाने की प्रविधि समझाएगी। फन्दा बैठाने के तरीक़े भी दिखाएगी। ये दीगर बात है कि हम उस फन्दे को खोल देंगे। और ख़बरदार किए जाएँगे सभी साथी कि हमारे साथ रहते उनमें से कोई शिकार की सोचे भी नहीं।

ख़ैर, इस फाँसी-प्रसंग के पहले हम कहाँ थे? हो जी हो, आ गया ध्यान। हम थे टपरिया कैंटीन में। वैसे इसे कैंटीन बुलाने से आप यह थोड़े ही समझ पाएँगे कि यहाँ कैंटीन के नाम पर उपलब्ध है जंगल-लकड़ी की बासती पर उबली चाय। बीड़ी, पिल्लर, कुछ बिरकुट और बदलते गढ़वाल का राज्य-भोजन, मेगी। गढ़वाल के किसी भी कोने-काचड़े में चले जाएँ, वादा है कि आप मेगी से महरूम नहीं रहेंगे। यहीं देख लें। रीह की यह सड़क अभी आम रास्ता नहीं बनी। अभी तो वह है गंगी के लोगों की 'प्राइवेट' सड़क। गंगीवासी ही इस उपाहार-गृह की एकमेव आस। फिर भी यहाँ यह तुरता भोजन मिलता है। प्याज़-टमाटर डाल पकाई मेगी उम्रदराज़ लोग भी चटखारे ले-ले खाते हैं और, दस मिनटों के लिए ही सही, अपना क़द शहरातियों जित्ता महसूसते हैं। ऐसे में घुमक्कड़ियों का कोई गुट आ जाए तो संचालक, यानी विश्रामगृह का चौकीदार, की तो हो गई पौ-बारह। और जो कोई सरकारी नुमाइंदा आ धमके तो बेचारे का महीने भर का कमाया-धमाया गया कुएँ में। ख़ैर, पिछले फेरे में यहाँ अधेड़ चौकीदार मिला था हमें, पर आज टपरिया-कैंटीन में एक छोरे टाइप व्यक्ति धूनी रमाए है। जिज्ञासावश पूछा किया—

"आजकल आप चौकीदार हो यहाँ, वो जो पहले थे, कहाँ गए?"

"वे मेरे पिताजी थे..."

"ओह! क्या हो गया था उन...म्म...मतलब वे रिटायर कर गए क्या?"

"नहीं। अभी नौकरी बची है उनकी।"

"फिर...वो कहाँ...मतलब आप यहाँ कैसे?"

"वो घर पर हैं, खेत में काम चल रहा है। इसलिए अभी मैं ही यहाँ आ रहा हूँ।"

"आप खेती में नहीं जाते?"

"मैं खेत नहीं जाता। मैं टीचर हूँ।" उसके स्वर में एक दर्प था।

"टीचर! अरे वाह, अभी क्या स्कूल बन्द हैं?"

"नहीं। यहीं गाँव के स्कूल में हूँ, बच्चे आते हैं तो जाता हूँ..."

"नहीं तो..."

"यहीं रहता हूँ, दुकान पर।" अवधेय है कि उत्तराखंड के दूरस्थ गाँवों में भी अब शाला व प्राथमिक चिकित्सालय हैं। यह दीगर बात है कि लोग इसे ठीक से बरत नहीं रहे।

मेरा दिल तो उसके संग लम्बी बैठकी का था पर उसे जाने की बड़ी हाय थी। कहने लगा कि उसे घर पर काम है, सो जाना ही होगा। स्कूल सम्बन्धित सवाल शायद उसे तीखे लगे हों। कारण चाहे जो हो पर वह ताबड़तोड़ वहाँ से खिसक लिया। वैसे मेरे देखे साँझ से पहले घर जाने की बेकली गढ़वालियों में आम है। विशेषकर दूरस्थ क्षेत्र के बाशिन्दों में। तभी तो इधर के बाज़ार शाम पड़ते-पड़ते सूने हो जाते हैं और छह के बाद बस टैक्सी बन्द। बिजली, टी.वी., बाज़ार और मोबाइल से दूर इन पहाड़ियों की तासीर पंछियों की सी। पौ फटने के साथ उठना और सूर्यास्त के पहले अपने ठिकाने पर और अँधेरा होते न होते नींद के आगोश में।

अब हम भी पहाड़ों में हैं। बिजली ने जितने आयोजनों से बाँधा उनसे अब हम भी बरी। फलतः भोजन की थाली भी बदली है और खाने-पीने का समय भी। अब खाना एकदम सादा, जहाँ तक बन सके गढ़वालियों जैसा। और ब्यालू, बोले तो शाम का भोजन, सूर्यास्त के फ़ौरन बाद। इसीलिए चौकीदार के जाते ही प्रदीप लग गया ब्यालू की तैयारियों में। कल सुब्बो पहले निकलना चाहता है सोनी। ताकि बारिश शुरू होने के अव्वल गंगी पहुँच सकें। इसलिए वो और राजी चले गए हैं ज़रूरी तैयारियाँ करने।

अब वहाँ हम थे और था धीरे-धीरे गहराता धुँधलका। यानी कि वो वक़्फ़ा जो घुमक्कड़ी की 'ऊपरी कमाई' है। ऊपर का माल, असल से बढ़कर मज़ेदार। उफ़ पहाड़ों की ये रूमानी शामें, क़तई सितमगर। शबे-मालवा या शामे-अवध तो उन नातजुरबाकारों की चलाई बातें हैं जिन्होंने हिमाला की शामें देखी ही नहीं। उन्हें क्या ख़बर कि इन बेशक़ीमती लम्हों में ही यहाँ हाज़िर होता है दुनिया का सबसे आलातरीन लाइट एंड साउंड शो। अतुलनीय, अलौकिक। अनसोचे रंग का लुगड़ा-

घाघरा ओढ़, बदरिया की छींटदार झीनी कंचुकी पहिन, कमरिया से इन्द्रधनुष लटका जब ठुमकती संध्या क्षितिज-मंच पर उतरे तो शैलराज का तन-मन हो जाए सुनहला। इठलाती, बलखाती संध्या जब माहताब से लय हो तब नभ का रोम-रोम तनने लगे और रात हो जाए विभावरी! मुख़्तसर में कहूँ तो शामों की शाम, शामे-हिमाला!

गोधूलि-बेला से नावाक़िफ़, या यूँ कहूँ कि गोधूलि-बेला सिर्फ़ विवाह पत्रिकाओं में ही देखने वाले आपके इस सखा ने जब पहली मर्तबा हिमाला की शाम देखी तो उस पर क्या गुज़री होगी? बस यूँ समझ लें कि आदमी दीवाना हो गया। 'लव एट फ़र्स्ट साइट' वाला दीवानापन, यू नो। तब से हिमाला पर हमारी हर शाम, फ़क़त आसमाँ के नाम। ख़ैर, इन नज़ारों का तअल्लुक़ ठहरा देखने से, शब्द क्या खाकर उनको बाँध सकेंगे? लिहाज़ा मैं कशीदे काढ़ना बन्द कर उस बात पर लौटता हूँ जो चल रही थी।

तो हुज़ूर मैं कह रहा था कि टपरिया-कैंटीन से जब सब चले गए तब साँझ होने को थी।

शाम के उस जज़ील* लम्हे को जज़्ब करने की मुराद से हम सड़क किनारे जा बैठे। आसमाँ पर टकटकी साध ली। शफ़क़ पर रँगोली के रंग बिखरने लगे थे। उत्तेजना बढ़ती जाती थी। कि तभी रीह की सड़क पर कुछ हलचल नज़र आई। लगा जैसे भीमसेन जोशी की महफ़िल में कोई मोबाइल घनघना गया। कोहरे की चादर लपेट सड़क पर फुदक रही थी एक रौशनी। कुछ समझें उसके पहले सुनाई पड़ा हॉर्न। मुसलसल बजता, कर्कश हॉर्न। इन्द्र के दरबार में कौन कर रहा है ऐसा फूहड़ काम? ये बेवक़्त यहाँ कौन आया? दम थाम हम वहीं बैठे रहे। इन्तज़ार किया।

वो एक कार थी—अल्टो। अयं कार! जिस रास्ते हमारी चार गुणित चार पहिया गाड़ी बमुश्किल चल पाई, उस पर अल्टो कार! बाप्प रेऽऽ! अभी हम इस झटके से उभरे भी न थे कि एक के बाद एक पाँच झटके और लगे। इत्ती पिद्दी सी कार में इत्ते कित्ते सारे लोग! एक-दो नहीं पूरे पाँच। उनमें से दो तो छुआरेनुमा। टाँगें सींकिया, पिचका पेट, सपाट पुट्ठे, गेहुँआ रंग, बाहर ढुलकते दीदे, बिखरे बाल। बोले तो क़तई काग-भगौवों की सी ढब। बचे तीन इनके विलोम। यानी कि गजकाय। गर्दन ग़ुम, गाल काँधों तक लटके, तोंद बदन से एक हाथ आगे और पोंदे तो चार बिल्लात पीछे। यानी कि सरासर दोतरफ़ा नहान की तलबग़ार देह, पहले ऊपर से पानी डालो फिर नीचे से ऊपर उछालो! दृश्य अनूठा था और ऐसे नज़ारे बच्चे चूक जाएँ? असम्भव। सो जाने कहाँ से दो-चार बच्चे आए और कार के क़रीब खड़े हो गए।

---

* सुन्दर

पिछले दरवाज़े से आविर्भूत हुए गजकाय मानुष ने उतरते के साथ बुशर्ट के खीसे से 'मालबोरो' का पाकिट निकाल कुछ ऐसे झटकाया कि हम देख लें उसका 'ऊँचा' ब्रांड। बूझ जाएँ उसकी हैसियत। फिर उसने एक सिगरेट मुँह में फँसाई। चेताई। एक गहरा कश भरा और लगा चिंघाड़ने, "चौकीदार, अरे ओ चौकीदार!"

"..."

"अबे कहाँ गया बे..."

वह विस्मित कि भीतर कोई हलचल क्यों नहीं? वो फिर बुक्का फाड़ता उसके पहले ही एक बच्चे ने उसे चौकीदार के घर चले जाने की ख़बर दी।

गजबदन ने अपनी तोंद पर हाथ घुमाते हुए कहा, "जा बुला ला।"

बच्चा न टस न मस। बस टुकुर-टुकुर उसका मुँह ताके।

"जाता क्यों नहीं बे।"

बच्चा जस का तस।

"समझ गया भेणचोऽऽ तुम गाँव वाले पैसे के बिना हिलोगे थोड़े ही।"

उसने बच्चे के हाथ में दस का नोट थमा दिया। बच्चा मानो सोते से जागा हो। उसके चेहरे की रंगत बदल गई। उसने नोट लपका और गाँव की तरफ़ दौड़ पड़ा।

आगे क्या हुआ, हमें क्या ख़बर? यूँ कि अपनी महफ़िल में तो रायता फैल चुका था। सो अपन उधर से खिसक लिए। प्रदीप की पकाई खिचड़ी का खाई और सोने चले गए। कि सुबह जल्दी निकलना है सो टेम पर सोना ज़रूरी। पर नींद आती कैसे? देर रात तक तो गाली-गुफ्ता, हँसी-ठहाके, नाच-गाना और बोतल तोड़ना जारी रहा। अजय बाबू बिस्तर में कभी इस करवट कभी उस। भला हुआ जो केदारनाथ जी की एक कविता क़रीब आ गई। उसी को उलटते-पुलटते जाने कब नींद लगी ध्यान नहीं। सुनेंगे वो कविता? सुन लीजिए, बड़े काम की है—

कैसा रहे
बाज़ार न आए बीच में
और हम एक बार
चुपके से मिल आएँ चावल से
मिल आएँ नमक से, पुदीने से
कैसा रहे एक बार...सिर्फ़...एक बार...

गंगी में तबीयत चंगी

रीह। 2 मई, 2012। अन्दाज़न सुबह साढ़े सात या आठ का वक़्त।

नौ दिन पूर्व जिसके लिए घर छोड़ा था अन्ततः वह दिन आ ही गया। यानी पैदल यात्रा के आग़ाज़ का दिन। अब से कम से कम दस रोज़ पैदल चलना होगा केदारधाम होते हुए गौरीकुंड पहुँचने के लिए। सोनी के अनुसार आठ दिन से ऊपर नहीं लगेंगे, शर्त यह कि मौसम चुस्त-दुरुस्त रहे। रीह वालों का तो कहना है कि मौसम की मार और बर्फ़ के अम्बार के चलते हम कल्याणी से आगे शायद ही बढ़ सकें। भाई साब कोई आसमानी-सुलतानी हो जाए तो बात अलग, वरना अपन बर्फ़ से कंटाल कर लौटने वालों में से नहीं। अलबत्ता बर्फ़ की मौजूदगी से रफ़्तार हलाक होगी। लिहाज़ा कयास से दो-एक रोज़ ज़्यादा लग सकते हैं।

तैयारी भी इसी तर्ज़ पर की गई है। आठ नहीं दस दिन पूरे जितनी रसद और घासलेट साथ लिया गया है। ख़ुदा न ख़्वास्ता जो दस दिनों में भी मंज़िल न मिली तो? जो कि सरासर सम्भव है। इससे निपटने हेतु सोनी ने एक योजना बनाई है। वो कहता है कि जब तक जंगल मिलेगा सूखे पत्ते और टूटी टहनियों का उपयोग कर मिट्टी-तेल बचाया जाएगा। रीह में तो फाफरे व मडुए का आटा मिला नहीं, गंगी में मिले शायद। जो मिल गया तो दो दिन इन देसी अनाजों के आसरे काटे जाएँगे। जंगली सब्ज़ी-भाजी का प्रयोग कर कठिन समय हेतु आलू-प्याज़ सहेजे जाएँगे।* एकाधा दिन फ़ाक़ामस्ती में भी गुज़र गया तो कौन अवालांच आ जाना है हिमाला पर। वैसे यह सोनी का जाँचा-परखा तरीक़ा है अभियान नियोजन का। जो वो ऐसा न करे तो आज हमें सात नहीं आठ भरिकों की दरकार होती। एक अतिरिक्त व्यक्ति मतलब ख़र्च में प्रतिदिन आठ-नौ सौ रुपयों की बढ़ोतरी। कि

---

* जैसे जंगली प्याज़, लहसुन, राई, बुरांस, बिच्छू घास, खाने योग्य अन्य घास-पत्ती व लेंगड़ा, इनको पहचानना हर किसी के बस का नहीं। अपने तईं जंगल का कुछ भी मुँह में धरना या हाथ में मसलना ख़तरे से ख़ाली नहीं। कह दूँ कि मनलुभावने रंगत वाले फलों और फूलों को तो विषैला ही जानना चाहिए।

खुल्ले खीसे की घुमक्कड़ी न हमारे बस में, न उसके हक़ में।

ख़ैर, ज़िक्र भरिकों का चल पड़ा है तो बता दूँ कि फ़िलहाल तो हमारे पास अपने लाए पाँच पोर्टर ही हैं। जयदीप के प्रयासों के चलते जो दो जने साथ चलने को तत्पर हुए वे कल साँझ यहाँ आए पर न आए सरीखे। भाई लोग आते के साथ ही खर्च हो गए। कैसे? सर जी, उन अल्टो वालों के चाले में पड़कर और कैसे? बक़ौल चौकीदार...न...न...टीचर...उन सब ने मिल, कल चार बोतल तो दारू सूत डाली। एक जानवर का गोश्त गुड़ुप किया, चखना-चबैना खाया सो अलग।

भला हो सोनी का कि बहती गंगा में हाथ धोने को आतुर रनी व भरिकों को उसने काबू में रखा। वरना आज का दिन रीह में ही व्यतीत होता। वो यूँ कि कल की पार्टी में शुमार हर कोई आज घायल है। कोई सिरशूल से परेशान तो कोई उल्टियों से। ख़ैर जो हुआ सो हुआ। आगे ख़बर यह है कि कल आए दो जनों में से एक अभी हमारे पास बैठा है, जबकि दूजा वापस आने का कह कुछ देर पहले ही घर लौट गया। आप सोचते होंगे कि पाँच हम लाए, रीह का एक बन्दा हमारे कने है तब तो छह पोर्टर होने चाहिए और मैं बता रहा हूँ पाँच। कुछ तो गड़बड़ है। ठीक पकड़ा आपने। बात यूँ है जी कि जो बन्दा हमारे पास बैठा है वो 'फूँके के न फाँके के, बस टाँग उठा के पादे के' वाली कहावत चरितार्थ किए है। वैसे इसमें नवाई क्या? कौन पहाड़ टूट पड़ा सर पर! ऐसी अड़चनें तो यात्रा में आती ही रहती हैं। सोनी का काफ़ी सारा समय तो यही सब सुलझाने में खप जाता है। जैसे कि अभी वो गया हुआ है गाँव में। फिर तलाशेगा कोई आदमी। जो कोई नहीं मिला तो गंगी तक पूगाने के लिए खच्चर का इन्तज़ाम करेगा।

आगे मसला यह है कि निकासी का मुकर्रर वक़्त निकले एक घंटा हो चुका। यानी कि अभी बज रहे हैं सुब्बो के आठ। जो लोकल-मानसून से बचना है तो हमें बारह कि.मी. की तीखी चढ़ाई काट दो बजे से पहले ही गंगी पहुँचना होगा। इसमें नी-नी करते पाँच घंटे तो खप ही जाएँगे। लुब्बे-लुबाब यह कि हमें रीह नौ के पेश्तर छोड़ना ही होगा। क्या करें, क्या न करें? सोनी की राह देखें या चल दें अपने से। वे लोग तो तेज़ चलने वाले ठहरे, पकड़ लेंगे हमें बीच राह। हाँ-ना के बीच मति दोलने लगी। ऊहापोह यूँ भी कि हम बढ़ गए और सोनी का काम न बना तो? आगे से फिर लौटना पड़ा तो?

बन्धुओ, ऐसे समय में मुझे अक्सर अपने नाना याद आने लगते हैं। जो वे होते तो पूछ लेता, "भैया जी हुँ करूँ तो कईं करूँ? युँइज हाथ प हाथ धर बैठ्यो रुँ कि बासती माँ कुदी पड़ूँ।" उनका जवाब होता, "हाथ प हाथ धर मरवा पाछे तो बासती मां कुदी ने मरनो अच्छो...।" जे हुई न बात। उनको सोचा और हल

हाज़िर—आगे बढ़ो! ठीक भी है, जो सोनी का काम आज न बना तो कल बन ही जावेगा। ज़रूरत आन पड़ी तो अपन एक दिन गंगी के किसी घर-दालान में काट लेंगे। सो रनी को रीह में छोड़ा। राजी को संग ले हम-दोई निकल पड़े गंगी की ओर!

राजेन्द्री उर्फ़ राजी पहली बार इस घाटी में आई है। सत्यत: वह निम* से इतर किसी अभियान में पहली मर्तबा ही शुमार हुई है। क्यों? वो इसलिए कि पहाड़ों की बेटी राजी के क़रीब पर्वतारोहण साहसिक खेल नहीं रोज़मर्रा का काम है। और यूँ भी कि घाटियों, दर्रों अथवा उत्तुंग हिमशिखरों के संग तो ठहरा उसका नित्य का उठना-बैठना। चुनाँचे उन्हें देखने हेतु रबड़ने की दरकार उसे नहीं। यदि ऐसा है तो राजी ने पर्वतारोहण में दीक्षा क्यूँकर ली? और यह भी कि वह हमारे साथ क्या कर रही है? तो बता दूँ कि निम-प्रदत्त पुर्ज़े के ज़रिए उसे वो स्वप्न साकार करने में सुभीता होगी जो वह दिन-रात देखा करती है। स्वप्न खेल शिक्षिका बनने का। ख़्वाब ख़ुद मुख़्तियार होने का। अब रहा सवाल उसके हमारे साथ आने का। वैसे तो इसकी वजह आपके संज्ञान में है फिर भी बता दूँ कि इसके परोक्ष में हमारी ही एक एषणा है। वो यह कि हमें किसी जड़ी-बूटी ज्ञाता का वैसा सान्निध्य मिले जैसा कि आज मिल रहा है। और क्या ख़ूब मिल रहा है।

तो साहब जी, अभी मौसम ख़ुशगवार है और हम हैं गंगी की डगर पर। रीह की सीमा छूटने से पहले ही राजी हमें दस-बीस बूटियाँ तो दिखा ही चुकी। राजी दस-पाँच-सात डग भरे न भरे और रुक जाए—पत्थर के पीछे से झाँकते किसी बिरवे से हमें मिलवाने के लिए। मिलवाना भी ऐसी लहक-दमक के संग कि लगे जैसे अपने किसी क़रीबी से मिलवा रही हो। आपकी तवज्जो ख़ातिर उसके दो-तीन जुमले हाज़िर किए देता हूँ—

मेऽऽम...देखिए ना, यह कुशरिया है, इसकी जड़ को पानी में डाल पीने से पेचिश ठीक होती है।

सर, यह है कौलिया, यह फाफरे का ही एक रूप है। फाफरा हम उगाते हैं, यह जंगली होती है। इसकी बहुत अच्छी खट्टी-मिट्ठी सब्ज़ी बनती है।

मेम! मेऽऽम!! इधर आओ, ये है चौलु। हाथ में छाले हो जाएँ तो इससे ठीक होता है। इसकी पत्ती को पानी के साथ पीसने से जो झाग बनता है न उसे छाले पर लगाते हैं। इसमें न, एक दाना भी होता है, जो घाव और जल्दी ठीक करता है...।

---

* उत्तरकाशी का नेहरू पर्वतारोहण संस्थान

भाई साब, उसे न कोई हिचकिचाहट, न थमकर विचार करने की दरकार। उसको बोलते देखो तो लगे जैसे वो स्मृति से नहीं बूटियों का कहा दोहरा रही हो। बोले तो, सरासर 'लाइव'—इधर सुना, उधर बोला टाइप! नतीजा यह कि मुझ पर एहसास-ए-कमतरी तारी होने लगी। सोचने लगा कि इतनी कम पढ़ी लड़की का पेड़-पत्तों से इतना साबिका भला कैसे? मैंने तो बॉटनी पढ़ रखी और जड़ी-बूटी मुतअल्लिक़ कई पर्चे भी। फिर भी मेरे क़रीब तो हर पत्ता एक-सा। हिया में चढ़ा-चढ़ी की चाह भभकी। परिणामतः अगले पौधे के समीप जब वो रुकी तो उसके कुछ कहने के पहले ही मैं बोल पड़ा—

'हाँ, हाँ, इसे मैं पहचानता हूँ। यह लेंगड़ा है। आलू के साथ बनी इसी की सब्ज़ी तो हमने कल दोपहर खाई थी...'

राजी खिलखिलाते हुए बोली, "नहीं सर! यह लेंगड़ा नहीं, उसके जैसा दिखने वाला एक पौधा है। ये तो ज़हरीला है। इसे खाते नहीं, सुखाकर घर में रखते हैं। बच्चा देने के बाद गाय को इस पर सोना अच्छा लगता है।"*

बाप्प रे! ज़हरीले पौधे को भी घर में जगह। मेरी बोलती बन्द। खदबदाती दाल पर पानी पड़ गया हो जैसे। जान गया कि वनेचर का अपने वन से हाय-हलो-बाय-टलो वाला नहीं, एक अलहदा क़िस्म का नाता होता है। विपिन उनका पालनहार भी और लँगोटिया यार भी। यारी गहरी हो तो ही सम्भव है किसी को स्वीकारना तमाम गुण-दोषों सहित।

मौक़ा देख जो बात जुबाँ पर मचलने लगी है उसे कहे बिना मुझे चैन न मिलेगा। कहना यह है कि जड़ी-बूटियों का इल्म फ़क़त वनवासियों तक ही महदूद नहीं, यहाँ के तो पशु-पक्षी भी इस विधा में निष्णात हैं। तसदीक़ के लिए मेरे पास एक वाक़िया है। वैसे इसे मैं छह बरस बाद कभी सुनने वाला हूँ। पर क़िस्सा मौज़ूँ है चुनाँचे आप इसे अभी ही सुन लें। तो आपकी ख़िदमत में हाज़िर है एक 'अहेड ऑफ़ प्रिंट' कथा—

क़िस्सा औली के समीप के परसारी गाँव का है। वहाँ के भोटिया नवयुवक नन्दू के घर एक झबरीली कुतिया थी। बेहद सफ़ाईपसन्द और ख़ूब समझदार। आदमी की सिखाई नहीं—सेल्फ़ ट्रेंड। बक़ौल नन्दू भोटिया-कुकुर ऐसे ही होते हैं। कुतिया का नाम तो ध्यान नहीं पर सुभीता के

---

* लेंगड़ा फर्न प्रजाति की वह तरकारी है जिसे नान्हेपने में, यानी कि खुलनी से पहले ही तोड़ लिया जाता है। इसे आलू के संग या एकले ही पकाकर कोदा (कोदु) या मडुआ (रागी) के आटे से बनी रोटी से खाया जाता है। वैसे यह भात के साथ भी ख़ूब स्वाद लगता है। चूँकि इसका एक सिरा वायलिन की तरह घूमा रहता है अतः अंग्रेज़ी में इसे fiddleheaded fern बुलाया जाता है। सनद रहे कि लेंगड़ा सदृश कई पौधे वन में दिखते हैं, जो ज़हरीले हैं।

लिए हम उसे 'रानी' कहेंगे। तो जनाब रानी की दिनचर्या में शुमार था सुबह-सबेरे घर छोड़ बाहर निकल जाना। जंगल में फिरना। वहीं शिकार करना, पेट भरना। सूरज ढले लौट आना नन्दू के पास, उसके खेतों की रखवाली करने के लिए।

एक दिन यूँ हुआ कि आज़ाद तबीयत रानी माँदी पड़ गई। सुबह भली-चंगी घर से निकली पर दोपहर को ही वापस लौट आई। लस्त-पस्त। उसका पेट चल पड़ा था, ऊपर से उल्टियाँ अलग। मालूम हुआ कि सशस्त्र-बल वालों ने श्वानों की बढ़ती संख्या से परेशान हो अपने कैम्प के क़रीब कोई विष डाल रखा था। यद्यपि गाँव में मुनादी की गई थी। पर खाने-पीने की जद्दोजहद में जीवन काटने वाले कभी सरकारी फ़रमान समझे हैं क्या? रानी भी नहीं समझी।

गो उसने विष खा लिया। असर यह कि पेट चल पड़ा और भूख मर गई।

सफ़ाईपसन्द रानी उल्टी-दस्त के लिए हर बार घर के बाहर ही जाती थी। पर एक बार गई तो फिर लौटी ही नहीं। सब चिन्तित। बहुत तलाशा उसे। पर रानी तो जैसे हवा में घुल गई हो। चार-छह दिन गुज़र गए पर वो न लौटी। मान लिया सबने कि रानी अब नहीं रही। बात आई-गई होने को ही थी कि सात-आठ दिन बाद रानी खड़ी थी द्वार पर। फुलटुस फिट। अलबत्ता शरीर से बाल झड़ चुके थे। नन्दू ने उसे ख़ूब तो फटकारा। ढेर-सा तो दुलारा। फिर पूछा कि वह थी किधर? बहुत इसरार पर रानी उसे जंगल में ले गई। घने जंगल के ऐसे कोने में, जो नन्दू का भी अनदेखा था। वहाँ निर्मल जल का एक सोता था। सोते के नज़दीक छितरी-बिखरी झाड़ियाँ थीं। रानी के बाल थे, अध-सूखा मल था और थे वमन चिह्न। नन्दू को मल व वमन में एकाधिक प्रजाति की घास व पत्तियाँ दिखीं। वह जान गया कि चतुर रानी ने उपवास, पानी और जंगली बूटियों का सेवन कर स्वयं को चंगा किया है।

क्या बोलते हैं, थी न तबीयत तर करने वाली गल्प? ऐसे क़िस्से तो कई हैं आपसे कहने लायक। पर भाई साब, जो हिमाला की जड़ी-बूटियों पर बेलौस चर्चा चल पड़े तो घंटों चले, पर निःशेष न हो। कारण यह कि भारत में प्राप्य ढाई हज़ार प्रजातियों के औषधीय पौधों का पच्चीस फ़ीसद तो शैलराज के ही क़ब्ज़े में है। विमर्श ग़र उत्तराखंड तक ही सीमित रहे तो भी मुख़्तसर न हो पाए। इस अंचल के वनेचर निज चिकित्सकीय आवश्यकताओं की पूर्ति सौ से अधिक तरह की बूटियों

के सहारे सदियों से भलीभाँति कर रहे हैं।[66] इनमें शुमार हैं पंजाजड़ी व कीड़ाजड़ी। पंजाजड़ी या हाथाजड़ी का समूचा पौधा होता है औषधीय गुणों से ठसाठस। इसके ख़ूबसूरत बैगनी-रंग फूल पेचिश, मूत्र विकार का निर्मूलन करने में समर्थ। पर इसकी हथेलीनुमा जड़ है बला की चीज़। गहरे घाव भरने, टूटी हड्डी जोड़ने वाली अचूक औषधि। चरवाहे अक्सर इसकी दो-चार गाँठ संग रखते हैं। घाव अपने तन हो या पशु के, जड़ी पीसो लेपन करो और भूल जाओ।

अब आता हूँ दूसरी यानी कीड़ाजड़ी पर। इस जड़ी से हम नौ बरस पहले रूपकुंड परिक्षेत्र में रूबरू हो चुके। तब हमें क़तई इल्म न था कि जिसे देखने से भी सूग आए, ऐसी चीज़ की दुनिया दीवानी है। अब, जब भी उसका ख़याल आता है, लानत भेजता हूँ ख़ुद के शहराती दंभ और ठसक पर। न जड़ी को आँख भर देखा, न करीनावार छुआ, न यादगार चित्र ही लिया। और तो और जड़ी की ढढ़ाई करने वालों से थमकर बात तक न की। जब से, मार्फ़त सोनी, राजी के कीड़ाजड़ी खोदने में माहिर होने की इत्तला मिली है तब से इस जड़ी को एक बार छूने को ललच उठा हूँ। इसी लालच से गंगी-डगर पर बढ़ते हुए कीड़ाजड़ी का ज़िक्र निकाला गया।

राजी हँसी। उफ़ ये राजी! बात-बात पर हँसती क्यूँ है? कन्फ़्यूज़ हो जाता हूँ कि वो वैसे ही हँसे जा रही है या मेरी हँसी उड़ा रही है? ख़ैर, उसने बताया कि कीड़ाजड़ी बर्फ़ पिघलने के फ़ौरन बाद मिलती है। वह भी तीन से चार हज़ार मीटर की ऊँचाई पर। हाल-फ़िलहाल तो अपन इक्कीस सौ मीटर पर हैं। अगर यह जड़ी आगे कहीं दिखी तो उस पर बातफ़सील बात की जाएगी। जो ऐसा न हुआ तो भी इस पर बात होगी, किन्तु सबके सामने नहीं। किसी कोने में, गोशागोई में।

मैडम/सर जी, अब हम उस मुकाम पर आ पहुँचे हैं जहाँ इस बूटी-बखान को थमना होगा। तो अब बूटी बन्द। ड्यूटी शुरू।

गंगी की लीक बेहतरीन है। स्थानीय लोगों की भाषा में 'लगी-लगाई छह फुटी रोड'। इसी चिक्कन पगडंडी पर चलते हुए एक घंटे से ऊपर हो चुका, पर हम अब भी रीह से ख़ास दूर नहीं आए हैं। यक़ीनन, हमारी चाल ही मद्दी है। एक तो पदयात्रा का पहला दिन, फिर निर्बाध चलती वनस्पति-चर्चा, ऊपर से सोनी का इन्तज़ार, और इन सबसे ऊपर हमारा यह मानना कि घूमना तो तसल्ली से घूमना। जो सरपट चलने लगें तो नाक के सामने वाली दिशा ही हाथ आए। मुकम्मल यायावरी के लिए तो बाहर-भीतर, ऊपर-नीचे, अग़ल-बग़ल और पीछे वाली दिशाओं की भी ख़बर होना ज़रूरी। ग़रज़ कि घुमक्कड़ी में चलने से अधिक मूल्यवान है थमना और लौकना। सब ओर। ख़ासकर पीछे। जैसे कि फ़िलवक़्त मैं देख रहा हूँ।

गंगी-लीक से पीछे देखा तो दिखा दिल तोड़ने वाला दृश्य। दाहिने पर है रीह की बसाहट। बाएँ को भिलंगना नदी के पार का भरा-पूरा वन। प्रकृति आदमी द्वारा किस क्रूरता से लूटी गई, इसका प्रमाण है यह तस्वीर।

आपको बताऊँ क्या देखा मैंने? हामी भरने के पहले सोच लें कि उधर दो ज़ुदा तबीयत मंज़र नमूदार हैं। एक दिल तोड़ू, दूजा दिल जोड़ू। ख़ैर जब महफ़िल ही सुनने-सुनाने की ठहरी तो पूछना-पुछाना कैसा? तो भाई लोगो, मंज़रे सुकूं फ़क़त यह कि रीह से दो भरिक इधर आते दिख रहे हैं—मय मालो-असबाब। यानी कि सोनी भी आता ही होगा।

और अब दूसरे मंज़र का हाल बरास्ता अपनी मैदानी डायरी से—

...सुबह जब पलटकर रीह की ओर देखा, एक दारुण दृश्य दिखा। लगा जैसे मेरी दृष्टि दो फाँकों में बँटी हो। एक को गोचर गाँव व उससे सटा विपिन-विपन्न पहाड़। दूजी को दिखे घाटी पार का महफ़ूज़ हिमाला। एक पासा ख़ौफ़ज़दा, मायूस, अवसादग्रस्त और चपड़गट्टू। दूजा अरण्य भार से नमा, लहकता-चहकता। वेदना कवित्त बन बह निकली।

इधर वन हीन दीन रोता हिमालय
उधर निर्झरी, हिम ढोता हिमालय
इधर आदम है, खेत है, गाँव है
उधर मस्त क़ुदरत, धूप है, छाँव है

दुनिया करे वो अकारज किया क्या?
*धात्री को अपनी, आप लह लिया क्या?**
अरसा की पुरखों ने जिसकी देखभाली
कंचन-कुकड़ी हा! वही काट डाली!

* लहना—खुरचना

'क्या हुआ, आँख में कुछ गिर गया क्या?' अपर्णा और राजी ने लगभग एक साथ ही दरयाफ़्त की। उन्हें कैसे बताता कि ये जो नैन हैं वे ठहरे दरूनी प्रेशर-कुकर के सेफ्टी-वाल्व? ख़ुशी-ख़लिश-करुणा या क्रोध, मुआमला चाहे जो हो, भीतरी दाब हद्द से ऊपर हुआ कि ये हुए नम। पर यह रोना हर कोई समझता नहीं यह बड़ा रोना है! राजी भी क्या समझेगी, सो झूठमूठ का हँसा। और कहा, 'नहीं, पोर्टरों को आते देख लगा कि सोनी का काम बन गया है। अपनी राह से सारे रोड़े दूर हुए जान ख़ुशी के मारे मन भर आया।'

सब जानते हैं कि झूठ भी ज़िन्दगी का एक ज़रूरी हिस्सा ठहरा!

धत् तेरे की! फिर छिड़ गए दुनियादारी के चर्चे। भाई लोग, वादा-कोताही के लिए मुआफ़ करें और चलें मेरे संग। आगे के सफ़र पर। डगर हमें रफ़्ता-रफ़्ता भिलंगना से परे ले जा रही है। वन की ओर। जंगल वैसे तो विरल है पर उसकी आत्मा अब भी वनीय है। वहाँ बची है अभी कानन-गंध। बचे हैं लीक के अग़ल-बग़ल रिंगाल, बुरांश। और यहाँ-वहाँ पर कुछ अखरोट व बाँजा भी तो बचे हैं अभी। गाह-गाह जहाँ ब्रेन-फिवर की गुहार सुन पड़ती है, दिख जाती है यदा-क़दा कोई तितली भी।*

इसी वन-पथ पर एक बालिका से भेंट हुई। वय: कोई दस या बारह की। सिर पर ऊनी स्कार्फ़, कमर से ऊपर नीला स्वेटर और टखनों तक की तहमतनुमा स्कर्ट। गढ़वाली ग्रामीणों में तो तकली पर कती ऊन से बने कपड़े पहनने की रवायत ठहरी। किन्तु उस लड़की का स्वेटर व स्कर्ट दोनों ही कृत्रिम रेशों से बने, मशीन पर बुने जान पड़े। उसका पहनावा देख लगा जैसे स्कूल को निकली हो, पर साथ में न बस्ता न कोई किताब ही। अलबत्ता हाथ में गड़रियों वाली लाठी अवश्य थी। हो सकता है यह बच्ची दो ज़िम्मादारियाँ संग-संग निभाती हो, पढ़ने की और जानवर चराने की। उससे दरयाफ़्त की पर जवाब में एक मासूम मुस्कान के सिवा कुछ न मिला। यह मासूमियत भी बड़ी क़ातिलाना चीज़ है जनाब! एक पल में आप इसके काबू में। एक ही पल में आपके तमाम तर्क ग़र्क़! अपने साथ भी तो यही हादसा हुआ। मन की मन में रह गई। वह आगे बढ़ गई। मैं देखता रहा उसे। दूर तक। एकटक।

---

* ब्रेन फिवर- Common Hawk Cuckoo, यह पंछी कवियों को अतिप्रिय है। रामायण, महाभारत तथा मेघदूतम् में इसी पाखी को चातक या दात्यूह कहा गया है। चूँकि चातक अपनी पानी की पूर्ति कीड़े तथा फलों से ही करता है, इस करके वह जलस्रोतों के समीप कम ही दीख पड़ता है। इसके चलते ही यह मान्यता बनी कि चातक पावस की प्रथम बूँद से ही अपनी तृष्णा तुष्ट करते हैं और प्यासे होने के कारण ये दिन-रात बदलियों को गुहारते रहते हैं। अवधेह है कि चातक को पपीहा भी कहा जाता है और यह हिमालय-वनअंचल में बहुतायत से मिलता है।

थोड़ा बढ़े तो पथ से सटा एक चश्मा, बोले तो सोता, मिला। इस सफ़र का पहला सोता। इतना मासूम, मुलायम और मनभावन कि उसके पहलू में दो पल गुज़ारे बिन जो आगे बढ़ूँ तो पत्थर दिल कहलाऊँ।

लिहाज़ा लीक से नीचे उतर, जलधारा के समीप जा बैठा। उसे सहलाया। हौले से। जैसे गुदगुदाते हैं बच्चों को—

राम जी का घोड़ा आया,
खल खाता पानी
पीता आया रेऽऽ...आऽऽया

...वो ज़ोर से खिलखिलाया। लगा मचाने धमा-चौकड़ी। चढ़ने, रपटने लगा चट्टानों पर। लगा पटकने-झटकने अपने पैर पानी में। छप...छपाक...छप्प...पड़ने लगीं जल-बुंदकियाँ हमारे सर-मुख-बदन पर।

हम-दोई अभिभूत...ऐसा स्वागत तो हिमाला पर पहले कभी न हुआ...भूल गए हम विरल होते वन...भूल गए राजी का साथ...बैठे रहे सटकर एक-दूजे से... देर तक...हम सोते के समीप...निहारते हुए उसकी जलक्रीड़ाएँ...भीगते हुए प्रेमरस में...बाहर से भी...भीतर से भी...

हमें इत्मीनान से बैठा देख वहाँ आई एक धूसर-भूरे तन व सफ़ेद-टिपकीदार दुम वाली चिरैया। एकले नहीं अपने नीलवर्णी, ताँबई-दुम कामदग्ध मुच्छल प्रेमी

के संग।* वे कभी इस शिला पर बैठ लड़ियाएँ कभी उस। उड़ने से पहले अपनी दुम दो बार दाएँ-बाएँ ठुमकाएँ, दो मर्तबा ऊपर-नीचे थिरथिराएँ।[67] कभी यूँ भी हो कि प्रेयसी चट्टानों के बीच छुप जाए। और बेचारा प्रेमी शिला पर बैठा रह जाए, गुहारते अपनी प्राणप्रिया को। च्...चऽर्र...च्...च्...च्चर्रऽऽ...चह्...। जब कोई उत्तर न मिले तो आतुर प्रेमी शिलाओं से पत्थर-पथरियों पर उतर आए। तलाशे हर गोशे में, गुहारे हर कोने में। च्...च्...च्चर्रच्च...च्च्चर्र्रच्...। मैं प्रीत-गीत में डूबा...मुझ पर बेखुदी तारी...मैं भावास्थ...मैं तन्द्रिल...आधा जगा...आधा सोया...

"चलो सर, चलो। दो घंटे में आप बस यहीं पहुँचे?" किसी ने गुहारा तो तन्द्रा टूटी। वह सोनी था।

"बहुत सुन्दर चिड़िया है सोनी...कितना अच्छा नाच रही है...दो मिनट के लिए नीचे तो आओ...देखो..."

"बाद में देख लेंगे सर, अभी तो आगे चलते हैं।"

"बाऽऽद में...सोनी यह तो लाइव प्रोग्राम है। कोई फिलिम थोड़े है कि रिवाइंड कर लोगे...आओ तो..."

"आगे भी बहुत बर्ड दिखेंगी...सर...मैं हल्के-हल्के चलता हूँ, आप आ जाओ जल्दी से..."

मजबूरी में फँसे हम-दोई करते भी तो क्या करते? मन मार चल दिए ऊपर को, पगडंडी की ओर। राजी तो पहले ही सोनी के संग हो ली थी। अब वहाँ पगडंडी थी, हम थे, पीछे छूटते शजर थे और था तरुश्रृंखला के बीच से हमें टुकुरता वह स्नेही सोता। वैसे, सच कहूँ तो सोनी का बरताव उचित ही था। जो इतने धीमे चलें तो साँझ पड़े भी मंज़िल तक न पहुँचें। सो चश्मे की गुहार अनसुनी कर हम लपक लिए सोनी के पीछे।

सोनी रीह से खच्चर तो न जुटा पाया अलबत्ता उस लड़के को, जो कल पार्टी सूत आज सुबह घर फूट लिया था, संग लाने में कामयाब रहा। वह लड़का...भला सा नाम है उसका...हाँ चन्दू,** वैसे तो 'लड़का' कहलाने की वयः कब की पार कर चुका, पर सोनी उसे लड़का ही बुलाता है। गढ़वाल की रीत जो ठहरी, पैंतीस-चालीस बरस तक के साथी को पीठ पीछे लड़का कहने की। एक मज़े की बात बताऊँ आपको। वो यह कि कई गढ़वाली औरतें चालीस बरस के अपने मरद को तो बुड्ढा बुलाती हैं और उसी के हमवयः दीगर लोगों को लड़का! अब वे रवायतन ऐसा करती हैं या अन्यान्य कारकों के चलते, इस पचड़े में हम क्यों घुसें? अपन तो जी बात करेंगे चन्दू की। सामान के नाम पर जिसके हाथ में हैं चार अंडा-ख़्वान,

---

* Plumbeous Water Redstart

** परिवर्तित नाम

बोले तो एग-ट्रे, और काँधे से लटकती एक दुनाली। चन्दू को दिए 'लोड' को देख मैं हैरान! जब हमारे कुली सारा सामान ढो सकते थे तो सोनी घनसाली से ही पोर्टर की किल्लत का रोना क्यों रोता था? और इस दुनाली का सबब क्या? लो जी लो फिर खड़े हो गए सामने दो सवाल! किसे हल करूँ, किसे उसके हाल पर छोड़ दूँ? क्यों न शुरू से ही शुरू किया जाए? तो बाबू लोग, पेश है पहले सवाल का छोटे से भी मुख़्तसर जवाब—"रनी!"

रनी? जी, रनी ही था 'कुली ढुँढ़ाई' का सबब। माल-ओ-असबाब तो उत्तरकाशी से आए कुली डबल पैसा लेकर तोक लेंगे, यह तो सोनी को मालूम था। पर उसे जो नहीं मालूम था वो था भिलंगना के उस पार का रास्ता। सत्यत: हमारे संगियों में ऐसा एक न था जो मियाली-दर्रा पार कर केदारधाम जा रखा हो। सिवा रनी के। पर रनी ठहरा परले दर्जे का पुड़िया-पकड़ाऊ, बोले तो ब्लफ़-मास्टर। नेपाल से लद्दाख़ तक आप किसी भी घाटी, दर्रे अथवा शिखर का नाम लें वो फ़ौरन कहेगा, "चलो सर। बहुत मस्त ट्रैक है। मैं दो-तीन बार गया हूँ।" इस फेंकू के चक्कर में कई मर्तबा भटक चुके हम। यह सब यूँ कहना पड़ा कि मौज़ूदा अभियान में सोनी चाहता था पुख़्ता इन्तज़ाम। वो चाहता था इस डगर ठेठ केदार तक जा रखा एक अदद बन्दा। तारणहार बना जयदीप। उसी ने इस तर्ज़ के दो जने तलाशे। उनमें से एक तो 'हिट विकेट' हो पेवेलियन लौट चुका। तथा दूजा, चन्दू, काँधे से बन्दूक़ लटकाए हमारे आगे डोल रहा है। समीप पहुँच सीधे उसी से मुख़ातिब हुआ।

"हाँ जी चन्दू भईऽऽ! क्या हाल हैं? सुना है रात ख़ूब मज़े किए?" मैंने यथासम्भव उल्लसित स्वर में पूछा।

"और क्या? कभी-कभी तो मौक़ा मिलता है," वो बग़ैर मुझे देखे बोला।

"हमने सुना है कि रात को तुम 'उनके' लिए जानवर लेकर आए थे।"

इस बार उसकी नाड़ में हरकत हुई। नज़र मिली। पर ज़ुबाँ चुप्प।

उसके कंधे पर टँगी दुनाली की ओर इशारा कर वही सवाल दोहराया गया।

"हाँ जी हाँ। लाया था जानवर। पीछे पड़ गए तो क्या करता?"

"कौन जानवर मिला रात को तुम्हें? गाँव में तो कोई बाँटा लगा नहीं था।"

"बकरा।"

"बकरा? क्या अपने घर से उठा लाए?"

"नहीं...मतलब...हाँ..."

"मज़ाक़ मत करो चन्दू भाई! भला बकरा मारने के लिए भी कोई बन्दूक़ लादे फिरता है?" मैंने चुहल करते हुए पूछा।

"ओ...यहऽऽ...बन्दूक़...हमेशा साथ नहीं रहती। गंगी वाले घर में चाहिए थी, इसलिए उठा लाया।"

"और गंगी में यह किस काम आएगी?"

"वहाँ जंगल में भालू हैं, बाघ हैं। खेत पर जाते समय इसकी..."

उसकी इस बात में दम होने की अग्रिम ज़मानत मेरे खीसे में पड़ी थी। हुआ यूँ कि कुछ देर पूर्व ही हमें गंगी से रीह को जाते कुछ लोग मिले। उनके संग था एक श्वान। मालूम हुआ कि यह प्राणी सफ़र के दौरान हरदम उनके संग होता है। ठिंगने झबरीले कुत्ते यहाँ इतने देखे जा चुके कि अब उन पर दृष्टि ही नहीं ठहरती। पर इस पर ठहरी। कारण था, उसके गले में पड़ा पट्टा। चमड़े का नहीं, धातु निर्मित पट्टा। वह भी काँटेदार। बनी बात थी कि सवाल पूछा जाता। और पूछा भी गया। जवाब मिला राजी से। उसने बताया कि ये पहाड़ी कुत्ते ही आदमी, खेत व जानवरों के असल रक्षक हैं। कि ये इस क़दर ख़ूँख़्वार और लड़ाके होते हैं कि मौक़ा लगे तो बाघ से न केवल भिड़ें बल्कि उसे चीर भी डालें। अक्सर ऐसी मुठभेड़ों में बाघ इनकी गर्दन पर वार करता है। ओह! समझा, तो यह पट्टा नहीं कवच है। आम कुत्तापट्टी से दीगर यह पट्टा श्वान के पालतू नहीं वरन् योद्धा होने की पहचान।

राजी से हासिल सूचना से मुतअस्सिर मैंने चन्दू की बात का समर्थन करते हुए कहा, " हाँ...हाँ...यह तो समझ गया पर सच बताओ, जानवर कहाँ से लाए थे कल?"

वो कुछ ना बोला। बोलता भी कैसे कि रंग जमने के बाद कल की बैठक शिकार पार्टी में बदल गई। और किस मुँह बताता कि उन पंच 'भूतों' से मोटा माल ले उसी ने जुटाया था 'शिकार'। बात शिकार की चल ही पड़ी है तो थोड़ी अपनी तरफ़ से भी कुछ जोड़ दूँ तो क्या जुलुम हो जाएगा? नहीं ना। तो बता दूँ कि भिलंगना घाटी के बाशिन्दे बहुकाल के शिकारी हैं। पुराकालीन मारु-तोकू* फ़ितरत की झाँईं यहाँ अब तक दीख पड़ती है। दुर्भाग्य है कि क्षुधा पूर्ति हेतु किया जाने वाला यह कारज कालान्तर में धनोपार्जन का साधन बन गया। इस बदलाव के अन्यान्य कारकों में अन्धविश्वास, धार्मिक रूढ़ि और चिकित्सकीय दरकारों के साथ शासक भी ज़िम्मेदार रहे। सर्वज्ञात है कि जहाँ हर कालखंड में, तारकासुर काल से अद्यकाल तक, शासकों द्वारा शैलराज का दोहन हुआ, वहीं हर काल में जागरूक लोगों ने इसका प्रतिरोध भी किया। ऐसे में शिकार को क़ानून सम्मत धनोपार्जन का ज़रिया क़रार दे अंग्रेज़ों ने तमाम प्रतिरोधों का काम ही तमाम कर डाला। जड़ी-बूटी, ताँबा, लकड़ी, जानवरों की खालें आदि को 'वस्तु' में बदल, सबके सरकारी चुंगी दर तय किए गए। जैसे बारहसिंगा, गाय (या भैंस), हरिण, तथा बकरी की खाल के लिए क्रमशः आठ आना, चार आना, दो आना और छह पैसे।[68] नतीजा हमारे

---

* Hunter-Gatherer

सामने है। ख़ैर....ख़ैर....ख़ैर। मैं बेवजह क्यों लोड ले रहा हूँ? अपन ठहरे शहराती। अपना सरोकार हिमालय के नज़ारों से। जो वे बहाल तो अपन निहाल। गाँव वाले भुगता करें अपना किया। अपन तो बढ़ते चलें गंगी की सिम्त!

बारह के ऊपर का वक़्त हो चला। दिनमणि शिद्दत से दमक रहा है। गंगी को जाती लीक जंगल से निकलते ही चंचल हो गई है। वो कभी घाटी से सटकर चले तो कभी हिमाला के शान पर चढ़ झूलने लगे। पहाड़ पर पड़ी घास अभी ज़र्द है। उन पर हरियाली आने में बहुत वक़्त बचा है अभी। वैसे घाटी की गोद में पसरी हरीतिमा और वीथिका की कगार से घाटी में झूलते बुरांश व चीड़ के वृक्ष आँखों को ठंडक दे रहे हैं। इधर घाटी वैसे तो खुली-खुली है पर ऊँचे पर्वत शिखर अब भी खुलकर सामने नहीं आए हैं। वे ठहरे हिमाला-महानाट्य के नायक। तेल-बेचक मुम्बइया महानायक तो वे हैं नहीं कि अपने बाज़ार-भाव की फ़िक्र किया करें। जब आएँगे तो इस धूमधड़ाके के साथ कि आँख ठहरे नहीं ठहरेंगी जनाब। पर उसके लिए हमें और ऊपर जाना होगा। और अधिक श्रम करना होगा।

येल्लो जी, मैं फिर बहक गया। एक बात कहते-कहते दूजी पर आ गया। ख़ैर, जो कहने वाला था वो यह कि बुरांश और चीड़ आदि को इधर के लोगों ने खूँटियों सा बरता है। कोई उन पर रिंगाल से बनी झूड़ी टाँग गया है, तो कोई शर्ट या चप्पल। अनपेक्षित रूप से बुरांश-वृक्षों पर सियासी जमातों के झंडे भी दिख रहे हैं। अनपेक्षित रूप से ही यहाँ बुरांश फूल भी बहुत कम हैं। अब यह मौसम का प्रताप है, गाँव वालों की कृपा या झंडों का ज़हर, कौन जाने? किन्तु फूलों की कमी खली, सो आपसे कहना पड़ा।

शायद आपने लक्ष्य किया हो कि जब से अपन गंगी की दिशा में बढ़े हैं हमें क़दम-ब-क़दम कुछ मुख़्तलिफ़ देखने को मिल रहा है। बोले तो, हमारे पूर्वानुभवों से क़तई अलहदा नज़ारे! जिन लोगों को वन-मीत जानता रहा उनका वन-उत्पीड़क रूप देखना पड़ा। जिन पेड़ों पर अक्सर पूजा के तागे या फूल दिखा किए, आज उन्हीं पर सियासी पताकाएँ और जूते टँगे देखना पड़े। लगता है कि यह सिलसिला जल्दी ख़त्म होने का नहीं। यूँ कि नज़र में है एक और अनूठा दृश्य। अलबत्ता, दिल जोड़ने वाला, तोड़ने वाला नहीं।

आप बोलेंगे कि मैं पहेलियाँ क्यों पेले जा रिया हूँ, सीधे-सीधे क्यों नीं के देता जो दिख रिया है। ओ.के. सर/मेम जी, अपन सीधे-सीधे बता देते हैं कि सामने दिख रहा है एक सही क़द बिजूका। दूर तक न खेत न खलिहान फिर भी बिजूका? आपको भरोसा नहीं हो रहा ना? जानता था नहीं होगा। सो चित्र संग लाया हूँ। आप ख़ुद ही देख लें गड़रिये की सी उसकी अदा, और निविड़ घाटी में उतरती बाट

को उसका टुकुरना। अब जानवर हिराने से बापड़े के हाथ-पग गल गए या उनके इन्तज़ार के ताप से, यह तो जानने वाले जानें। अपन को तो जान पड़ रही है भूख। एकदम लपककर। चलते हुए हो भी गए हैं चार घंटे से कुछ ऊपर। पैक्ड-लंच संग है। तो क्यों न उसे यहीं निपटा लिया जाए? यह सोचा ही था कि खचड़ा दिमाग़ ने फिर पचड़ा खड़ा किया। छुटपन का सुना याद दिला दिया उसने। ख़ासकर ये दो जुमले—'जो खाओ उसका एक अंश क़ुदरत के नाम करो' और 'तीन तिगाड़ा, काम बिगाड़ा'। पेच यह कि राजी, अपर्णा और मैं, हुए तीन। चौथा कहाँ से लाएँ? सो इसी बिजूका के क़रीब बैठ क्यों न खोल लें अपनी पाथेय-पोटली और बाँट लें आपस में सादा पराँठे और गुटका-आलू की तरकारी? वही किया। खाया-पिया। कचरा-कर्कट समेट पिट्ठू में धरा और बढ़ गए आगे।

प्रिय साथी लोग, आप आइंदा इधर आएँ तो उस बिजूका तक मेरा नमस्कार ज़रूर से पहुँचा दें। कहें उससे कि तब भागने की हड़बड़ी में उसे विदाई सलाम भी न कह पाया। हिमाला और मेरे इश्क़ के चर्चे तो जैसे आम हैं। यहाँ का पेड़ से गिरा पत्ता हो या पहाड़ से ढुलका पत्थर, कच्ची-पक्की पगडंडी हो या हो नदी-शजर, मेरे क़रीब सब ठहरे प्राणवान। मेरे चलते किसी का जी दुखे यह मैं कैसे भूल पाऊँ? तो भाई साब और कुछ भले कहें न कहें पर मेहरबानी कर इतना अवश्य कह दें बिजूके से कि मैं आज तक शर्मिन्दा हूँ अपने आचरण पर!

अढ़ाई बजने को हैं। फ़लक पर फिरती बदलियों के बदन स्याह हो चुके। अब वे दिवाकर पर छा जाने को बेकल। हवाएँ सर्द हो रही हैं। खंड-वृष्टि के आसार बन रहे हैं। संध्या-स्नान पूर्व निवृत्त होने हेतु हिमशिखर कुहासे की ज़ाफ़री के पीछे चले

गंगी की तंग गलियाँ और शहराती होते घर

गए हैं।* बरखा शुरू हो इसके पहले गंगी पार बने गढ़वाल मंडल के मुसाफ़िरख़ाने में धँसना अब हमारा ध्येय। अब नैन तरस रहे मानव बस्ती के लक्षण देखने को। पर फ़िलहाल तो हर ओर बस साँय-साँय। चलने की रफ़्तार बढ़ा दी है। हँफनी भर रही है, कंठ सूख रहा। अन्ततः वो दिखा जो देखना चाहता था। वो जो गाँवों की सरहद पर अक्सर दिखता है। बोले तो ग्राम्य-रक्षक देवता का मन्दिर। अब गंगी आया कि आया।

आज मौसम हम पर मेहरबान है। सुबह जाड़ा और दिन में धूप दोनों रहे सहन क्षमता के दायरे में। अब बारिश भी हुई तो बस गुज़ारे भर की। गिरिराज को काग-स्नान करवाया और लौट गई। फ़िलहाल, तबीयत तर करने वाली धूप सहन में पसरी है। और विहगों की चह-चह ने समाँ बाँध रखा है। ऐसे हसीन मौसम में मुसाफ़िरख़ाने में पड़े रहना क्या ठीक है? नहीं न! जो ऐसा करें तो सुअक्कड़ी घटित होगी घुमक्कड़ी नहीं। मुझ पर लानतें भेजी जाएँ इससे पेश्तर गाँव की सैर कर लेना चाहिए, यह सोच कैमरे लादे काँधे पर और लगा तलाशने अपने साथियों को। विशेष तलब थी चन्दू की। कह चुका हूँ कि जानी-चीन्ही सूरत वाला कोई मनक जो साथ न हो तो गाँव वाले घर-आँगन में पैर भी न धरने दें। सो चन्दू का साथ क़तई-क़तई लाज़िमी। पर जनाब अपन कोई हीरो-शीरो तो हैं नहीं कि जब पत्ते बँटे, तीन इक्के हमें ही

* ज़ाफ़री—जाली, झँझरी

हासिल। बनाने वाले ने तो अपने ललाट पर क़िस्मत का 'क' भी नहीं लिखा। सो जो होना था वही हुआ। मुझे बाहर सब मिले सिवा चन्दू साहब के! श्रीमान जी, एक बार फिर, सुबह आने का कह घर सिधार चुके। लिहाज़ा दिल पर रखा भाटा, राजी-प्रदीप को छोड़ा वहीं और रनी-सोनी को साथ ले चल दिए गंगी-सैर पर। गाँव का हासिल पेश-ए-ख़िदमत है।

इस घाटी की अन्तिम मानव बस्ती है गंगी। ऊँचे अंचलों के अन्य मानव टोलों के बरअक्स एक कोण से बेहतर तो दूसरे से कमतर। यहाँ की गलियाँ इतनी सँकरी हैं कि दो जने एक साथ अपनी कोहनी समेटे बिना गुज़र न सकें, फिर भी इसे सफ़ाई के मामले में तो सौ में से सौ अंक मिलना ही चाहिए। काले पत्थर की सतह वाली इन गलियों के किनारे नालियाँ थीं। इन गटरों का वास्ता साफ़-सफ़ाई से कम पहाड़ से उतरे, बर्फ़ से पिघले और आसमाँ से बरसे जल को गाँव के बाहर धकेलने से अधिक। अरे हाँ, यह बताना तो छूट ही रहा है कि इन गलियों को एक दिशा में दूर तक जाने की आदत नहीं। अच्छी-भली दौड़ती डगर, अप्रत्याशित ढंग से, कभी सटाक से दाएँ-बाएँ घूम जाए, कभी दन्न से बन्द हो जाए तो कभी सीढ़ियों पर चढ़-उतर करने लगे। मज़े की बात है कि गाँव में गलियों का जाल होने के बाद भी हमें शायद ही कोई चौगड्डा मिला हो।

बक़ौल रनी ये आड़ी-बाँकी-तंग गलियाँ गढ़वाली गाँवों की ख़ासियत हैं। गलियों की ऐसी बुनावट गाँव को तूफ़ानी हवाओं से सुरक्षा देती है। बाहर भले ही बर्फ़ पड़ती हो, गलियाँ जो तंग हों तो घर गर्म रहते हैं। बता दूँ कि तक़रीबन नौ हज़ार फ़ीट पर बसे इस गाँव में हर मौसम होता है जाड़े का मौसम। यानी कि यहाँ वर्ष में तीन सौ पैंसठ दिन गर्म कपड़ों की दरकार। बनी बात है कि ऐसे में गली-चौबारे ही नहीं घरों का वास्तुशिल्प भी मौसम की ज़रूरतानुसार ढले। घर का ज़िक्र छिड़ा तो मन मचल रहा है उनके बारे में दो बातें करने को।

भाई लोगो, गंगी के अधिकतर घरों का रूप-ढंग ठेठ गढ़वाली है। गढ़वाली ढब यानी पीली मिट्टी और पत्थरों से बने दुमंज़िला मकान। सब परस्पर सटे हुए। सबकी भीत गढ़ियों की सी मोटी। सबके अख़्तियार में एक अदद सहन। सबके क़द क़तई कथा-कहानियों के खिलौना घरों जितने। बोलूँ तो इतने ठिंगने कि इनसे सटकर खड़े होते ही अपन हो जाएँ गुलीवर। पहुँच जाएँ बौनों के देश में। चूम लें ऊपर की खिड़की से झाँकती माशूका का हाथ, नीचे सहन में खड़े-खड़े। वैसे तो यह दिल गुदगुदाऊ रूमानी कल्पना ही है। पर असम्भव भी नहीं। खात्री के लिए पेश है एक वाक़िया, आँखों देखा एक नज़ारा।

हुआ यूँ कि हम किसी घर के क़रीब से गुज़र रहे थे। तभी उसके सहन में काम कर रही महिला पर नज़र पड़ी। हम वहीं ठहर गए। इस मुराद से कि वो हमें देखे और गुफ़्तगू का मौक़ा हाथ आए। पर उसकी तवज्जो तो सहन में पड़े सामान पर थी। कुछ वक़्त वहाँ पड़े असबाब को करीनावार सजाने के बाद उसने अपने हाथ झाड़े और बालकनी के नीचे आ खड़ी हुई। वहीं से उसने गुहार लगाई। ऊपरी मंज़िल के बरामदे में एक छोटी सी बच्ची प्रकट हुई। कोई तीन-चार बरस की। माँ-बेटी में कुछ संवाद हुआ तो बच्ची बालकनी की दीवार टाप, छज्जे पर उतर आई। फिर माँ के कहे अनुसार अपना स्कर्ट पसार दिया। माँ ने पहले बच्ची को दुलारा फिर उसकी झोली में कुछ डाला। कयास लगाएँ कि माँ ने बेटी को क्या दिया होगा? गोली, चॉकलेट, बिस्कुट...नहीं इनमें से कुछ भी नहीं। उसने दिए बस चन्द आलू। शायद यह साँझ की रसोई की तैयारी थी। रसोई ऊपर और भंडार-घर नीचे। बार-बार ऊपर-नीचे कौन करे? ख़ासकर तब जब बरास्ता बालकनी नीचे का सामान आसानी से ऊपर पहुँचाया जा सकता हो। इतनी जबड़ा जुगाली इस सबब से कि आप जान पाएँ दुमंज़िला मकान का बँटवारा। ऊपर का तल्ला घर वालों के काम का। नीचे वाला भंडार-घर और जानवरों के नाम का!

रसिक बन्धु, यहाँ के सुन्दर (बल्कि मेरी दृष्टि में आलीशान) घरों के बारे में कहने को इतना कुछ है कि जो कहने पर आ जाऊँ तो आप अघा जाएँ पर बात ख़तम न हो। चुनाँचे, उन्हें चित्रों में सहेज लाया हूँ। ग़रज़ यह कि आप तसल्ली से देख लें उसकी बालकनी के नक़्क़ाशीदार खम्बे और ख़ूबसूरत मेहराबें। लक्षित कर सकें काष्ठ निर्मित चौखट के उतरंगे पर विराजित गणेश। तवज्जो मिले उन पैंड़ियों को जिनको चौखट तो हासिल पर दरवाज़े नहीं। साथ ही देख सकें कि गाँव के कुछ मकानात अब शहराती हवा की ज़द में हैं। उनके यहाँ से मेहराबें, पत्थर की छाजन वग़ैरह गुम हैं। आगे चलकर ये बदलाव इन लोगों के सखा साबित होंगे किंवा शत्रु इसका निर्धारण तो आने वाली पुश्तें ही कर सकेंगी। पर वह वक़्त दूर नहीं जब माटी-पत्थर के ये घर जनस्मृतियों और घुमक्कड़ों की सहेजी तस्वीरों में ही बच रहेंगे।

पारम्परिक वास्तुशिल्प के नायाब नमूने तेज़ी से गुम हो रहे हैं

बहरहाल, जो आप तस्वीरें भलीभाँति देख चुके हों तो आगे बढ़ें? गाँव के भीतर, उन गलियों में चलें, जहाँ घरों के पीछे से हमें देख रहे हैं हिमआच्छादित पर्वतशिखर और घरों से झाँक रहे हैं बाल-गोपाल और उनकी नानी, दादी या कि माताएँ। इनमें से अधिकतर लोगों के चेहरे गोल या अंडाकार हैं। नाक बुच्ची। आँखें खिंची सी। अगर चिकित्सकीय भाषा में कहूँ तो 'मंगोलियन फेस'। जनानियों का पहनावा तक़रीबन वैसा ही, जैसा हम देख चुके हैं जौनसार अंचल में।[69] वही सर पर स्कार्फ़, टखनों को छूता घाघरा या स्कर्ट, पूरी आस्तीन का ढीला-ढस्स ऊनी पोल्का या टॉप। कमर पर लिपटी वैसी ही रस्सी (या कपड़ा) और गले में वैसी ही रंग-बिरंगी मालाएँ। वही तराशी सी देहयष्टि, पतले होंठ और वही चपलता। जुदा थीं तो कोहनी के जरा नीचे तक पहनीं प्लास्टिक की चूड़ियाँ। और उनकी भाषा जिसका एक शब्द भी हममें से किसी के भी पल्ले नहीं पड़ रहा।

हो सकता है कि आप मुझे ताड़ू तबीयत मरद सोच रहे हों। मुश्तंडा—जिसकी नज़र हरसूँ जनानियों को ढूँढ़ा करती है। नहीं सर जी, यह इल्ज़ाम मैं अपने सर लेने का नहीं। दुनिया तो आपने मुझसे अधिक देख रखी है। आप ही बताएँ कि शहर हो या गाँव पारम्परिक भूषा, आंचलिक भाषा और पीछे से आ रही परिपाटियाँ कहाँ बच रहती हैं? स्त्रियों के यहाँ, नहीं क्या? तो भाई साब रिवायतों को तलाशते आदमी की निगाह जनानियों पर न टिके तो टिके किधर? वैसे भी एक वय: के बाद देखने लायक क्या बच रहता है मर्द में? न परिधान, न देह। माना कि गढ़वाली पुरुष

कान में ऐसे कुंडल, सर पर ऐसी पग गढ़वाल में पहली बार देखी

मोटा नहीं होता पर न मालूम क्यों वह उम्र से पहले बूढ़ा दिखने लगता है? पीले दाँत, खिचड़ी बाल, झुर्रियों से अँटा चेहरा और बीड़ी की गन्ध से भभकती देह। इनको क्या तो देखूँ और क्या तो बखानूँ? किन्तु गंगी इस मुआमले में भी अलहदा निकला। यहाँ मिला हमें थमकर देखने लायक एक मरद। साठ-पैंसठ का बुज़ुर्ग। सर पर पगड़ी, कान में स्वर्ण-कुंडल, सुग्गे की सी नाक और तीखी आँख के चलते उसकी छबि आम गढ़वालियों से भिन्न लगी। उसे देखते ही ज़ेहन में कौंधा—'नाथ सम्प्रदायी'! पढ़ा तो बहुत था कि किसी समय नाथियों की हिमालय-अंचल में ख़ासी घुसपैठ थी। कौतुक जगा। जो यह बन्दा उसी सम्प्रदाय का है तो नूतन जानकारियाँ मिलेंगी। फ़ौरन उसके समीप गया।

"नमस्ते!"

जवाब में—ओष्ठ स्पंदन और एक बारीक सी मुस्कान।

"हम इंदौर से आए हैं। आप क्या इसी गाँव के हैं?"

उत्तर में—एक मीठी, आत्मलीन हँसी।

"मैं अजय हूँ, आपका नाम...आपके ये कुंडल बहुत अच्छे लग रहे हैं। एक फ़ोटो ले लूँ...?"

सामने से—पहले दाँत दिखाऊ हास फिर चेहरा एक तरफ़ यूँ फेरना कि मैं कुंडल के चित्र ले सकूँ...

लगा जैसे गंगी के बाशिन्दों को बाहरी लोगों से संवाद करना पसन्द नहीं। हमें देख हँसे हर कोई पर बोले कोई नहीं। 'बात हँसी में उड़ाना' यह मुहावरा इस टोले में हर क़दम सिद्ध हो रहा था। आप घर के भीतर आने की अनुमति चाहें या विदा की, जवाब में हासिल हो फ़क़त हँसी ही। करेले पर नीम यूँ चढ़ गया कि घर में आने देना तो दूर रहा, हाथ हिलाकर विदाई भी देना उन्हें मंज़ूर नहीं। गलियों से गुज़रते हुए बेसाख़्ता महसूस हुआ कि हम किसी गाँव में नहीं, चिड़ियाघर में घूमते हों। पिंजरा दर पिंजरा झाँकते। भीतर वालों के क़रीब हमारी उपस्थिति बेमानी। हम रुकें तो ठीक, न रुकें तो बेहतर। किसी के लिए हम इतने निर्वजूद कैसे हो सकते हैं? यह तो अतिथि का सरासर अपमान हुआ। क़तई असामाजिक बर्ताव ठहरा। किसी अनजान के साथ ऐसा बर्ताव भला कोई क्यों करेगा? यही जानने की ग़रज़ से अगले घर के सहन में घुस गए। एकदम सीधे। बिना पूछे-ताछे।

हमारा ढुकना हुआ कि उस घर में जैसे भूचाल आ गया। बच्चे कोनों में दुबक गए, जनानियाँ भीतर को भागीं। एक पल में हम सहन में अकेले। मुँह बाए। हतप्रभ। भौचक। मैं किंकर्तव्यविमूढ़ आगे बढ़ूँ कि पैर खींच लूँ पीछे? कुछ निर्णय हो उसके पहले एक जुमला हम पर गाज़ बन गिरा। दो घंटों के ग्राम्य-दर्शन का पहला जुमला, वह भी निखालिस हिन्दी में। इतनी बुलंद-कड़ाकेदार आवाज़ में कि पूरी भिलंगना घाटी गूँज उठी।

"फ़ोटू नहीं लेना," वह बालकनी से झाँकती स्त्री का स्वर था। वय: तीस-पैंतीस, बदन भरा-भरा, चेहरा गोल। दीदे उबले कि उबले।

"आप लोग फ़ोटो से डर रहे हो? यह कैमरा है, इससे कोई नुक़सान नहीं होगा," मुझे लगा शायद वे लम्बे लेंस वाला कैमरा देख बिदक रहे हों।

"मालूम है, बहुत कैमरे देखे हैं," उस स्त्री का चेहरा तमतमा रहा था, "फ़ोटू लेने से तुमको तो आमद होगी हमको क्या फ़ायदा होगा?"

"आमद?" उर्दू का यह लफ़्ज़ कुछ देर कानों में विवर्तन करता रहा। मेरी वाणी रुद्ध। ज़ुबान सुन्न। खाँस-खखारकर बमुश्किल बोल फूटे, "अऽअऽऽआऽमद फ़ोटो से भला क्या आमद?"

"अबे! आमद नहीं तो फ़ोटू क्यों ले रहा है," अब वो तनकर खड़ी थी, मेरी आँखों में सीधे देखते हुए। उसकी भाषा, सुर ऐसे बदले मानो वो मंच पर अभिनय करती हो। नज़र ऐसी कि लगा कोई ज़हरीली नागिन फन ताने खड़ी हो! मेरा तन थर-थर, मन डूब-डूब, हथेली झरझर, कान भर्र-भर्र।

मैंने यथासम्भव स्वर कोमल रखते हुए कहा, "फ़ोटो तो सिर्फ़ याद के लिए..."

"हम क्या तेरे सगे वाले हैं? क्या मरने वाले हैं हम, जो हमें याद रखेगा... चले आते हैं ना जाने कहाँ-कहाँ से...याद के लिए...हुँह...चलो भागो यहाँ से..."

इसके पहले कि बात बढ़ती और सारा गाँव हमारे पीछे पड़ जाता, मैंने कैमरे बन्द कर लिए। उधर से ऐसे भागे कि पंथशाला में जाकर ही अगला दम भरा। दो कौर जैसे-तैसे गले में ठूँसे और सीधे पलंग पर। बाहर, मौसम करवट बदल रहा था। भीतर, हिया दहक रहा था। मेघ बाहर घुमड़ रहे थे, बिजुरी भीतर चौंधती थी। तन ऐसा तपे कि लगे मानो ज्वर चढ़ गया हो...बाहर बूँदा-बाँदी शुरू हो गई...पतरे बजने लगे...लयबद्ध...टप...टप...टापुर...टुपुर...हिमालय मुझे शान्त कर रहा था... समझा रहा था किसी ज़हीन दोस्त की मानिंद...सहला रहा था ममतामयी माँ की तरह...हिमाला की ऊब महसूस हो रही थी...ज्वर शान्त हो रहा था...नींद आ रही थी...टापुर...टप...टप...टुपुर...टप...

सदा-ए-क़ुदरत

गंगी, 3 मई, 2012। सुबह छह बजे।

क़ुदरत की पुकार से नींद खुली। बिछौना छोड़ भागा सीधे फाइबर-हट के दरवाज़े की ओर। कन्फ़्यूज़ हो गए न आप कि बन्दा क़ुदरत की पुकार मानी नेचर्स-कॉल से उठा तो बाहर की ओर क्यों जा रहा? क्या कमरे में 'व्यवस्था' नहीं? हिन्दी को अंग्रेज़ी में समझने जाओ तो कन्फ़्यूज़न तो होना ही हुआ। भाई साब, जब धूप की गुनगुनाहट और परिंदों की चहचहाहट से नींद खुले तब न कहा जाना चाहिए नेचर्स-कॉल से जगना! न मालूम कौन ख़बीस पेट की जुम्बिश को सदा-ए-क़ुदरत कहने की परिपाटी पाड़ गया? ख़ुदा करे कि वो मेरे सामने न आए। वरना, क़सम से, ख़ून-ख़राबा हो जाएगा। हाँ नी तो!

ख़ैर, तो मैं कह रहा था कि सदा-ए-क़ुदरत से जाग हुई और भागा सीधे बाहर। तमाम रात हुई बारिश के चलते धरती नम तो थी, किन्तु वहाँ किच-किच वाड़ा नहीं था। आबदार बदलियों के लौट जाने से हिमशिखर सामने आ चुके।* जाड़े से ठिठुरते गाछ इस आस से पर्वतों को ताक रहे—कि कब उधर थमी धूप नीचे उतरे और उनके प्राण में प्राण आएँ। कोई शक़ नहीं कि ये मंज़र दिलक़श हैं। और मेरे दिलरुबा भी। फिर भी उनको कुछ पल ठहरना होगा। इन्तज़ार करना होगा मेरा। पहले उस हिम-दूत से मुलाक़ात की जावेगी जिसकी चह-चह ने मुझे बिन कोट-जाकिट यहाँ, खुले में, खींच लिया।

बन्धुओ, बग़ैर यहाँ-वहाँ भटके मैं सीधे-सीधे आता हूँ उन परिंदों पर जो मुसाफ़िरख़ाने के चौबारे में बरामद हुए। तो सबसे पहले यह बता दूँ कि वहाँ दो मुख़्तलिफ़ जमातों के परिंदे दीखे। दोनों की काया इकहरी। दोनों ही छोटे। बहुत से बहुत चार इंची बदन। फ़र्क़ था तो उनके रूप-रंग-कंठ में। एक चिचिंगे से धारीदार तन और गौरैया की सी मोटी चोंच वाला। दूसरा पीले पेट, भूरे पंख वाला। भूरे पंख वाला खग खरज से सुर लगाए और तार-सप्तक के उस पार जाने तक न थमें।

* आबदार—पानीदार

च च च च च च। इसके उलट चिचिंगा-छटा वाला पाखी थोड़ा शान्त, कुछ ज़हीन, बहुत मँजा गायक।* वो ठहरकर गाए। सुरों को ऐसे बरते जैसे स्वर-पत्रक सामने रख गाता हो। गोकि पाखियों की जमात अलहदा फिर भी गायन किसी आर्केस्ट्रा की तरह सूत्रबद्ध व एकलय। सुरम्य वादी में ऐसा सुरीला गायन यानी कि सोने पर सुहागा। जो इस दर्जा असर दे कि ठहर जाए सुनने वाला जहाँ का तहाँ। इसके चलते सूरज की किरणें बैठ गईं शिखर-शीर्ष पर, समीर बैठा देवदारु तले पद्मासन में और मैं...मैं खड़ा हूँ थिर...जैसे कि कोई मूरत...मरमरी गीत सुन दरूनी मर्मर पिघल रहा...भीनी महक उठ रही है भीतर कहीं...लोबान की सी महक...लगे कि जैसे मैं होऊँ किसी दरगाह में...जैसे सवाली हो हिमाला...और हिमाला की गुहार...चहचहचहचहचहच हचहचहचहचहचहचहचहचहचह...कल शाम की मनहूसियत दरक रही है...स्याही धुल रही है...रूह का दामन फिर पाक-साफ़...मलिन मन फिर जोशो खरोश से पूर।

एक अर्सा बाद प्रभात में सुप्रभात घटित हो रहा है!

सुबह, साढ़े सात का वक़्त। कल्याणी (2693 मी.) जाने को अब हम तन-मन से तत्पर हैं। पूछने वाले सवाल करें उसके पहले ही बता दूँ कि सामान्यतः लोग गंगी से सीधे खरसौली ही जाते हैं। यानी कि एक ही दिन में करते हैं बीस या तेईस कि.मी. की पदाई। इस भगारा का बायरा क्या? क्या यह राभी गर लाज़िमी है? दूसरे सवाल का जवाब है—"ना।" अब पहले सवाल का जवाब जरा तफ़सील से सुन लीजिए। तो भाई लोग, पदयात्री को भगाने का यह रिवाज हक़ीक़तन ट्रैक चलाने वाली कम्पनियों का घड़ा प्रपंच है। ज्ञातव्य है कि कम्पनियाँ ट्रैक को पड़ावों में बाँध देती हैं। पड़ाव यानी कैम्प-साइट, यानी रात्रि विश्राम का स्थान। कम्पनियाँ कुलियों को पूर्वनिर्धारित पड़ावों के अनुसार पैसा देती हैं, दिन के हिसाब से नहीं। मतलब कि ट्रेकर यदि एक दिन में दो पड़ाव चल दे, तो कुलियों को उसी हिसाब से पैसा मिलेगा। इसके विपरीत जो क्लाइंट धीमे चले, एक पड़ाव की दूरी दो दिनों में तय करे, तो पोर्टरों की मजूरी मारी गई। खटे दो दिन, खीसे में माल आया सिर्फ़ एक पड़ाव जित्ता। पर हम तो ठहरे ढीठ शिरोमणि। हमें तयशुदा ठियों के अनुसार चलना नहीं सोहता। हम हिमाला संग 'डेट्स' पर थोड़े ही आए हैं। यह तो अभिसार-मिलन है जनाब। जो रवायतन किया जाए तो अभिसार कैसे घटित हो? जब सारा कुछ पूर्वकल्पित और पूर्वनियत हो तो अभिसार भी रंगमंचीय न हो जाए! अनियतता का अपना कर्षण है, अपना सुख है। जो जाने-पहचाने के पार न पहुँचे वह घुमक्कड़ी—छद्म घुमक्कड़ी! परन्तु दुनिया यह समझती कहाँ है? वो

---

* Common Rosefinch (female)

तो पूर्वनियोजित, पूर्वलक्षित लीक पर ही चलने की अनुमति देती है। तभी तो हमें प्रवास-मंजूरी मिलने में परेशानियाँ पेश आती हैं। हालिया ट्रैक की ही बात करें तो इस राह केदार जाने के इच्छुक रवायतन सितम्बर में ही आते हैं। हमारी तरह इधर अप्रैल-मई में निकलने का कोई सोचता भी नहीं।

एक मिनट...भई एक मिनट...लगता है कि आप मुझे लाफ़जनी का कायल सोच रहे हैं।* कि बन्दा इधर आया मजबूरन पर जता यूँ रहा है जैसे अपने तईं यहाँ आया हो। बयान आपका सच तो है मगर अर्धसत्य। अन्यान्य दुनियावी सचों की मानिंद—आधा सच। क्योंकि सत्य, दुनियावी सत्य, तो ठहरा महज़ एक जुमला। दीगर दृष्टियों को परे धकेल सामने लाई गई बात। सत्य, जैसे कि कोई कलदार। एक तरफ़ कुछ, दूसरी तरफ़ कुछ। दोनों ही सच। यानी एक का सच दूसरे का मिथक। सवाल फ़क़त यह कि आप सिक्के को किस ओर से देख रहे हैं।

तो जनाबेआली सच है कि पनपतिया सिद्ध न होने के चलते ही हम यहाँ हैं। पर झूठ यह भी नहीं कि आज नहीं तो कल हम भिलंगना घाटी में आते ज़रूर। घुत्तु से केदार जाते ज़रूर। क्यूँ भला? इस सवाल का जवाब तो पहले ही दे चुका। क्या आप बिसर गए महासमर बाद पाप मोचन हेतु पांडवों के हिमालय आने वाली वो पौराणिक कथा? और वे लोककथाएँ जिनमें संकेत हैं उस पांडव-पथ के इस घाटी में होने के? और जिनसे हमारी तमाम हिमालय यात्राएँ अनुप्राणित हैं वे लोककथाएँ, जैसे कि पुजारी-पथ वाली गल्प? याद आया आपको वो पूर्वकथित? ठीक, तो इस पर अधिक समय खपाने के बनिस्बत मैं आता हूँ आपकी दूसरी जिज्ञासा पर। कि जो तक़ाज़ा-ए-वक़्त न होता तो क्या हम अप्रैल-मई में यहाँ आते?

तो मैं कहता हूँ कि हम जब भी इधर आते, इन्हीं दिनों में आते। वो इसलिए कि तीन बरस पूर्व हम हिमविहीन भिलंगना घाटी को निरख चुके। अब हमें इसकी हिमाच्छादित धज देखना है। और यह कि यही वो काल है जब यहाँ भालू दिखने की प्रबल सम्भावना होती है। और यही वो समय है जब यह घाटी तितलियों-पंछियों से आबाद रहती है। और भालू-तितली तथा परिंदों से हमारा जुड़ाव तो जैसे सर्वविदित ठहरा।

अब बाद रहा सवाल खरसौली के बजाय कल्याणी तक ही जाने का। साब जी, जो हम ऐसा न करें तो वह साध कैसे पूरी हो जिसे हम पाले हुए हैं पूरे तीन बरसों से? साध, दरख़्तों से घिरे और पाखियों से मालामाल कल्याणी घासिया मैदान में पसरती साँझ और फटती पौ के दर्शनों की। धत् तेरे की! समझ नहीं आता कि मैं क्यों फ़ुरसत में की जाने वाली गुफ़्तगू उस वक़्त किए जा रहा हूँ जब हमें कल्याणी की ओर चल देना था? तो जनाब, अब यह चकल्लस बन्द। चलना शुरू!

---

* लाफ़जनी—अपने बारे में ख़ूब बढ़-चढ़कर बात करना

टीन्ग...टान्ग...आगे बढ़ने से पहले एक सूचना। वो ये कि जब मैं वन या जंगल कहूँ तो आप फ़क़त दरख़्तों का तसौवर न करें।* जैसे शहर में आदमी तो होता है, पर वो शहर नहीं होता। जैसे मैदान में खड़े दस हज़ार आदमियों से भीड़ तो बनती है, शहर-गाँव नहीं। वैसे ही एकमुश्त दरख़्त होने से वन नहीं होते। 'अरण्य' तो पेड़ों के दरमियान पसरी वो चैतन्यता है जो नमूदार हो जिगर में, न कि नज़र में। तो विनती यह है दोस्तो कि जब मैं कहूँ वन/अरण्य/ विपिन/ जंगल तो आप की कल्पना में हो दरख़्तों के बीच पसरा सम्पूर्ण संसार और उसे चलायमान रखने वाली तमाम प्रक्रियाएँ भी। टीन्ग...टान्ग...सूचना समाप्त हुई। अब चलना शुरू।

आज फिर राजी हमारे साथ है। और साथ हैं जंगल तथा जड़ी-बूटियाँ। गंगी से कल्याणी तक गाँव वालों का आना-जाना लगा रहता है। लिहाज़ा इन दो पड़ावों को जोड़ती पथवीथिका हम जैसों को भी सुलभ है। अभी वह सड़कों की सी एक दिमाग़ी नहीं हुई, बच्चों की सी चपल-चंचल है वो अभी। जो नीचे जाए तो घाटी की तलछटी छूने की ज़िद्द करे। और ऊपर चढ़े तो करे आसमाँ छूने का इसरार। विगत तीन बरस से यह लीक जैसी की वैसी है। इतने दिनों में मैदानी दुनिया कहाँ कि किधर निकल पड़ी है पर इस डंडी की तासीर में राई-रत्ती भी फ़र्क़ नहीं दिख रहा। और जो थोड़ा कहीं दिख भी रहा है तो हमारी नज़र के फेर के चलते। यूँ कि गई दफ़ा हमारा रुख़ विपरीत दिशा में था और रफ़्तार भी तेज़। पर आज...आज सब मन्थर है। हमारी चाल, पवन की गति और निर्झर की झर-झर, सब मंथर।

बात झरनों की निकली है तो बता दूँ कि पिछली यात्रा के बखत यहाँ झमाझम बारिश का दौर था। लिहाज़ा, जैसे पतझड़ के बाद गाँसे फूटते हैं न ठीक वैसे ही, वन में जहाँ-तहाँ से झरने फूट रहे थे। पहाड़ पर देखो तो झरना। पगडंडी पर चलो तो आगे झरना, पीछे भी वही। और तो और सुस्ताते बूढ़े दरख़्तों की जड़ों को धकिया कर भी सोते निकल रहे थे। पर आज झरने क़ायदे में हैं। भाँय-भाँय कर भगाने की जगह आएँ-आएँ कह पुकार रहे हैं आज वे। इस करके उनके पहलू में फूल बिछे हैं जिन पर तितलियाँ मँडरा रही हैं।

वैसे कुछ तितलियों को फूलों के बजाय सोतों के बीच की वे शिलाएँ ज़्यादा रास आ रहीं जिन पर सुबह की गुनगुनी धूप के टुकड़े पड़े हों। बदन गर्म होते ही ये भी निकल पड़ेंगी द्रुमालय के भीतर। गुलों से क़ैफ़ियत दरयाफ़्त करेंगी। बन एलची** पहुँचाएँगी फूलों के सन्देसे फूलों तक। किन्तु फ़िलहाल तो जंगल ठंडा है। पुष्प-दूत चित्रपतंग अभी सुस्त हैं। उड़ें कम ठहरें अधिक। यही उनको निरात से

* तसौवर—कल्पना

** एलची—दूत

देखने का अवसर भी है, सो धीरे-धीरे बढ़ते हैं। सनद रहे कि हम तित्तलिका-लोक से गुज़र रहे हैं। जो कभी न देखे वे रंग उड़ते फिरते हैं यहाँ। बस निरखिए उन्हें और महसूस कीजिए। न कुछ बोलिए, न पूछिए। हो सके तो सोचिए भी मत। वो शाइर निदा फ़ाज़ली ने कहा भी तो है—

बाग़ में जाने के भी आदाब हुआ करते हैं
*किसी तितली को फूलों से न उड़ाया जाए॥**

एक मिनट...एक मिनट...तवज़्जो उधर...सफ़ेद परों पर पीले छींट वाली उस तितली के बग़ल में।

कुछ दिखा? जी वही। वहाँ, घास के बीच, जो एक पत्ता थरथरा रहा है वो दरअसल पत्ता नहीं चित्रपतंग है। दिल चाहे तो उसे पर्ण-तित्तलिका कह लें। और उस सफ़ेद फूल को देखें, ग़रीब की हवा सरकी पड़ी है, और क्यों न सरके उस पर चीते सी दिखने वाली तितली जो बैठी है।**

तनिक धीमें...उधर देखें...वहाँ नहीं थोड़ा ऊपर...कैसी करारी तितली है...वो हो न हो शफ़क़ से गुलाबी रंग चुरा लाई है।

अरे...अरे...उधर तो देखिए जनाऽऽब...जी...उस झरने के पास...चट्टान पर... किनारे पर सुर्ख़ रंगत लिए उस नीलवर्णी तित्तलिका को।*** लगता है जैसे नभ का एक क़ता पंख लगा धरती पर उतर आया हो। या कौन जाने आया ही हो नभ-खंड धरा पर। जैसे चाँद-रात को चाँदनी उतरती है झरनों के संग और अमावस को तारे उतर आते हैं घास-मैदानों में, बन जुगनू मटकते हैं फिर भोर भए तक। जुगनू से याद आया कि उत्तराखंड के इतने जंगल देख डाले पर इस जीव के दीदार आज दिन तक नहीं हुए। कल्याणी में एक कोशिश फिर की जाएगी। अभी तो तलाश है मुझे भौंरों की। वे यहाँ नज़र क्यों नहीं आ रहे? और झरनों के क़रीब अक्सर दिखने आने वाले पिन्जू बोले तो ड्रैगनफ्लाय भी तो इधर से ग़ायब हैं। ख़ैर जो हैं ही नहीं उनकी चर्चा में अपना समय क्यों गँवाएँ? अपन तो जी बात करेंगे उनकी जो यहाँ बेशुमार हैं। यानी कि दरख़्तों की।

एक ख़ुशख़बरी दूँ आपको कि इधर पर वन महफ़ूज़ है। दहशतगर्द सड़क की धमक इस दश्त तक अभी नहीं पहुँची। लिहाज़ा यहाँ शजर हैं अपने मन के मालिक। यानी मन धापे तक जीमना और मन करे तब झूमना। नतीजा यह कि इनमें से कई तो हो गए हैं एकदम मुस्टंडे। बोलूँ तो खली**** का सा छत-फोड़ क़द

* आदाब—शिष्टाचार
** Indian Fritillary
*** Western Blue Sapphire
**** पहलवान दलीपसिंह राणा, जिसका क़द सात फ़ुट एक इंच है।

और सूमो पहलवान की सी धोती-पछाड़ तोंद! भाई साब, इधर कुछ पेड़ तो ऐसे कि जो एक बेर में पूरे देखे न दिखें। जो समूचा देखना हो तो किश्तवार देखना पड़े। मानी कि उन पर नज़र यूँ फेरी जाए जैसे नायिका के बदन पर कैमरे फिरा करे हैं, ख़म-ब-ख़म! ऐसे ही एक पेड़ को हम-दोइ, अपर्णा और मैं, बाका-फाड़े देख रहे थे कि जंगल में मजीरे गूँजने लगे। कारण वही। राजी की उन्मुक्त हँसी।

"क्या हुआ सर, ऐसे क्या देख रहे हो?" उसका हास थमने का नाम नहीं लेता था।

मन ही मन मैंने सोचा, उफ़! ये राजी बात-बिना बात यूँ हँसती क्यों है? ख़ैर, कोई गल्ल नहीं जी, उसके हँसे से माहौल रसमय हो जाता है। प्रकट में बोला, "कुछ नहीं राजी, बस देख रहा था इस पेड़ को। कितना ऊँचा-पूरा है..."

"सर यह बाँजा है। इसकी छाल से चाय बनाते हैं। इसकी लकड़ी बहुत हार्ड होती है, इसलिए फ़र्नीचर नहीं बनता। हम इससे हल बनाते हैं, नहीं तो जलाते हैं।"*

थोड़ा और चलने के बाद हल्के गुलाबी या पिंक रंगत बुरांश दिखे। लगा कि होंगे 'अधपके' लाल बुरांश। पर नहीं। वे मध्यम ऊँचाई पर मिलने वाली बुरांश-प्रजाति के मेम्बरान निकले। दस्तबोसी** कर उनको सूँघा। गंध वही लाल बुरांश वाली। चखा। स्वाद भी वैसा ही खट्टा-मीठा। पर लाल के बनिस्बत कम खट्टा और अधिक कसैला। इस बीच अपर्णा ने उस पेड़ का एक पत्ता तोड़ा, हथेली में मसला, फिर चखने को उद्यत हुई कि राजी चीख़ी, "मेम खाना नहीं। पत्ती में ज़हर होता है..."

अपर्णा अचकचाकर रुकी और घबड़ाकर उसे देखने लगी, वह बोले जा रही थी, "...मेम बुरांश की पत्ती नहीं खाते। वैसे इनका रस लगा लो तो सिरदर्द जल्दी से ठीक हो जाता है।"

बाल-बाल बचे। समझ पड़ा जानने व पहचानने का फ़र्क़! दस बरसों से जानते हैं हम बुरांश को। पहचाना आज।

ख़ैर, आगे बढ़े तो ध्यान पगडंडी पर गया। पगडंडी की ढब इधर बदली-बदली। इधर वो पत्तों से ढँपी। कुछ पत्ते ज़र्द तो कुछ गुलाबी। कुछ आधे पीले, आधे गुलाबी। आपको कनाडा का राष्ट्रध्वज ध्यान है? और उसमें दिखने वाली पत्ती? जी सही फ़रमाया 'मेपल-लीफ'। ठीक उसी तरह के पत्ते पगडंडी पर पड़े

---

* इसे बाँज,बाँझ या बन ओक (Quercus leucotrichophora) भी कहा जाता है। भारत में प्राप्य पैंतीस प्रकार के ओक में से पाँच क़िस्में ही उत्तराखंड में मिलती हैं। उनमें 15 से 27 सौ मीटर की ऊँचाई तक मिलने वाला बाँज भी एक है। इसके सिवा इस जंगल में हमें खरसु ओक भी दिखे।

** हाथ चूमना।

हैं यहाँ। मैं इन्हें गढ़वाली-मेपल कहता हूँ।* एक अरसा बाद दिखा यह पेड़। इनसे पिछली मुलाक़ात ऑडेन-कॉल अभियान के दौरान, गंगोत्री के क़रीब, रुदुगैरा घाटी में हुई थी। तीन बरस पहले। ज़मीन पर गिरा एक पत्ता अपर्णा ने उठाकर अपने पिट्ठू में धरते हुए राजी से पूछा—

"राजी इस मेपल से भी क्या जूस बनता है?"

"मालूम नहीं मेम। हम तो इसकी लकड़ी जलाते हैं। यह पत्ती जानवर खाते हैं। इसको छोड़ो मेम, उधर देखो वो बड़ा वाला पेड़ वो थुनेर है," चार पेड़ दूर इंगित करते हुए उसने आगे कहा, "वह बहुत अच्छा पेड़ है। तिब्बती चाय (नमकीन चाय) में इसकी छाल डाली जाती है। कहते हैं इससे कोई दवा बनती है जिससे कैंसर भी ठीक हो जाता है।"**

बात ही बात में अपन उस मोड़ पर आ गए जहाँ वृक्ष-संवाद छोड़ दूसरी ओर मुड़ना होगा। यूँ भी बात गर बेइंतहा खिंच जाए तो किसे रास आए? सो इतना और कहकर कि यहाँ अब तक दिखे पेड़ों में चमखड़ी, रिंगाल, अखरोट और मेहल आदि और भी अनेक वृक्ष शामिल हैं, मैं लिए चलता हूँ आपको दूसरी ओर।

चलते हुए तीन घंटे हो चुके। हमारे पीछे गंगी छोड़ने वाले सोनी व रनी कुछ देर पहले ही हमसे जुड़े हैं। उनके साथ आया है चन्दू। इस मर्तबा बिना दुनाली के। काहिल आँख मिलते ही हँसा। उसकी आँखों में कल के किए पर न कोई क्षोभ न शर्मिंदगी। मुझे ऐसा ताप चढ़ा कि दूँ घुमाकर रेपटा, कनपटी के नीचे। भला हो कि मुआमला इस ज़हनी-हिंसा पर ही सुलट गया, नी तो लेने के देने पड़ जाते। पंगा लेना ठीक नहीं, गंगी वालों से तो बिलकुल ही नहीं।

एक अजीब बात बताऊँ आपको कि चन्दू को देख जो क्रोध हुआ सो हुआ पर भीतर कहीं संतोष की एक लहर भी उठी। संतोष यूँ कि उसके संग होने से एक तो हमें रहबर मिलेगा और दूसरे मुझे उस सवाल से निजात मिलेगी जो विगत दो बरस से दिग किए है। इस सवाल का तअल्लुक़ उस बहुपति प्रथा से है जिससे हम, धूमधारकांडी अभियान के दौरान, जौनसार क्षेत्र में रू-ब-रू हुए। कथित अभियान के बाद जब तपास की तो ख़ुलासा हुआ कि भाइयों द्वारा साझा पत्नी रखने की प्रथा मात्र जौनसार तक ही महदूद नहीं। कि देश-दुनिया में अनेक जगहों पर यह

---

* Acer cappadocium इसे गढ़वाली में 'काँचुला' बुलाते हैं।

** Taxus Baccata, यह पेड़ 18-34 सौ फ़ीट की ऊँचाई पर मिलता है। इसके पत्तों तथा बीज में टेक्सिन नामक अल्केलॉइड मिलता है, जिससे स्तन कैंसर में कारगर Taxol नामक औषधि बनती है। स्थानीय स्तर पर थुनेर के एक किलो पत्ते ढाई सौ रुपये में बिकते हैं। जबकि इससे हासिल एक ग्राम टेक्सॉल का बाज़ार मूल्य पच्चीस हज़ार अमेरिकी डॉलर है।

अनोखी रवायत आज भी प्रचलित है। उन दीगर जगहों में एक जगह थी—गंगी!

वैसे तो इस पर चर्चा के लम्बे दौर चल चुके।[70] फिर भी मुझे लगता है कि याद ताज़ा करने के लिए कुछ बातें दोहराने से कोई हानि नहीं होने की। चुनाँचे बता दूँ कि जौनसार में जारी बहुपति प्रथा का सामाजिक, आर्थिक और ऐतिहासिक दृष्टियों से आकलन हुआ है। प्रथम दो के बजाय मेरी गति तीसरी दृष्टि की ओर होना तो जैसे सर्वविदित है। आगे बात यह है कि जौनसारी अपनी संगति महाभारत कालीन कुरुवंश से मानते हैं। गढ़वाली इतिहासकारों का मानना है कि महाभारत काल में, और उसके बाद भी, जो खासी-जाति के लड़ाका उत्तराखंड आए उनमें से कुछ युद्धोपरान्त यहीं बस गए। इसके साथ ही उनके वहाँ पूर्वविद्यमान बहुपति-प्रथा भी गढ़वाल में टिक गई। अब चूँकि मैं, पांडव-मार्ग पर चलने की ईप्सा का मारा हूँ इसलिए गंगी में बहुपति प्रथा के प्रचलन का सुनते ही मेरा चौकन्ना होना स्वाभाविक ही था। अगर जो इस प्रथा के प्रमाण मिले तो इस अंचल का वास्ता महाभारत कथा से जोड़कर देखना ग़ैर-मुनासिब नहीं कहा जाएगा।

स्वाभाविक था कि भिलंगना घाटी का रुख़ करते ही ये तमाम बातें ध्यान आतीं। शिद्दत से ध्यान आईं भी। मन करा आज की स्थिति जानने का। नतीजतन, घुत्तु से ही मैं यह सवाल हल करने के गुंताड़े में हूँ। मुफ़ीद मौक़ा मिले तो बात बने। यूँ कि इस जिज्ञासा का समाधान बीच बाज़ार तो हो नहीं सकता। सो घुत्तु में बात नहीं बनी। रीह से भी रीते हाथ आगे बढ़ा। गंगी के बोबड़े लोगों का हाल तो आपसे छुपा नहीं।* मुख़्तसर यह कि मनचाहा मौक़ा जो अब तक हाथ न आया, चन्दू की आमद से सामने मचलता दिखने लगा।

चन्दू के साथ चलते हुए बात की दिशा उसी प्रथा की ओर मोड़ी। घुमा-फिरा कर पूछा। सीधे-सीधे भी दरयाफ़्त की बहुपति-प्रथा के हालाते मौज़ूद के बारे में। तमाम मेहनत का नतीजा? घोड़े का अंडा! यूँ कि बन्दे की रुचि मेरी प्यास बुझाने के बजाय मुझे यह समझाने में अधिक थी कि हमारा अभियान सफल नहीं होगा। कि हमने अप्रैल में यहाँ आकर भूल की। कि हमें लौट जाना चाहिए घुत्तु। कि हम कल्याणी के आगे नहीं जा सकेंगे। और यह भी कि जो कल्याणी पार गए भी तो केदार पहुँचना तो हमारे बस का इज्ज नहीं। उसके कहे का असर यह कि भीतर भूचाल आने लगा। साहस दरकने लगा। सोच उभरी कि यह बन्दा मनुज नहीं भुजंग है। फूँक भर से सामने वाले का काम तमाम करने में सक्षम भुजंग। लगा कि दो-चार मिनट और चन्दू संग चला तो मैं यहीं से घाटी में कूद न जाऊँ। निर्णय फ़ौरन हुआ। सवालात खीसे में धरे। भुजंग का संग छोड़ हिमाला का हाथ गह लिया।

---

* बोबड़ा—गूँगा

पगवीथिका हमें आहिस्ता-आहिस्ता उत्तर-पूर्व की सिम्त ले जा रही है। भिलंगना, नज़रों से दूर, घाटी में बहुत गहरे कहीं बह रही है। पर उसकी आवाज़ लगातार सुन पड़ रही है। आगे, जहाँ घाटी पूर्व की ओर घूम रही है वहाँ, हैं कुछ दरमियाना-क़द हिमादृत अनाम पहाड़। इन पहाड़ों के पीछे झाँक रहा है नामचीन पर्वत शिखर थलेसागर का एक हिस्सा। हमने उसे देखा, उसने हमें। देखा-देखी का असर फ़ौरन ही हुआ। गिरिराज भौचक। ताड़ लिया गिरिवर ने मेरी रगों में बहता गरल। चन्दू-गरल। थलेसागर के कंठ से लिपटी बदली काली पड़ने लगी। मेरा हिया फिर जुड़ने लगा। तन से डैने निकल आए। धँसके पहाड़ और टूटी पगडंडियाँ मानो उड़ते हुए पार हो गईं। नतीजा यह कि डेढ़ बजे, अनुमान से दो घंटे पहले ही, हम खड़े हैं एक चौड़ यानी कि वन-मैदान में। कल्याणी में।

अब तक अपने को जज़्ब किए घन घनघना रहे हैं। बिजुरियाँ चमकने लगी हैं। बनौरी* बरसने लगी है। शुक्र है कि हमसे पहले पहुँचे रनी ने किचन टेंट तान रखा है। नहीं तो बात हो जाती वही...सर मुँड़ाते ही ओले पड़ने वाली।

---

* बनौरी—छोटे ओले।

आसमाँ में शेतकारी

कल्याणी, 3 मई, 2012। गोधूलि वेला।

ओले-शोले, बरखा-शरखा का जो सिलसिला दुपहरी में शुरू हुआ वो तिपहरी तक चलता रहा। फिर जब बारिश रुकी और पंछी डोलने-बोलने लगे तब हम भी अपनी छोलदारी, जिसे मैं गुम्बद-रावटी* बुलाता हूँ, से निकल किचन-टेंट में आ गए। जो दरअसल एक बहुउद्देशीय ठिकाना है। भोजन बनाने-खिलाने के अलावा यहीं ताश जमती है, गोष्ठियाँ रमती हैं, क़िस्से कहे-सुने जाते हैं, परिचय लिए-दिए जाते हैं। एक मायने में इसे 'घोटुल' कहा जा सकता है—सरसरी पहचानें, दिली रिश्तों में तब्दील जो होती हैं यहाँ। कभी इसे हम 'क्लब-हाउस' बुलाया करते थे पर 'घोटुल' में जो खनखनाहट है वो अंग्रेज़ीदाँ 'क्लब' में कहाँ? सो अब से रसोई शामियाना हुआ 'घोटुल-मँडवा'। नी मतलब कि पुरानी जगहों के नाम परिवर्तन के दौर में एक नाम मैं भी बदल दूँ तो क्या आफ़त? स्वीकार? थैंक्यू जी, आभार जी।

तो मैं कह रहा था कि जब चार-साढ़े चार बजे हम घोटुल-मँडवा पहुँचे तो वहाँ अफ़रातफ़री मची दिखी। कारण था वही चन्दू। भला आदमी तीन अंडा-ख़्वान हाथ में ले गंगी से निकला पर कल्याणी पहुँचा ख़ाली हाथ। अब जब प्रदीप का दिल करा अंडा करी बनाने का तो ढूँढ़ मची। और शुरू हो गई बहस व तकरार। तीखी तकरार। चन्दू वापस जा तलाशने को क़तई तैयार नहीं और प्रदीप दूसरा कुछ पकाने को। आख़िरकार सोनी के हस्तक्षेप से ठंडक आई। रनी भेजा गया गंगी तरफ़, अंडा-ख़्वान तलाशने को। राजी भेजी गई चौड़ से सटे जंगल में, कोई भाजी लाने को। दो भरिक गए भिलंगना से जल लाने वास्ते। और दो भेजे गए जलावन की जुगाड़ में। सोनी जुट गया अलाव चेताने में। और हम-दोई मशगूल हुए कल्याणी के नज़ारों में।

तीन ओर जंगल से घिरे इस छोटे से मैदान बोले तो चौड़ को वास्तव में जंक्शन कहा जाना चाहिए। कल्याणी-जंक्शन। तीन वनपथों की मिलन स्थली। एक खतलिंग

---

* Dome-tent

कल्याणी से नज़ारा। नेपथ्य में सबसे पीछे दीख रहा थलेसागर पर्वतशिखर। जो इधर से आंत्वान सेंतेक्ज़्युरी के छोटे राजकुमार का हैटनुमा 'बन्द अजगर' जान पड़ता है

को जाता दूजा सहस्त्र ताल को। वैसे सोनी नहीं मानता पर जो कोई रनी की माने तो यहाँ से एक रास्ता जोनली* के लिए भी है। एक इल्तिज़ा और कि कल्याणी को मैदान जान आप एक चिक्कन ज़मीन का तसौवर न करें। ऊबड़-खाबड़ पहाड़ पर तो बिल्लात भर का समतल स्थान भी कहलाए-मैदान। कल्याणी को ही लीजिए। पिछली दफ़ा जब इसका ज्यूग्राफिया जुदा था, तब यहाँ थी आदम-क़द घास, जिसके चलते सिवा चन्द छानियों के कुछ नज़र नहीं आया इधर। और अभी? घास तो अब भी है पर चार दिन की दाढ़ी जित्ती। लिहाज़ा जो छुपा था तब, अब है सामने। आज जाना कि कल्याणी चिक्कन नहीं। वो है लहरिल और अँटा पड़ा छोटे-बड़े और बहुत ही बड़े शिलाखंडों से। जैसे कि हो चट्टानों का तोशाख़ाना।** चट्टानों के बीच हैं समतल भूमि के चन्द टुकड़े, जिन्हें मैं मैदान बुला रहा हूँ। इन्हीं में से एक भू-खंड पर हमने डेरा डाला है। अन्य पर हैं छानियाँ। बीते तीन बरस में छानियों की संख्या में लक्षित हो वैसा फ़र्क़ नहीं आया। भाई साहब, दो मिनट यहीं रुकें। सिर्फ़ दो मिनट। छानियों के मुतअल्लिक़ दो-चार बातें ध्यान आ रही हैं, उनसे दो-दो हाथ कर फिर मिलता हूँ आपसे। यहीं, इसी जगह, मेरा इन्तज़ार कीजिएगा।

* खतलिंग बमक (ग्लेशियर) के क़रीब एक पर्वत शिखर

** तोशाख़ाना—संग्रहालय

गढ़वाल-यात्राओं के चलते मेरे सामने दो रहस्य खुले। पहला, यह कि गड़रिया और चरवाहा समानार्थी नहीं होते। दूसरा, कि यह ज़रूरी नहीं कि खाने की पोटली काठी में बाँध चरवाहा सुबह घर छोड़े और दिन भर बाँसुरी बजा, गोपियों को रिझा साँझ पड़े घर लौट आए। कथा-कहानियों से आयातित यह फ़िल्मी अक्स भी हिमालय आकर ही टूटा। जानवर चराते, बाँसुरी बजाते चरवाहे तो कदाचित् दिख भी जाते हैं पर गोपियाँ रिझाते चरैया...अँऽ...अँऽऽ...हमें तो देखने को नहीं मिले।

ख़ैर, जो हो, चर्चा चल रही थी गड़रिया बनाम चरवाहे की, उसी पर लौटते हैं। इस बाबत कहना यह है कि चरवाहा गड़रिया तो हो सकता है पर हर भेड़-बकरी पालक (गड़रिया) चरवाहा नहीं होता। यहाँ, हिमाला मदरसे में, इल्म हुआ कि बड़ा पशुपालक अपने जानवर ख़ुद चराने नहीं जाता। विशेषकर वो जिनके पास खेत भी हों। ऐसे लोगों के जानवर छोटे पशुपालक जंगल या बुग्यालों में ले जाते हैं, वहीं रहते हैं महीनों तक। चुनाँचे ये हुए असल चरवाहे या चरैया, जो प्रति पशु के हिसाब से मेहनताना ले दूसरों की भेड़-बकरियाँ चराते हैं। इनके बरअक्स वन-गुज्जर (गुर्जर) ख़ुद ही अपने पशुओं को लेकर वन-पहाड़ डोलते हैं। ग़ौरतलब है कि जहाँ गुज्जर फिरते हैं सपरिवार, वहीं चरैया रहता है परिवार से दूर। बहुधा अकेला, यदा-कदा अन्य चरैयाओं के संग। ये दोनों, यानी गुज्जर और चरवाहे, जंगल-बुग्यालों में अपने अस्थायी घर बनाते हैं। गढ़वाली भाषा में छानी। छानी यानी घर जिसकी छाजन फूस की हो।

ज़ाहिर सी बात है कि छड़े चरैया और कुटुम्बी गुज्जरों की छानियाँ एक सी नहीं होंगी।* बल्कि नहीं ही होती हैं। चरैया-छानी जैसे कि घोंसला। घोंसला यूँ कि वही चरवाहा अगली मर्तबा उसी छानी को अमल में लाए, यह ज़रूरी नहीं। अतएव चरैया-छानी होती है बहुधा बेढब, तनिक बेतरतीब और क़तई बेरंग। चरवाहों की एक खुसूसियत और बता दूँ। वो ये कि उसे कोई ओढार या गुहा मिल जाए तो वो उसी में मज़े से गुज़ारा कर लेता है। बोले तो चार-पाँच माह के लिए चरैया चरितार्थ कर देता है अपना पौराणिक नाम—गुह्यक!

इसके उलट वन-गुज्जरों की छानियाँ होती हैं सलीकेदार और करीनावार। रहती हैं बहुधा झुंड में। जितना बड़ा कुनबा उतना बड़ा जमावड़ा। ज्ञातव्य है कि गुज्जर हर बार आते भी वहीं हैं। टिकते भी वहीं हैं। लिहाज़ा प्रत्येक गुज्जर-छानी में रसोई, शयन और जानवरों हेतु स्थान तय होता है। दिल चाह रहा है कि यहाँ एक बात रेखांकित कर दूँ। बात मज़े की भी है अचम्भे की भी। वो यह कि छानी कोई हो, गुज्जर की या चरैया की, होती है परकोटों से आज़ाद। गाहे-बगाहे कभी परकोटा हो भी तो कँटीली झाड़ियों का होता है, पत्थरों का नहीं। और हाँ, उनमें कुंडी-दरवज्जे

* छड़ा—एकले घूमने वाला

वन-गुज्जरों की छानियाँ सुन्दर व व्यवस्थित होती हैं। गुज्जर छानी में बहुधा पत्थर का परकोटा नहीं होता। पर बतौर अपवाद यहाँ हैं।

भी नहीं होते। यानी जंगल पाता है छानी में आवाजाही की खुली छूट। फिर भी न मालूम क्यों छानियों में जंगली जीव नहीं घुसते? है न अचम्भे वाली बात। वैसे इसके मुतअल्लिक़ मेरे कने कई क़िस्से हैं, कभी सुनाऊँगा अगली बैठकी में। अभी तो अपन लौटते हैं कल्याणी। वहीं, जहाँ लौटकर मिलने का आपसे कौल था।

कल्याणी में दृष्टिगोचर पाँच घरों में से फ़िलहाल एक ही आबाद है। वहाँ बच्चे हैं। एक स्त्री भी दिख रही है। सभी हैं परकोटेदार। परकोटा यानी हद्द। हद्द यानी हक़। हक़ यानी अख़्तियार। अख़्तियार यानी क़ाबिज़ होने और वहीं बने रहने की वासना। वासना-उत्प्रेरित इस संरचना को छानी क्यों कहा जाए, जबकि वे मुकम्मल घर ही प्रतीत हो रहे? मेरी बात पुख़्ता करती है पत्थर से बनी उन घरों की दीवारें और लकड़ी-पत्थर की छाजन। अपन तो इसे घर ही बुलाएँगे सर जी।

घोटुल-मँडवा के बाहर फोकट्या खड़े-खड़े ख़याल आया कि इधर-उधर गए लोगों के लौटने तक क्यों न कल्याणी के इन घरों में ही झाँक लिया जाए। सो उधर का रुख़ किया जहाँ से धुआँ उठ रहा था। अभी हम उसके परकोटे में घुसे ही थे कि भीतर से एक डोकरी प्रकट हुई। आव देखा न ताव लगी हल्ला करने। समझने को कान सटाए पर सम्पट कुछ न बैठा। सिवा इसके कि जो कहा जा रहा वह दोस्ताना तो क़तई नहीं।

"सर, अकेले क्यों आ गए? मुझे बुलाया क्यों नहीं?" पीछे से दौड़ते आ रहे सोनी ने गुहारा। इसीलिए तो हम सोनी के कायल हैं। कि उसमें है अड़चनों को सूँघने का ग़ज़ब का माद्दा। वैसे तो दौराने सफ़र वह अक्सर हमारे साथ नहीं चलता। अगर कभी सोनी संग हो ले या फिर किसी मोड़ पर इन्तज़ार करता बरामद हो तो कान में गूँजता है—'कुछ तो गड़बड़ है'। कि या तो पहाड़ धँसा होगा अथवा कोई नदी-नाला पूर पर होगा। या होगा कुछ ऐसा जिसकी सूझ हमें न पड़े जो महज़ उसे ही दिखाई दे। कुल जमा बात यह कि यदि सोनी खड़ा इन्तज़ार कर रहा है, मतलब कुछ तो गड़बड़ है।

बहरहाल, सोनी ने डोकरी से कुछ कहा। फिर अपनी जैकिट के पॉकिट से दो खीरा-ककड़ी निकाल उसे दी। डोकरी हँसी। इसके बाद उसके और सोनी के बीच जो संवाद हुआ वो हर घुमक्कड़ के जानने की चीज़ है। चुनाँचे उसका तरजुमा आपके सुपुर्द किए देता हूँ।

"ये तो मेहमान हैं। घूमने आए हैं। तुम लोग इनसे ख़फ़ा क्यों हो?"

"घूमने आए हैं तो उधर घूमें। हमारे घर में क्यों घुसते हैं?"

"ये देखना चाहते हैं कि तुम लोग कैसे रहते हो?"

"हमें देखना नहीं चाहते बेचना चाहते हैं। बदनाम करना चाहते हैं?"

"बेचनाऽऽ...बदनाम करना...?"

"और नहीं तो क्या? ये हमें इनसान नहीं अजूबा मानते हैं। हमारे फ़ोटो लेते हैं। दुनिया के सामने हमें जंगली बताते हैं।"

"नहींऽ...नहींऽऽ...सर लोग ऐसे..."

"नहीं! नीचे वाले (यानी मैदान के लोग) सब एक से होते हैं। वे हमारे रिवाजों की हँसी उड़ाते हैं, औरतों का अपमान करते हैं। इनके सम्पर्क में आने से हमारे बच्चे बिगड़ जाते हैं। वे गाँव को गन्दा समझने लगते हैं। कई बच्चे तो लालच में पड़ शहर चले जाते..." बुढ़िया ने मुझे इंगित कर बात अधूरी छोड़ दी।

"घर में और कौन है, आदमी यहाँ है या जंगल में?" बात बिगड़ती देख सोनी ने विषय परिवर्तन किया।

"बुड्ढा है यहाँ।"

"कहाँ है, उसे बुलाओ..."

"वो उधर है," डोकरी ने अपनी तर्जनी एक ओर तान दी।

हमारी दीठ इंगित दिशा में घूमी। वहाँ था जंगल।

"ओ! जंगल गए हैं, आएँ तो..."

"जंगल नहीं वहाँ हैं उधर," डोकरी ने तर्जनी थोड़ी ऊपर को की। हवा को ठपकारती उँगली न आसमाँ की ओर न धरा की तरफ़। दिखा रही थी अधबीच को।

देखा। हमारे मुँह से निकला—

"ऐं...," मैं।

"बाप्प रेऽऽ...," अपर्णा।

"ओ...त्तेरे की...," सोनी।

वहाँ एक पेड़ था। पहाड़ से नीचे उतरे दश्त का अन्तिम शजर। महाद्रुम। ख़ूब तो घना और ख़ूब ही ऊँचा। उस पर खड़ा था एक आदमी। ठेठ उसकी फुनगी के नज़दीक। जमीं से नी नी तो पन्द्रह-बीस गज़ ऊपर। छुट्टे हाथ। एक हाथ हँसिया चलाए दूसरा कटती डगाल थामे रहे। उसके पैर यूँ जमें और हाथ इस गति से चलें और वह ऐसा तन्मय दिखे कि लगे मानो अपनी जोत में काम करता हो। कि पेड़ उसका खेत, डगालें खेत-मेंड़, पत्ते उपज व आसमाँ में फैलीं टहनियाँ खेत की आँतर। भास हुआ कि समक्ष एक गड़रिया नहीं कोई कृषक है। भूमिहर नहीं वरन् नभहर। काम में डूबा। वृक्ष से एकलय। अपने में तन्मय। समाधिस्थ।

आसमाँ में शेतकारी

उसे पुकारने की तलब हुई। पर कंठ मेरे ताबे में नहीं। लाख कोशिश करे भी शब्द एक न फूटा। यह प्रताप था कर्म-साधना निरत मनुज दर्शन का। इन दिनों ऐसे मानव दिखते ही कहाँ हैं? कर्म-समाधि धर्म-समाधि से कहीं आगे की चीज़। उसमें ख़लल डालना हराम। महापाप!

पाँच बजते न बजते जंगल में गए लोग लौट आए। राजी लाई कोले की पत्तियाँ। दिखने में फाफरे की सी। किन्तु इससे आटा नहीं बनता, अपितु आलू के साथ राँद (राँध) शोरबेदार खट्टी तरकारी बनाई जाती है। भात के साथ जी भर खाओ और उँगलियाँ भी चाट जाओ टाइप तरकारी।

जंगल से ही कुछ सूखी टहनियाँ भी आई हैं। अलाव हेतु जलावन। आप कुछ कहें उसके पहले ही मैं कह देता हूँ कि बारिश के बावजूद वन में सूखी पत्तियाँ व टहनियाँ मिल जाती हैं। बशर्ते जंगल घना हो। क्या कहा आप यह नहीं कहना चाहते थे। तो फिर? ओह! समझा, आप मुझे बहुरुपिया कह रहे हैं। कि बन्दा सामने से पर्यावरण का राग अलापता है और पीठ पीछे जंगल से लकड़ी कटवाता है!

रहम! जनाबेआली रहम!

कृपा कर यह तोहमत मेरे सर न मढ़ें।

वो यूँ कि हम जंगल से लकड़ी काटते नहीं, सिर्फ़ उन्हें चुनते हैं। यहाँ हमारी वृत्ति होती है, उंछवृत्ति।* ग़रज़ कि हम तोकते हैं महज़ अरण्य-परित्यक्त सूखी लकड़ियाँ ही। बन्धुवर, मुझे यह भी कहने दिया जाए कि अलाव हमारे नज़दीक जश्न या मयकशी की तैयारी नहीं। और यह भी कि आप 'कैम्प फायर' के बरअक्स अलाव को एक सात्त्विक आग ही जानिए। क्योंकि वो ठहरा हमारा चूल्हा सह जान बचाने का साधन। इन अंगारों पर जो फुल्के फूलें उनमें वाबस्ता बिहिश्ती महक आप तक किस विध पहुँचाऊँ? जब तक शब्दों को गन्ध बरतने का शऊर न आए तब तक 'अनिर्वचनीय' कह चुप साधने के अतिरिक्त कोई अन्य उपाय है क्या?

न न, बेताब ना होएँ जनाब। अलाव से जान कैसे बचती है यह बताए बग़ैर मैं आगे बढ़ने का नहीं।

पर मैं क्यों बताऊँ? अपन देंगे सुराग़, अन्दाज़ा लगाएँ आप। तो ये रहे आपके सुराग़—शीत व शार्दूल।

शीत का प्रकोप तो बूझना सहज है पर शार्दूल बोले तो बाघ का धड़का तो वही जाने जिसने सघन वन में रात बिताई हो। जो वन के गहन तम में रहा, सो जाने कि आग न हो तो जान के लाले पड़े कि पड़े। इसी आग ने कई बार ख़ूँख़्वार जानवरों से हमारी रक्षा की है। जैसे जंगली कूकुरों से बचाया था हमें हर-की-दून में।[71] अब चूँकि वह क़िस्सा सुनाया जा चुका सो उसे दोहराना मुनासिब नहीं। बेहतर होगा कि आपको ले चलूँ वहाँ जहाँ अभी अलाव चेत रहा है। जहाँ गुमशुदा अंडों की तलाश में गया रनी कुछ देर पहले ही लौटा है।

"अरे रनी, कोई अच्छी ख़बर लाए या ख़ाली हाथ आए?" कब से अंडाकरी-पराँठे की आस में बैठी अपर्णा ने रनी को गुहार लगाई।

"नहीं मिला मैडम जी।"

"ओह! कहाँ तक गए थे।"

"वो जहाँ हमने चाय पी थी वहाँ तक।"

---

* उंछवृत्ति—कटने के उपरान्त खेत में छूट रहे दाने बटोर जीवनयापन की वृत्ति।

यानी बेचारा रनी तक़रीबन आधा रास्ता छान आया था। अपर्णा का मुँह लटक गया है, पर उसकी फ़िक्र न की जाए। कुछ ही देर में फारिग हो जावेगी वो इस फ़िक्र से। ट्रैक में चीज़ें छूटने से उसका यह पहला वास्ता थोड़े ही है। ऐसा इतनी बार हो चुका कि अब तो आदत सी पड़ गई है इसकी। होता यह है कि विश्राम हेतु मार्ग में जब भी थमते-बैठते हैं तो हाथ का सामान अग़ल-बग़ल कहीं धर दिया जाता है। बाद में अपन तो उठे और चल दिए और सामान वहीं छूट गया। मैं ख़ुद भी कुछ कम भुलक्कड़ नहीं। एक बार तो मैं अपनी काठी (ट्रैकिंग पोल) भूल आया था और एक मर्तबा अपना कैमरा भी। ग़नीमत रही कि दोनों बखत समय रहते चेत गया और नुक़सानी नहीं झेलनी पड़ी। इसी तर्ज़ का एक वाक़िया ध्यान आ रहा है, सुन लीजिए।

बात इसी घाटी की है। ऑडेन-कॉल अभियान की। अभियान के आग़ाज़ पर हमारे पास दो आइस-एक्स या कुल्हाड़ियाँ थीं। कॉल पार किया जा चुका था। पर अफ़रा-तफ़री में एक कुल्हाड़ी कॉल पर छूट चुकी थी। दूसरी दिनेश लिए चल रहा था।

कॉल पार करने के बाद हम खतलिंग बमक पर चल रहे थे। डगर कठिन थी। क्रेवास और फिसलन से भरी। धूप भी ख़ूब थी। बर्फ़ीले क्षेत्र में जो धूप सिर पर हो, ख़तरे बढ़ जाते हैं। ख़तरा बर्फ़ धसकने का। धड़का फिसलकर क्रेवास में गिर जाने का। हर क़दम फूँककर धरना होता है। ऐसे में पैर बार-बार थकते हैं। आदमी बार-बार आराम करने को बाध्य होता है। हमारे हाल भी तब बेहाल ही थे।

आगे हुआ यूँ कि एक जगह बर्फ़ काटने की दरकार आन पड़ी। दिनेश से आइस-एक्स माँगी गई। इलहाम हुआ कि दिनेश के हाथ में तो सिर्फ़ चाय का थर्मस ही था। कुल्हाड़ी न थी। जहाँ आराम करने बैठे वहीं कहीं छूटी होगी। सो कुल्हाड़ी की तलाश शुरू हुई। अब कितनी बार और कहाँ-कहाँ बैठे यह किसे ध्यान? हम परेशाँ कि बिन कुल्हाड़ी ग्लेशियर पार होगा तो होगा कैसे? जो डेढ़ हाथ की कुल्हाड़ी न मिली तो डेढ़ बरस की गंगोत्री से केदार जाने की मुराद कैसे पूरी होगी? लिहाज़ा पुरज़ोर तलाश चली। पर नतीजा सिफ़र। समझ पाया कि कहने वाले खतलिंग बमक को अजगर क्यों कहते हैं! कि आदमी हो या हथौड़ी, गर छूटा इस ग्लेशियर पर तो वो गया क्रेवास में। उसे बरामद कर पाना नामुमकिन। यह जानते हुए भी हमने दो-तीन घंटे खपाए। अवांछित विलम्ब झेला। देर के फेर में पड़ खतलिंग बमक के आइस-फॉल पर ही रात गुज़ारनी

पड़ी। बिना आइस-एक्स के आगे की यात्रा राम-राम कर खुटानी पड़ी। केदार के बनिस्बत घुत्तु जाना पड़ा सो अलग...

तब जब अपर्णा ने कुछ दिल पर नहीं लिया। तो तब से अब तक तो वह और भी पक-तप गई है। अंडे-शंडे गुम होने का ग़म उसके क़रीब दो पल भी ठहर जाए तो बहुत जानिए।

ख़ैर, अभी रनी का अंडा पुराण चल ही रहा था कि अलाव-बैठकी में दो जनों की आमद हुई। या यूँ कहूँ कि 'आसमाँ के बाशिन्दे' हमारे घर पधारे। मेरी मुराद पेड़ पर आरूढ़ उस नभहर से है जो बुज़ुर्ग था, उम्मीद से कहीं उम्रदराज़। पाँच फ़ुटे उस मनक के संग था ढाई फ़ुटा एक बालक। दोनों के तन पर था हाथ-कते, हाथ-बुने ऊनी कपड़ों के पैबन्दों को जोड़ घर पर तैयार किया लबादा। डोकरे के डील वाला शेरलाक होम्स सरीखा लम्बा और ढीला-ढाला घुटने तक पहुँचता लबादा। चार वर्षीय छोकरे का लबादा डबल-ब्रेस्टेड कोट टाइप। दोनों के चोग़े बटन रहित। जो कमर पर लिपटे कपड़े से बँधे न हों तो बदन उघड़ जाए। आदमी के कान सूती रूमाल से बँधे, बालक के सर पर फ्लीस-टोप। आदमी की ग्रीवा सूनी। बच्चे के गले में मेले-ठेलों में मिलने वाला सस्ता सा लॉकेट, जिसमें किसी देवी की छवि नुमायाँ। डोकरे की दाढ़ी बढ़ी, चेहरा झुर्रियों से भरा, बदन इकहरा, वाणी तेज़-तर्रार। छोकरे के दीदे सफ़ेद-झक्क, मुख मासूम, हाथ में वही खीरा-ककड़ी जो सोनी ने बुढ़िया को दी थी। मालूम हुआ कि वे तीन दिन पहले ही गंगी से यहाँ आए हैं। और यह भी मालूम हुआ कि बालक उसका नाती था। लड़की का लड़का।

"लड़की कहाँ रहती है आपकी," मेरा सवाल।

"गंगी में," उसका जवाब।

"आपके यहाँ क्या गाँव के गाँव में ही रिश्ते हो जाते हैं?" मेरी जिज्ञासा।

"नहीं, कुछ गाँव में होते कुछ गँवारी में होते कुछ पिन्सवाड* में होते। मेरी घर वाली गँवारी है..." उसका ख़ुलासा।

"क्या आपके यहाँ अब भी भाइयों के बीच एक ही..." पर अपर्णा के बीच में बोलने से मेरा प्रश्न गुड़ुप हो गया। लगा हो उसे शायद कि बहुपति-प्रथा सम्बन्धित सवाल यूँ सरेआम नहीं पूछा जाना चाहिए। अपर्णा का बीच में ठेला सवाल यह रहा, "आप वोट देते हैं।"

डोकरे ने 'हाँ' में नाड़ हिलाई।

---

* यह घनसाली तहसील में 122 घरों का छोटा सा क़स्बा है। सड़क से जाओ तो घुत्तु से 62 कि.मी.। वैसे कल्याणी से पहाड़ लाँघो तो बस परली तरफ़। गाँव वाले आज भी पहाड़ टाप कर ही पिंसवाड़ जाते हैं।

"कहाँ पड़ते हैं वोट," यह सोनी की जिज्ञासा थी।

"रीह में।"

"आप गए थे, वोट देने..." एक भरिक ने सवाल किया।

उसने गंदा सा मुँह बनाया और नाड़ 'ना' में हिला दी।

मैंने पूछा, "क्यों?"

किन्तु इस दफ़ा मेरा सवाल हवा में उड़ाया राजी ने। उसने पूछा, "बीमार हो जाओ तो क्या करते हो?"

उसने मुस्कुराकर कहा, "भाग की बात है यह तो..."

"डॉक्टर नहीं हैं न यहाँ पर..." सोनी ने पूछा उससे, देखा मुझे। उसकी आँखों में तंज़ था।

"है, ड्यूटी है याँ पर। घुत्तु में। दो-तीन दिन आते हैं, दस्तख़त करके चले जाते हैं..."

"आप सिकायत नहीं करते..." सोनी के नज़र-नेज़े मुझे छलनी कर रहे थे।

वो नाड़ 'ना' में हिलाते हुए बोला, "क्यों करना...तनखा मिल रही है उनको... सादा सौदा है न यह तो...कह दो तो वो खारिज हो जाते एकदम...क्यों तोड़ना नौकरी किसी की...!"

सोनी के नज़र-नेज़ों से कहीं गहरा घाव डोकरे के इस जुमले ने दिया। आदमी की आदमीयत भी कैसे कभी बरदाश्त नहीं होती, इसकी बानगी आज पहली बार देखने को मिली। तंज़ के इस तरीक़े ने तो जैसे मेरा हिया ही निचोड़ डाला।

चिकित्सक बिरादरी से होने के नाते ऐसे तंज़ इन दिनों राह चलते सुनने को मिलते हैं। डॉक्टर का ज़िक्र छिड़ा नहीं कि आस्तीन ऊपर कर उन्हें कोसना शुरू। वैसे शिक्षा के बाज़ारीकरण और चिकित्सक में सामाजिक सरोकारों के अभाव का मसला आज का नहीं, बहुत पुराना है। जो हमारे कथा साहित्य में भी उभरकर आता है। पुराकाल की बात करें तो शिक्षा-व्यवसायीकरण के बेजा असर की बानगी है महाभारत की द्रोणाचार्य-एकलव्य कथा। जहाँ सत्ता के अधीन कार्यरत गुरु, राजपुत्रों से बेहतर एक वनवासी का, चतुराई से, अंग-भंग करवाता है। यदि मिसाल आज के समय से उठाएँ तो दिखती है 'भारत भारती' (1912-13 ई.) जहाँ शिक्षा-व्यवसायीकरण के मुद्दे को पुरज़ोर तरीक़े से उठाया गया है। और इधर आएँ तो मुलाक़ात होती है 'मैला आँचल'(1954 ई.) से। जिसमें चिकित्सकों में सामाजिक सरोकारों की कमी रेखांकित होती है। पर इन दिग्गज रचनाकारों के कहे का कुछ असर हुआ? नहीं! बल्कि हालात बद से बदतर ही हुए हैं। क्या किसी ने सोचा है कि आज का शिक्षक-डॉक्टर ऐसा क्यों हो गया? कौन है इसका ज़िम्मेदार? कि शिक्षा और चिकित्सा को व्यवसायियों के सुपुर्द करने वालों से कोई सवाल क्यों

नहीं किया जाता? कि टी.बी., मलेरिया, टायफाइड, पेचिश और कुपोषणजन्य रोगों से जूझती जनता के पैसे से अमेरिकी तर्ज़ के चिकित्सक तैयार करने का पापी कौन? और कौन है ज़िम्मेदार इस ख़ून की कमाई को धनिकों और ऐयाशों को होने वाले रोगों पर खरचने का।[72] बहरहाल, कहना तो बहुत कुछ है दोस्तो, पर जो सच कहूँ तो आप कहें कि मैं डॉक्टरों के खोटे कर्मों का हामी हूँ। नहीं जी, क़तई नहीं। लानत भेजता हूँ मैं उन पर जो तनख़्वाह ले काम नहीं करते हैं या जो रोगी को ए.टी.एम. मशीन सरीखा बरतते हैं। पर आला हुज़ूर बन्दे की अरज़ सिर्फ़ इतनी कि दोष सिर्फ़ शिक्षक या डॉक्टर का नहीं। कुछ हम सब का भी है। कुछ अधुना शिक्षण पद्धति का भी है। और ढेर-सारा उन कुर्सीदारों का भी है जो खाते भारत का हैं पर धोते अमेरिका की!

बाप्प रे! बात ही बात में बात कहाँ की किधर पहुँच गई। सो लौटता हूँ पीछे और पकड़ता हूँ गुफ़्तगू का छूटा सिरा। यानी जाता हूँ राजी के सवाल पर कि बीमार होने पर गंगी के लोग आख़िर करते क्या हैं? उस बुज़ुर्ग का दावा है कि अस्सी बरस के अर्से में वो कभी बीमार पड़ा ही नहीं। जो कभी कुछ हुआ भी तो वनौषधियों के सहारे चंगा हो गया। वैसे भी यहाँ परेशानियाँ होती ही क्या हैं सिवा पेट दर्द, ज्वर और चोट के। या फिर लिंगबद्ध रोग, जैसे महिलाओं में सफ़ेद पानी तथा पुरुषों को मर्दानगी-ह्रास का एहसास। इन सबके लिए जंगल में तमाम तरह की बूटियाँ सहज उपलब्ध हैं। वन के दिए से जो आराम न मिले तो ही मन मार कर नज़दीक किसी क़स्बे में जाना पड़ता है। इसी बात पर मैंने डोकरे से पूछा—

"आप कभी बाहर...मेरा मतलब गंगी से बाहर गए हो?"

मालूम हुआ कि वो घनसाली और टिहरी जा चुका है। पैर-पैदल। फिर मोटर आ गई। तो घुत्तु से घनसाली तक आवाजाही आसान हो गई। इस पर सोनी ने सवाल किया—

"आप चाहते हो कि रोड गंगी तक आए?"

"हाँ।"

"पर रोड आएगी तो जंगल ख़त्म होगा, आपको घास की परेसानी होगी। आप लोगों को और ऊपर जाना होगा...," सोनी उस पर पिल पड़ा।

"नहीं, जंगल ख़तम नहीं होगा," वह सकपकाया सा दिखा।

"पहले तो यहाँ इतना जंगल था, सड़क आई तो सब ख़राब हो गया..." धनबहादुर, नेपाली खलासियों में से एक, बोला। इसके साथ ही इलहाम हुआ उसके इस डगर से राबिते का।

"शड़क ने तोड़ा...हमारा क्या...जमाणा करता है...हमारा क्या होता है...शड़क तो आणी ही थी..."

"सड़क आएगी तो आपके भी घर टूटेंगे," विस्थापना के दर्द से वाक़िफ़ धनबहादुर चर्चा चलायमान रखे था।

"किशी के बाप में दम नहीं..."

"योजना आएगी तब घर तो छोड़ना ही होगा आपको," उसकी डूबती बात को मैंने भी एक टल्ला मारा।

"किशी के बाप में ताकत नहीं घर उठाने को।"

"सर, पैसा मिल जाएगा इनको, इन्हें चिन्ता क्या..." राजी मुझे समझाने के अन्दाज़ में बोली।

"तो आप चाहते हो कि सड़क गंगी तक आए...," सोनी उससे जाने क्या उगलवाना चाह रहा था।

"हाँ चाते हैं। ऐषा है ण जब मोल्ये ही खाणा हमने...जब चावल मोला खाणा, जब गेऊँ मोला खाणा...तो...इष में (पैदल में) पड़ेगा ज़्यादा किमत...नै...पर इषका (सड़क का) भाड़ा तो पड़ेगा कम..."

"और लाइट...लाइट चाहते हैं आप...," सोनी उसे छोड़ने को तैयार न था। बेचारे का हाल गुंडों के बीच फँसी रजिया का सा। इस बार उसने तमककर कहा।

"हाँऽऽ चाते हैं..."

"सुविधा सब चाहते हो तब तो जंगल ख़राब होगा..."

"हाँ...हाँऽऽऽ...पर...जमाणा करता है...हमारा क्या..."

क्या ग़लत है, क्या सही कुछ सूझ नहीं पड़ रही। सोनी-राजी का झुकाव बिजली-सड़क की ओर था। उनका मानना था कि मुआवज़ा तमाम ज़ख़्म भर देगा। मैं इस विचार का हामी नहीं। अगरचे उजड़ने के घाव मुआवज़ों से भरा करते हों तो देस-विभाजन का ज़िक्र छिड़ते ही बुज़ुर्गों के नयन नम न हुआ करते। चलिए एक पल के लिए राजी की बात से इत्तेफ़ाक़ कर लिया जाए। अब बताएँ कि जो यहाँ सड़क आई और बाँध बना तो इनके नुक़सान की मानीख़ेज़ भरपाई होने की सम्भावना क्या है? विशेषकर तब जब सरकारी दस्तावेज़ों में ही कोई सामंजस्य न दिखे। सरकारी काग़ज़ों को देखकर तो कुछ और ही सम्भावना बनती दिखती है। कौन से दस्तावेज़? कैसी सम्भावना? बताता हूँ सर जी, बताता हूँ। जरा दम तो लेने दें। नहीं मानते आप तो 2011 की जनगणना के हवाले से मेरा बयान दर्ज किया जाए[73]—

> *मैं अजय सोडानी, पूरे होशोहवास में यह बयान देता हूँ कि आने वाले समय में जब यहाँ विकास योजनाएँ लागू की जावेंगी तो यह घाटी मानवों से आबाद नहीं वरन् मानव-संक्रमित घोषित होवेगी।*

हालाते मौजूद की जानिब से मेरा देखा दर्ज हो कि इधर जिधर देखो उधर खेत दिख रहे हैं। और पशुपालन आदि भी जारी है। फिर भी 2011 की जनगणना के अनुसार 384 लोगों की इस बस्ती में न तो कोई खेत मालिक है और न ही खेत-मज़दूर ही। न यहाँ कोई पशुपालन है, न उससे जुड़ा कोई रोज़गार ही। कि सरकारी दस्तावेज़ के अनुसार यहाँ सिर्फ़ 151 लोग ही रोज़गारी से जुड़ा काम करते हैं। जो ऐसा है तो कोई बताए कि बिन रोज़गार ये लोग यहाँ क्यों रह रहे हैं? कैसे जी रहे हैं? क्या खा रहे हैं? अभी तो सब चुप हैं पर बाद वक़्त में इसका सरकारी जवाब होगा—"जंगल।" जंगल जीम रहे हैं यहाँ के लोग। नुक्ता जो बनेगा उनको बरख़ास्त किए जाने का सबब।

तारीख़ के हक़ में कलमबन्द किया जाए कि वन विभाग के अनुसार गंगी में वनपंचायत है, पर जनगणना के आँकड़ों में यहाँ कोई जनजाति/वनवासी नहीं रहता। दर्ज हो कि उत्तराखंड के शहराती ही गंगी के लोगों को जंगली बुलाते हैं। किन्तु मेरा देखा कहता है कि यहाँ के लोग न तो जंगली हैं और न बेशऊर ही। अलबत्ता वे भयज़दा ज़रूर हैं। सनद रहे सो कहता हूँ कि यहाँ के पचपन फ़ीसद लोग साक्षर हैं। पुरुषों में तो साक्षरता दर अस्सी फ़ीसद से अधिक है। मेरा मानना है कि अक्षर ज्ञान के चलते उन्हें धमक मिल रही है अपने भविष्य की। जिसके चलते वे बाहर से आए लोगों को शक़ से देखते हैं, कैमरे को सर्वे का साधन जानते हैं।

यहाँ थोड़ा ठहरकर ग़ौर करें कि जिस दस्तावेज़ के हवाले से मैं बात कर रहा हूँ उसके अनुसार इस घाटी में न तो कोई वनवासी हैं न ही कोई कृषक। मायने यह कि या तो जनगणना-2011 के आँकड़े भरोसे लायक नहीं या फिर यहाँ के तमाम खेत विधि-पुस्तकों में अमान्य हैं। यानी यह भी कि यहाँ जितने खेत व पशु हैं सब के सब हवा में हैं। आज से नहीं सैकड़ों बरस से। यानी यह भी कि यहाँ रहते हैं आसमाँ में शेतकारी करने वाले लोग।[74] दोस्तो, द्रोणाचार्य की जिस कथा का हवाला दे चुका, वो वनवासियों की जिजीविषा की भी गल्प है। जो बताती है कि ज़माने के सताए वनेचर का बल उसका वन है। जहाँ रह एकलव्य बन जाता है नज़ीर—तर्जनी और मध्यमा से तीर चलाने वाला प्रथम व्यक्ति। कि वन बिन वनेचर असहाय।

आप समझ सकते हैं दस्तावेज़ों में दर्ज आँकड़ों के दूरारूढ़ असर। जिसकी आड़ में इस घाटी के निवासियों का विस्थापन मुझे तो तयशुदा

जान पड़ता है। जो ऐसा हुआ तो परियोजनाओं के चलते उजड़ने वाले घर-खेतों की गिनती होगी शून्य! विस्थापित पशु होंगे शून्य। नुक़सान की भरपाई होगी शून्य। जो मुआवज़ा माँगेंगे वे कहलाएँगे झूठे।

आँकड़े दर्शाएँगे कि सरकार ने ज़्यादती करी-शून्य।
यही है एक आज़ाद देश की अन्दरूनी कथा।
यही है मेरी दरूनी टीस भी।
विनती है मेरी, इसे दर्ज किया जाए।

कौन यहाँ से गुज़र गया है

4 मई, 2012। कल्याणी, सुबह पाँच-साढ़े पाँच बजे।

दिन का आग़ाज़ आज अजीब तरीक़े से हुआ। यूँ कि परिंदों की चिल्ल-पों से नींद टूटी। हाँ भई हाँ! लगता है, बाज दफ़ा परिंदे का बोला भी लगता है—'चिल्ल-पों'। ख़ासकर तब जब कोले की तरकारी, मँडुआ की रोटी और गढ़वाली भात हचककर खाने के बाद किसी का पेट रात भर बौखलाया रहा हो। और बेचारे को भोर पड़े ही नींद आई ही आई हो। और ऐसे में पाखी छोलदारी को घेर जो लगें चिचियाने, तो लगेगा ही उनका बोला चिल्ल-पों। वही लगा भी। नींद टूटी। अपर्णा को बा-सुकून 'घोड़े बेचते' देख रश्क हुआ, हमेशा की तरह। बोरिया-बिस्तर, माने स्लीपिंग-बैग, में पैर सिकोड़ सर तक घुस गया कि शोर ऊपर से गुज़र जाए। कि नींद फिर आ जाए। पर ये जो नींद है न इसकी तासीर हूबहू रिश्तों की सी। टूटे तो जुड़े नहीं, जुड़े तो पहले वाली बात न बने। सो कुछ देर पासे पलटने के बाद हार कर गुम्बद-रावटी से बाहर निकल आया।

भाई-जान लोगो, भला हुआ कि निकल आया वरना वह कहाँ देख पाता जो देख पाया। मेरे सामने था हिमालय की सुबह का अभिनव संस्करण। जिसका बयाँ करते ज़ुबाँ उलझे, लफ़्ज़ दिखें, किन्तु पकड़े ना बनें। आँख मली। तसदीक हुई कि जो दिख रहा वो असल है, भरम नहीं। नभ तो जैसे होता ही है नीलवर्णी पर यहाँ तो सारा कुछ था नीलाभ। दवात में भीगी कूँची फेर दी हो जैसे किसी ने फ़र्श से अर्श तक। झीनी नीली चदरिया तले थलेसागर और उसके सामने के अनाम हिमशिखर और उनके सामने पसरी घाटी यूँ लगे जैसे हो कोई रंगचित्र। सामान्य नहीं, वाश-तकनीक से रचा क़ुदरत का शहकार।* बैठ शिला पर निरखने लगा उसे, एकटक। मैं सृजन के कभी भीतर, कभी बाहर। अभी डूबा, अभी ठिठका। कि तभी सुन पड़ी चिक... चिक्क...चिकिक्...चिकिक्...च्...च्...च्...चर्र...चर्र...। यह कौन बोला? किस निगोड़े ने छिन्न किया ध्यान मेरा? अग़ल-बग़ल देखा। वहाँ एक नहीं कई पाखी।

---

* शहकार—महानतम कृति

जिधर देखूँ उधर दीगर जात पखेरू।* अलहदा दिशाओं से सुन पड़ रहे मुख़्तलिफ़ स्वर। हुप...हूऽऽप...हुप...हप...स्अयु...

स्यु...सुऽऽऽस्यू...फीवर...ब्रेऽऽन...फीव्वर...। मैं असमंजस में। पहचानूँ कैसे उस दुष्ट को जिसने पहले नींद उपाड़ी फिर अब ध्यान भंग किया?**

"गुड मॉर्निंग सर जी," मन की मज़ीद मजलिस भंग हुई मानव स्वर के हस्तक्षेप से।***

"गुड मॉर्निंग रनी।"

"मस्त चिड़िया है न सर जी। भाई जी (सोनी) तो खरसौली जाना चाहते थे। मैंने ही बोला यहाँ रुकने को।"

यहाँ लगे हाथ रनी के बाबत एक ख़ुलासा कर दूँ। वह यह कि इन दिनों वो अपने तईं भी पर्वतारोहियों को पहाड़ों पर ले जाने लगा है। कहीं एक दबी-छुपी मंशा है उसकी कि हम सोनी को छोड़ सीधे उसी से जुड़ जाएँ। लिहाज़ा वो सोनी के विरुद्ध हमारे कान भरता रहता है, वक़्तन-फवक़्तन। सो रनी के कहे को नज़रअन्दाज़ कर चर्चा आगे बढ़ाई।

"यह तो वाक़ई मस्त जगह है रनी। जो बस में होता तो यहाँ एक क्या दो-चार रोज़ रुक जाता...ख़ैर तुम तो यह बताओ कि कब आगे निकलना है यहाँ से?"

"टाइम लगेगा सर जी। अभी तो लफड़ा चल रहा है। भाई जी ने बताया नहीं आपको?"

"नहीं। क्यों, क्या हो गया?" टेंट में से अपर्णा की आवाज़ आई। लुगाई से आदमी क़तई छुप नहीं सकता, उसे सोते में भी चेत रहता है अपने मरद की कारगुज़ारियों का!

"मेम, हमारे पोर्टर आगे जाने को तैयार ही नहीं हो..."

"ऐं! अब यह नई मुसीबत क्या आ गई...सोनी...ओ! सोनी..." अपर्णा ने वहीं से गुहार लगाई।

"मैडम जी, सोनी को करने दो उसका काम। क्यों लोड ले रही हो। बाहर आकर नज़ारों के मज़े लो तुम तो," यह मेरी दरख़्वास्त थी।

"उट्ठू कहीं के! तुम क्या जानो पड़े-पड़े चिड़िया को सुनने का सुख। मैं यहीं ठीक हूँ, तुम जाकर सोनी से माजरा समझो।"

ब्रह्ममुहूर्त में जगने की मेरी आदत से परेशान अपर्णा द्वारा मुझे 'उट्ठू' की उपाधि से नवाज़ा गया है। इसी तरह शयन पूर्व दाँत माँजने के लिए 'ब्रशू', कोने

---

* Blanford's rosefinch, Whiterumped shyama, Black redstart, Minivet, White throated laughing thrush, Tree pipet.

** उपाड़ना—जड़ से उखाड़ना (मालवी)

*** मज़ीद मजलिस — पवित्र सभा

में दुबक सोचने के लिए 'सोचू', जब-तब सनकने के लिए 'सड़ू' आदि तमाम तमगे भी मुझे हासिल हैं।

"एम.डी.डी.," मैं बुदबुदाया।

"अब एम.डी.डी. क्या हुआ?" मालूम नहीं, मन कहे को सुनने का शऊर महज़ अपर्णा तक ही महदूद है या कि हर औरत में पाया जाता है!

"महा दुष्टा देवि," मैं सड़ते हुए बोला।

"ह...ह...हा...हा..." भीतर से खिलखिलाने की आवाज़ आई।

जंगल हो या शहर पति की औक़ात में तस्सू भर तपात नहीं पड़ता। खिलखिलाने से भरमाकर अगर हुकुम उदूली हुई तो दिन भर धूल भरे बवंडर उठना तय। सो मुस्कुराते रनी को लपककर घूरा और मन मसोस चल दिया घोटुल-मँडवा की ओर।

सोनी से जो जाना उसका मुख़्तसर यह कि भोजनोपरान्त कल चन्दू अन्य पोर्टरों को उस नभहर-बुज़ुर्ग के घर ले गया। वहीं उन्होंने आगे बहुत बर्फ़ होने की ख़बर सुनी। सुना कि कल्याणी से आगे जाने में बहुत जोखिम है। वहाँ से लौट वे सब धँस गए अपने शामियाने में। करने लगे विमर्श, फूँकने लगे बीड़ियाँ। बता दूँ कि टेंट में आगपेटी का प्रयोग या बीड़ी पीना सर्वथा वर्जित। सो ख़बर मिलते ही सोनी उनके पास पहुँचा और...बात बढ़ गई। बाक़ी तो चुप रहे पर चन्दू उससे उलझ लिया। सोनी को सन्देह हुआ कि चन्दू खलासियों को बरगला रहा है। शामियाने को नुक़सान पहुँचाने के इरादे से उसने बीड़ी भी बाँटी। इरादा यह कि शामियाना जल जाए व अभियान थम जाए यहीं। जो ऐसा हुआ तो ठहरे अनुसार उसे भुगतान मिलेगा, वो भी बिन परिश्रम के। चन्दू की कारस्तानियाँ अब असहनीय हो चलीं। उससे भरोसा उठ चुका था। चुनांचे सोनी ने उसका हिसाब चुकता किया, तब का तब। सुबह, चन्दू के रवाना होने के बाद, सोनी पोर्टरों की क्लास ले रहा था। जिसका शोर ही पाखी-स्वरों के संग मिल चिल्ल-पों में तब्दील हो सहन गुंजाए था।

"अब क्या होगा सोनी?" अपर्णा ने चिन्ता जताई, जो मेरे पीछे-पीछे ही घोटुल में आ चुकी थी।

"कोई नहीं मेम। अब तो सब मान गए हैं। बड़े-बड़े एस्पीडिसन कर रखे हैं इन्होंने। ये बर्फ़ से डरने वाले थोड़े हैं।"

"मगर चन्दू नहीं है तो रास्ता कौन बताएगा...," कम्पित स्वर में अपर्णा ने पूछा।

"चिन्ता मत करो मेम। यहाँ से जीरो पाइंट तक का रास्ता तो आपने भी देखा है। नद्दी के उस पार तो मस्त मैदान है। मस्त चढ़ाई है, बिलकुल हल्की। वहाँ बक्करवालों के रास्ते मिलेंगे...और पहले गए लोगों के बनाए निशान भी हैं।* नद्दी

---

* पहाड़ों पर डगर चिह्नित करते चलने की परिपाटी है। वन में पेड़ों के तनों पर तीर उकेर और बीहड़ में पत्थरों के, जैसे सितोलिया के खेल में बनते हैं, ढूह बना बाद में आने वाले को भटकने से बचाया जाता है।

के बाद तो मियाली आप गाइड के बिना भी जा सकते हो।"

रनी तिरछी नज़र से सोनी को देखते हुए बोला। पर सोनी का ध्यान रनी पर कम अपर्णा पर अधिक था। वो बोला—

"कोसिस करेंगे मेम। आप टेंसन मत लो। अब तो केदारनाथ पहुँचेंगे ही..."

ऐसा नहीं कि मौसम व बर्फ़ को लेकर दुविधा सिर्फ़ कुलियों के मन में ही हो, हम भी चिन्तित थे। हो सके उनसे ज़्यादा ही। इधर दो दिनों से हो रही बारिश और पड़ रही ठंड भी बेकल किए थी। कल्याणी जो कि बमुश्किल ढाई हज़ार मीटर पर है और जो शजर-लीक या कि ट्री-लाइन से बहुत नीचे है, वहाँ भी बीती रात इतना जाड़ा था कि क्या बताऊँ कितना जाड़ा था।* लगा सकें तो इससे अन्दाज़ा लगा लें कि कल हमारी साँसों की नमी गुम्बद-रावटी की अन्दरूनी सतह पर चिपकी मानी बर्फ़ में तब्दील बरामद हुई। वर्ष के इस माह में, इतने नीचे स्थान पर इतनी कड़क ठंड, असामान्य बात। पर दिल हमारा शौक़ के ताबे में। उसे तो हर हाल आगे जाना ही जाना। परन्तु रोज़ दिन पेश आ रहे पसोपेश और हर दिन की किन्तु-परन्तु के बीच कब तक मंज़िले-मक़सूद का इसरार बरकरार रहे, कौन जाने?

'खुपड़िया सँभालो अजय बाबू! खुल्ली छोड़ो तो हर्मेश उलट दिशा में निकल पड़ती है ससुरी,' यह कह ख़ुद को डपटा और एक लम्बी निःश्वास छोड़ते हुए आसमाँ को देखा। जानता हूँ उधर कोई नहीं सिवा शून्य के। फिर भी न मालूम क्यों ऊपापोह की अवस्था में नभ तकना संबल देता है। हो कि ग़ैब देखता हो ग़ैब को, मार्फ़त मेरे दीदों के।** बहरहाल, थोड़ी ही देर में आसमाँ से फिसल अपनी नज़र टिक गई थलेसागर पर। सुनहरी सरपेच वाली लाल-पीली पगड़ी पहन तनकर खड़ा था वो हिमशिखर। नज़र मिली कि ऐयार का जादू चल गया। मैं सम्मोहित। थलेसागर की धज में गुम। उठा और यंत्रवत् चल दिया अगले पड़ाव की सिम्त। यह सब घटा कल्याणी में सुबह साढ़े आठ को। और अब बज रहे हैं साढ़े दस। सुना है कि दरमियानी काल में हमने एक तीव्र चढ़ाई काट ली। एक पहाड़ी धँसान पार कर लिया। देवदारु और अखरोट से लबरेज सघन वन टाप चुके। लेकिन अपने राम अपने में डूबे। चलते रहे इन सबसे बेख़बर।

जैसे 'प्रमाद उत्प्रेरित आत्मलीनता'*** का रोगी अमोनिया सूँघ जाग जाता है वैसे ही मैं जगा हवा में तिरती तीव्र गंध से। पाया ख़ुद को एक और चौड़ में। नन्हे,

---

* ट्री-लाइन यानी वो इलाक़ा जिसके बाद शुरू होता है बुग्याल परिक्षेत्र, जहाँ पेड़ नहीं होते। झाड़ियाँ और घास अलबत्ता वहाँ ख़ूब मिलती हैं। गढ़वाल में शजर-लीक मोटा-मोटी ग्यारह-बारह हज़ार फ़ीट पर होती है। हिमाचल में यह सात-आठ हज़ार पर ही मिल जाती है।

** ग़ैब—शून्य

*** Hysterical trans

रंग-बिरंगे, किलकते फूलों से पटा चौड़, दायरे पर जिसके सावधानी से गुँथी पंखुरियाँ, गुले-बुरांश की पंखुरियाँ। हवा ने छितरा दी थीं चन्द पंखड़ियाँ सारे सहन में भी। रानी, गुलाबी और लाल। यहाँ मुझे दोहराने दिया जाए कि बुरांश के एकमुश्त इतने और ख़ासकर ऐसे गुलपाश पेड़ों से यह हमारा पहला वास्ता था।* ख़याल आया कि बुरांश-पुष्पों से ढँपा मैदान हम कदाचित् ही कभी कहीं देख पाएँ। अनुभूति हुई कि हो न हो हम गढ़-हिमाला के प्रवेश द्वार पर खड़े हैं। और यह भी कि गिरिवर ने हमारी आवभगत हेतु पाँखुरी-गुँथा सब्ज़ क़ालीन बिछा रखा है।

भाईजान लोगो, ऐसी अनोखी जगह कुछ पल ठहरना तो बनता था। सो अपन पसरे घास पर, अपर्णा की आसन्दी बनी एक शिला। थरमस खुला। चाय परोसी गई। गर्म पेय का पहला घूँट अभी हलक़ में ही था कि एक तितली मेरे दाहिने हाथ पर आ बैठी। मैं थिर। वो फुदकी। फिर रही फुदकती देर तक। कभी पोरों पर। कभी कलाई पर। छोड़ती रही पुष्प-पराग चाम पर मेरे। चाय होती रही ठंडी। मैं सुलगता रहा प्रेमअगन में। चित्रपतंग ने सौंपा था फूलों का सन्देसा मुझे। पर किस आशय से? क्या मौसम बदलेंगे भीतर के मेरे? क्या सोते फूटेंगे भीतर से मेरे? क्या मैं हो जाऊँगा फूलों का सा? काश कि हो पाऊँ मैं उनका सा। काश कि अर्पण कर पाऊँ ख़ुद का ख़ुद ही पर। काश कि स्थगित कर सकूँ निज अभिलाषाएँ अन्य किसी के हक़ में। काश! काश!

गुलपाशों के महल्ले से अभी कोई एक क्लाक आगे निकले होंगे कि सामने था एक और चौड़। पीछे वाले से बहुत छोटा व सँकरा। घाटी-मुख से सटे इस इलाक़े में भी अनगिनत पाषाण-खंड बिखरे हुए। पर इससे पहले देखे पथरीले मैदानों के बरअक्स इधर का माहौल क़तई नीरस। यूँ कि इधर से दिलरुबा हिमाला के नज़ारे गुम थे, गुम थे गुलपाश दरख़्त-ओ'-परिंदे भी। फिर भी यहाँ था कुछ ऐसा जो बढ़ते क़दम थामे, चित्त उलझन में डाले। उलझन यूँ कि घुत्तु से गंगी तक हर कोई हमें बताया किया कि कल्याणी के आगे मानव बसाहट न है, न कभी रही। निरा झूठ। झूठ इस करके कि दरपेश सहन में तो आदमी की गंध पसरी है। ठीक है कि अभी यहाँ कोई बशर नहीं, पर कभी रहा होगा इसके कई गवाह मौज़ूद हैं सामने।

ख़ैर, इधर-उधर रबड़कर बातों की इमरती बनाने के बनिस्बत क़ायदे में आता हूँ और कहता हूँ वह जो मानीख़ेज़ हो। तो जनाबेआली, कहना यह है कि सामने मैदान में दिख रहे हैं बहुत से चबूतरे। एक-डेढ़ फ़ीट ऊँचे कच्चे-पक्के चौतरे। अनगढ़ पत्थरों से बने। कुछ चौकोर, कुछ आयताकार। कुछ छोटे, कुछ बड़े। कुछ अग़ल-बग़ल तो कुछ आमने-सामने। जिसने धौलावीरा या हड़प्पा देखा न सुना वो

* गुलपाश—फूलों की वर्षा करनेवाला।

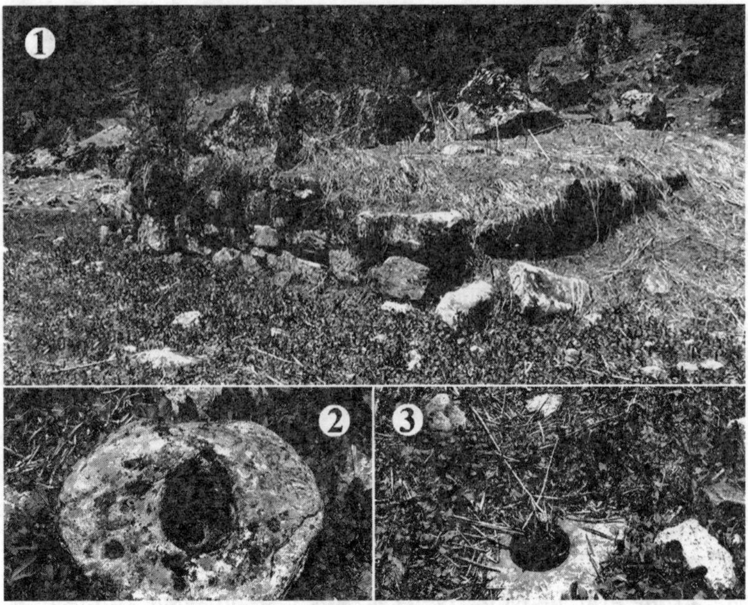

कल्याणी के बाद मिले जूनी मानव बसाहट के चिह्न।
1. चौतरा, 2 व 3. क्रमश: ओखली व आत्तुक्कलनुमा पत्थर

भी बेझिझक चबूतरों को घरों का अवशेष ही कहे। हुआ भी यही। हमारे साथ जितने थे सबने माना कि हम किसी उजड़ी बस्ती में खड़े हैं। जिज्ञासा ज़ोर मारने लगी। कि बस्ती कितनी जूनी? कि बस्ती किसकी? यह भी कि कहीं यह हमारी किसी पुराकालीन बस्ती से मुठभेड़ तो नहीं?

सवाल यह भी तो खड़ा था कि सवालातों से निजात मिले तो मिले कैसे? संग ऐसा कोई नहीं जो समाधान करे। काश कि कोई स्थानीय मनक साथ होता। चन्दू को हम निबटा चुके। अन्य किसी को यहाँ की ठीक-ठाक ख़बर नहीं। हासिल यह कि बरसों बाद उस बस्ती की चौपाल आबाद हुई। चौतरों पर बैठ हम भिड़ाने लगे जुगत। जुट गए सभी, ज़मींदोज़ बस्ती में मानव उपस्थिति के अन्यान्य प्रमाण जुटाने में।

कुछ चबूतरों के समक्ष अनोखे आकार-प्रकार के पत्थर बरामद किए गए। गोकि गले या कमर तक ज़मीं में ग़र्क़ तब भी तमाम दीगर पत्थरों से ज़ुदा। जैसे कि वो ओखलीनुमा पत्थर। और वो शिला जिसमें प्यालीनुमा गड्ढा था और उसे देख मुझे ख़याल आया आत्तुक्कल का।* ख़याल तो यह भी आया कि अल्मोड़ा के ल्वेथाप

* आत्तुक्कल एक भारी सा पत्थर, जिसके बीचोबीच डबरेनुमा गड्ढा होता है। दक्षिण भारत में इसका प्रयोग इडली-दोसा हेतु चावल-दाल का अर्धप्रगाढ़ मिश्रण तैयार करने में किया जाता है।

तथा जसकोट इलाक़ों में इसी तरह की पुराकालीन शिलाएँ मिली हैं।[75] साथियों से पूछा किया तो सूचना मिली कि ज़मीन में धँसे गड्ढेदार या आत्तुक्कलनुमा पत्थर गढ़वाल में दिखते तो हैं किन्तु घरों में नहीं, मन्दिरों में। रनी ने यह भी बताया कि पत्थर की ओखली का प्रयोग 'पुराने लोग' धान कूटने हेतु करते थे।

"कितने पुराने लोग?" अपर्णा ने सवाल किया।

"बहुत पुराने। जब लोग सुच्चे होते थे। तब बारिश नहीं होती थी।"

"सच्चे लोगों का बिना बारिश के काम कैसे चलता था रनी," मैंने चुटकी ली।

"सर जी, तब बर्फ़ पड़ती थी। लोग सुच्चे होते हैं तो बारिश के मौसम में भी बर्फ़ पड़ती है।" तंज़ को दरकिनार कर रनी ने 'फुल कॉन्फ़िडेंस' से जवाब दिया।

लम्बी बहस का अन्त इस कयास पर हुआ कि रनी तब का ज़िक्र कर रहा है जब बेमौसम बरखा नहीं हुआ करती होगी और जब पहाड़ आज से ठंडे रहे होंगे।[76]

दोस्त लोगो, रनी के फेर में बात का सिरा ही हिरा गया। कोई गल्ल नहीं जी। क़िस्सागोई में आगे-पीछे आवाजाही हराम थोड़े ही है। सो इस चूक को तूल दिए बिना अपन विचार करते हैं उस सवाल पर कि यह बस्ती किसने बसाई? इस मसले पर ख़ूब मता-मति हुई। किसी साथी ने कहा कि यहाँ कभी छानियाँ रही होंगी जो कालान्तर में कल्याणी तक सीमित हो गईं। बात सबको जँची अलावा रनी के। उसके अनुसार छानी में लोग घर से बिना कूटा धान नहीं लाते। और यह भी कि वक़्ती ठिया होने से छानियाँ पत्थर-कुरसियों पर नहीं बनतीं।

अगर बात गुज्जरों की करें तो बिला शक़ उनकी वन्य-कुटियाएँ छानियों से कहीं बेहतर होती हैं। सो उनमें पत्थरों का उपयोग नाजायज़ नहीं कहा जा सकता। इस पर प्रश्न उठाया गया कि क्या वे इतने बहुत से घर एक संग बनाते हैं? गोया वक़्तन-फ़वक़्तन बनाते भी हों तो ऐसा क़तारबद्ध महल्ला तो नहीं ही बसाते। सवाल यह भी पेश आया कि क्या गुज्जर पत्थर की ओखलियों का प्रयोग करते हैं? और आत्तुक्कल, इसका सबब क्या? मसाले अथवा चिलड़े हेतु घोल पीसने के लिए? अगर को प्यालीनुमा गड्ढे वाले ये पत्थर प्रवेश द्वार के समीप होते तो मैं मान लेता कि इनमें घूमनवाले दरवाज़े फँसे होंगे। ठीक वैसे दरवाज़े जैसे गढ़-गढ़ियों में देखने को मिलते हैं। लेकिन यहाँ दोनों, आत्तुक्कल और ओखलीनुमा पत्थर, चौतरों से परे ही नज़र आ रहे। ग़रज़ कि इधर गुज्जर बस्ती रही या छानियाँ इसका जवाब फ़िलवक़्त तो हमारे पास नहीं। सम्भव है कि भविष्य में इधर आने वाले फ़ाज़िल दोस्त इन जिज्ञासाओं से अपने को निजात दिलवाएँ। अब जबकि ज़िम्मा भविष्य के काँधे पर डाल दिया तब अपना यहाँ क्या काम? बात ही बात में एक बात दिल में आई है। उससे भी निवृत्त हो लूँ फिर ले चलूँगा आपको आराम से, अगले पड़ाव की ओर।

सम्भवत: उजड़ी बस्ती में इतना वक़्त खपाना लोगों को खटके। वे कहें कि नपुंसक बहस-मुबाहिसा में हमने बेशक़ीमती लमहे जाया किए। नहीं जी नहीं। मेरी नज़र से देखें तो यहाँ जाया कुछ नहीं हुआ अलबत्ता पाया बहुत। वो ऐसे कि यहीं चौतरे पर बैठे-बैठे औचक ही भास हुआ कि समय का बदलना, लमहा-लमहा दौड़ना, तो भ्रम है। बदलते तो नज़रिये हैं समय नहीं। प्रकृति के परिप्रेक्ष्य से तो लमहा है सम पर ठहरा एक कण! साइकिल के घूमते पहिए की तरह हज़ार चक्रण पर भी जिसकी कोई ताड़ी कहीं नहीं गुज़रती। इस उजड़े सहन को ही लें। किसे ख़बर कि यहाँ दौरे-हाज़िर भीतर जा रहा या कि दौरे-गुज़श्ता ललक रहा है बाहर आने को। माने यह कि आदम की कारगुज़ारियाँ धराशायी होकर भी ध्वस्त नहीं होतीं। कि आज छुपाये प्रपंच कल बिला-पर्दा सामने होंगे।

हम-दोई, यानी अपर्णा और मैं, सिहर उठे। कि विद्यमान के भविष्य में जाने या फिर माज़ी के वर्तमान में आने की लालसा समक्ष सदेह खड़ी थी। काल-विवर्तन साक्षात् देख किसे सिहरन न होगी?

बाप्प रे! माज़ी की हथेलियाँ सहलाते कब आधा घंटा गुज़र गया मालूम ही नहीं पड़ा। माना कि अतीत की अपनी रूमानियत है। किन्तु उसका एहतराम ज़ुदा मसला और उसके अधीन हो जाना अलहदा। ख़ासकर तब जबकि जीवन काल-डगर के उस दुरूह खम को काटते हुए अतीत हो जाए जिसे वर्तमान बुलाते हैं। वैसे तो जानने वाले भूतकाल को दल-दल भी कह गए हैं। पर मुझे तो अक्सर लगा करे कि भविष्य की चिन्ता भी चीखल से कम नहीं। कि मौजूदा से दीगर समयों को ख़ामख़ा सोचने में बेड़ा ग़र्क़ होने का ख़तरा। वर्तमान में खड़े-खड़े इनके यहाँ झाँकना ठीक पर बस एतद्‌कालीन दरकारोंपूर्ता। कित्ता? आटे में नून जित्ता। वित्ता जिसमें बन्दा न तो पीछे को चल पड़े और न ही सितारों की गणना करवाते हुए बरबाद ही हो जाए। लिहाज़ा अपन करते हैं नमस्ते माज़ी को और चलते हैं भविष्य की ओर।

आगे डगर आसान भी है और कठिन भी। आसान यूँ कि सघन वन के चलते पथ छायादार है। कठिन यूँ कि पहाड़ के शाने पर गुपचुप चलती पगडंडी का आचरण वन में घुसते ही बदल रहा है। जैसे हॉर्न सुन तरतीब से चलती भेड़ें दौड़ पड़ती हैं दसियों दिशाओं में ठीक वैसे ही पगडंडियाँ भी वन में घुसते ही बौरा जाती हैं। तितर-बितर हो वे दीगर दिशाओं में चल देती हैं, कुछ ऐसे कि सही लीक चीनने में आदमी का माथा ही फिर जाए। तभी तो मैं कह रहा हूँ शुक्रिया, इस लीक के पूर्व-पथिकों को। कायम रहे उनका नाम ताक़यामत कि वे छोड़ गए इशारे, बाद वालों के लिए। जैसे कि पेड़ों पर उकेरे तीर या सही लीक के किनारे पत्थरों के छोटे टीले। ये इशारे पथिकों के लिए उतने ही ज़रूरी जितने गहन तम में साहिल

मरे पेड़ की कोख से किसी भरे-पूरे पेड़ का जनमना पहली बार देखा

तलाशते जहाज़ियों को लाइट हाउस। बहरहाल, ज़िक्र वनों का निकला है तो यहाँ दिखा एक अजीबोतरीन मंजर आपसे साझा किए बिना मुझे चैन न मिलेगा।

हुआ यूँ कि चलते-चलते हम ऐसे इलाक़े में पहुँचे कि लगा जैसे 'नवरंग'* के सेट में प्रवेश कर गए हों। उसके जंगल याद हैं आपको? जी, ठीक वैसे ही वनांचल में खड़े थे हम। वहाँ की भूमि जर्द रंग-पत्तों से ढकी थी। पर्ण-गलीचे पर करीनावार धरे थे भिन्नाकार शिला-खंड। शिला-खंडों पर जुदा रंग-ढंग के शैवाल इतने करीने से उगे कि लगे जैसे वे किसी कलाकार का अजीम से भी ख़ूबतर शहकार हो। शैवाल-सज्जित शिलाओं के बीच और आसमाँ छूते दरख़्तों के तले वहाँ एक अजीब तरह की नीरवता पसरी थी। सन्नाटा नहीं नीरवता। सन्नाटे से सनसनी होती है, बाज दफ़ा दिल लरजता है। इसके मुख़्तलिफ़ नीरवता होती है सरस, गहन शान्ति प्रदाता। इसकी पैठ ऐसी कि पाखी भी इधर चुप से गुज़रे।

इस थिर जगत से समीर की कोशिश भी दबे पैर गुज़रने की। किन्तु बापड़े का हाल मयकदा से लौटे बेटे का सा। गोकि समीर ढुके तो यहाँ दबे-पाँव पर हिया उसका धड़-धड़, क़दम डगमग। रगड़ा जाए पत्तों से जब-तब। थामे कभी ये कभी वो दरख़्त या टीक किसी शिला से तरतीब दे बेतरतीब हो रही साँसों को। जान लें कि यहाँ की शिलाएँ गूँगी नहीं। प्राणवान हैं वे। मूर्तियाँ हैं उनके भीतर, संगतराश का सदियों से इन्तज़ार करती मूरतें। जो एकटक देखने भर से सिहर-सिहर जावें फिर कैसे सहें वे समीर-स्पर्श? उसके छुअन से वे हो जावें बेकल। लगें फुसफुसाने। ऐसे में चौंक उठे सारा सहन। भंग हो जावे नीरवता, औचक।

* नवरंग (1959) निर्देशक वी. शान्ताराम की अमरकृति।

जब दिन की शुरुआत ही अजीब तरीक़े से हुई हो तो क़दम-ब-क़दम अजीब-तर चीज़ों से रू-ब-रू होना तो तय ही था। बानगी इस नवरंगी-वन की ही लें तो यहाँ अखरोट, भोजपत्र और भी तमाम पेड़ों के बीच भी एक अजब वाला पेड़ दिखा। एक महाकाय तरुवर। ज़मीं पर लम्बलेट। उलट लें या पुलट लें, जिस तरह चाहें जाँच लें, गर इसमें जान का एक क़तरा भी पाएँ तो मेरा सर आप जनाब लोगों की जूती पर। ऐसे ठूँठ और मुकम्मल तौर से मुर्दा दरख़्त के बदन से जब दीगर शजर पनपता दिखा तो भेजा भंड हो गया। यह कैसे हो सकता है? यह किस विध हुआ? क्या मौत वन में आकर ख़ुद फ़ौत हो जाती है? क्या यही है वह जिसे पुनर्जन्म कहते हैं लोग? क्या मैं भी नालबद्ध हूँ अपने पूर्वजों से, इसी किसी तरह?

वास्तव में आज अजीब चीज़ों से रूबरू होने का दिन है, ऐसा सोचते हुए आगे बढ़ा। पैरों तले पत्ते खड़खड़ाए। यह कराह नहीं वह पुकार थी, पत्तों के तले छुपी पूर्वजों की पुकार। क़दम-ब-क़दम आज वे मेरे संग। यहाँ कोई डगर अछूती नहीं। अब कोई राह अनजानी नहीं। हर डगर ख़ुद एक साथी, हर डगर पर एक साथी। एकाकीपन, नीरवता, एकान्त ऐसी कोई शै दुनिया में शायद होती ही नहीं। मन में जो उस पल कौंधा वो 'सफ़र डायरी' में इस तरह शाया हुआ—

बढ़ाता है कौन पेंगे
किसे झुला रही हैं हवाएँ
झुकी हुई हैं अब भी शाखें
पत्तियाँ थरथरा रही हैं,
पीछे छूट गया है
एहसास किसका
कौन इधर से गुज़र गया है?

कैसे बनीं ये वीथिकाएँ,
लिपट कर पत्तियाँ जिनसे
मातम मना रही हैं,
पंखुरियाँ झर रही हैं गुलों से
कलियाँ कुनमुना रही हैं?
किसके होने का विभ्रम यहाँ है,
थमी है ऊष्मा किसकी
अब भी हवा में?
ये किसके नयन

बिंधते हैं
अरण्य-तिमिर
जुगनू बन स्याह रातों में?

गुज़रगाह से गुज़रने वाले
तुम गुज़र कर भी नहीं गुज़रे,
नाकामयाब रहीं काल की
तमाम कोशिशें
वजूद तुम्हारा मेटने की।
ठिठके हो तुम
निरवयव
घुल कर
सारी कायनात में।

उसी शाख पर
अब बैठा हूँ मैं,
हिंडोलक है पवन
पर्ण-तृण-विहग-विटप
संग-संग झूमते हैं,
रति मग्न हैं मृग
माटी घूमर खेलती है,
अपनी नश्वरता से आक्रान्त
मैं अनमना
मुझे गुम होने का भय
सालता है।
घुल कर बचे रहने का
इल्म
सीखना है
अभी मुझको।

बूँद-बूँद चाँदनी

6 मई, 2012। अपराह्न चार बजे, शजर-लीक के क़रीब।

हम तीन हज़ार चार सौ मीटर बमुताबिक़ ग्यारह हज़ार एक सौ पन्द्रह फ़ीट पर खड़े हैं। घुत्तु से अब तक साथ रहे जंगलात को अलविदा कहने का वक़्त हो चला है। भिलंगना घाटी आगे जाकर बाएँ घूमती दिख रही है। बाएँ यानी पच्छिम यानी खतलिंग बमक की ओर। थलेसागर, जो इस मोड़ के दाहिने है, अभी दृश्यमान नहीं। अलबत्ता उससे बहकर नीचे आया ग्लेशियर ब-ख़ूबी नज़र में है। वहीं कहीं होगी भमक-त्रिवेणी। बोले तो खतलिंग, थलेसागर और फतलिंग बमक की संगम स्थली या कि जग में चरितार्थ 'ज़ीरो पाइंट'।

आदित्य दो दिनों से गुमसुम, अनमना सा है। अव्वल तो वो बदलियाँ ढाँप पड़ा रहता है, भूले से कभी निकला तो फुस्सी बम सा फिस्स-फुस्स कर लौट जाता है पुनः बदरिया-देस में। उस पर पिछले दो दिनों की भरपूर बरखा व बर्फ़बारी। नतीजा यह कि मारे जाड़े के हमारे बदन जकड़ से गए हैं। इसी जाड़े के चलते ही हमारी देखी-भाली भिलंगना घाटी भी अनजानी सी लग रही है। जहाँ तीन बरस पहले हिमोड़ और कूदती-फाँदती, तक़रीबन उच्छृंखल, भिलंग देखी वहाँ अब है फ़क़त बर्फ़।* सीधे-सीधे कहूँ तो घाटी उस पार से इस पार तक हिमादृत। जो भूमि के छोटे-छोटे टापू न दिखें और न दिखें हिमावरण को भेद बाहर निकलते इक्का-दुक्का भोजपत्र या जुनिफर तो यह इलाक़ा निस्सन्देह ग्लेशियर मान लिया जाए।

अच्छा तो लोग ठीक ही कहते थे कि कल्याणी के बाद इतना बर्फ़ है कि आगे जाना नामुमकिन। तब हमने उनकी न मानी। अब अपने होश फ़ाख़्ता। उर से उत्साह फुर्र। ख़ासकर यह सोच कि कहीं नदी पर का पुल बर्फ़दोज़ न हुआ हो? और इस चिन्ता से भी कि अभी तो पाँच-सात हज़ार फ़ीट और ऊपर जाना है, जब यहाँ यह हाल तो उधर क्या होगा? सब सोचें कि अब करें क्या? बढ़ें आगे या लौट चलें क्या?

---

* हिमोड़—Moraine

भरिक किंकर्तव्यविमूढ़।

राजी चुप्प।

रनी ने कहा, "आगे और भी मस्त सीन है, मेम।"

सोनी ने पूछा, "ट्राय करेंगे, सर?"

अपर्णा का उत्तर, "आगे बढ़ेंगे, सोनी।"

और मैं? मेरा क्या? मेरे सामने हिमालय। मैं उससे प्रणयबद्ध। मैं उसके हुस्न का कायल। हिया मेरा हुलस-हुमक। पिया मिलन, नयन झर-झर। इश्क़ में डर का अवकाश किधर? मैं प्रेम पगा, मैं प्रेम विह्वल। निरन्तर के अनन्तर भी जहाँ आनन्द भंग न हो, प्रेम वह स्थिति। मुझे तो जाना ही जाना अपने महबूब के क़रीब। इतने क़रीब कि एक हो जाएँ निःश्वास हमारे। धड़कें हिया हमारे यकसंग!

'ट्राय करेंगे, सर'—सोनी का सवाल हवा में टँगा था। दो पल लगे स्वयं को सँजोने में। फिर 'ज़ीरो पाइंट' को इंगित करते हुए बोला, "सोनी भाई अब नो अगर-मगर। सीधे उधर।"

सोनी के मुख पर संतोष उभरा। विहँस बोला वो, "सर, 'ज़ीरो पाइंट' तो आप पहले जा चुके। हम वहाँ रिपीट नहीं जाएँगे। उधर पहुँचने में एक दिन और लगेगा और पोर्टर भी थक जाएँगे।"

"सोनी, यहाँ के हालात देख लगता तो नहीं कि बक्करवालों का पुल चाक-चौबन्द मिलेगा। ऐसे में उद्गम तक गए बिन नदी पार कैसे जावेंगे?" यह जिज्ञासा मेरी थी।

मेरा प्रश्न हल होने की राह देखे बग़ैर अपर्णा बीच में बोल पड़ी, "सोनी, यहाँ तो नदी भी बहती नज़र नहीं आती। बर्फ़ यकसर है। आराम से चलकर उस पार पहुँचा जा सकता है। पुल-शुल ढूँढ़ने या ग्लेशियर तक जाने का लफड़ा ही ख़त्म।"

"न...न...मेम। यह सॉलिड नहीं फ्रेश स्नो है। नद्दी इसके नीचे बहती होगी। फ्रेश स्नो के भरोसे आगे बढ़े तो सब डूब जाएँगे।"

"फिर?"

"आप लोग यहीं रेस्ट करो। रनी को आगे भेजता हूँ रेकी के लिए। जहाँ आसपास पानी होगा या नद्दी तक जाने का रास्ता दिखेगा, वहीं कहीं कैम्प करेंगे। कल तलासेंगे उस पार जाने का पाइंट।"

हम-दोई के मुख से एक साथ निकला, "ओक्स!"

नाज़नीन-ओ'-हज़रात बिलआख़िर हम पहुँच गए उस नाके पर जिसके इस बाजू है अरण्य, उस बाजू हिमादृत जगत्। एक ओर आदम-राज दूजी तरफ़ हिमाला अधिराज। गिरिराज में आदमी का गुज़र चालाकियों किंवा जालसाजियों से होना नामुमकिन। नपुंसक हो जाते हैं उधर, उसके जाने तौर व सोचे तरीक़े। कि इस नाके के उस पार जाने की शर्त निर्बन्ध मन।

यहाँ मेरा दिल मचल रहा है, आप संग-सफ़र से दीगर दो बातें साझा करने को। साहेब लोग जो इजाज़त दें तो यहाँ दो घड़ी ठहर जाऊँ? ऐसा नहीं कि जो कहूँगा उससे आप बेख़बर होंगे, ऐसा भी नहीं कि यह सब अनुभव करने वाला मैं कोई पहला आदमी हूँ। फिर भी सुन लें कि आपके सहयात्री को चैन मिलेगा। तो जनाब पेश है पहली बात। होता यह है कि यात्राओं की यादें मित्रों के साथ जब भी बाँटने बैठता हूँ उनमें जाग जाती है ललक गिरिराज की। वे इसरार करने लगते हैं, "अजय भाई कभी हमें भी साथ ले चलो। दो दूनी चार में जीवन खप गया। दिल करता है कि अब मौज़ करें। मस्त घूमें। हिमालय पर जाएँ।"

"क्यों नहीं। अगली बार आपको याद करता हूँ।"

अगले अभियान पर जब याद करो तो दुनियावी जंजालों से छूटने के ख़्वाहिशमन्द मित्र ढूँढ़े नहीं मिलते। जो मिलें भी तो सुनने को मिलता है, "भाई, एक-डेढ़ माह की छुट्टी लेना अपने बस का नहीं।"

या फिर "अरे थोड़ा पहले बताते तो साथ हो लेता, अभी एक नया प्रोजेक्ट हाथ में लिया है...यू नो...अगली बार पक्का...।"

प्रथम बात समाप्त।

अब मेरा रुख़ दूसरी बात की ओर। जो दरअसल एक तीता अनुभव है। एक क़िस्सा है।

इस क़िस्से का नायक है बुज़ो। लेब्रेडॉर प्रजाति का एक बेहद समझदार कूकुर। वो था तो हमारे रिश्तेदार का पालतू, किन्तु हमें भी उससे बेहद लगाव था। उनके यहाँ जब जाओ आगे बढ़ स्वागत करता व घर के अन्य बच्चों की तरह लम्बलेट हो हमें धोक भी लगाता।

एक बार यूँ हुआ कि लम्बे अर्से बाद हम उस रिश्तेदारी में पहुँचे। बुज़ो दालान में बैठा था। वो बैठे-बैठे ही भूँका। खड़ा हुआ न धोक लगाने आगे ही बढ़ा। दस बरस के कूकुर ने हमें इस तरह नज़रअन्दाज़ पहले कभी न किया था। हम अचरज में। कि ख़ुशी से उछल और टूटकर मिलने वाला बुज़ो कहाँ गुम हो गया? हम माज़रा देख-समझ रहे थे कि इतने में घर मालकिन बाहर निकली। मैंने पूछा।

"ये बुज़ो को क्या हुआ? बीमार है या भूल गया है हमें?"

"नहीं तो, पर आपको ऐसा क्यों लगा?"

"दरअसल इसका व्यवहार बदला-बदला है। न तो हमेशा की तरह वह खट्ट-दनी खड़ा हुआ न मिलने आगे ही आया, इसलिए..."

वो हँसते हुए बोली, "आज यह थोड़ा मायूस है। आपने ध्यान नहीं दिया शायद कि वो बँधा है।"

"अरे हाँ! पहले तो ये घर में खुल्ला घूमता था...अब...क्यों?"

"जीजाजी, दो-तीन दिनों से एक कुतिया द्वार पर आ डोरे डालती है और ये भोंदू उसे देख बावला हो जाता है। घर से बाहर जाने को मचलता है। एक बार तो कूदकर उसके साथ...इसलिए आजकल उसे बाँधकर रखते हैं।"

"जीव है यह भी, इसका भी तो मन करता होगा," अपर्णा के कहे में शरारत थी।

"आत्या, प्रोपर जगो, ले जाओ तो निखट्टू-सा बैठा रहता है। और यहाँ एक मरगिल्ली कुतिया देख इसकी लार टपकती है..."

"दिल लगा गधी से तो परी...," मेजबान व अपर्णा ठठाकर हँस पड़े।

इधर मैंने ग़ौर किया तो पाया कि बुज़ो की गलपट्टी कुर्सी के पाये से बँधी थी। टेंट हाउस टाइप प्लास्टिक की कुर्सी के पाये से। वस्तुतः छटाँक भर की कुर्सी से मन भर का बुज़ो तो पलक-झपक गति से बरी हो जाए। पर वो यूँ बैठा है मानो किसी मज़बूत खूँटे से बँधा हो। लगा जैसे बुज़ो को बाँधा नहीं गया वरन् वो बंधन अंगीकार कर चुका। निज एषणाओं को दरकिनार कर स्वीकारा गया बंधत्व।

भूख का डबका और आश्रयहीनता का खटका कैसे प्राणी के तन-मन को ग़ुलाम बनाता है, इसका सबूत मेरे समक्ष पनियल नयन लिए बैठा था। इलहाम हुआ कि आदमी न भूख से मरता है न निर्धनता से। फ़ौत होता है वो उम्मीदों के टूटने से। कि आस के स्खलन से आदमी हो जाता है निर्वीर्य और नपुंसक।

बहरहाल, आज़ाद पैदा हुए, ताउम्र मानसिक बेड़ियों में जकड़े रहे बुज़ो पर बिलआख़िर कैंसर की इनायत हुई। देह से छूटने के बाद भी बद्ध-आत्मा मुक्त होता है या नहीं, कौन जाने?

यात्रा से दीगर जो दो बातें कहनी थीं, कह चुका। लिहाज़ा लौटता हूँ अब वहाँ जहाँ था। यानी बन व बर्फ़ के दरमियानी नाके पर। यह नाका हक़ीक़तन पृथ्वी इतिवृत्त के दो युगों का दरमियानी इलाक़ा है। लीक लाँघी कि युग बदला। बोले तो आप अधुना-युग से पहुँचे सीधे प्लेस्टोसीन-युग में।[77] वो भी बिन टाइम-शिप, क़तई पैर-पैदल! युग-लंघन की शर्त निपट एक, निर्बन्धता। जेहन में घर-संसार लादे फिरने वाले यहीं थमें। जिन्हें है शौक़ महज़ दश्तग़र्दी का, लौट जाएँ यहीं से।* मुरीद-ए-ग़ैबगर्दी पार करें यह लछमन रेखा। जो चल सकें क़ुदरत के

---

* दश्तगर्दी—जंगल घूमना।

भरोसे, बढ़ें आगे। तेगो-तुफ़ंग से दुनिया चलाने वाले, पीछे हों।* गोकि उस पार गए तो घर लौटना या न लौटना गिरिवर पर निर्भर। लिहाज़ा लज़्ज़ते क़ुदरत पर जां छिड़कने वाले, बढ़ें आगे।

हमन पर आलम-ए-दीवानगी तारी। हमन को तो जाना आगे, हर हाल। चुनाँचे बैठे हैं हम-दोई यहाँ एक शिला पर। हमसे थोड़ा परे बैठी है राजी। तीनों देख रहे हैं उधर, जिधर गया है रनी।

रनी को रेकी पर जाके आधा घंटा हो चुका। आसमाँ में अजीब सी हलचल है। यूँ कि हमारे ठीक ऊपर, गिद्धनुमा एक पाखी चक्कर काट रहा है। उसकी उड़ान में हवाई जहाज़ की सी गूँज। एक लल्लू से पंछी के डैने कितना हल्ला कर सकते हैं यह कभी न जान पाता जो आज इस नभचर से वास्ता न पड़ता। बहरहाल, घाटी में घुर्मित भाँय-भाँय का असर भेजे पर ऐसा हुआ कि उधर पड़ी अपशगुनों की फ़ेहरिस्त सतह पर तिरने लगी। जैसे कौवे का सर पर बैठना, कूकुर का घर आगे रोना और गिद्ध का सर पर घूमना—सब अनहोनी की पूर्व सूचनाएँ। बाप रे, क्या करूँ? मन में उलझन। अपर्णा से कहूँ या चुप रहूँ? पर जो पुरखों का कहा सच हुआ तो...हाय! मैं क्या करूँ...कहूँ कि चुप्प रहूँ? बात लब तक आए पर कही न जाए। हृदय बेकल, जीभ बेकस।

बाज लोग मुझे 'सरकी रकम' या कि पगलैट सोचेंगे। बोलेंगे कि दो पल पहले तो बन्दा आज़ाद-मिज़ाजी के नारे बलंद किए था, जबकि ख़ुद क़ैद है अन्धविश्वासों के जँगले में। किन्तु श्रीमान लोगो जरा सोचिए कि क्या आदमी महज़ पेट की अगन किंवा छत की लगन का ही बन्धक है? बिरादरी भी तो घेरती है आदमी को रस्म-ओ'-तहज़ीब के दायरे में। मुश्किल वक़्त की रगड़ से अक्ल पर चढ़ा स्कूली-तालीम का मुलम्मा जब उतरता है तो नमूदार होता है एक दीगर आदमी। कँपकँपाता और कमज़ोर। जिस पर काबू पाना महाकठिन। चाहे जो जतन करो, जितना चाहे भीतर ठेलो, ससुरा बारंबार आ ही जाता है सतह पर। पानी में डुबकोई गेंद की तरह। बचपन में पड़े संस्कारों के दूरगामी असर देखना हो तो अपने श्रीहरिकोटा को ही देख लीजिए। जहाँ वैज्ञानिक सेटेलाइट प्रक्षेपण पूर्व सातिया माँडते या नारियल बदारते बरामद होंगे। जिस देश का वैज्ञानिक संस्कारों के आगे लाचार हो तो उसी माटी से बना मामूली आदमी गर सर पर मँडराता उकाब देख घबड़ाए तो उसे विडम्बनीय न माना जाए। विशेषत: तब जब कि मैं बिन-प्रयास नहीं बैठा रहा। बहुतेरे जतन किए कि अवचेतन काबू में आए। कि उसकी गति यहाँ-वहाँ हो जाए। आसपास गिरते पत्थरों पर ध्यान लगाया, वादी को रह-रह झकझोरते एवलांच ओन को सोचा। हमें

* तेगो-तुफ़ंग—तलवार व बन्दूक़

देख चीख़ते हुए घाटी के पार जाते मोनालों के चित्र खेंचने की कोशिश की।* इस पर भी बात न बनी तो समझाया स्वयं को कि पंछी जनमपत्री बाँचना थोड़े ही जानते हैं। कि कुछ देर उड़-आड़ कर लौट जाएगा पाखी अपने घर। पर हर विवर्तन के साथ उकाब को अपने क़रीब आता देख मैं विचलित हो गया।

"मैडम जी, यह गिद्ध क्या हमें अपना शिकार मान बैठा है," मैंने अपर्णा से दरियाफ़्त की।

"तुम न हर्मेश पेड़-पाखी पहचानने में गड़बड़ा जाते हो। सोडानी साब, यह गिद्ध नहीं लेम्मरगेयर है।"

सच ही कहा अपर्णा ने। पाखी-पेड़-फूल चीन्हना मेरे बस का नहीं। अपना हाल यह कि आम और जाम के पत्ते में तपातकर ख़ुद की पीठ ठोंक लेता हूँ। रोज़मर्रा के कुछ शहराती फूलों के बाद किसी अन्य फूल को पहचानने में अपने हाथ-पग फूल जाते हैं। ऐसे मनक के लिए हवा में उड़ता पक्षी पहचानना नितान्त से भी बढ़कर असम्भव। ईमान से कहूँ तो इन सबको पहचानने का ज़िम्मा हमेशा अपर्णा का ही रहा। कि जो वो जीवन में न हो तो मेरा जगत फूल-पाखी विहीन हो जाए।

बप्पा रे! मैं चल पड़ा फिर उलट दिशा में। हम-दोई के सम्बन्धों की दास्ताँ सुनने थोड़े ही आए हैं आप लोग। सो इस बात को यहीं छोड़, आता हूँ क़ायदे में। और लौटता हूँ अपने लेम्मरगेयर यानी हड़फोड़ा यानी अलज याकि भास पर।

कहते हैं कि दस फ़ीट जित्ते फैलने वाले डैनों के सहारे यह पाखी चौबीस हज़ार फ़ीट की ऊँचाई नाप लेता है। गोया तभी वेदों ने इसे आकाश-देवता बताया है। बात समीचीन है सो कह दूँ कि हड़फोड़ा ही वाल्मीकि का दढ़ियल लाल आँख वाला अरुण-सुत जटायु भी है।[78]

वैसे हड़फोड़ा नाम इस पर क़तई सटीक बैठता है। यूँ कि इसके शिकार करने, खाने के तौर-तरीक़े अनूठे जो ठहरे। अपने शिकार की हड्डी तक नहीं छोड़ता यह। छोटी वाली सीधे निगल जाता है। और बड़े हाड़ को आसमाँ से नीचे पत्थरों पर पटक फोड़ने के बाद निगलता है। अभी यह ख़याल मन में आया ही था कि हड़फोड़ा तेज़ी से नीचे उतरा। लगा कि बस हम पर टूटा कि टूटा। कि दीदे हमारे नुचे कि नुचे। वो दन्न से नीचे आया, सामने से तूफ़ान की मानिंद गुज़रा और धपाक से जा बैठा हमसे थोड़ा परे। हिचकोले खाती श्वास पर काबू पाने पर ध्यान आया कि वो ठीक वहीं बैठा था जहाँ हमें दिखी थी एक लाश। लोमड़ी की लाश,

---

* हिमालयीन मोनाल। 6500 से 16000 फ़ीट पर पाया जाने वाला मयूर-प्रजाति का पाखी। जो उत्तराखंड व हिमाचल प्रदेश का राज्य तथा नेपाल देश का राष्ट्रीय पक्षी है। यह ज़मीन पर ही अंडे देता है और वज़नी काया के चलते एकाएक ऊपर को उड़ने में अक्षम होता है।

बल्कि कहना चाहिए खाल। हड्डी नहीं, गोश्त भी नहीं केवल चमकीली भूरी रोएँदार खाल।* बापड़ा हड़फोड़ा मँडरा रहा था लोमड़ी पर और मैं अपनी खोपड़ी फोकट ही खपा रहा था। हिमाला कर देता है दूध का दूध पानी का पानी। मुझसे विभ्रमितों को परिष्कृत करने वाला धोबीघाट है हिमाला।

वहम टूटना एक बात, इस पाखी को लेकर इत्मीनान होना दीगर मसला। शिकारी का क्या भरोसा, मन मचले तो हम ही पर टूट पड़े? सोच फिर विपरीत दिशा में चल पड़ी, लिहाज़ा अपने हाल फिर बेहाल। जब भी हड़फोड़ा ऊपर मँडराता दिखे जी दौरा होने लगे। जगह ख़ौफ़नाक लगने लगी। ऊपर से तुर्रा यह कि सब चुप। सब अपने में डूबे। कोई गप छिड़े तो ध्यान बँटे, वक़्त कटे।

यहाँ-वहाँ देखते भान हुआ पिघलती बर्फ़ का। ध्यान आई कीड़ाजड़ी।

"राजी कीड़ाजड़ी ऐसी ही जगहों पर मिलती है न।"

"जी, सर।"

"रनी लौटे तक एकादा जड़ी ढूँढ़े?"

"सर, अभी नहीं मिलेगी। बर्फ़ थोड़ी कम हो जाए तो..."

"कोशिश करते हैं, शायद मिल जाए।" अपर्णा की रुचि भी चमकी।

"मेम, बहुत मुश्किल से मिलती है कीड़ाजड़ी। पेट के बल घसीटते हुए पहाड़ चढ़ना होता है। भीगी ज़मीं से बदन ऐंठ जाता है। दिन-दिन भर पहाड़ खोदें तब मिलती है दो-चार जड़ी।"

"बाप्प रे इतनी मेहनत! कितने में बिकती है यह जड़ी?"

"सर, हमें तो ठेकेदार एक पीस सौ रुपये में दे देता है, आगे का नहीं मालूम।"

"ठेकेदार? यानी क्या सरकारी ठेका निकलता है?"

"नहीं सर! जड़ी तो बैन है। लोकल अपने यूज के लिए खोद सकते हैं। कुछ लोकलों की आगे सेटिंग होती है..." कहते हुए फूट पड़ी उसकी वही मजीरे की सी हँसी। उफ़! ये लड़की बात-बेबात हँसती क्यूँ है?

ख़ैर, मालूम हुआ कि जड़ी-बूटी की तस्करी गढ़वाल में आम है और जगज़ाहिर भी। देश-विदेश की आयुर्वेदिक या यूनानी दवा कम्पनियाँ तस्करी में सीधे अथवा परोक्ष से जुड़ी हैं। ख़ैर, अपन को क्या! अपन कोई खोजी पत्रकार तो हैं नहीं। सो इस दिशा में सर क्यों खपाएँ? बाक़ी रहा सवाल कीड़ाजड़ी का तो उसके बारे में तो बहुत कुछ कहना बच रहा है। पर अभी नहीं। आगे कभी। अभी तो रनी दिख रहा है। पागलों की तरह दौड़ता, रनी।

क्या हुआ? क्या कोई अनहोनी गुज़री है उस पर?

"क्या हुआ रनी," मैं गला फाड़ चीख़ा।

---

* Snow fox

"स...र...ऽऽलू...मेम...लूऽऽ..."

"क्या...क्या?"

"जल्दी...सर...भाऽऽलू...लू..."

"भालू!!" कानों के क़रीब जैसे कोई बम फटा।

आगे न कुछ सुन पड़ा...न सुनने की दरकार लगी। प्राण-वायु विरल प्रदेश का ख़याल बिसरा गया। धाया मैं अपने पैर सर पर धर। बर्फ़ पर दौड़ना वर्जित। ताज़ा पर तो क़तई मना। पर मैं दौड़ रहा था, पीछे अपर्णा, उसके पीछे राजी। सोनी हतप्रभ!

पाँच-सात मिनट में हम वहाँ थे जहाँ रनी तीन भालू दिखने का दावा कर रहा था। एक मादा संग दो बच्चे। अफ़सोस कि अब वहाँ वे न थे। वहाँ बिछा था बर्फ़ का शुभ्र क़ालीन। क़ालीन पर थे कुछ पैर-छाप। बक़ौल रनी भालू के पैरों के निशान। मेरा हत भाग्य कि मुझे रनी के संग रेकी पर जाना न सूझा। काश कि सूझता। इस 'काश' से बेहूदा और लीचड़ शब्द मेरे जाने कोई नहीं। जैसे भिनभिनाती मक्खी। लाख भगाए, न भगे। उम्र खप गई मगर 'काश' न हटा जीवन से।

"रनी...किधर गए वे?"

"उधर सर," रनी ने तर्जनी सामने को तानी और आगे बोला, "सर, बच्चे वाली है। फिर लौटेगी। शाम को नहीं तो सुबह..."

"क्या यहीं-कहीं कैम्प नहीं लग सकता?"

"आप यहीं रुको। मैं नीचे जाकर देखता हूँ। कोई साइट मिल जाए शायद।"

"नहीं, मैं भी चलूँगा साथ।" धार लिया कि आगे से रनी से चिपककर चलूँगा।

क़रीब पन्द्रह-बीस मिनट नीचे उतरने के बाद एक टापू दिखा। हिम प्रदेश में माटी का ज़जीरा। समतल नहीं ढलानयुक्त। मायने यह कि आज रात अधखड़े गुज़ारनी होगी। कोई गल्ल नहीं। अलावा ढालवाँ होने के, जगह हर मायने में मुफ़ीद जो थी। वो ऐसे कि जब मन करे 'भालू पाइंट' पर पहुँचा जा सकता है और यह भी कि इधर पर नदी का स्वर सुनाई दे रहा है। यानी भिलंगना भी क़रीब ही होगी। भालू दिखे न दिखे पर कल नदी अवश्य दिख जाएगी।

साथियो, आगे बढ़ने से पहले आपके सामने कुछ कबूलना चाहता हूँ। वो यह कि इधर कुछ काल से मन मेरा ख़स्ताहाल है। कोई ख़लीश है उधर। कुछ उलझन, किंचित् तहाशा भी तारी है वहाँ।* नामालूम क्यों मुझसे इन दिनों दश्त-ओ'-दरिया का नज़ारा देर तक बरदाश्त नहीं होता। जब सामने हो दरिया या कि जंगल या फिर कोई जीव-जनावर तो एक अजीब क़ैफ़ियत मुझ पर तारी होने लगती है। सीना

* तहाशा—चिन्ता, भय।

सूना हो जाता है। लुब लगता है लुपलुपाने।* सरग़ोशी होती है कानों में कि 'यह न बचेगा, मरेगा यह भी'। गोकि दिखते हैं ये सारे बूचड़ख़ाने में क़ैद बकरों के से। जान पड़ता है ज्यूँ उनसे मेरी यह आख़िरी मुलाक़ात हो। लिहाज़ा टूटकर देखता हूँ उन्हें। डूब के सुनता हूँ उनके कातर स्वर। और हो जाता है मन उद्विग्न। कोसने लगता है विकास-गँड़ासा काँधे पर लिए फिरने वालों को। दूर बहती भिलंगना के स्वर फ़िलवक़्त मुझे उसी मनोदशा में ठेल रहे हैं। सरगोशी कर रही है हवा, 'यह न बचेगी, मरेगी यह भी'।

अभी टेंट लगे नहीं हैं। भरिक अभी बस पहुँचे ही पहुँचे हैं। इस बीच ग़ैब से एक-एक कर निकले श्वेत-श्याम बदलियों के झुंड फैल गए हैं नीलाभ नभ में। बेचैन हो मैं टहलक़दमी कर रहा हूँ। अपर्णा मेरी बेक़रारी को लक्षित करती है।

"क्या हुआ? तबीयत तो ठीक है न तुम्हारी?"

"भिलंगना नहीं बचेगी, भसकेगी यह घाटी बेशक, अगली बार यहाँ आए तो खतलिंग-फतलिंग ढूँढ़े न मिलेंगे...लाख कोशिश करे नहीं मिलेंगी महासीर और नवमाछ..."[79]

"ऐसी सरकी बातें कर मेरा दिमाग़ ख़राब तो करो मत। अव्वल तो हम क्यों आवेंगे तीसरी बार इस घाटी में? कल के कल अपन नदी पार करेंगे और कुछ ही दिनों में पहुँचेंगे केदार। ख़ुदा न ख़्वास्ता जो तीजा फेरा लगा भी तो तुम्हें तुम्हारा हिमालय और यह नदी जस की तस ही मिलेगी। मेरी गारंटी लो और चिन्ता तजो। यह सब हज़ारों बरस से ऐसा ही बना है, आगे भी रहेगा..."

"नहीं रहेगा...अभिशप्त है यह परिक्षेत्र...नेस्तनाबूद होगा, जान लो। क्या हज़ारों बरस पूर्व इस विकास शब्द का आशय वह था जो आज है? नहीं न...यह सुरसा-मुखी शब्द...लील लेगा सब..."

"फिर करी पग्गलों वाली बात। फिर पड़ गए विकास के पीछे। अरे! हज़ारों साल से आदमी जैसा का वैसा थोड़े है, न धरती ही और जीव-जन्तु ही जैसे के तैसे ही हैं। सब बदला है, आगे भी बदलेगा। विकास के बिना आदमी की गति नहीं। बदलाव के बग़ैर क़ुदरत भी सड़ जाए।"

"यही तो गड़बड़झाला है। जिस बदलाव का वास्ता तुम देती हो वह है इवोल्यूशन। कायनात की हामी से हुआ अभ्युदय बोले तो क्रमिक विकास। इसे और आदमी द्वारा जबरिया किए जा रहे त्वरित विकास को एक बराबर कैसे माना जा सकता है? धीमी गति से होने वाले बदलाव आदम व क़ुदरत पर औचक दाब नहीं डालते। ऐसे बदलावों से प्राणी जगत और क़ुदरत की तमाम प्रणालियाँ शनैः-शनैः एकलय हो जाती हैं। इसके बरअक्स मानव संचालित, द्रुतगति से किया गया

* लुब—आत्मा; लुपलुपाना—लड़खड़ाना

कायापलट-विकास समाज और कायनात को भौचक कर देता है। जितना कायाकल्प पहले पुश्तों में हुआ करता था उतना तो आजकल हफ़्तों में हो जाता है...," मेरी टहलक़दमी तेज़क़दमी में तब्दील हो रही थी।

"माना कि विज्ञान के चलते परिवर्तन की रफ़्तार इन दिनों तेज़ है। परन्तु बदलाव तो बदलाव है। जो हज़ार दिन में होने वाला कारज एक हफ़्ते में हो तो तुम्हें गुरेज़ क्यों?"

"मैडम जी, हमें समझना होगा विज्ञान और तकनीक का विभेद। तकनीक को विज्ञान कह परोसने की परिपाटी से सावधान रहना ज़रूरी। कारण कि विज्ञान देता है समझ, क़ुदरत के कारोबार को बूझने की सूझ। ये सूझ जब आदमी के हाथों रूपायित होती है तो प्रकट होते हैं औज़ार। सार ये कि औज़ार या कि तकनीक ठहरे मानव आविष्कारित शै। वे विज्ञान उत्प्रेरित सही पर विज्ञान नहीं। और हर तकनीक क़ुदरत के हित में काम करे, यह क़तई आवश्यक नहीं। रही परिवर्तन-गति की बात तो कह दूँ कि गतिमय होना एक बात है, गति-अन्ध होना दूसरी। हमें तय करना होगा कि विकास आदमी के लिए है या आदमी विकास के लिए। रद्दोबदल सोखने की क्षमता सबकी एक सी कहाँ होती है...अपने यहाँ जो मछलीघर है उसी को लो। जो उसका सारा पानी अचानक बदल दें...अरे पानी छोड़ो जो अँधेरे कमरे में एकाएक बत्ती ही बाल दें तो क्या होता है? मर जाती हैं न एक-दो मछलियाँ... बदली परिस्थिति, ख़ासकर धड़नतख़्ता बदलावों का असर समाज और कायनात के हर तबके पर अलग होता है...और...औरऽऽ...तदनुरूप ढलने में वे लेते हैं अपना समय...इसी बीच गर दूसरा बदलाव आ जाए तो जान लो कि आ गई शामत कमसिन क़ुदरत और कमज़ोर समाज की..."

"तुम ख़ामख़ा जज़्बाती हो रहे हो। अरे भई चरम पर पहुँच स्खलन होना तो लिखी बात है। नवी बस्तियों के नीचे नामालूम कित्ते क़ब्रिस्तान होते हैं?"

"हाँ, होता है स्खलन क़ुदरतन। पर इसके मायने यह तो नहीं कि हम अपने हाथों ज़मींदोज़ कर दें पिछला सब कुछ। क़ैद करके सीखचों में प्रकृति को बाध्य करें उसे हमारे मन मुआफ़िक रचने-उठने-बैठने को? मैडम जी, जज़्बातीयत यानी भावुकता कोई पाप नहीं। काम्य है। बीनाई को गहराई यही तो देती है। मौज़ूद तक महदूद नज़र का तिलिस्म टूटे तो दिखे कि बेहतर आज अतीत को एकमुश्त ख़ारिज करके नहीं बनता। वह बनता है उसे सहेज-सँवार संग ले चलने से..."

"तुम कहना क्या चाहते हो? क्या यह कि हम पिछले से आगे बढ़े ही नहीं? जीयें आदिम संस्कृति, रहें बीहड़ों में?"

"नहीं। मैं शायद अपनी बात ठीक से समझा नहीं पा रहा। देखो, तुम जिसकी बात कर रही हो वो हमारा गढ़ा है। समाज, संस्कृति, देश आदि सब। अपने गढ़े में

खोट काढ़ उसे पुनर्सृजित, पुनर्गठित करने का हक़ है हमें। किन्तु प्रकृति विरचित को 'बीहड़', 'ऊसर', 'बेकार' करार दे, उसे नेस्तनाबूद कर नए सिरे से गढ़ने का हक़ हमें नहीं। ख़ासकर तब जब कि हमें ठीक ख़बर भी नहीं कि सृष्टि ने ये तथाकथित अविकसित चीज़ें क्यूँकर रचीं। सम्भव है कि हमारी निगाह में बेकार ये रचनाएँ प्रकृति के हक़ में बेहद ज़रूरी हों। उसके कारोबार को सुचारु और संतुलित ढंग से सम्पादित करने हेतु परम आवश्यक। नवज्ञान के दम्भ में जब इनसे छेड़-छाड़ की जाती है तो घटित होता है विनाश..."

"ओ.के. बाबा तुम सही, मैं ग़लत...ओऽऽए...ऐऽऽ...देखकर...पीछे कगार है...गिर जाओगे...अब बावले मनक सा घूमना बन्द करो। इधर आओ...मेरे पास... देखो अपने हिमाला को। यहाँ विकास...मतलब तुम्हारा वो कायापलट विकास जब होगा तब होगा। फ़िलवक़्त तो ग्लेशियर मज़े से हैं और बहती भिलंगना का स्वर सुन पड़ रहा है..."

"मुश्किल यही तो है कि तुम वह देख नहीं पा रही जो मुझे दिख रहा है। देवलिंग में जविप बन चुकी। आगे-पीछे कल्याणी से होते हुए योजना यहाँ भी पहुँचेगी। लगभग इधर। खतलिंग से निकलते ही भिलंग को दबोच ठेल दिया जावेगा सुरंग में। इन कारस्तानियों के फलस्वरूप खतलिंग तेज़ी से पिघलेगा और यह घाटी धसकने लगेगी।"

"अब यह क्या बात हुई, भला घाटी क्यों धसकेगी?"

"ध्यान करो जो हमने तीन बरस पहले विशाल रंजन से सुना था। उसने बताया था न कि 'लेटरल वैली' होने से भिलंगना घाटी की तासीर दूसरी घाटियों से अलहदा है। कि इसमें मानव-हस्तक्षेप सहने की क्षमता बहुत सीमित है।"*

"हाँ, कहा तो था उसने ऐसा कुछ। पर मुझे नहीं लगता कि क़ुदरत यतीम है। न जाने कितने विकट दौरों में न मालूम किन-किन शक्तियों ने बचाया है इसे। वह करती रही है अपनी रक्षा स्वयं भी। आगे भी करेगी। हम कर ही क्या सकते हैं। तुम अपना मन शान्त रखो। कहीं तुम्हारे भीतर का विचलन हमारे अभियान की दुर्गति न कर दे।"

---

* विशाल रंजन से हमारी मुलाक़ात निम, उत्तरकाशी में हुई थी। बाद के दिनों देहरादून के भूगर्भशात्री डॉ. अजय बियाणी से चर्चा में मालूम हुआ कि वास्तव में वैली लेटरल नहीं होती, मोरेन लेटरल होते हैं। और इनकी निर्मिति बमक के फैलने-सिकुड़ने से होती है। बिहानी जी के कहे अनुसार भिलंगना घाटी विशिष्ट अन्य कारणों से भी है। जिनमें सबसे प्रमुख है घुत्तु के समीप से सेंट्रल अपलिफ्ट लाइन का गुज़रना। करोड़ों बरस पहले यूरेशियन प्लेट के इंडियन प्लेट से टकराने के सबब जब धरती समन्दर से ऊपर उठी, हिमालय बना, तो सेंट्रल अपलिफ्ट लाइन का हिस्सा ही सबसे पहले ऊपर आया। आज भी जो हिमालय में हलचल है, वह इस रेखा के गिर्द केन्द्रित है। इसी करके भिलंगना घाटी में भूचाल आने की सम्भावना अधिक होती है।

ठीक ही तो कहा अपर्णा ने। तमाम दुनिया एक सम्त और एक सम्त चन्द मिस्क़ीन।* हम जैसों के एकान्त प्रलाप का हासिल सिफ़र। अत: चुप से अपर्णा के क़रीब बैठ देखने लगा लगते शामियाने व बदलते मौसम।

आसमाँ की रंगत बदल रही थी। यहाँ-वहाँ तिरतीं बदलियाँ एक-दूजे की कलाई थाम नभ से नीचे उतर रही थीं। हौले-हौले। पहले पहाड़ों के शानों को थामा फिर मेरे काँधे पर पैर धरे और कूद गईं वे घाटी की तलछटी में। मचाने लगीं धमाल। करने लगीं शोर। कभी गड़गड़, कभी धड़धड़। कभी धक्कामुक्की करें, हिचकोले खाएँ या बिजुरी चमकाएँ। आपाधापी इस क़दर बढ़ी कि न तो कोई पहाड़ दिखे और न ही आसमाँ। जैसे घोड़ों के दौड़ने से समा धूलमय हो जाता है वैसे ही बादलों की भागमभाग से घाटी धुन्धमय हो गई। इन हालातों में चन्द नाज़ुक मिज़ाज बदलियाँ लगीं सुबकने। कुछ शरीर बादल जो फेंकने लगे थे बर्फ़ के गोले उन पर।

यह सिलसिला कोई दो घंटे चलने के बाद जब थमा तो हल्की धुन्ध बनी हुई थी। भिलंगना घाटी-पेड़-पहाड़ सब एकमिज़ाज हो चले थे। सब सर-ता-पा सफ़ेद झक्क। मायने ये कि कुछ देर पहले तक दिख रहे माटी के ज़ज़ीरे और पत्थरों के टापू भी अब लापता।

सफ़ेदी तो वैसे घोटुल में विराजित लोगों के मुख पर भी पुती थी। सब चुप। हर कोई इस गुंताड़े में कि जो हर दिन मेह बरसने, बर्फ़ पड़ने का सिलसिला यूँ ही चलता रहा तो इस मुहिम का अंजाम क्या होगा? हमने भी चुपचाप प्रदीप की पकाई ख़िचड़ी खाई और चल दिए अपनी गुम्बद-रावटी की ओर।

छह और सात मई की दरमियानी रात, भुलाए न भूलने वाली रात। बेक़रारी के शाने पर सवार शब अंजाम तक पहुँचते-पहुँचते इतनी हसीन हो गई कि उसका सरसरी ज़िक्र बेईमानी। चुनाँचे आपको सुनाता हूँ दास्ताँ-ए-शब सिलसिलेवार।

जैसा कि अभी कहकर हटा हूँ कि रात अपने पहले प्रहर में बेचैनी भरी थी। थोड़ी अभियान की तहाशा और किंचित् भालू आने की आशा, नतीजा यह कि हर आहट पर नींद टूटे। वैसे भी पिछले मुकामों की सी शान्तता यहाँ थी भी कहाँ? कभी अवालांच की गड़गड़, कभी पत्थरों की घड़घड़। यदा-कदा तो पत्थर क़रीब ही कहीं लुढ़कते जान पड़ते। लगता मानो लुढ़काता हो कोई उन्हें डेरे के क़रीब बैठ। मैं दन्न से उठ बैठता और साँस थाम कान जोत देता आसपास की आवाज़ें समेटने में। बाज दफ़ा पत्थर का लुढ़कना और मोनाल का चीख़ते हुए उड़ना साथ-साथ भी सुन पड़ता। ऐसे में भालू के आसपास होने की सम्भावना पुख़्ता सी लगती।

* मिस्क़ीन—दरिद्र, असहाय।

एक-दो बार तो कड़कड़ाते जाड़े को भूल रावटी के बाहर भी गया। टॉर्च बाली। देखा। पर कुछ दिखा नहीं। जो दिखा वह बूझा नहीं। क्योंकि धुन्ध से उलझ जब टॉर्च की रोशनी छितरती तो धुकधुकी होने लगती। काहे कि कोहरे की चादर पीछे हर बार दिखती विचित्र दुनिया, अचिन्त्य आकृतियाँ।* आप जानते हैं कि जो दिख रहा वो भ्रम है, प्रकाश और धुन्ध का रचा मायाजाल! पर जो इस भ्रामक संसार में असल भालू या बाघ हुआ तो? परिणामत: आदमी घबड़ाकर घुस गया हर बार अपने बोरिया-बिस्तर में।

सोने-उठने-घबराने के बीच नींद लगी ही थी कि अपर्णा ने झँझोरा। बोली, "देखो तो बाहर यह शोर क्यों? लगता है सुबह हो गई...," पल भर थम उसने जोड़ा, "वाह! ख़ूब नींद आई आज..."

विडम्बना है कि घर हो या बाहर क्षुधित सदैव संतृप्त के क़दमों तले। ताबेदार की क़िस्मत फ़क़त हुक्म बरदारी। ख़ैर, मरता क्या न करता, जुट गया बन्दा भी निदेश निर्वाहन में। रावटी में नज़र फिराई। शामियाने के भीतर इतना उजास कि सब साफ़ दिखे। लगा कि सुबह हो चुकी और हम सूर्योदय चूक गए। बाहर सीटी मारते मोनालों ने घाटी सर पर उठा रखी थी। कनटोप लगाया, फैदर जाकिट पहिना, दस्ताने चढ़ाए, कैमरा तोका और स्वयं को धिक्कारते हुए बाहर निकला। मंशा यह कि नर-मोनाल का ठीक-ठाक चित्र मिल जाए तो दिन बन जाए।

ख़वातीन-ओ'-हज़रात मुझ पर मुट्ठियाँ मत तानिए। जनानियों से मुझे कोई परहेज़ नहीं। कि मेरी इस मंशा का सबब मर्दों की तरफ़दारी नहीं। पर जो रंग-ओ'-ढंग की बात चले तो नर मोनाल के मुक़ाबिल कोई अन्य पहाड़ी पाखी मुश्किल से ही ठहर पाए। नर मोनाल की बात यूँ भी निकल पड़ी कि सीटी मारने का काम उसी का ठहरा। यूँ कि मादा मोनाल चुप निरखती है। सीटी-गुणवत्तानुसार ही नर जीत पाता है मादा का सान्निध्य।

बहरहाल मोनाल की आस में जब टेंट के बाहर निकला तो दिखा ऐसा मंजर जिसे देख लगे कि हो गया दीदों का काम। कि आगे इनसे कुछ और नहीं देखना। गोकि सहालियत नहीं मुझमें वो करिश्मा बयाँ करने की फिर भी तुतलाती ज़ुबाँ जो कह सके, कहे देता हूँ।

भाई लोग निकला बाहर तो दिखा वहाँ का बदला हुआ परिदृश्य। अब उधर रात वाला कोहरा था न उसका मायाजाल। भोर एक प्रहर दूर होने के बाद भी अभी था वहाँ खासा उजेला। क्या पहाड़, क्या घाटी, सब यूँ झिलमिल था मानो उनपे चाँदी का वरक चढ़ा हो। या कि कहकशाँ

---

* अचिन्त्य—चिन्तन के बाहर

*उतर आई हो ज़मीं पर। आँख चुँधियाई तो याद आई चाँद-रात में काले चश्मे बिन बर्फ़ में नहीं निकलने की तजवीज़। पर ऐसे नायाब नज़ारे के वक़्त नज़र के सामने चश्मा कोई कैसे स्वीकारे? सो सलाह को धकेला परे और देखने लगा बिखरा जमाल खुले हाल।**

घाटी पर नज़र फेरी तो ऐन ज़ीरो पाइंट के वहाँ दिखलाई दिया चाँद। एक अनाम शिखर के शाने से सटा—उद्दीप्त, उत्कलित निशाकर।

रू-ब-रू हम।

मैं चकित, वो आश्चर्यित।

वो सोचे कि एक आदमज़ाद यहाँ कैसे?

मैं विचारूँ कि क्या यहाँ विधु-वसुधा प्रणय मग्न हैं?

विहँसा वो हौले से। दो बूँद चाँदनी टपकी, घुल गई निःसर्ग में।

*चूक गई सुध मेरी। हुए गुम पहाड़ ग्लेशियर। तन मेरा निर्वजूद। अब फ़िज़ा के बस तीन घटक। चाँद, चाँदनी और फुद्दी के मानिंद हवा में दोलता मेरा मन।***

चन्द्र से मन का होने लगा संवाद।

"तो यह है वो जगह जहाँ मिलते हो तुम वसुन्धरा से, करते हो लाड़ उसे?"

कपोल उसके गुलाबी हो गए।

"क्या तेरे सोम-रस से ही बर्फ़ दिखती है रुपहली और भरता है दरिया में प्राण?"

"और नहीं तो..."

"अब समझा कि तुम हो वो मैफ़रोश जिसकी संगत से मस्त मोनाल कलपता रहा कल रात प्रिया मिलन को और मैकश पहाड़ों से पत्थर सँभाले नहीं सँभले..."

एक बदली आई कहीं से, पल भर को ढाँपा उसे और गुज़र गई।

बोला वो, "बन्धु अन्दाज़ा तो तेरा ठीक है पर किसी से कहना मत। ख़ासकर मत बताना किसे भी पृथ्वी और मेरे इस मिलन का राज..."

"पर क्यों?"

"दुनिया के कुछ कोने तो छूटें अछूते। क़ुदरत के अख़्तियार में हो कोई तो गोशा आराम करने के लिए, अपना काम करने के लिए..."

---

* जमाल—हुस्न

** फुद्दी—पाखी के डैनों के नीचे पाए जाने वाले वे रुईनुमा पंख, पंछी जिनका लुंचन किया करते हैं और जो हवा में दूर तक तिरते हैं (मालवी)।

"तेरा मुरीद हूँ, तुझे लोगों को न सुनाऊँ यह कैसे सम्भव हो? यह वादा मुझसे मत माँग मेरे रजनीश!"

विहँसा वह फिर! फिर टपकी दो बूँद चाँदनी, घुल गई इस बार मेरे नयन में।

दोस्तो, मैं अपने में मगन था कि तभी मोनाल की सीटी सुनाई दी। नभ में विचरता मन फिर अपने तन में लौटा। चेत हुआ, अपर्णा को ख़बर करने का। प्रयास किया पर कंठ से कुछ न निकला सिवा एक घें...घें के! चिकोटी काटी स्वयं को। जमकर गाल थपथपाया अपना तब कहीं बोल फूटा, "अपर्णा...!"

"हुँ," अरे वो तो पीछे ही खड़ी थी, जाने कब से।

"देखा।"

"हुँ," उसका भी हाल दीवानों का सा।

अब वहाँ थे एक जोड़ चकोर, एक जोड़ हृदय, दो जोड़ नयन और थीं सोम-रस की असंख्य बूँदें। हाथ फैलाओ तो हासिल चाँदनी, अँजुरी मुख से लगाओ और पी जाओ घूँट-घूँट। सर उठाओ तो दीदों में भर जाए सोम-रस। आहिस्ता से पलकें भींचो और गुटक जाओ चाँदनी नयन-कंठ से।

भीगते रहे चंद्रिमा में हम। करते रहे सोम-पान घूँट-घूँट। ज्योत्सना फैलती गई भीतर। मैनोशी जारी रही पौ फटे तक।

पुल

विधु-वसुधा मिलन स्थल, 7 मई, 2012

अभी पौ ठीक से फटी भी न थी कि रनी नज़र आया। एक हाथ में चाय की केतली, दूसरे में गर्म पानी की तपेली। नींद खोलने और मुँह धोने का सामान एक साथ भिजवाया था सोनी ने। सन्देसा साफ़ था कि आज हिचर-मिचर नहीं चलने की। जुलूस बढ़ाना होगा सूरज निकलने से पेश्तर। और किया भी यही गया।

दिशा-जंगल से झटपट निवृत्त हुए, खटाखट दूध-कॉर्नफ्लेक्स गिटका और टकाटक तैयार हो सात बजने से पहले ही चल दिए मंज़िले-मक़सूद की ओर। बोले तो भिलंगना या भृगु-गंगा की ओर। सौ-दो सौ पग चल कगार की धार पर पहुँचे और वहीं ठिठक गए। कारण कि आगे मुआमला हौलनाक़ था। एक तो खड़े के खड़े साठ-सत्तर मीटर नीचे जाती भूमि। जिस पर ताज़ा बर्फ़ की टिक्कड़-टुकुलियाँ। तिस पर भर-पल्ले झाड़ियाँ, कँटीले झंखाड़। दूसरे शब्दों में फिसलाने और चाम उधेड़वाने के मुकम्मल इन्तज़ामात। लेकिन, क़िस्मत से, उधर चन्द दरख़्त भी थे। कमर तक बर्फ़ में धँसे, नादियों को टुकुर-टुकुर तकते भोजपत्र के दरख़्त। चन्द जानदार, अधिकतर बेजान से। ज़मीं पर पड़े, सूखे-अधसूखे। उन्हीं के सहारे जैसे-तैसे पहुँचे घाटी-तल तक। भिलंगना तीरे।

उधर का हाल देख दिल हिल गया। प्राण उछलकर चिपटा कंठ से। अनुमान व दृश्यमान में किंचित् भी साम्य नहीं। सोचा था कि ऐसी ठंड में, इत्ती सुबह, नदी का जलस्तर होगा भी तो कित्ता? बहुत से बहुत कमर जित्ता। बोले तो कहीं न कहीं रस्सी के सहारे पार करने योग्य पाट मिल ही जावेगा। लेकिन इधर तो भिलंगना ऐसी जैसी दुःस्वप्न में भी कल्पनातीत। हृष्ट-पुष्ट शिलाओं को लाँघती-ललकारती यह भिलंगना पार हो तो किस तरह? येन-केन-प्रकारेण नदी लाँघ भी गए तो क्या तर जाएँगे? नहीं जी नहीं। क़तई नहीं। क्योंकि उस पार का हाल भी ख़ौफ़नाक। काहे कि इस ओर तो फिर भी पत्थर हैं, हिलने-डुलने, खड़े होने को ज़मीन भी है। पर उस पार तो नदी एक हिम-भीत* से सट बहती दिखे है। इधर से उधर तक तनी, ताज़ा

* हिम-भीत—Ice-wall

बर्फ़ और ग्लेशियर की नी नी तो पचास-साठ मीटर ऊँची भीत। मतलब कि नदी के उस छोर पर पहुँचते ही कूदो और चिपट जाओ उस दीवार से 'स्पाइडर मैन' की तरह। जो हाथ छूटा तो मनक पहुँचा सीधे रसातल में। हो गया उसका 'हरि बोल'।

फिर क्या करें?

पुल? हाँ, गुज्जर पुल मिले तो बात बने।

दूरबीन लगाई। मन माँगा लापता। दूर तलक मंज़र यहीं का सा। पार जाने को मुफ़ीद जगह की तलाश में रेकी को निकले रनी और राजी भी बेनतीजा लौटे। घूम-फिर कर फिर वही ऊहापोह। कि अब करें क्या? कि आगे बढ़ना मुमकिन कैसे हो?

मन सबके आस-निरास के भँवर में फँसे। सोनी, रनी और राजी बैठे थे हमसे दूर। चर्चारत। अपर्णा अपनी कॉपी में कुछ लिख रही थी। जानता हूँ कि वो राम-नाम लिखती होगी। अपने पिता से पाई है उसने यह आदत। वे तो हर दिन लिखते थे एक हज़ार नाम पर अपर्णा मुश्किल समयों में ही कॉपी निकालती है। ऐसा करके वो पिता को अपने क़रीब पाती है शायद। दिवंगत पिता की याद ज्यों स्याह कोठर में आस-प्रवात!

और मैं? सोच रहा कि हो गया काम तमाम अभियान का। देख रहा नदी, चश्मे पुरआब।* कि तभी कुछ दिलचस्प घटा। एक कौवा, पीली चोंच वाला कौवा, उड़कर गया मेरे समीप से।** पहुँचा उस पार। लगा चढ़ने बर्फ़ की खड़ी भीत पर। निधड़क। किसी मँजे पर्वतारोही की मानिंद।

या ख़ुदा! ख़ुद को कौवे से भी कमतर देखना ही बाक़ी बचा था जीवन में! कोफ़्त मची मानव तन पर। आदमी प्रकृति की सबसे प्रबल सृष्टि? बाबाजी का ठेंगा! सात इंची कौवे के आगे पाँच-सात का मनक कितना बौना, कितना असहाय? कोई पूछे तो मुझसे पूछे।

मन मसोस, चुप से बैठा रहा मैं वहीं। देखता रहा कौवे को बिंदास पहाड़ पर चढ़ते। बर्फ़ के बीच भोजन तलाशते। पाते। सोचता रहा कि जो ये पार जा सके तो मैं क्यों नहीं? इसके कने डैने हैं तो मेरे कने है प्रविधि। चाँद-सितारों तक पहुँचती बुद्धि भी। फिर वो उधर, मैं इधर क्यूँ? देखता रहा, सोचता रहा। बोध हुआ कि उसमें है भरोसा, अपने डैनों पर। विश्वास क़ुदरत के इन्तज़ामात पर कि बर्फ़ में धरा होगा भोजन उसने। मेरा भरोसा मेधा-बल से क्यों डिगा हुआ? मुझे क्यों दिख रहा उस पार सब धुँधला-धूसर? क्यों आक्रान्त है मेरा मन? क्या मृत्यु भय से? मैं लगा डूबने ख़ुद ही में। अवचेतन करने लगा संवाद चेतन से।

"मौत! मौत से भयभीत हो तुम?" अवचेतन का सवाल।

---

* चश्मे पुरआब—आँसू भरी आँख

** Yellow beaked cough

"हाँ," चेतन का जवाब।

"सुना तो होगा तुमने कि अमरता है जीवन का ह्रास, मृत्यु जीवन का चरम विकास।"

"तुम मुझे चमका रहे हो या समझा..."

"तुम मृत्यु से डरते क्यों हो?"

"कौन नहीं डरता?"

"मृत्यु पार जो जीवन है वो क्यों नहीं देख पाते तुम?"

"किसे दिखता है?"

"यही तो विडम्बना है। असंख्य कणिकाएँ, कोशिकाएँ हर दिन मरती-बनती हैं तेरे भीतर। जीवन-मृत्यु का खेला निरन्तर चल रहा है तुम्हारे तन में, इस करके तुम जीवित हो। जबकि अवसान है उत्थान का कारण, मृत्यु ही है जीवन का आधार किन्तु तुम देख नहीं पाते..."

"तुम कहना क्या चाह रहे हो? मृत्यु मुक्ति है, उसे अंगीकार कर लूँ सहर्ष?"

"तेरे कहे में जीवित को बन्धक मानने की गन्ध आती है। मित्र, तुलनात्मक विवेचन मानव करता है, निस्सर्ग नहीं। क़ुदरत कुछ भी कमतर नहीं गढ़ती। जीवन-मृत्यु भी तो उसकी ही सृजनाएँ हैं। सोचो तो दोनों बन्धन, देखो तो दोनों मुक्ति। उनमें कोई फाँक नहीं। जैसे सिक्के के दो पहलू, रथ के दो पहिये। दोनों ज़रूरी। तो एक को बन्धन मानना उचित कैसे?"

"मेरे पल्ले कुछ नहीं पड़ रहा।"

"रहने दो, दूसरी तरह से कहता हूँ। सब जानते हैं कि मौत ठहरी किसी एक पल का मसला। किस पल का किसे ख़बर? हर आते पल इसकी सम्भावना। अच्छा बताओ, जो आज पीछे को लौटे तो ज़िन्दा घर पहुँचने की कोई गारंटी है क्या?"

"नहीं!"

"जो अभी आगे बढ़े तो फ़ौत होना तय है क्या?"

"नहीं!"

"जो उलटे पैर लौटे तो आईना क्या पुकारेगा तुझे?"

"मुर्दा!"

"तो भई आगे बढ़। उधर निकल। ताउम्र मुर्दा बन जीने से बची उम्र ज़िन्दा रहना कहीं बेहतर। फिर वो ज़िन्दगी दो पल ही की क्यों न हो।"

"..."

अवचेतन लय हुआ चेतन से, मन और तन हो गए चैतन्य। मैं उठा और पहुँचा उधर जिधर से उस कौवे ने नदी पार की थी। अचरज! घोर अचरज!! इतने लोगों

की नज़र, यह जगह कैसे चूक गई? क्या शंकाएँ विवेक ही नहीं नज़र पर भी पर्दा डालती हैं? ख़ैर, तो मैं कह रहा था कि पाखी पार जाने के स्थान पर थीं दो महाविशाल शिलाएँ। एक नदी के उस तरफ़ दूजी हमारी ओर। उनके बीच महज़ चार-पाँच फ़ीट की फाँक, जिससे गुज़र रही गरजती नदी। उधर वाली शिला के परली तरफ़ एक सेतु। छोटी शिलाओं से बना प्राकृतिक सेतु, ठेठ बर्फ़ की भीत तक पुगता। बस फाँक के ऊपर धरने को आठ-दस फ़ीट का कोई दरख़्त पा जाऊँ तो उधर पहुँचने की राह बन जाए। ध्यान आए ज़मीन पर पड़े पेड़, जो कैम्प से यहाँ आते समय दिखे थे। सोनी, राजी और रनी भागे और कुछ ही पलों में हमारे पास था एक मज़बूत दरख़्त। अध-सूखा तना।

तना फाँक पर सरकाया गया। मज़बूती परखी सोनी ने। आइस-एक्स कमर में खोंस, पर्वतारोहण-रस्सी का एक सिरा कमर से लपेट, रनी निकल लिया उस पार। सुरसा-मुखी फाँक पर धरे दरख़्त पे चलते हुए। बन्दर की तरह। कमर-रस्सी उसकी

रनी ने भिलंगना पर पेड़ सरकाया (ऊपर), सोनी ने उसे ठीक से जमाया

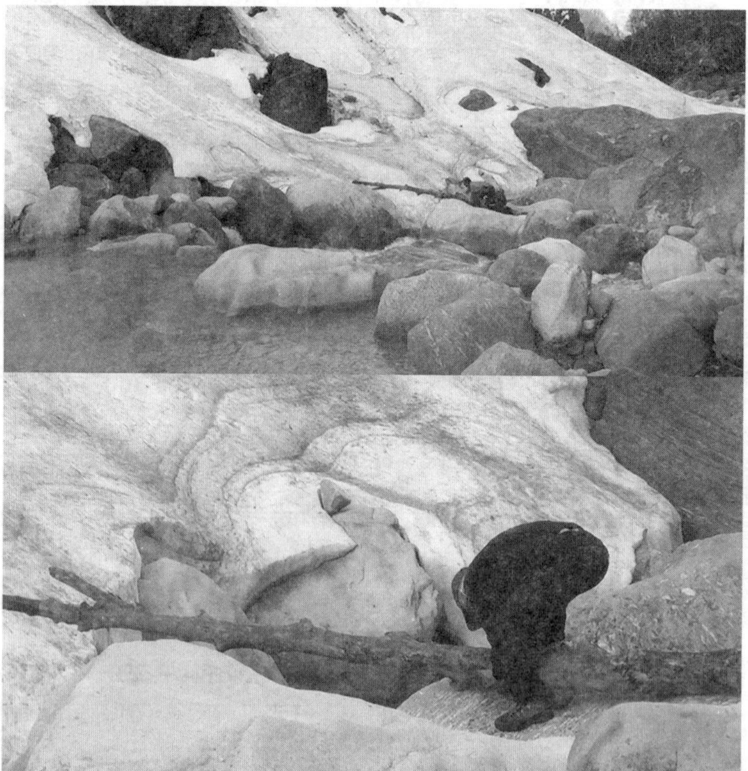

पूँछ, जिसे थामे थी राजी। रनी, हमारा हनुमान, हो गया दरिया पार। आइस-एक्स हिम-भीत में ठोंक, उससे रस्सी बाँधी गई। इस छोर पर राजी ने रस्सी के दूसरे सिरे को एक भारी पत्थर के गिर्द इस तरह लपेटा कि आधी रस्सी बच रही बिले-रोप की तरह बरतने को।*

अब सोनी व रनी उस छोर पर थे। सोनी रस्सी थामे खड़ा था, रनी बैठ गया तने के सिरे पर। यूँ तैयार हुआ क्षुधित सिंहनी-सी कूदती-उछलती भिलंगना को लाँघने का जुगाड़। पैर धरने को पेड़ था और पकड़ने को सर के ऊपर से पार जाती रस्सी।

अपर्णा तत्पर हुई पार जाने को।

"मैं जाऊँ पहले।"

"नहीं...पहले मैं जाऊँगी।"

"कर लोगी।"

"क्यों नहीं..." अपना पिट्ठू उठाते हुए उसने मेरी ओर देखा। उसकी आँखों में था अडिग विश्वास। ठीक उस हिमालय का सा जो उसकी पुतलियों में दिख रहा था।

"सँभलकर जाना। नज़र नीचे नहीं सामने मंज़िल पर रहे..." मैं उसकी हथेली सहलाते हुए बोला। मेरा कंठ रुँध गया था। कमबख़्त को बात-बात पर रुँधने की लत सी पड़ गई है।

"क्या हुआ डर रहे हो! भरोसा नहीं क्या..."

"पूरा भरोसा है। अपने से कहीं अधिक। हिमाला रहबर तो फिर कैसा डर। याद है तुम्हें कि कालिंदी खाल दर्रे पर भी पीली चोंच वाला कौवा आया था हौसला अफ़ज़ाई के लिए। और आज एक बार फिर से हिमालय ने उसी पाखी को...।"

मेरा कंठ अब बिलकुल अवरुद्ध। हाथ थामे रहा हाथ को। दाब बढ़ता गया दोनों ओर से। हम थे आलिंगनबद्ध, मन के आगोश में मन। जो कहने को रहा, काँपती उँगलियों ने कहा। शब्द जब पंगु हो जाएँ तो स्पर्श ही बात आगे बढ़ाए।

"तैयार हो मैडम," राजी ने पुकारा।

अपर्णा बढ़ी पुल की ओर। वहाँ उसकी कमर से बिले-रोप लपेटी गई। केराबिनर के ज़रिए कटि-डोर को अँटकाया गया भिलंगना के आर-पार बँधी रस्सी से।** बिले देने का ज़िम्मा रहा राजी का।

---

* Belay rope—किसी पत्थर/खूँटे से बँधी रस्सी जिसका दूसरा सिरा पर्वतारोही की कटि से लिपटा होता है। रस्सी को तान/ढील दे पर्वतारोहण के दौरान आप अपने साथी को साधे रहते हैं।

** carabiner—धातु निर्मित रोमन लिपि के 'D' आकार का एक फंदा, जिसमें रस्सी फँसाई जाती है।

गरजती नदी के पार जाने को तैयार अपर्णा।

अपर्णा ने सर के ऊपर से गुज़रती रस्सी थाम पहला डग भरा। पुल हिला। वो डगमग। मैं धक्क। राजी ने बिले रोप खींची। वो सँभली। साधा अपने बदन को। फिर भरा अगला डग। चौथे क़दम में वो पहुँची पुल के बीचोबीच। और वहीं थम गई। ख़ूँख़्वार भिलंगना के ठीक ऊपर। मेरा सीना बुलेट मोटरसाइकिल की तरह धड़धड़ा रहा था। अपर्णा ने रनी से कुछ कहा। दरअसल, रनी तने पर कुछ इस तरह बैठा था कि उस ओर जाने वाले को उसे लाँघना पड़े। शायद वह रनी को बीच से हटने को कह रही थी। अब अड़चन यह कि रनी हटे तो पुल डगमगाए। जो बैठा रहे तो अपर्णा उस पार कैसे जाए? ख़ैर, हवा में पैर लटकाए बैठे रनी का खड़ा होना तो जैसे नामुमकिन था। अलबत्ता उसने एक ओर झुक अपर्णा को आगे बढ़ने का इशारा किया। वो आगे बढ़ी। रनी को उलाँघा। और आत्मविश्वास भरे अगले पाँच क़दमों ने उसे पहुँचा दिया उस पार।

लगभग यही कुछ मुझ पर भी गुज़रा और शायद मेरे पीछे आने वालों पर भी। जो हर एक का हाल कहने लगूँ तो आप कहें कि भई, इतना भी क्या कहना? यह भर कह दो कि एक-एक कर सब पार हो गए। तो ठीक है साब, यही सही। यही कही। अलबत्ता, आपकी इजाज़त से यह भर जोड़ना चाहूँ कि नदी पार करने से तमाम अड़चनें पार नहीं हुईं। कारण कि अभी तो हिम-भीत थी सामने। क़तई नाक से सटी। चालीस-पचास मीटर सर से ऊपर निकलती। जो यह पार हो तो हम गंगा नहाएँ और पहुँचें वहाँ जो कहलाता है 'चौकी'।

इसके लिए हमारी पथप्रदर्शकों की तिकड़ी ने पहने बर्फ़ के जूते और

क्रेम्पॉन।* साथियो, जब तक वे तैयारियों में जुटे हैं क्यों न आपको याद दिला दूँ हिम-भीत पर चढ़ने की तरतीब। इस हेतु नियुक्त लीडर कमर में रस्सी बाँध, आइस-एक्स और क्रेम्पोन के सहारे ऊपर को निकलता है। छिपकली की तरह सीधे नहीं, सर्प की तरह टेढ़े-मेढ़े। कुछ दूर दाएँ, फिर सीधे ऊपर, फिर बाएँ। अभीष्ट कगार पर पहुँच क़मर-रस्सी को किसी पत्थर/पिटॉन** से बाँधने के उपरान्त लटका देता है नीचे। इस झूलती डोर को थाम, लीडर के नक़्शेक़दम ऊपर चढ़ते हैं गुट के बचे लोग।

यह भी ख़ूब रही। हम इधर बातों में उलझे रहे उधर रनी लगभग ऊपर तक पहुँच चुका। मुझे भी निकलना होगा उसके पीछे। थोड़ी ज़हमत उठा साथ आना होगा आपको भी। उस पार पहुँच कहूँगा आगे का हाल। तसल्ली से।

---

* koflach shoes सामान्य जूतों के ऊपर पहनने वाला वाटर-प्रूफ जूता। crampons जूतों के नीचे पहने जाने वाली काँटेदार पट्टी, इससे पैर बर्फ़ में स्थिर रहता है, फिसलता भी नहीं। यद्यपि हमारे पास भी क्रेम्पान थे पर पहने नहीं गए। आड़े था हमारा ख़ुद से किया प्रण कि पुजारी-पथ पर हम चलेंगे साधारण ट्रेकिंग जूतों में। हालाँकि प्रण बेमतलब और बचकाना लग सकता है पर जो एक मर्तबा सोच लिया—सो सोच लिया।

** Piton बर्फ़ में घुसने वाली स्टील की कील या स्क्रू।

चौकी में चकरघन्नी

चौकी। सुबह साढ़े ग्यारह बजे, 7 मई, 2012

सुना था, चौकी गढ़वाल के बेहतरीन बुग्यालों में शुमार है। यह भी सुना था कि बावजूद बोल्डरों (बड़े और मध्यमाकार पाषाण-खंड) के इस घासिया मैदान की छबि बड़ी अनूठी। लासायुक्त, सही मायने में दिलचस्प। देखने वाले के दिल-ओ'-जिगर पर चस्पाँ रहे, ताउम्र।

पर सुने जैसा तो नहीं दिखा चौकी-बुग्याल। सब्ज़ीयत तो यहाँ से क़तई गुम थी। और गुम थे बताए पाषाण-खंड सारे। आप पूछेंगे कि फिर था क्या उधर? सीधा और छोटा जवाब है—बर्फ़ ही बर्फ़। और बर्फ़ में फँसे एक अदद सूखे गाछ के सिवा कुछ नहीं।

सच कहूँ तो अन्देशा तो था वहाँ बर्फ़ मिलने का। पर इतनी नहीं कि बोल्डर भी नज़र न आएँ? वो जो भूतापीकरण को मिथक कहते हैं और मानते हैं जलवायु परिवर्तन को विभ्रम उनसे मेरा सीधा-सच्चा सवाल है कि तीन हज़ार पाँच सौ मीटर पर स्थित बुग्याल पर, मई माह में, इस क़दर बर्फ़ के मायने क्या हैं? जलवायु बदलाव की जमानत या कि मेरा भरम?

ख़ैर, वे जो सोचें सो सोचें मैं आपसे वो कहता हूँ जो हमने सोचा, इतनी मुलक की बर्फ़ देख। सबसे पहले तो ख़याल आया कि यात्रा के बचे दिनों में हमारा बसर होगा बर्फ़ पर और गुज़र होगा बर्फ़ से। मानी यह कि अब सोना होगा इसी पर और पीना होगा इसी को गलाकर। या कि खोदकर बर्फ़ तलाशने होंगे इसके तले छुपे जल कुंड। सतह पर बहता पानी तो कहीं मिलने से रहा। यूँ कि पूरब से बह चौकी में आने वाली नदी भी तो अब तक शीतनिद्रारत है।

फिर, यानी दूसरा, ख़याल आया ऐसी सतह पर चलने में होने वाली दुश्वारियों का। ध्यान आए रात भर जमती और दिन भर पिघलती ताज़ा बर्फ़ पर हर क़दम फिसलने या धँसने-फँसने के ख़तरे। सफ़ेद कपोत की सी इस बर्फ़ का मन मलिन। छुपाकर रखती है अपने तले हज़ारों पत्थर, कई गड्ढे। सादा जामे पर भरोसा रख

एवलांच से भरपूर चौकी नाले में। अपर्णा को आगे बढ़ते देखता रनी।

चलने वाले मनक का पैर कहाँ फँसे, किसे मालूम? कब मुचक-चटक जाए किसे ख़बर? नतीजतन जो धीरे-धीरे और छड़ी से ज़मीं टटोलता चले वो बचे।* जो रहे भरोसे में उसका बेड़ा हुआ ग़र्क़!

बहरहाल, इसी तरतीब से चलते हुए हम हमारी दाहिनी ओर से आते नाले में मुड़ गए। रनी के अनुसार यह नाला मसर-ताल** पहुँचने का शॉर्ट-कट था। हालाँकि सोनी इस निर्णय का हामी न था। उसके अनुसार शॉर्ट-कट के लालच में सँकरे नाले से गुज़रना ठीक नहीं। कि चढ़ती धूप के चलते अगर हिम स्खलन (एवलांच) होने लगे तो लेने के देने न पड़ जाएँ। पर रनी की ज़िद के आगे उसे हथियार डालने पड़े। कारण से आप अनभिज्ञ नहीं। आया याद? नहीं? अरे वही रनी का इस ट्रैक को एकाधिक बार कर चुकने का दावा। इसी दावे के मद्देनज़र दल की रहनुमाई का ज़िम्मा अब उसी पर था। लिहाज़ा हम सभी रनी के बताए नाले में चल पड़े।

वहाँ हमारे बाएँ हाथ पर थी अनाम पर्वत-श्रृंखला और दाएँ था एक ढालवाँ मैदान। बाएँ वाले ऊँचे-पूरे, दायाँ वाला ऊबड़-खाबड़। दोनों ही हिमाच्छन्न। हम ठहरे मौसम के पहले यात्री। हमें देखते ही वे अनाम पर्वत मचल उठे। उतर आए ठिलुआई पर। ढुलकाने लगे अपने बदन पर जमीं बर्फ़। ठीक ही कहा था सोनी ने कि शार्ट-कट की शाणपत्ती पहाड़ों पर नहीं चलती। अब भुगतो हिमस्खलन, जो

* छड़ी यानी Trekking pole

** मसर-टाप के तले के इस ताल के नाम को लेकर मैं सुनिश्चित नहीं। लोगों को इसे मसर/मशर/मिसर/मसरा/मत्स्य या मशरा ताल कहते सुना है/पढ़ा है।

चौकी के ठिये से पश्चिम का नज़ारा। खतलिंग, थलेसागर व फतलिंग भमक-त्रिवेणी।

घटित हो रहा कभी हमारे सामने, कभी पीछे। हर दस-बीस मिनट में एक एवलांच होते देख हमारी तो घिग्घी बँध गई। फँस गए फिर असमंजस में। पलटें या चलते चलें? पीछे जा अनजान राह पकड़ने के बनिस्बत तय किया रनी की जानी डगर पर ही बढ़ते रहने का। एवलांच से बचने हेतु हम चढ़ गए दाईं ओर के ऊबड़-खाबड़ मैदान पर।

डगर यह भी महफ़ूज़ न थी। सूरज तप रहा था। पिघलती बर्फ़ पर चलना कठिन से कठिनतर होता जाता था। परेशाँ तो हर एक था पर मेरे हाल कुछ ज़्यादा ही बेहाल थे। रात अधकच्ची नींद, सुबह आधा पेट कलेवा। तन इतना क्लान्त मानो उसे ज्वर हो। मेरी चाह आराम। गनीमत से अन्य सब भी आतुर थे जल्दी कैम्प करने को। सब की नज़र नाले पर कि कब इससे बाहर निकलें और तलाशें ऐसी जगह जहाँ पानी हो और न हो जहाँ एवलांच का धड़का। तीन घंटे पैर-पैदल चलना पड़ा मनमाफ़िक़ जगो पाने के लिए। लस्त-पस्त चेहरे खिल-खिल उठे ज़र्द घास से ढका एक टीला देख। उस अथाह बर्फ़ के बीच एक मिटिया-द्वीप। छोटा सा। हमारा घोटुल समाए जित्ता। नाले से निकल फ़िलहाल उसी टीले पर बैठ मैं आपसे मुख़ातिब हूँ। यह जगह बेहद सुन्दर है। बल्कि सुन्दरतम से भी ख़ूबतर!

फ़िलहाल हम चार हज़ार मीटर की ऊँचाई पर हैं। अब लम्बी बात करते हँफनी भर रही है पर इस मनोरम स्थान के बारे में आपको बताने का लोभ संवरण नहीं हो पा रहा। जिस मिटिया-द्वीप पर मैं बैठा हूँ उससे दक्खिन, थोड़ी सी छेंटी पर, एक पहाड़ है। जिसका हमारी तरफ़ का हिस्सा है पथरीला। सर-ता-पा कत्थई।

थलेसागर पर्वत शीर्ष

उस पर हिम नहीं अर्थात् हिमस्खलन नहीं। इस चाकलेट-रंग पहाड़ से उतर रहा है एक झरना। छोटा-पतला झरना। जो दिखे पर उसका जल हमें उपलब्ध नहीं। छोटे पहाड़ी झरने होते हैं मलंग। मन किया तो उतरें ज़मीं पर, नी तो बीच रस्ते ही बदल दें दिशा अपनी। या पैठ बर्फ़ के नीचे बैठ जाएँ समाधि में। शायद कि पानी का जो डबरा प्रदीप को बर्फ़-तले मिला उसमें इसी प्रपात का समाधिस्थ जल हो। ओत्तेरे की! मैं भटक गया। लौटता हूँ फिर दरपेश मंज़र पर।

टीले के उत्तर में है बात-बेबात बर्फ़ ठेलने वाली अनाम पर्वत-शृंखला और पूरब में है धरा से आसमाँ को जाती धवल हिम-चादर। अब ले चलता हूँ आपको टीले के पच्छिम में। जहाँ का मंज़र है क़तई जालिम! एकदम दिलधड़काऊ! उधर दीठ की हद तक कुछ नहीं अलावा बर्फ़, ग्लेशियर और नामचीन पर्वत शिखरों के। दूर दिख रहा है शिखर जोनली और उसके क़रीब गंगोत्री शृंखला। फिर है ऑडेन-कॉल जिसे पार कर हम 2009 में गंगोत्री से इधर को आए थे। कॉल के बाद दृश्यमान है शिखर जोगिन और ठीक हमारे समक्ष है थलेसागर। नंदा देवी शिखर की तरह ही दो-सर वाले थलेसागर को स्फटिक-लिंग भी कहा गया है।* और कहने वाले ने क्या ख़ूब कहा है। हमारी तरफ़ का इसका मुख (दक्षिणी मुख) तो है ही स्फटिक सरीखा। सुरख़ाब सी गुलाबी रंगत-वाला और सधे हाथों तराशा। इस शिखर को जितना भी देखो, मन न भरे।

---

* बकौल सोनी इसे पहले 'पितन-फतौडा' बुलाते थे। एटकिंसन के हिमालयन गज़ेटियर (1884) में इसे 'थलेसागर' कहा गया है।

ख़ैर, थलेसागर से नीचे उतर रहा है उसका बमक या ग्लेशियर जो मिल रहा है पूर्व दिशा से आते फतलिंग बमक से। सामने यानी ऑडेन-कॉल की तरफ़ से, पूर्व को आता दिख रहा है खतलिंग भमक। और हमारे सामने, या यूँ कहूँ कि ऐन नाक के नीचे है भमक-त्रिवेणी। बोले तो खतलिंग, थलेसागर और फतलिंग भमकों का संगम स्थल।

ऊपर, सर पर है नीला झक्क आसमाँ और क़दम धरे हैं उस भूमि पर जहाँ से होकर गुज़रे होंगे कभी पांडव। या नहीं तो वो गल्पकार तो यहाँ से ज़रूर ही निकला होगा जिसने पाप-मोचन की चाह में पांडवों द्वारा शिव का पीछा किए जाने वाली कथा लिखी। और हाँ, यह जगह पुजारी-पथ का हिस्सा भी तो है। यदि गंगोत्री मन्दिर का पुजारी केदारनाथ गया हो कभी, तो यहीं से होकर गुज़रा होगा। गढ़वाली जनमानस में सैकड़ों बरस से धड़कती इस धरा पर प्रेम उमड़ा। दिल किया इधर की माटी मस्तक पर लगाने को। इसी ग़रज़ से नीचे झुका तो दिखे कुछ पंख। बहुरंगी पंख, जो मिटिया-द्वीप के दूसरे छोर पर बिखरे थे। राजी के अनुसार नर मोनाल के पंख। किसी शिकारी जीव ने हाल ही में दबोचा होगा उसे।

जबकि मैं आपको यह सब बता रहा था इस बीच रनी ने तैनात कर दी हमारी गुम्बद-रावटी। मिटिया-द्वीप से बहुत दूर, पहाड़ से थोड़ा परे, बर्फ़ की चादर पर। बता चुका हूँ कि द्वीप छोटा है, घोटुल लगे जित्ता। सो अन्य सभी टेंट लगेंगे बर्फ़ पर ही।

घोटुल में सब जुटे हैं भोजन तैयार करने में। रसद कम होती जा रही है। ताज़ा तरकारियाँ अब ख़त्म सी हैं। तालीमशुदा ख़ानसामे ऐसे में पैकेट बन्द भोजन परोसने लगते हैं। किन्तु हिमालय-शाला में दीक्षित प्रदीप हर दिन कुछ न कुछ टटका राँध ही लेता है। आज चावल के माड़ में ढेर-सा लहसुन डाल सूप बनाया है उसने। अभी सूप भरा मग्गा पकड़ा ही था कि अपर्णा को दिखी एक मादा मोनाल। हमसे बेख़बर, चाकलेटी-पहाड़ चढ़ती। बेताब व बेचैन। शायद कि जा रही है वो शिलाओं के बीच अपने घोंसले में। पर अपने ही ठिकाने को जाते समय कोई बेचैन क्यूँ कर होवे? तो क्या वह ग़मजदा है? क्या जिसके पंख यहाँ पड़े हैं वो इसका जोड़ीदार था? मामला समझना होगा। क़रीब जाना चाहिए।

सूप रखा धरती पर, पकड़ा कैमरा और लपके हम-दोई पाखी की दिशा में। हलचल देख रनी और सोनी भी चैतन्य हो गए। वे भी आगे बढ़े मोनाल की दिशा में। मोनाल रही हमसे बेख़बर। दौड़ते हुए चढ़ गई पहाड़ पर। उड़ी। कुछ दूर गई, फिर लौटी। और हो गई ओझल पत्थरों के बीच। उसका कातर स्वर रह-रह गूँजता रहा सहन में।

चाकलेटी पहाड़ से पुनः टीले पर लौटने पर एक और अनपेक्षित दृश्य देखने को मिला। जहाँ सूप का मग्गा धरा था उसके समीप के पत्थर के नीचे शायद

मकोड़ों का घर था। वहाँ आपाधापी मची थी। मकोड़े अपने अंडे मुँह में दबोच न जाने किधर को जा रहे थे। इस बर्फ़ीली दुनिया में मिट्टी तो बस यहीं उपलब्ध है फिर इसे छोड़ ये कीट किधर को चले? बचपन से देखा-सुना है कि बारिश आने से पहले मकोड़ा-मकोड़ी अंडे उठा सुरक्षित जगहों को निकल जाते हैं। पर अभी तो नभ निरभ्र। बरखा के आसार दूर-दूर तक नहीं, फिर इस भागमभाग का सबब?

ख़ैर, इस बीच खाना तैयार हो गया। भोजनोपरान्त अपर्णा चली गई टेंट में सामान व्यवस्थित करने। मैं रहा बैठा टीले पर देखते हुए पत्थर के नीचे से निकलते मकोड़ों को। फिर न जाने क्या सूझा, मैंने पत्थर पलट दिया। इस नालायक हरकत का सिला यह कि जाने कितने वक़्त से उधर आराम फरमाती ख़ामोशी खड़खड़ा कर उठी, लपकी बाहर और बिखर गई वादियों में। अनावृत हो गए शिला-तले दुबके वे असंख्य मकोड़े। सब भौचक! खड़े के खड़े अपने मुख में अंडा थामे। परन्तु अगले पल मानो वहाँ भूचाल आ गया, आपाधापी मची और आनन-फानन में सब के सब ग़ायब। अंडे भी, कीड़े भी। सिवा उस एकमेव अंडे के जो पीछे छूट गया। जिसमें दिख रहा था शिशु-मकोड़ा। मनचाही क्रिया का अनचाहा फल, लाचार व परित्यक्त। पर ऐसा सोचना मेरी भूल थी। क्योंकि थोड़ी ही देर में वीरान हो चुकी बस्ती में आमद हुई एक मोटे-ताज़े मकोड़े की। उसने पीछे छूटा अंडा उठाया और गुम हो गया हिमलोक में। मैं अचम्भित। कि मकोड़े को पीछे छूटे अंडे की ख़बर हुई तो हुई कैसे? क्या ये अकिंचन जीव गिनना जानते हैं? 'कुछ छूटा तो नहीं पीछे', क्या ऐसी चिन्ता मकोड़े भी करते हैं? तपते सूरज तले, महसूसते हुए बहती शीतल पवन को, मैं सोच रहा था मोनाल का रिरियाना। और मकोड़ों का भागना। और उनका छूटा अंडा उठाना, कि तभी जोरदार धमाका हुआ।

धड़ाऽऽम...धड़...धड़...गड़...गड़ाम...धड़ड़ड़धड़

एवलांच?

हाँ, एवलांच!

क़रीब ही कहीं, पर किधर? सहन पर नज़र फिराई। चाकलेटी-पहाड़ सिम्त देखा और रगों में रमता लहू जहाँ का तहाँ थम गया!!

"मरवा दिया...एवलांच..." चीख़ते हुए भागा गुम्बद-रावटी की ओर।

"अपर्णा...भागोऽऽ...एवलांच...एवलांचऽऽ...सोनी...रऽऽनी...," महफ़ूज़ जान जिस पहाड़ की तलहटी में डेरा डाला था, उसी से हो रहा था एवलांच। ठीक वहाँ से जहाँ बह रहा था कुछ देर पहले वो मनोहारी प्रपात।

गुम्बद-रावटी में हाथ डाल अपर्णा को बाहर को खींचने लगा। बेचारी पूछती रह गई कारण। पर कुछ समझने-समझाने का वक़्त ही कहाँ था? हिमस्खलन का पहला झटका तो हल्का ही था। उसी में बर्फ़ घोटुल के समीप आ चुकी थी। प्रदीप

गुम्बद-रावटी की ओर बढ़ता पावडर एवलांच

स्टोव जलता छोड़ भाग रहा था एवलांच से परे। घाटी की ढलान की ओर। गति में मति मारी गई थी उसकी।

सोनी चीख़ा, "अबे उधर नहीं। पावडर एवलांच है, उधर ही जाएगा।"

हुआ भी यही। सोनी की बात ठीक से पूरी भी नहीं हुई उसके पहले दूसरा, फिर तीसरा जलजला आया। तेज़ आवाज़ के साथ, हर बार पहले से बड़ा। जिसके हाथ जो आया उसे उठा भागा ऊँचाई की ओर। घाटी की कगार की तरफ़।

स्खलित हिम का कुछ हिस्सा ढेलों में तब्दील हो तेज़ी से गुम्बद-रावटी की ओर लपका। पर उसका बड़ा हिस्सा जाता दिखा टीले की ओर। घोटुल के सिम्त। दिल बैठने लगा कि घोटुल ही एवलांच के चपेटे में न आ जाए। जो ऐसा हुआ तो कयामत आई कि आई। रसद के साथ पर्वतारोहण का साजो-सामान जो बह जावेगा। बिन रसद तो दो दिन ज़िन्दा बच भी जाएँ किन्तु बिन रस्सी-कुल्हाड़ी तो हम किसी क़ाबिल न बचें। न आगे बढ़ने योग्य, न पीछे लौटने लायक।

सोच में तो सभी पड़े थे पर असर लिया रनी ने। अपनी फ़िक्र किए बिना वह दौड़ पड़ा घोटुल की ओर। साथ धाये दो भरिक भी। रनी ने स्टोव निकाल बाहर फेंका और भरिकों ने टेंट की तनियाँ ढीली कर दीं। घोटुल फैल गया भूमि पर। कि एवलांच चाहे तो ऊपर से निकल जाए पर उसे घसीट संग न ले पाए।

अगले कुछ पलों में और भी कई जलजले चले। कुछ पहाड़ के झरने वाले रुख़ से तो कुछ बग़ल वाले। बड़े कुल पाँच, छोटे बेहिसाब। हर आमद नई गूँज के साथ। हर गूँज पर वक़्ते-आख़िर का एहसास। स्खलित बर्फ़ टीले के ऊपर चढ़ने लगी। पहाड़ के 'मोनाल मार्ग' से एवलांच बार-बार टकराता रहा और नीचे उतर

ढेलों में बदल गुम्बद-रावटी और घोटुल के इर्द-गिर्द फैलता रहा। ग़नीमत से बाक़ी टेंट, कुछ चढ़ाई पर होने से पावडर-एवलांच के मार्ग से अलग थे।*

पन्द्रह मिनट बाद, सभी कैम्प से दूर खड़े काँप रहे। डर से भी और ठंड से भी। मेरे अतिरिक्त सब नंगे पैर जो थे, वो भी बग़ैर गर्म कपड़ों के। इस छोटे से अन्तराल में जो घटा उसने सबको भीतर तक हिला दिया। किसी की हिम्मत नहीं हुई अगले आधे घंटे तक शामियानों की तरफ़ जाने की। बाद में डेरा वहाँ से उठा पहाड़ों से दूर पुनर्स्थापित किया गया। खुले मैदान में, बर्फ़ पर।

देर रात तक बेचैनी रही। एवलांच का धड़का तो समय के साथ कम होता गया पर मोनाल और मकोड़े ज़ेहन पर बदस्तूर हावी रहे। रात भर। आज तक। लगा जैसे वे आने वाला ख़तरा भाँप चुके थे। परन्तु कैसे? जिन जलजलों का सटीक पूर्वानुमान हम तमाम यंत्रों के बावजूद नहीं कर पाते उनका पूर्वाभास साधन विहीन ये अकिंचन जीव कैसे कर सके? सुनते हैं कि जीव-जन्तुओं को आने वाले भूडोल या तूफ़ान का अन्देशा भी समय रहते हो जाता है। कि वे पकड़ पाते हैं क़ुदरत के सन्देशे। महीनतर स्पंदन। तो क्या हम क़ुदरत से इतना कट चुके कि उसके स्पंदन अब हम तक पहुँचते ही नहीं! या कि हम उसके यहाँ किसी गिनती में ही नहीं?

जो नगण्य उससे बात कैसी, संवाद कैसा?

* ढालवाँ पहाड़ पर जमी बर्फ़ अपने वज़न के चलते या कभी ख़ुद की सतह के नीचे होने वाले बदलावों के कारण जब ढलान पर फिसलती है तो एवलांच की निर्मिति होती है। सतही बर्फ़ (अक्सर ताज़ा बर्फ़) से पावडर और गहरे से दरकी बर्फ़ से स्लेब-एवलांच बनता है। जहाँ पहुँच जलजला धीमा पड़ने लगता है वो एवलांच का 'रन आउट ज़ोन' कहलाता है। पावडर एवलांच थमने के पूर्व गोल ढेलों में बदल जाता है। ज़ाहिर है कि हमारा कैम्प हिमस्खलन के अन्तिम छोर पर था। इसी से नुक़सान से बच गए।

टप्पा-टप्पा मसरा ताल

8 मई, 2012। चौकी, मुँहअँधेरे

रात भर हिमपात होता रहा। बोतल में भरा जल जम गया बारह बजते न बजते। जमती रही नभ से ढुलकी बर्फ़ टेंट पर। मतलब कि सोते में भी चेते रहना। कुछ-कुछ देर में टेंट पर जमी बर्फ़ झाड़ते रहना। जो ऐसा न करो तो छोलदारी दब जावे ताज़ा बर्फ़ के बोझ तले। तो जनाब, ऐसे में नींद किसे आनी थी? ख़ासकर चकाचक वाली नींद—सिवा अपर्णा के। न जाने कैसे सो पाती है वो हर हाल में घोड़े बेच कर? अपने राम तो जागते रहे। झाड़ते रहे टेंट और करते रहे इन्तज़ार कि कब पौ फटे। कब बोले मोनाल—'सुबह-बख़ैर'। मेरे कहे का मतलब यह न निकाला जाए कि दूसरे पंछियों की अनुपस्थिति के चलते इधर 'नेचर कॉल' का ज़िम्मा मोनाल पर है। नहीं, यह पाखी तो बौड़म है, चाहे जब बोल पड़ता है। आधी रात भी, टिटहरी की तरह। मानी कि कब उठना है यह सोने से पहले तय कर लें, फिर सारी रात देखते बैठें कि मुक़र्रर वक़्त छूट न जावे।

जैसे कल हम यह तय करके सोने गए कि आगे से यात्रा का आग़ाज सूर्योदय के पहले ही करेंगे। कम से कम जब तक हम बर्फ़ीले क्षेत्र में हैं तब तक। यूँ कि यहाँ ग्लेशियर तो है नहीं। शीतकाल में, और इन दिनों हर रात पड़ने वाली बर्फ़ का जमावड़ा है इधर। और इस ताज़ा बर्फ़ का चरित्र होता दोगला, स्वभाव कटखना। ज्यूँ-ज्यूँ सूरज चढ़े, इसका चिड़चिड़ाना बढ़े। ऐसे में ठंड रहते निकल लेना और तपिश बढ़ने से पहले किसी महफ़ूज़ जगह पर थम जाना ही बेहतर। अस्तु हमने चौकी का कैम्प सुबह सवा छह के क़रीब छोड़ दिया। मसरा ताल पहुँचने की साध लिये सब बढ़ चले दूधिया हिमकालीन पर।

हम निरन्तर ऊपर को चढ़ रहे हैं। आज हमें चढ़ना है छह सौ मीटर बमुताबिक़ एक हज़ार नौ सौ फ़ीट। यानी 4000 से पहुँचना है 4575 मीटर पर। जहाँ स्थित है मसरा ताल। प्रसंग निकला है तो कह दूँ कि हम जहाँ हैं वहाँ महत्त्व दूरियों का नहीं ऊँचाइयों

का है। बाज दफ़ा आप तीन किलोमीटर भी नहीं चलते और डेरा-डंडा गाड़ना होता है। नियम है एक दिन में बहुत से बहुत एक हज़ार फ़ीट ऊँचाई तय करने का। जो इस नियम की कोताही करे उसका माथा पकड़े या लगे खाँसी चलने। या होने लगे ग़फ़लती, छाने लगे बेहोशी। इस तरह देखें तो आज हम 'अधिकतम हज़ार फ़ीट' वाला क़ायदा तोड़ने पर आमादा हैं। मजबूरी है। गर गणित के मान से चलें तो पाँच हज़ार मीटर से ऊपर निकलते मियाली दर्रे तक पहुँचने में ही तीन दिन खप जाएँ। वहाँ से केदारनाथ तक जाने में कम से कम दो दिन और पकड़ लीजिए। ये हुए कुल पाँच दिन। हमारे पास रसद बची है महज़ तीन दिन चले जितनी। खींच-तान कर बहुत से बहुत चार दिन चला लो। फिर बस। इस बीच मौसम की विपरीतता के चलते अगर एक दिन भी खोटी हो जाए तो, गई भैंस पानी (बर्फ़) में। लिहाज़ा हम चाहते हैं कि खीसे में समय भी बच रहे और भोजन भी। तो करें क्या? आप समझ रहे हैं न जो मैं कहना चाह रहा हूँ, यही कि हर दिन नियम से ज़्यादा ऊपर चढ़ना ठहरी हमारी मजबूरी।

धत् तेरी, कहना था कुछ और बात दूसरी में उलझ गया। ख़ैर, जो कहना था वो ये कि उच्च हिमालयीन अंचलों का स्वभाव, मैदानों से जुदा होता है। यहाँ सब ऊबड़-खाबड़, उधर सब कुछ समतल-सपाट। उधर पूर्वनिर्मित राहें उपलब्ध, इधर जिधर चल पड़ो वही डगर। यानी कि इधर पग-पग मिलें नई राहें। डग-डग होवें नए ख़ुलासे। किसी तिलिस्मी अफ़साने की तरह। जैसे चौकी-कैम्प के बाद की तीखी चढ़ाई के शीर्ष पर पहुँच हमें दिखी अपरिच्छिन्न प्रतीत होते इस दूधिया मैदान की हद। और दिखा वो नुकीला शिखर जिसके क़रीब, बकौल रनी, मसरा ताल था। उलटे रखे आइसक्रीम कोन से प्रतीत होते उस शिखर और दूधिया मैदान के बीच तनकर खड़ी एक पर्वत श्रृंखला भी ऊपर पहुँचने के बाद ही नज़र आई। मझोले क़द की पर्वत श्रृंखला। अखंड। बाएँ से दाएँ तक फैली। तो क्या इस पर्वत को लाँघ जाना होगा मसरा ताल? पहाड़ टापने का ख़याल आया कि मुझ गुलफ़ाम की तो जान ही चरमराने लगी। अपर्णा को देखा—कोई असर नहीं। राजी को देखा—निश्चिन्त। अपने राम भी दुम दबा उनके पीछे चलते रहे।

कुछ दूर चलने के बाद दिखी एक गली। नाकाबन्दी करने वाली श्रृंखला के सामने से बाएँ को जाती गली। जिससे होकर सूरज की पहली किरणें दूधिया मैदान की ओर आ रही थीं। जान में जान आई जब पीछे से रनी ने चिल्लाकर हमें उसी गली में मुड़ने को कहा।

हम गली में मुड़े कि ठिठक गए। वहाँ की बर्फ़ पर किसी के पाँव मढ़े देख। एक लीक पर, एक के पीछे एक मढ़ी पदछाप। ऐसे पदचिह्न चौपाया तो छोड़ नहीं सकता। और इस मौसम में दो-पाया हमसे पहले इधर कोई पहुँचा नहीं। फिर?

कौन था जो गुज़रा इधर से?

जो भी इधर से गुज़रा आराम से चलकर गया। यूँ कि वे हड़बड़ी में बने पदछाप नहीं थे। न कोई फिसलने के निशान, न छापे के आसपास की बर्फ़ ही बिखरी। एक बात और कि जाने वाले के पैर का माप मुझसे थोड़ा ही छोटा रहा होगा। यानी छह या कि साढ़े छह नम्बर का जूता फिट होने सरीखा। पर यह तो हुई समझने-समझाने को कही बात। वस्तुतः जिनकी छाप दिख रही वैसे पैरों के लिए जूते बन ही नहीं सकते। पैरों का नक़्शा बेढब जो ठहरा। जिसे देख लगे मानो क़दमों तले चार खूँटे ठुके हों। तीन आगे एक पीछे, एड़ी में। पहली नज़र में तो ये आदमज़ाद के नक़्शेक़दम नहीं लगते। ख़ुदा न ख़्वास्ता जो ये किसी आदमी के चलने से बने हों तो बन्दे की चरण-पादुकाएँ निहायत अलहदा क़िस्म की होंगी। जैसे कि खड़ाऊँ। पर खड़ाऊँ पहन बर्फ़ पर चल पाना कैसे सम्भव है! फिर? क्या भालू? सुना है भालू चलते हैं दो पैरों पर। वक़्तन-फ़वक़्तन, सिर्फ़ ख़ास मौक़ों पर।

जैसे कि पेड़ों पर से कुछ तोड़ने हेतु। पर यहाँ न पेड़, न तिनका। इधर रीछ क्यूँ कर चले दो पैरों पर, वो भी इतनी दूर तक?

फिर ये नक़्शेक़दम किसके?

फिर कौन इस रहगुज़र से गुज़रा?

फिर पुरानी कहानियाँ याद आने लगीं।

पहले याद आए कालिदास। जिन्होंने ऐसे ही इलाक़ों को किन्नर-लोक बताया। और उस लोक में नंगे पैर रमण करती किन्नर रमणियों का वर्णन किया। तब की कौन जाने पर अब तो ऐसे अंचल में किसी मानव प्रजाति के घर नहीं।

फिर ध्यान आए साधुओं और पर्वतारोहियों द्वारा दर्ज हिममानव बोले तो यति के क़िस्से। सवाल यह उठा कि क्या यति होते हैं? जो होते भी हों तो क्या वे बारह-तेरह हज़ार फ़ीट पर भी विचरते हैं? विचरते हैं तो उनके क़दमों के छाप दिखते कैसे हैं? क्या उनके पैर खूँटेदार होते हैं? वैसे ये पदचिह्न जिसके भी हैं उसकी लाँघ भी बड़ी प्रतीत होती है। तो क्या हमसे पहले कोई यति गया है इस डगर? यति का ख़याल आते के साथ मेरुदंड झनझना उठा। मारे उत्तेजना के हाथ कँपकँपाने लगे।

पदछाप बाबत राजी से पूछा। सवाल हल न हो सका। शाम को घोटुल-बैठकी में इसकी चर्चा छेड़ी। रनी चुप। सोनी चुप। चुप्पी तोड़ी नेपाली भरिक धनबहादुर ने। डरते हुए उसने कहा, 'बन-मान्ची'। नेपाल के पहाड़ी इलाक़ों में 'बन-मान्ची' यानी यति को बहुत मानते हैं। बहुत डरते भी हैं उनसे। ख़ैर, बर्फ़ पे पड़े पदछाप बाक़ी सबकी सोच से तो काफ़ूर हो गए किन्तु वे मेरे ज़ेहन पर चस्पाँ हो चुके थे।

सो घर पहुँच छानबीन की गई। शिपटन व तेनजिंग द्वारा वर्णित हिममानव के पदचिह्नों से हमारे देखे चिह्न मिलाए गए। दोनों में कुछ साम्य न पा मन यूँ मायूस हुआ मानो हाथ आई भारी-भरकम तिजोरी में कुछ न निकला हो, सिवा एक रुक्के के। जिस पर मढ़ा हो 'बाबा जी का ठेंगा।'

दोस्तो, बर्फ़ के मैदान में सूर्य-किरणों का प्रवेश क़रीब सात बजे हुआ। उनकी आमद के साथ शुरू हुआ गफ़ बर्फ़ का पिघलना। अभी बजे हैं दस, बर्फ़ हो चुकी है बहुत नर्म। पिछले तीन घंटों में हममें से हर एक हिम-चादर के नीचे बने पत्थरों के मकड़जाल में फँस चुका। कई मर्तबा तो यूँ भी हो कि एक पैर समतल पर और दूसरा ऐन पुट्ठे तक बर्फ़ के भीतर। इस परिस्थिति से निकलने वास्ते होना दो सहायक। पहला धँसे पैर के गिर्द की बर्फ़ खोदने हेतु, दूसरा शरीर के ऊपरी भाग को खींचकर निकालने के लिए। अगर अपने तईं निकलने की कोशिश की तो हुआ बंटाधार। वो यूँ कि पिघलती बर्फ़ की तासीर होती है दलदल की सी। आप जितना फड़फड़ाएँ उतना धँसते जाएँ। जोरा-जोरी में तुड़वा बैठें अपना घुटना या फिसल

जाएँ कई सौ फ़ीट नीचे, खाई में। आप पूछेंगे कि मैदान में खाई किधर से टपक पड़ी। चूक मेरी है। मैं ही बताना भूल गया कि उस गली, पैर-छाप वाली गली से निकलने के कुछ बाद से ही हमारा वास्ता या तो खड़ी चढ़ाई से पड़ रहा है या पहाड़ को आड़ा पार करने से। निवेदन है आपसे कि 'भू.चू.ले.दे.' की परम्परा के तहत मेरी यह चूक नज़रअन्दाज़ कर सुनें आगे का हाल।*

तो हुज़ूर आगे कहना यह है कि हमारी हालत पतली है। बढ़ते तापमान के संग हिमस्खलन दर भी बढ़ती जा रही है। हमसे परे, और नज़दीक भी, छोटे-मोटे एवलांच मुसलसल चल रहे हैं। कल साँझ जो गुज़रा उसका असर हम पर ज्यों का त्यों था। ऐसे में एवलांच देख हम यूँ ठिठक जावें जैसे कोई चिंकारा हो जाए किंकर्तव्यविमूढ़ बाघ देख। पर खड़े-खड़े कोई कभी बाघ से बचा है? नहीं न। बाबू लोग, चलना ही बचने का मंत्र।

सुबह के ग्यारह बज रहे हैं। चलते हुए पाँच घंटे से अधिक हो चुके। इस बीच बैठना तक नसीब नहीं हुआ। पीठ पर दस-बारह किलो का बैग, पैरों तले बेवफ़ा ज़मीं। पीठ गई है अकड़ और पैर हो गए हैं मन-मन के। अब बैठना ज़रूरी। जो आराम न किया तो थके पैरों की लगजीश ही गिरा देगी खाई में। पर तीव्र ढाल वाली बर्फ़ीली सतह पर बैठना भी आसान कहाँ? इसकी अपनी प्रक्रिया है। पहले तो गफ़ बर्फ़ वाला कोई इलाक़ा तलाशो। फिर कुल्हाड़ी से दस-बारह इंच गहरा, इतना ही चौड़ा एक गड्ढा खोदो।** तदन्तर उसे पिट्ठू से दबाकर समतल करो। तब बैठो ढलान की ओर मुँह कर। बात यहीं ख़त्म नहीं होती। बैठते के साथ जो एड़ियों को बर्फ़ में गाड़ स्वयं को टेका न लगाया तो रपटे, पहुँचे सीधे रसातल में। बैठने को तो आदमी जैसे-तैसे बैठ भी जाए पर खड़े होते बखत जान पर बन आए। एड़ियों को धकियाते हुए खड़े होने की चेष्टा में मुँह के बल गिरने का भरपूर ख़तरा जो ठहरा। ख़ैर, एक-दो बार में ही हम प्रविधि-दक्ष हो गए और बैठते-उठते आगे बढ़ने लगे, हमारी आज की मंज़िले-मक़सूद, मसरा ताल की ओर।

ताल के दरस को नैन तरस रहे और उसका दूर-दूर तक कोई अता-पता नहीं। न जाने कितनी चढ़ाइयाँ चढ़ चुके, कितने मोड़ काट लिए कि दिशा भ्रम हो चला है। जानी-पहचानी पगडंडियाँ बर्फ़ तले होने से हमारे रहनुमा साब भी 'कनफुजिया' चुके। आस जुड़ी थी तो बस उस आइसक्रीम-कोन नुमा चोटी से। नज़र उसी पर एकटक। पैर उधर ही को चल रहे।

---

* भू.चू.ले.दे.—भूल-चूक लेनी-देनी

** Rest Pan

एक बज चुके हैं। अब शरीर तो शरीर नज़र भी जवाब देने लगी है। न पैर बर्फ़ में ठीक से जम रहे हैं न निगाहें ठहर रही हैं नज़ारों पर। अपर्णा भी थककर चूर और मैं भी। अब हमारा ध्यान फ़क़त अगले क़दम तक महदूद। दोनों सोच रहे कि थके बदन को कैसे और कब तक ठेलो? कि मसरा ताल तो आज पहुँचना सम्भव नहीं दिखता। कि क्यों न यहीं कहीं रात गुज़ार कल बढ़ा जाए आगे?

आधे घंटे और चलने के बाद दिखा एक टीला। दूर। ऊपर। बर्फ़ के समन्दर में आस का जज़ीरा, एक और मिटिया-द्वीप। मैंने अपर्णा को देखा, अपर्णा ने मुझे, फिर हम दोनों ने मिलकर देखा सोनी को। निगाहें मिलीं। नयन-मंत्रणा हुई। और निर्णय हो गया चाक्षुष मिटिया-द्वीप पर रात्रि-विश्राम का। थमने के ख़याल भर से क़रार आ गया। मन-दीप की लुपलुपाती लौ फिर लहकी। मरगिल्ली चाल यकबयक तेज़ हो गई।

कह चुका हूँ कि मिटिया-द्वीप हमसे दूर था। और ख़ासा ऊपर भी। दूसरे शब्दों में हमारे व उसके बीच था एक भयंकर मैदान और एक अतितीव्र चढ़ाई। मैदान को भयंकर कहने के दो कारक हैं। पहला तो उसका तीखा ढलान। दूजा उस पर बिखरे बर्फ़ के गोले। ठीक वैसे जैसे हम बनते देख चुके कल साँझ, हिमस्खलन के दौरान। सीधे-सीधे कहूँ तो यह मैदान हिमस्खलन बाधित क्षेत्र था। और क्यों न हो? यथार्थतः वो हिमादृत पर्वत का रसातल को जाता हिस्सा ही था। ख़ैर जनाब राम राम करते उस मैदान पर पहला क़दम धरा और कल के दृश्य आँखों के आगे घूमने लगे। मुँह सूखने लगा, दिल ऐसे धड़के मानो घन चलाता हो कोई भीतर बैठ।

"सर, स्पीड से चलें। पर चुपचाप। नज़र ऊपर, राइट साइड वाले पहाड़ पर रहे। यदि एवलांच हो तो घबराना नहीं। रुकना नहीं। वो अपनी ओर आता दिखे तो दौड़ना है उससे परे, नीचे की ओर," सोनी ने समझाया।

यह हौलनाक इलाक़ा बारह-पन्द्रह मिनट से कम में तो पार होने से रहा। निगोड़ा मोनाल फिर कहीं बोल रहा था। उसके स्वर में कल की सी बेकली। क्या फिर कुछ घटने वाला है?

धड़...धड़ाक...धड़...भीतर तेज़तर होती घन की मार, बाहर मोनाल की।

ध्यान आया घुमक्कड़ी का मूल मंत्र, 'बचने का मंत्र चलना'। चुनाँचे हर कुछ नज़रअन्दाज़ कर हम आगे बढ़े। मैदान में। एक के पीछे एक। प्रदीप, सोनी, मैं, अपर्णा, राजी अन्त में रनी। भरिक अभी पीछे थे। बहुत पीछे। बहरहाल, कुछ ही पलों में हम बर्फ़ के गोलों के पास थे। कुछ गोले कंचों से छोटे, पर अधिकांश जिम-बॉल जितने बड़े।

ऊपर देखा। सब शान्त था।

बाएँ देखा गहरी खाई दिखी। शान्त।

सामने देखा, तो जीवन की सम्भावना से भरा टीला दिखा। शान्त।

पैर उठाकर गाड़ा एक बर्फ़ के गोले के पीछे। गोला हिला फिर स्थिर हो गया। हिम्मत खुल गई। गोलों के सहारे ही हम तीव्र ढलान काटने लगे। अभी हम बीच मैदान में थे कि तभी गड़गड़ाहट हुई। निगाहें दाईं ओर उठीं। वहाँ, ऊपर, बर्फ़ में कुछ हलचल दिखी।

सोनी फुसफुसाया, "सर, कोई जानवर है...एवलांच होगा...जल्दी करो।"

बस वही अन्तिम आवाज़ थी जो कानों में पड़ी। फिर वे सुन्न हो पड़ गए। जैसे विविध भारती प्रसारण समाप्त होने के बाद सीटी बजती है रेडियो में, ठीक वैसी ही सीटी कानों में बजने लगी। अब न दूर का दिख रहा था न सुन रहा था। न मन आगे की सोच रहा था न पिछला गुन रहा था। अब भूत गुम, भविष्य नदारद। था अख़्तियार में तो सिर्फ़ एक पल। यही पल। उसी पल में हम बढ़ रहे थे आगे। तेज़...तेज़...बहुत तेज़।

अगले कुछ मिनटों में ही हम चढ़ रहे थे आस के केन्द्र बिन्दु उस टप्पे बोले तो मिटिया-द्वीप की ओर। कह चुका हूँ कि यह बेहद तीखी चढ़ाई थी। वो जो हिम-भीत चढ़े थे, भिलंगना के समीप, ठीक वैसी ही दीवार थी यह भी। पर इस बार चढ़ना था बिना रस्सी के। अभी चढ़ना आरम्भ किया ही था कि पीछे एवलांच हुआ। हिमस्खलन-बाधित क्षेत्र में उठा बर्फ़ का गुबार हटा तो दिखे पोर्टर। एवलांच के उस पार। बहुत दूर।

ख़ैर, हम बग़ैर थमे चढ़ते रहे। पहुँचे टप्पे पर। सिंहावलोकन किया हिमस्खलन-परिक्षेत्र का। यहाँ से सब ओर शान्ति पसरी दिख रही थी। और दिख रहे थे भरिक। बिनाका टूथपेस्ट संग मिलने वाले खिलौनों सरीखे।* धीरे-धीरे आगे बढ़ते। चुपचाप। बिना कोई संघर्ष किए।

भास हुआ पहली बार कि 'लान्ग शॉट' में ज़माना कितना गौण दिखता है। कि ऊँचे सुरक्षित ठिये पर खड़े मनक को दिखती है दुनिया कितनी शान्त। कितनी सरल, संघर्षहीन और कैसी निर्मल!

---

* यह बात मेरे बचपन की है। तब एक टूथपेस्ट आता था इस नाम का। उसके हर पैक में एक छोटा सा खिलौना निकलता था। उनमें से कुछ आज भी मेरी जायदाद का हिस्सा हैं।

लहर आरोहण

9 मई, 2012। मसरा ताल की डगर पर।

महबूब हिमाला से इस बार ज़रा दूजे क़िस्म का समागम हो रहा है। शान्त व सुरीला नहीं, उच्छृंखल 'बांडेज' वाला। मैं सुषुप्त, वो उद्दीपक। मैं दास, वो उत्पीड़क। लिहाज़ा एहसासात भी दीगर हैं इस बार, आगे से। सुख व पीड़ा का अनुभव साथ-साथ। वो जब टोंचे, प्रिय लगे। वो जब सताए, उत्तेजना जगाए। बीती रात की ही बात लीजिए। किसे ख़बर थी कि मनु-पोत से सुरक्षित टप्पे पर भी नींद नसीब न होगी। कि सताएगा हिमाला उधर भी रात भर, हज़ार तरकीबों से। कभी बिजुरी तो कभी बर्फ़ के ढेले फेंक। इस पर भी दरूनी भरोसा न डिगा। अलबत्ता मन घबड़ाया ज़रूर। अन्तरात्मा को ख़बर कि ये सब ठहरीं महबूब की अदाएँ। कि खेल-खेल में वो कोई प्राण थोड़े ही ले लेगा!

बहरहाल, सुबह नज़ारा बदला हुआ था। एकदम निर्मल और शान्त। पहाड़ों और घाटियों पर की मैली-बासी चदरिया बदली जा चुकी थी। अब सहन फिर ढँपा था निर्मल शुभ्र आवरण से। पूर्वोक्त निर्णयानुसार हम पौने छह बजे से आगे निकलने को सन्नद्ध थे। पर घोटुल-मँडवा में कोई हलचल ही नहीं। माथा ठनका। वहाँ पहुँचे। घोटुल तप रहा था पर चूल्हे के बजाय बहस की अगन से। घमासान जारी था उधर, आगे जाने के मार्ग को लेकर। मुआमला सत्ता की खींचमखींच का था। वो ऐसे कि अब तक तो हम रनी को ही अपना नाख़ुदा जान रहे थे। पर आज ख़ुलासा हुआ कि रनी ने यह ट्रैक सिर्फ़ एक मर्तबा ही किया है। वो भी पाँच बरस पहले। वो भी सितम्बर में, जब यहाँ का भूगोल एकदम जुदा होता है। और वो भी उलटी दिशा से यानी कि केदार से घुत्तु की ओर। उलट दिशा व बदली छटा के चलते रनी सही दिशा-डगर को लेकर एकाधिक बार भ्रमित हो चुका। इस करके भरिक उससे अघा चुके। प्रतिक्रियावश, कल रात भरिक धनबहादुर ने घोषणा की इस क्षेत्र से परिचित होने की। बताया कि वह घुत्तु से मसरा ताल आया था। लोड-फेरी करने, दो बरस पहले।

आप कहेंगे कि इधर-उधर की बात करने के बनिस्बत बन्दा सीधे से क्यों नहीं बता रहा कि घोटुल का माहौल गर्म क्यूँ था, कि बहस का बायस क्या? इसका छोटा सा जवाब है—मतभेद। आगे की डगर को लेकर रनी व धनबहादुर के बीच का मतभेद! एक कहे टीले से नीचे, नाले में उतर, आगे जाने को।* दूसरा चाहे टप्पे के सामने वाली हिम-भीत टाप मसरा ताल पहुँचना। नाले में चलने के ख़तरे सब आगे ही देख-भुगत चुके। पर रनी माने तब न। धनबहादुर के अपने तर्क, वो भी सुनने को तैयार नहीं। तर्क-वितर्क जब विवेक पर हावी हो तो आदमी बजने लगता रेडियो सा। फिर उसका तअल्लुक़ रहता है सिर्फ़ बोलने भर से। सुनने का कारोबार बन्द! ख़ैर, अन्ततः सोनी के हस्तक्षेप से मामला सलटा। लगातार हो रहे हिमस्खलन के मद्देनज़र नाले के बजाय खुले में ही चलने का निर्णय हुआ। और सवा छह के क़रीब हम हिम-भीत चढ़ रहे थे।

आज हमें मानो पर उग आए थे, तन उसैन बोल्ट का सा उर्जित।** सौ फ़ीट ऊँची दीवार के शीर्ष तक पहुँचने में हमें लगे मात्र पन्द्रह मिनट। यह सम्भव हुआ बर्फ़ में बनी सीढ़ियों की बदौलत। चौंकिए मत जनाब। दरअसल कल साँझ धनबहादुर इस शीर्ष तक घूम आया था, रेकी की ग़रज़ से। उसके कोफ्लाज़शुदा क़दमों तले दबी बर्फ़, ठंड से गफ़ हो, आज सीढ़ी का काम कर गई।

ख़ैर, हिम-भीत के ऊपर पहुँच चहुँ दिग् देखा तो दिखा दीठ की सीमा के पार तक बस एक ही रंग, श्वेत। यहाँ से जाने कहाँ तक फैला एक हिमाच्छादित परिक्षेत्र। सपाट नहीं, उतार-चढ़ाव से परिपूर्ण। उर्मिल! हिम-महासागर में हिलोरती हों लहरें जैसे। लगा कि गिरिराज संग सागर से ऊपर को आईं लहरें, तब्दील हो बर्फ़ में ठिठकी हैं अब तक। जहाँ की तहाँ। जस की तस। कभी तैरते होंगे जलचर जिधर, उधर आज विचरते हैं भालू, स्नो फॉक्स, मोनाल। नक़्शेक़दम जिनके दिख रहे यहाँ हर सिम्त।

भीत शीर्ष से धीरे-धीरे उतर गए हम हिम-महासागर में। राह में पड़तीं छुटकी-मुटकी हिम-लहरें लाँघते बढ़ते रहे आगे। तक़रीबन तीस मिनट चलने के बाद हमारे सामने थी एक और हिम-भीत। पिछली वाली से अधिक खड़ी, ज़्यादा ऊँची। सुभीते के लिए इसे हम एक नाम दे देते हैं—'भीत-2'। यद्यपि विरल हवा के चलते अब हमें हर चार-पाँच डग पर थमना पड़ रहा था। परन्तु मन अब भी प्रबल था और देह ऊर्जा से पूर। नतीजतन लगभग सवा सात बजे हम खड़े थे भीत-2 के शीर्ष पर। आज हमें सचमुच ही पर उग आए थे!

* नाला यानी दो पहाड़ों के बीच का वो अन्तराल जिधर से बमक और पहाड़ों पर जमी बर्फ़ पिघलकर नीचे की ओर बहती है।

** Usain St Leo Bolt प्रसिद्ध जमैकन धावक

भीत-2 के शीर्ष पर। लगभग पन्द्रह-सवा पन्द्रह हज़ार फ़ीट की ऊँचाई। मौसम खुला। यहाँ हवा इतनी वेगवान कि लगे हमें उड़ाने पर आमादा हो। और उसके संग तिरते महीन हिमकणों ने जो बवाल मचा रखा, सो अलग। फिर भी यहाँ कुछ है जो बाँध रहा। जो, बावजूद तमाम दिक़्क़तों के, यहाँ ठहरने का इसरार कर रहा। कयास लगाएँ कि क्या रहा होगा वहाँ? जी ठीक पहचाना आपने। गिरिराज की छबि। जिसे जज़्ब किए बग़ैर आगे जाना नामुमकिन। बल्कि गुनाह।

प्रिय साथियो, इस स्थान से उत्तर-पश्चिम में (जिधर से हम आ रहे हैं) एक अतिसुन्दर, त्रिशूलाकार पर्वत दिख रहा—गंगोत्री एक, दो और तीन। इसके दक्षिण-पश्चिम में दृश्यमान हैं जोनली व दक्षिण-पूर्व में जोगिन पर्वतमाला। परोक्ष के नीलवर्णी नभ व मुख पर पड़ रही गुलाबी धूप के संग मिल इन शिखरों ने ऐसा भव्य दृश्य रच रखा कि जो देखे वो मालामाल हो जावे। याद दिला दूँ कि हम तीन बरस पहले भी इन पर्वतों को देख चुके। उस ओर से। उन्हें इस ओर से देखने का और तीनों को एकमुश्त निहारने का मज़ा वो जाने जिसे हिमालय का नशा हो। कि रिंद ही जाने तवाफ़े सुराही का सवाब।*

महबूब का ज़िक्र निकला तो चलती बात दिशा भटक गई। फिर लौटता हूँ वहीं यानी उसी भीत-2 के शीर्ष पर। दोस्तो, भीत का 'शीर्ष' कहने से ऐसा लगता है मानो हम चरम पर पहुँच चुके। कि अब चढ़ाई ख़त्म होगी। कि आगे उतार मिलेगा। यही मुगालता लिए हम दुरूह भीत-2 पर सरपट चढ़ गए। पर जैसा कि कह चुका हूँ हिमाद्रि की दुनिया तिलिस्मी कथा की तरह खुलती है। सफ़हा-दर-सफ़हा, हर्फ़-दर-हर्फ़। यही घटा भी। ऊपर पहुँच इल्म हुआ उस तरफ़ वाली घाटी का। गहरे अवकाश को समेटे खड़ी दीवारों वाली घाटी। घाटी के उस पार था पहाड़ों का एक अटूट सिलसिला। और दिख रहा था आइसक्रीम-कोन नुमा वह अनाम शिखर भी। क़िस्मत से खंदक जैसी इस घाटी को पार करने हेतु उपलब्ध थी हमें एक कगार। एक सँकरी धार। जैसे दो खम्बों के बीच तनी हो कोई डोर। पार जाने के लिए उस पर चलना होगा ठीक किसी नट की तरह।

क्या हम यह कर सकेंगे?

कर सकेंगे मतलब? भाई साब, यहाँ तक आकर पलटने का तो सवाल ही नहीं। कोई चाहे तो भी लौटना नामुमकिन। 'वन वे' बोले तो एकांगी लीक है यह। चुनाँचे, इक नज़र आसमाँ पर डाली। कह चुका हूँ उधर देख एक बल सा मिलता है, वहाँ विचरती बदलियाँ सार्थ में शुमार जान पड़ती हैं। निपट एकाकी होने का भाव तिरोहित हो जाता है। सो पहले ऊपर देखा फिर देखा आठ-दस इंच चौड़ी उस कगार को। काठी खोंची धार पर और खाई में ठेलने पर आतुर पवन

* रिंद—नशेड़ी; तवाफ़—परिक्रमा; सवाब—पुण्य

को चीरते हुए हम आगे बढ़े। धार ही धार, दक्षिण-पूर्व की ओर।

उधर हमारी मुठभेड़ हुई एक अन्य उत्तुंग लहर, बोले तो हिम भीत-3 से। इस पर भी बिन रस्सी-पिटॉन ही चढ़े। क्योंकि इस तामझाम के साथ चलने में समय बहुत खप जाता। और अब समय का ही तो टोटा था। टोटा यूँ कि सूरज तपने लगा था, और बर्फ़ होने लगी थी ढीली। टेम खोटी किया तो बर्फ़ के दलदल में चढ़ना-उतरना सम्भव न हो। लुब्बे-लुबाब यह कि हम पहुँचे भीत-3 शीर्ष पर बिन रस्सी-पिटॉन के। उधर से बिलकुल सामने नज़र आया वह शिखर जिसकी तलहटी में मसरा ताल दिखना था। पर दिखा नहीं। दिल डूबने लगा। क्या ग़लत दिशा में आ गए? रनी ने मरवाया एक बार फिर? बता चुका हूँ कि रनी इस राह उलटे चला था, केदार से इस तरफ़। जो न बताया वो अब बता दूँ कि तब भी वे लोग भटक गए थे। पूरे दो दिन लगे थे उन्हें तब सही राह तलाशने में। तो क्या अतिआत्मविश्वास के मारे रनी ने हमें भी फँसवा दिया? सब रनी पर पिल पड़े, पर वो न डिगा। कहता रहा कि ताल यहीं कहीं है, शायद जम जाने से नज़र नहीं आ रहा। दूरबीन लगा सारा सहन खँगाला तो दिखा ऊबड़-खाबड़ के बीच नीचे एक सपाट मैदान। अंडाकार। कोननुमा शिखर की तलहटी में। रनी ख़ुश। हम भी प्रसन्न। वही मसरा ताल था। पूरी तरह से जमा मसरा ताल। मन की मुराद पूरी हुई। लपके सभी ताल की ओर। ताल तक पहुँचते-पहुँचते साढ़े आठ बज गए।

ताल के क़रीब रात रुकने को मन मचलने लगा। क्या यह सम्भव है? सोनी से दरियाफ़्त की, पर बात न बनी। वैसे भी वहाँ तो तालाब का आभास भर था, जो रनी न बताता तो मैं शायद ही उसे पहचान पाता। फिर सोचा, भले ही जमा है तो क्या, है तो मसरा ताल।* रात न रुक सके, कोई गिला नहीं, कुछ देर बैठ तो लें इसके क़रीब। पर बैठें कहाँ? दूर-दूर तक न कोई शिला न कोई ऐसा ठौर जहाँ चैन से बैठ इस वादी को उतार सकें जिगर में। समय ख़ंजर लिए सामने खड़ा दिखा। समय की मारामारी के आगे सब लम्ब-लेट। सो हम आगे बढ़े। सिर झुकाए, चुपचाप। आदमी की औक़ात कहाँ मन कहे सो करने की। मन मारने के हज़ार तरीक़े मनक को छुटपन से ही सिखा देता है समाज।

बापड़ा मन, दलित मन, सदा से समाज के ताबे में। गिरता है, कसकता है। हारकर चल देता है आख़िरकार उसी की ही दिखाई डगर पर!

अब हमें ताल के पूर्व में अवस्थित पर्वत चढ़ना था। जो अपने काँधों पर तोके है मसरा-टॉप। इसके पार मिलेगी डगर मियाली दर्रे की। अभीष्ट पहाड़, यानी मसरा-टॉप उठाए खड़ा पर्वत, था बड़ा सुन्दर। जैसे सोता हो कोई करवट में। घुटने पेट

* हमारे जी.पी.एस. के अनुसार 4490 मी. बमुताबिक़ 14730 फ़ीट

से जोड़। कुल जमा रोमन लिपि के 'C' सरीखा। ताल के उलटे हाथ यानी उत्तरी छोर से शुरू हो दक्षिण तक फैला। कहने की दरकार नहीं कि वह हिमादृत था और यह भी कि नौ बज चुके थे और बर्फ़ अब भुसभुसी हो चली।

'C' आकार के पहाड़ के पेट में हम उसके उत्तरी छोर से घुसे। और घूमते हुए ऊपर को चढ़ने लगे। जैसे 'मौत के कुएँ' में मोटरसाइकिल वाला चलता है, कुछ उसी तरह। जैसा कि आप समझ चुके होंगे कि मौक़े पर पहाड़ हमारे उलटे हाथ पर था और दाहिनी ओर था ताल को जाता तीव्र ढलान। सुरक्षित बढ़ने हेतु ज़रूरी कि हम जितना बन सके इस निष्ठुर ढलान से दूर रहें। सरपट ऊपर को उठती भीत से चिपककर चलें, छिपकली की तरह। मालूम हो कि इस ढलान के चलते, पहाड़ के क़रीब, हमें हासिल थी सिर्फ़ एक पैर धरने जित्ती जगह। समझ रहे हैं न आप कहे का मतलब। वो यह कि एक बार में दोई-पग सटाकर खड़े हो पाने की सम्भावना नगण्य! ख़ैर।

मैंने अपना दायाँ पैर आगे बढ़ाया और बर्फ़ में गाड़ दिया। और पैर उलझ गए। सूझ न पड़े कि पिछले पैर को दाएँ के आगे लाऊँ तो लाऊँ कैसे?* सूझ पड़ी कि बायाँ पग पहले धरना होगा। कि आगे बढ़ाया क़दम पीछे खींचना होगा। वही किया और बुरी तरह डगमगाया। बेचारा बायाँ पाँव उम्र कट गई उसकी दाएँ के आसरे। उसे रहनुमाई का तजुरबा हो तो कैसे? 'राइट हेंडडनेस' की तरह 'राइट फुटेडनेस' भी होती है इसका इल्म मुझे आज ही हुआ। बता दूँ कि यह दिक़्क़त सिर्फ़ मुझे ही पेश नहीं आई, अपर्णा और राजी भी परेशानी में थे। लिहाज़ा रस्सी निकाली गई। और रोप अप हो आगे बढ़ने लगे। पर चन्द मिनटों ही अक्ल आ गई कि चार लड़खड़ाते लोग एक रस्सी में बँधे होना आफ़त मोल लेने जैसा। जो भी जानते-बूझते। चुनाँचे रस्सी से आज़ाद हो आगे की राह तय की गई।

क़रीब अढ़ाई घंटे की फिसलाई, धँसाई, धुकधुकाई और 4880 मीटर बमुताबिक़ 16010 फ़ीट तक की चढ़ाई के बाद हम थे मसरा टॉप पर। थककर चूर। भूख से बेज़ार। भला हो प्रदीप का जो थरमस में चाय भर लाया था, और साथ लाया था कल की रोटियाँ। एक बासी रोटी और गरमागरम चाय हाथ में क्या आई भाई साब,

* बर्फ़ की दीवार पर चलने की तकनीक जुदा होती है। ऊपर जाते समय आगे को झुक पंजे को बर्फ़ में गाड़ते हुए चढ़ते हैं, एड़ी का उपयोग नहीं किया जाता। नीचे उतरते समय बदन पीछे को रख एड़ी गाड़ते हुए उतरा जाता है। दीवार को आड़ा पार करना इनसे कहीं कठिन है। इसमें पहाड़ की तरफ़ वाले पैर के बाहरी हिस्से को आड़ा मार बर्फ़ में गाड़ा जाता है। इस आधे पंजे और स्टिक के ज़ोर पर पीछे वाला पैर लाया जाता है, घुमाते हुए, आगे और उसके पंजे का भीतरी हिस्सा बर्फ़ में गाड़कर स्थिर किया जाता है।

मसरा टॉप (4880 मी.) पर अपर्णा (बैठी) और राजी। नेपथ्य में खतलिंग बमक के क़रीब के पर्वत—बीच में स्थित त्रिशूलनुमा गंगोत्री, इसके दाएँ जोगिन व बाएँ जोनली शिखर। इनके और मसरा के बीच में पसरा है वह लहरील इलाक़ा जिस पर उतरते-चढ़ते पहुँचे हम इधर।

जश्न मन गया। दावत हो गई। कुतर-कुतर रोटी खाई, घूँट-घूँट चाय पी। अज़ीम इत्मीनान से, बन पड़े उतनी देर तक। इसके बाद भोजन जाने कब मिले! इसलिए देर तक और छककर खाने का भरम मन में रहना ज़रूरी।

मैं भी न बड़ा दुष्ट हूँ। साढ़े सोलह हज़ार फ़ीट पर बैठ अपनी भूख को रो रहा हूँ। भूखे रहना कौन बड़ी बात है, लाखों लोग रोज़ दिन भूखे सो रहते हैं। मर जाते हैं चुपचाप बिना गिनती के। और मैं हूँ कि चन्द घंटे भूखे रहने की सम्भावना का राग अलाप आपका मज़ा किरकिरा किए दे रहा हूँ। सो आपके हवाले करता हूँ नज़ारा जो साथ लाया ख़ास आपके लिए। बरास्ता एक चित्र। उसे देखें, आनन्द लें। मैं चला उधर जहाँ पूजा चल रही है।

आपको तो मालूम ही है दर्रे पर पहुँच पूजा करने की गढ़वाली परिपाटी के बारे में। मसरा टॉप की हैसियत पर्वतारोहण के जानकारों के क़रीब क्या है इसकी तो ख़बर मुझे नहीं। अलबत्ता रनी व सोनी की नज़र में इसे दर्रे की मान्यता प्राप्त है। सो वे जुटे हैं पूजा-अर्चना में। बात समीचीन जान पड़ती है सो कहने में हर्ज़ नहीं कि मसरा टॉप का वितान उत्तराखंड के हमारे देखे दर्रों से कहीं बड़ा है। अन्य दर्रे, जैसे कि कालिंदी, ऑडेन, बाली या फिर धूमधार कांडी तो ऐसे थे कि चार

जने बमुश्किल खड़े हो पाएँ। एक कूद में पार हो जाएँ। इनके मुख़्तलिफ़ मसरा टॉप है कहीं चौड़ा। इसके दूसरे छोर पर पहुँचने में दो-तीन मिनट ख़र्च हो गए। अब मेरा रुख़ है केदार घाटी की ओर। यानी पूरब की तरफ़। इस तरफ़ दृश्यावली तो ख़ूबसूरत है पर किसी नामचीन शिखर के न होने से राजी व सोनी के लिए वो बेमज़ा है। उन्हें फ़िक्र है तो महज़ मियाली पास की। दूरबीन लगा वे उसे ही तलाश रहे हैं। कयास लगा रहे हैं कि अब किधर जाना है। जबकि यह सिर्फ़ रनी ही बता सकता है। वो आए तो क़ाफ़िला बढ़े मियाली की ओर।

कभी दूर कभी पास

अज़ीज़ दोस्तो, आप तो जानते ही हैं कि मई माह में हिमालय पर हम पहले भी कई मर्तबा आ चुके। बाली पास, कालिंदी खाल या फिर रुदुगैरा शिखर-आरोहण सभी अभियान मई माह में ही सम्पन्न हुए। मालूम नहीं यह ग्यारह-बारह बरस में हुए मौसम परिवर्तन का नतीजा है या कि इस घाटी के अलहदा स्वभाव का परिणाम। वजह चाहे जो हो पर हिमालय तेज़ी से बदला है, यह बात साफ़ है।

बेगाना सा जान पड़ता है हिमाला आज। माना कि वो कभी किसी का ताबेदार नहीं रहा। कि वो मनचला है और किंचित् नक़्शेबाज़ भी। बिफरता-धसकता है वो बात-बेबात, कभी-कभार। पर मई माह में उसका इतना तमतमाया, ऐसा आततायी रूप पहले तो कभी नहीं देखा। कल तक प्रेम पगी लग रही उसकी धमाल अब भयाक्रान्त कर रही। मसरा टॉप तक तो वो फिर भी काबू में था पर उसके बाद तो वो जैसे बौरा ही गया। करने लगा पग-पग पर प्रतिरोध, डग-डग पर दंगल।

हालात इस दर्जा बिगड़े कि न कैमरे की सुध रही न नज़ारों की ख़बर। हम-दोई के दिलो-दिमाग़ पर एक अजीब सी क़ैफ़ियत तारी होने लगी। ऑक्सीजन की कमी, अतिशय थकान, भोजन या कि जल की कमी, या कि इनका मिला-जुला असर—कारण चाहे कुछ भी हो, हम, ख़ासकर मुझ पर, गफ़लती हावी हो गई। चित्त मेरा कभी चैतन्य रहे तो कभी चल पड़े दीगर दुनिया की ओर। लिहाज़ा जो गुज़रा वह थोड़ा ही ज़ेहन में दर्ज हुआ, बाद बाक़ी फिसल गया याददाश्त से। अगले दिन साथियों से जो सुना उसे अपने अनुभूत में गूँध डायरी में नोट किया गया। आगे का हाल उसी डायरी के हवाले से पेश है। बिम्ब-दर-बिम्ब। जुरआ-दर-जुरआ!*

आहिस्ता-आहिस्ता सूर्य पच्छिम को खिसक रहा है। रफ़्ता-रफ़्ता परछाइयाँ पसर रही हैं। ख़रामा-ख़रामा घिसट रहे हैं हम मियाली की ओर। यद्यपि सूर्य पश्चिमोन्मुख है तथापि उसका ताप बरकरार है। नतीजतन बर्फ़ तेज़ी से पिघल रही है। हिम सम्बन्धित हमारी सारी अवधारणाएँ, तमाम कयास, ग़लत साबित हो चुके। जान

* जुरआ—घूँट।

गए कि खड़िया मिट्टी से लिपे आँगन जैसा लुभावना लगने वाला हिमालय का यह चौबारा कदापि अवलम्बनीय नहीं। यहाँ न तो सीने में साँस थम रही, न क़दमों तले बर्फ़। पिघलती बर्फ़ से जद्दोजहद करते हुए संग चल रहे भरिक परेशान हैं और मुख म्लान हैं प्रदीप, सोनी के भी। मजीरे की सी हँसी हँसने वाली राजी तो जैसे भिलंगना पार करने के बाद से ही चुप है पर कल तक खिलखिलाती अपर्णा भी है आज गुमसुम। सोलह हज़ार फ़ीट पर सबको सर पर मौत मँडराती दिख रही है...

रनी और सोनी किसी बहस में उलझे हैं। शायद आगे की डगर को लेकर। सोनी को खड़ा छोड़ रनी तेज़ी से आगे चल दिया है। मेरा बैग आज उसके कने है। उसमें कैमरे हैं और पानी की एक बोतल भी। गोकि पानी थोड़ा ही बचा है...पर सूखते कंठ को दो घूँट भी अमृत समान...

दूर एक टीले पर खड़ा रनी आगे बढ़ने का इशारा कर रहा है। टीले से दाहिने (दक्षिण) को जाने का इशारा...पर अब लग रहा है हर क़दम एक मील जितना... उतनी दूर पहुँच पाऊँगा क्या? चलना मुहाल है...लगता है जैसे कोई चुस्की बनाने को छिली बर्फ़ यहाँ पटक गया हो...भुसभुसी बर्फ़ में पैर धँस रहे हैं घुटने-घुटने... सब फिसल रहे हैं...सब भीग गए हैं...आज कोई किसी की सहायता करे भी तो कैसे...हर एक धँसते-निकलते चल रहा...ज़िन्दा बचे रहने के लिए लड़ रहे हैं सब अपनी-अपनी जंग...कोई दूसरे का सहारा कब तक बने...भरिकों का तो हाल हम सबसे बुरा है...मेरी पीठ का वज़न तो रनी ने तोक लिया, उनका बोझा तो उन्हीं को ढोना है...वे बार-बार गिर रहे हैं...फिसल रहे हैं...एक भरिक तो तीन दफ़ा गिर चुका...रपट चुका सामान सहित खाई की ओर...एक बार तो वो लुढ़कता हुआ काफ़ी नीचे चला गया...जो उसकी पीठ पर लदा बोझा झिटक न जाता तो जाता बेचारा गर्त में...बेकस हैं वे...सरफ़रोश भी...जान लड़ाकर रोटी कमाने वाले...

जिस राह चल रहे वह सामने से बन्द है। उधर खड़ा है एक पर्वत। जिससे टकराकर घाटी घूम गई है दक्खिन को। इसी पर्वत को लाँघ पहुँचना है केदार धाम। इस हेतु तलाश है दर्रे की। मियाली दर्रे की। है तो वो यहीं कहीं अगरचे दिख नहीं रहा। अभी तो गोचर है उसका बमक ही। बोले तो मियाली ग्लेशियर। बहुत गहरे, नीचे। घाटी की तलहटी में।

हम घाटी की पश्चिमी दीवार से चिपककर आगे बढ़ रहे हैं...इधर न कोई शिला, न तृण ना ही कोई विटप...सारा सहन एक रंग, समरूप...मोगरा-वर्णी... छींटहीन...रंगविहीन। हर सिम्त दिख रहे हैं पर्वत...ख़रगोश-रंग चोग़ों में अपनी मांसल

देह बमुश्किल ढाँपे पर्वत...ऊँचे, बहुत ऊँचे...नभ से सटे। नभ को शायद पसन्द नहीं पहाड़ का यूँ सटना...वह व्याकुल हो गड़गड़ा रहा है...बिजुरियाँ फेंक धमका रहा है...उसी की बदलियाँ उसे ही छोड़ शिखरों से जो लिपटी पड़ी हैं। कामदग्ध बदलियाँ पर्वतों की पुष्ट जंघाओं से फिसल ख़रामा-ख़रामा नीचे सरक रही हैं... ग्लेशियर की ओर...बदलियों के बदन फैल रहे हैं...वे ग्लेशियर के आगोश में लेटी हैं...कसमसातीं...लरजतीं...समर्पित। प्रेमकेलि जारी है। प्रेमदंश लिए-दिए जा रहे। बदलियों के नखदंश बमक-बदन पर उभर रहे हैं। पड़ रही हैं दरारें, यह दीगर बात कि दुनिया उन्हें क्रेवास कह टरका देती है।

भमक-संसर्ग से फुएँ सी नाज़ुक बदलियों के पैर भारी हो चुके हैं...गर्भ धारण कर चुकी हैं वे...स्थापित हो चुके हैं उनमें भमक-बीज। पुरागल्पों के गुणसूत्र। तृप्त बदलियाँ हौले-हौले ग्लेशियर से ऊपर उठ रही हैं...जाने अब ये कहाँ जाएँगी? बरसेंगी किस आँगन में? भिगोएँगी अब किस कालिदास को...रचवाएँगी कौन सा महाकाव्य...कैसा प्रणय गीत!

समीप से निकलती एक बदरिया को मैंने अपनी हथेली पर ले सहलाया... पहलू में ठिठकी एक बदली को चूम लिया पुच्चऽ...पुच्चऽऽ...कहा उसके कानों में कि कोशिश कर पहुँचना मेरे देस...उँडेलना अपना रस उस महल्ले में जहाँ घर की डेली पर बैठ माँ तकती होगी राह मेरी...पहचान जाएगी वो मेरे हाथों की छुअन... महसूसेगी मेरे मस्तक की गंध...जान जाएगी कि पुत्र उसका लेट गया है थककर... गिरिराज के अंक में...नयनों में अपने प्रिय पर्वत की छटा समेट...जिस्म मेरा तब्दील हो रहा है जीवाश्म में...जुरआ-जुरआ...

कहीं से अपर्णा का थका चिड़चिड़ाया स्वर हवा में तिरता आ रहा है, ''वादा किया था तुमने, धूमधार-कांडी अभियान से लौटने के बाद कि आगे से हिमालय जाना बन्द होगा। फिर क्यूँ खींच लाए मुझे यहाँ? समन्दर किनारे जाने की मेरी आस अब इस जनम में तो तृप्त होती नहीं दिखती...न मालूम तुम्हारे भेजे में पैदल चलने का फ़ितूर कहाँ से घुस गया...दुष्ट...अब चलोऽऽ भी...वहाँ खड़े-खड़े क्या देख रहे हो?"

वादी गूँज उठी...तुम्हारे भेजे में फ़ितूर...फ़िऽऽतूऽऽऽर...घुसा...फ़ितूरऽऽ... हाँ...यही तो कहा था किसी ने...किसने...कब...शायद बचपन में...बचऽऽपनऽऽ...

"अब...चलो भी...," अपर्णा का थका-माँदा स्वर फिर सुन पड़ा।

पैर उठाए नहीं उठ रहे, जो उठ भी रहे हों तो पता नहीं। आगे बढ़ने का एहसास तो है पर गति की ख़बर नहीं पड़ती। ठिठुरन है। नयन मूँदे जाते हैं। तन का एहसास तिरोहित हो रहा है...शायद मैं चल रहा हूँ...या फिर नहीं भी। हिमालय सिमटकर एक बिन्दु में बदल गया है...लाल...नीला...चमकीला ज्योतिपुंज...महाकाय हिमालय

के बदले में इत्ता सा बिन्दु...छोटू सा ज्योतिपुंज...अचरज हो रहा है...घोर अचरज!!

"सर, बार-बार रुको मत, चलते रहो...हल्के...हल्के..." कोई बोला, शायद कि सोनी।

मैं चलना चाहता हूँ...पर पैर...मेरे पैर...क्यों नहीं उठ रहे...कमर के नीचे का ज़िस्म है किधर...धँसी है अधर-काया बर्फ़ में...सुन्न...संवेदना विहीन...नयन खुले हैं...मगर दिख कुछ नहीं रहा...सिवा उस बिन्दु के...बिन्दु...मोरपंखी...चमचमाता बिन्दु फूट रहा है...रंग ही रंग...हरसूँ फैलते रंग...अनदेखे...अनजाने! कौन झाँकता है रंगीन यवनिका के पीछे से...कौन? कौऽऽन है? भीतर से कोई पूछ रहा है... बेहद ठिठुरन है...ग़नीमत है कि हवा थिर है...अन्यथा हाड़ चीर जाते...मर जाता मेरे अन्दर का भीतर भी। बाहर रंग स्थिर हो रहे हैं...घनीभूत हो रहा है बिन्दु... रंग गूँध रहे हैं आपस में...ये कौन जुलाहा कात रहा है उनको...यवनिका तन गई है धवल-पर्वत के समक्ष...बिम्ब जिस पर बन-बिखर रहे हैं...कानों में गूँज रहा है...फ़ितूरी...फ़ितूर...पऽगऽतली...भँवरी...बऽचऽपऽन...मन की परतें खुल रही हैं...बरसों से दबा-कुचला-बेबस मन छिटक फैल गया है यवनिका पर...रू-ब-रू है वह कालखंड जिसे जिया जा चुका है बरसों पूर्व...

बंगाल। वर्ष 1967-68। हावड़ा ज़िले का एक क़स्बा। बेताईतल्ला। साँझ ढल रही है। एक गाछ है वहाँ। कदम्ब का। गेंदनुमा गमकते फूलों से लटालूम। छह-सात बरस का एक बालक है वहाँ बैठा, कदम्ब-गाछ से टिक। कोचिंग, ट्यूशन कैरियर के शिकंजों से मुक्त बच्चे घेरा बना पेड़ के गिर्द नाच रहे हैं...गा रहे हैं...

चाँद उठेचे
फूल फुटेचे
कॅदम तॅलाए के?
हाथी नाच्चे
घोड़ा नाच्चे
*शोना मोनार बिए!**

"कि रे! ए भाबे बोशले तो हय ना। उठे आए, एकटु नाच आमादेर शन्नो।" एक लड़की उसके संग नाचने का आग्रह करती है। लड़के में कोई हरकत नहीं। वो सोचमग्न है।

"की भाप चिश रे, एखाने बोशे बोशे?" (यहाँ इस तरह बैठे-बैठे क्या सोच रहे हो)

---

* चाँद उगा है, फूल खिले हैं, कदम्ब (पेड़) के नीचे कौन है? (वहाँ) हाथी नाच रहे हैं, घोड़े नृत्य कर रहे हैं, सोना बिटिया की शादी है।

"श्वप्नो" (सपने)...

बर्फ़ में धँसा वही छह वर्षीय बालक आज भी स्वप्नमग्न है...ठिठुरन है... साँस घुट सी रही है...चमकीला बिन्दु आकार बदल रहा है...यवनिका पर बिम्ब बदल गया है...

माँ खड़ी है दरवाज़े पर। ग़ुस्से में भरी।
"कहाँ थे इतनी देर तक?"
"कदम्ब गाछ के नीचे बैठ चाँद देखता था।"
"वो तो अपनी बालकनी से भी दिखता है उसके लिए इतनी देर तक पेड़ के नीचे क्यों बैठे? सच बताओ कहाँ थे?"
"कदम्ब के नीचे। वहाँ आज हाथी-घोड़ों का नाच होने वाला था।"
"हुआ।"
"हाँ।"
"फ़ितूर है तेरे भेजे में। जाने क्या सोचता रहता है अकेले बैठ!"

"सर, जरा ध्यान से। ऊपर देखते चलो सर जी, बर्फ़ धसक रही है," रनी का स्वर सपने में घुस तो आया पर अधिक देर टिक न सका...भीतर वह बच्चा स्वप्नलीन जो था...बच्चे अपना संसार देखते-रचते हैं यह बात दीगर कि दुनिया उन्हें ख़्वाब बुलाती है!

मैंने रनी से क्या कहा, याद नहीं। पर वह सपना अब भी मन:पटल पर जस का तस है...मैं सोच रहा था कि जो मुझे दिखा माँ को क्यों नहीं दिखा? जो मैंने देखा अपर्णा क्यों नहीं देख सकी? समझ आया दिखने और देखे जाने का फ़र्क़। कि तर्क से बाहर भी एक संसार होता है। निजी संसार। चाक्षुष जगत से कहीं वृहद, अधिक रंगीन और ज़्यादा असल। हिमालय है मेरे उसी स्वप्न-जगत् का साकार रूप। ख़्वाबों की दुनिया बुलाती है, दुलारती है...समन्दर बुरा नहीं...पर दहाड़ता है...धकेलता है परे...अपर्णा को बताना चाहता हूँ...मुख से बोल नहीं फूट रहा... मैं बर्फ़ में धँसे जा रहा हूँ...अब जाड़ा हाड़कों में धँस गया है...चाम तो कब से सुन्न था अब चेतना भी सुन्न होती जान पड़ती है...लगता है कोई मुझे सहारा दे रहा है...नहीं...मैं तो उड़ रहा हूँ...जा रहा हूँ नभ में...बदलियों के संग...अपने देस...

वन मोर डे टु टॉवर

10 मई, 2012। मियाली बेस कैम्प। वक़्त सुबह साढ़े चार या शायद पाँच का। सोनी गुम्बद-रावटी के बाहर खड़ा था।

"मेम, सर उठे क्या?" सोनी की पुकार से नींद टूटी। लगा जैसे नीम बेहोशी से जगा होऊँ। वाह! ख़ूब सोया कल रात। इतनी विरव, ऐसी स्वप्न विरहित नींद जाने कितने अरसे बाद नसीब हुई।

"मेम...गुडमॉर्निंग मेम...उठे नहीं क्या? सर की तबीयत कैसी है?"

सोचा, ब्रह्म मुहूर्त में उठने वाले मुझको अब तक सोता जान सोनी चिन्तित है शायद। पर ऐसी कितनी बज गई? प्रकट में बोला, "गुडमॉर्निंग सोनी। बस तुम्हारी आवाज़ से ही उठा हूँ। टाइम क्या हो रहा है?"

"चार-साढ़े चार बजे होंगे शायद..."

"अरे, इतनी सुबह तुम कैसे उठ गए?" अलसाते हुए मैं भीतर ही से बोला।

"आप ठीक हो...?"

"हाँ, हाँ, बिलकुल चंगा हूँ। पर ऐसे क्यों पूछ रहे हो?"

"सर, तैयार हो जाओ। थोड़ी देर में निकलेंगे।"

कह चुका हूँ कि कल जो गुज़रा उसकी पुख़्ता ख़बर मुझे अपने तईं नहीं। अलबत्ता कुछ अनसोचा घटा ऐसा आभास अवश्य है। सोनी की अलस्सुबह आमद और मेरी ख़ैरियत दरियाफ़्त करने का सबब अपर्णा के ख़ुलासे से समझ आया। बताया उसने कि कल ढलते दिन के संग टीम का हौस भी ढलकता गया। पस्त सभी हुए। कोई अधिक तो कोई कम—मैं अधिक वालों में शुमार था। हाल हो गया मेरा नशेड़ियों का सा। चलने लगा यंत्रवत्। बोलने लगा बेवक़्त, बाज दफ़ा बेवजह भी। सभी को लगा जैसे मेरे को 'हाई एल्टि' हो गई हो।* पर जब डेरे में पहुँच पहने हुए भीगे कपड़े, नौ तह कपड़े, आपो आप बदले, माँगकर खाया और चैन से सो गया तो सबको ढाढ़स बँधा कि मामला गड़बड़ सही, संगीन नहीं। मुझे

* High altitude sickness

वमन और सिरदर्द न होना इस इत्मीनान का कारण था।* बड़ा कारण। जिसके तहत थकान और भूख को मेरी हालते अजीब का बायस माना गया। जो 'हाई एल्टि' होती भी तो उस हाल में, वैसे मौसम में और उस वक़्त में कोई क्या ही कर लेता? डायमॉक्स की गोली असर दिखाने में घंटों लगाती। और उच्च-रक्तचाप रोग के मद्देनज़र अपर्णा स्टिरॉइड इंजेक्शन देना शायद उचित न जानती। अब बच रहा इस रोग का सबसे कारगर इलाज़। यानी रोगी को तेज़ी से नीचे ले जाना। पर कौन ले जाता? हर एक तो लस्त था। ऐसे में चारा क्या बचा सुबह का इन्तज़ार करने के अतिरिक्त? लिहाज़ा भोर से पहले स्थिति का आकलन करना तय हुआ। यह भी कि इस बीच कभी तबीयत में ज़्यादा ही घाँदा दिखा तो काँधे पर तोक मुझे ले जावेंगे मियाली दर्रे के पार। फिर भरसक तेज़ी से उतरेंगे नीचे।

ख़ैर, जो गुज़रना था, गुज़र चुका। अब उस गल्प को वहीं छोड़ क्यों न बढ़ा जाए आगे? तो भाई लोग हम-दोई चटपट घोटुल में पहुँचे झटपट दूध कार्नफ्लैक्स गटका। गुम्बद-रावटी में लौट पहन रखे फ्लोटर्स खोल दिए। फिर बैग से निकालीं चार जोड़ जुराबें। एक मेरे वास्ते, एक अपर्णा के। चार जोड़ इसलिए कि फ्रास्ट-बाइट से उँगलियाँ बचाने हेतु पहनना होते हैं डबल मोजे। हर पैर में दो, एक पर एक। जुराबों के बाद बारी आई जूतों की। उन्हें छुआ तो लगा जैसे वे पत्थर में बदल गए हों। बोले तो रॉक सॉलिड! चौंकिए मत बन्धुओ, होता है ऐसा कभी-कभी हिमालय पर। ख़ासकर तब जब आप हों हिमालयीन शीत की ज़द में। ऐसे में जूतों को अपने बोरिया-बिस्तर में ले, शरीर से चिपटाकर सोना लाज़िमी। जो चूके तो वही होता है जो हुआ। आलमे ग़फ़लती में कल मुझे ध्यान रहा न अपर्णा को। जूते छूट गए बाहर। बेचारे जूते, तीन दिनों के भीगे जूते, जम गए। हो गए बर्फ़ की तरह सख़्त। यही हाल हुआ बोतल में भरे पानी का भी। बदन से दूर रहने से बेचारा जम गया पड़ा का पड़ा बोतल में। अधलेटा। थोड़ा ढक्कन की ओर सरका हुआ, थोड़ा पेंदे में अटका! भाई साब, बदन से गर्मी लेने-देने का कारोबार फ़क़त बॉलीवुड में ही नहीं हिमालय पर भी चलता है। यह बात अलहदा कि कोई चिपकने को जूते-बोतल पाए तो कोई हीरो-हीरोइन। जैसी करनी वैसी भरनी। वो कहते हैं न कि पिछले जनम का किया-धरा इस जनम में भुगतना पड़ता है। भू.चू.ले.दे.!

बहरहाल, तक़रीबन छह बजे हमने क़दम बढ़ाए मियाली दर्रे की ओर। हम यानी राजी, अपर्णा और मैं। अभी हम दर्रे से दूर हैं। हमारे बाएँ हाथ पर यानी पूर्व में है केदार घाटी। बीच में है पहाड़, उत्तर से दक्खिन को जाता। रनी ने बताई है दर्रे

* माउंटेन सिकनेस मूलत: दो तरह की होती है, एक high-altitude pulmonary edema (HAPE) इसमें चलती है खाँसी, होती है साँस की दिक़्क़त; दूसरी high altitude cerebral edema (HACE) इसकी शुरुआत होती है सिरदर्द व वमन से, बाद में दिखता है सन्निपात।

शेषनागनुमा फन धारी मियाली टॉप

की पहचान राजी को। कि दक्षिण दिशा में एक किलोमीटर चलने के बाद जहाँ बायाँ-पहाड़ बनाए एक कैंची, सामने से आती अपनी साथिन से मिले। और उनका मिलन स्थल दिखे रकाबीनुमा। वही होगा मियाली दर्रा।

अरुणोदय हो चुका। गिरिशीर्ष इठला रहे स्वर्णिम आभा पा। किन्तु पहाड़ के इधर, पच्छिम में, किरणों को पहुँचने में कुछ समय लगेगा। रनी के बताए अनुसार हम अग्रसर हैं दक्खिन की ओर। कैंची तो ख़ैर नहीं दिख रही फ़िलवक़्त अलबत्ता नज़र में है दूर तक फैला मैदान। श्वेत चादर से ढँपा। सर-ता-पा। बेतरतीब चादर, जिस पर पड़ी हैं महीन सलवटें। जैसे रात भर मटरगश्ती के बाद उठकर गया हो कोई इधर से, अभी-अभी। मटरगश्ती नहीं तो और क्या कहूँ, जिस पर हम चल रहे हैं वो है तो वही ग्लेशियर जहाँ बदलियाँ पसरी हुई थीं कल साँझ। करती थीं केलि मियाली बमक संग मदन-रस में डूब। गोकि ताज़ी बर्फ़ ने चतुराई से बमक के सीने पे पड़े प्रेमदंश तो छुपा दिए, मगर चादर पर पड़ी सलवटें सँवारना चूक गई। छोड़ गई सुबूत उसका जो सब कल यहाँ घटित हुआ। उनके धुँधले अक्स ज़ेहन में उभरने लगे। होने लगी मीठी-मीठी गुदगुदी। जिगर से थोड़ा नीचे, नीचे से तनिक ऊपर!

वात्स्यायन बाबू! आपका कामसूत्र अधूरा है। शृंगार तो ठहरा सृष्टि का मूल तत्त्व, स्थायी रस। नि:सर्ग का हर घटक इसी में पगा, इसी से सगबग। काश कि आपने भी देखा होता पर्वतों का कामविह्वल रूप, लिपटना भौरों का और बिछ जाना गुलों का। जब आप बहुत सी प्रणय-कलाएँ देख ही न पाए तो उन्हें लिखते किस बिना पर! ऋषिवर, मेरे तईं तो आपका रचा 'कामसूत्र' अधूरा है।

मियाली दर्रे (5080 मी.) पर। बीच में मैं, पीछे राजी, साथ में रनी

साढ़े आठ बजे हैं, और हम खड़े हैं मियाली पास पर। मालूम ही नहीं पड़ा कब और कैसे यहाँ आ पहुँचे। एक ही दम में, एकदम सरपट। रस्सी की दरकार पड़ी न आराम की। हल्की-फुल्की चढ़ाई। हर पाँच क़दम पर रुकना, साँस लेना, गप्प हाँकना और पहुँच जाना दर्रे पर। ऐसा गढ़वाल में तो पहले कभी नहीं हुआ। गए साल, यानी 2011 में यह ज़रूर देखने को मिला था। लेह में। जहाँ दर्रा पार करने की ख़बर भी नहीं होती जबकि आप उसे पार कर चुके होते हैं। एक दिन में कई-कई। इस नाते ही तो लदाख़ कहलाता है—लैंड ऑफ़ पासेस! ख़ैर, वहाँ की कहानियाँ फिर कभी, अभी तो लौटते हैं मियाली दर्रे पर।

मियाली दर्रे का वितान तो हमारे अब तक देखे तमाम दर्रों से अधिक निकला, मसरा टॉप से भी बढ़कर। यूँ समझ लें कि यह है किसी छोटे-मोटे बुग्याल जित्ता। पच्छिम से रफ़्ता-रफ़्ता ऊपर उठता, पूरब में ख़रामा-ख़रामा नीचे उतरता बुग्याल। 5080 मीटर बमुताबिक़ 16666 फ़ीट की इस ऊँचाई से दिख रही है आकाश, पाताल के बीच झूलते नामचीन पर्वतों की रची करिश्माई दुनिया। खलासियों के आने तक क्यों न इस स्वप्न-देस पर एक नज़र डाल लें? खुला मौसम और सृष्टि-सौन्दर्य अपने चरम पर, बोले तो ऐसा मौक़ा फिर हाथ आए, न आए!

मियाली से सटा, उसके पहरे पर सन्नद्ध है शेषनाग सदृश मियाली टॉप। दर्रे के पूरब में है, बदरिया छाप लोई से ढँपा-उघड़ा, केदार घाटी परिक्षेत्र। ऐन क्षितिज तक पसरा परिक्षेत्र। जिसकी सतह ऐसी मानो वहाँ गूगल-अर्थ से उठाया नक़्शा बिछा हो। लहरिल। बेइन्तहाँ ऊबड़-खाबड़। झुरझुरी हो रही इसे देख। वो यूँ कि इसी भयभीत

करती भूमि में है वासुकी ताल, जहाँ आज पहुँचने का मन है। क्या हिम-भीत और क्रेवास गुंफित यह भूमि हम पर रहम खाएगी? धरने देगी क़दम अपने सहन पर ये? 'डरने का नहीं, करने का अजय बाबू' मैं स्वयं को समझा रहा हूँ, आप भी ढाढ़स रखिए और देखिए हौलनाक जमीं से ऊपर, यानी सीधे सामने। गड़ा दें नज़र क्षितिज में जहाँ दिख रहा है चौखम्बा पर्वत। चार चोटियों से सुसज्जित यह पर्वत बदरीधाम के पश्चिम में है। अलकनंदा व मंदाकिनी घाटियों के बीच की उस दुर्लंघ्य दीवार का हिस्सा जिसकी चर्चा पनपतिया पहुँच मार्ग के सन्दर्भ में निकली थी।

चौखम्बा शिखरों के बीच फैला आइस-फ़ील्ड अगर देख चुके हों तो रुख़ जरा उत्तर दिशा को किया जाए। जिधर नज़र आ रहे हैं ख़ूबरू* केदारनाथ, केदारडोम व कीर्तिस्तम्भ पर्वत शिखर।

केदारडोम का दीदार हम पहले भी कर चुके। नन्दनवन से, कालिन्दी खाल अभियान के दौरान। तब वो लगा था श्वेत खरहे का सा मासूम। पर मियाली दर्रे से उसकी ढब जुदा। इधर से वो दिखे है महाकाय शिला जैसा। उससे नज़रें चार होते ही सोनी का कहा वाक़िया याद आ गया। जो गुज़रा था उस पर केदारडोम मुहिम के वक़्त। जैसे कि बहुधा पर्वतारोहियों के क़िस्से होते हैं, अपघात-आघात से जुड़े, विश्वास-अन्धविश्वास के बीच दोलते, यह भी ठीक वैसा ही। मैगी नूडल्स खाने की शौक़ीन एक लड़की का क़िस्सा। जिसे वो हर ट्रैक में सुनाता है। इस बार भी कल्याणी में सुना चुका।[83] गोकि क़िस्सा लम्बा है सो उसे इस वक़्त छेड़ना ठीक नहीं, जबकि हम मियाली दर्रे पर से दुनिया का नज़ारा कर रहे। तो क्यों न वहीं लौटा जावे?

दोस्तो, दर्रे के पूर्व व उत्तर का पर्वतीय सौन्दर्य हम निरख चुके। अब नज़ारा करें पश्चिम का, यानी जिस ओर से हम आए हैं उधर का। सरसरी देखें तो उधर वो ही सब दिखे जो हम देखते आए हैं पिछले दिनों। बोले तो त्रिशूलनुमा गंगोत्री शिखर, सुरख़ाब-रंग थलेसागर, भर्त्त कुंटा पर्वत और अपना वही खतलिंग ग्लेशियर। लेकिन अभी उधर की छटा बिलकुल जुदा है। सहन सुनहली गोटेकारीदार रुपहली बदलियों का उत्तरीय ओढ़े है। जिसमें से स्वर्ण-मुखी पर्वत-शीर्ष झाँक रहे हैं। जैसे कंचुकी फाड़ बाहर आने को बेताब नवयौवना का जोबन!

इन सबके ऊपर, हर कहीं दिख रहा है एक छत्र। नीलाकच्च। कविता-कहानियों में जिसे कब से सुनता आ रहा, वो 'नीली-छतरी'। जिसके तले आने को सूरज मचल रहा है। छतरी पर मढ़े हैं दो उकाब। और चस्पाँ हैं विभिन्नाकार बदलियाँ भी। एकदम सफ़ेद झक्क। किलकिले की ग्रीवा के धवल रोम हों जैसे। गोया अगर कहीं स्वर्ग है तो इससे ख़ूबतर तो क्या ही होगा!

---

* ख़ूबरू—सुन्दर चेहरे वाला

इधर हम यहाँ की ख़ूबसूरती में डूबे थे उधर राजी व प्रदीप गोते खा रहे थे अपने मोबाइलों में। अचम्भा हुआ। दोनों का इधर यह पहला फेरा और उन्होंने नज़ारों पर एक नज़र भी नहीं फेरी! मुमुक्षु मन ने सवाल किया कि भला ऐसा क्या है कि वे दर्रे के कोने-कोने में जा अपने चलंतु-यंत्रों में झाँक रहे हैं? ख़ासकर प्रदीप। उसी से मुख़ातिब हुआ।

"प्रदीप भाई क्या माजरा है? हम पहाड़ देख रहे हैं और आप लोग मोबाइल..."

"टॉवर ढूँढ़ रहे हैं सर!"

"टॉवर! यहाँ?"

"कोई बोला था न घुत्तु में..."

"क्या?"

"कि मियाली पर टॉवर मिलता है..."

"मिला?"

"नहीं।"

"ख़ुदा का शुक्र है। पर बताओ यह बेताबी आख़िरकार है क्यूँ?"

"घर बात करनी है...कितने दिन से नहीं हुई...और...और...

मियाली दर्रे पर से केदारधाम की ओर का दृश्य

"हाँ...हाँ...कहो...झिझकते क्यों हो? और क्या?"

"फेसबुक भी नहीं देखा सर जी...कब से...वो भी..."

समझ गया, पिछले कुछ दिनों से राजी क्यों अनमनी है और प्रदीप क्यूँ हो गया है चिड़चिड़ा। जान गया कि मोबाइलचियों का हाल भी अफीमचियों जैसा। दोनों ही समय पर ख़ुराक न पाएँ तो बेचैन हो जाएँ। कहना चाहा कि ऐसी दिलक़श जगह, इतनी मेहनत के बाद पहुँचकर भी, वे सब छोड़ आभासी जगत में क्यों डूबना चाह रहे? पर चुप रहा। सोचा, जितने मनक उतने मानस। सबकी अपनी आस, अपनी प्यास। किसी का दिल क्यों तोड़ना, वो भी ऐसी निष्पाप जगह पर!

"लगे रहो प्रदीप भाई, सफलता मिले तो हमें भी बताना।"

मुझे भी अन्तरजाल की दुनिया का मुरीद जान वह चहक उठा। आँखें मोबाइल से हटा उसने मेरी ओर देखते हुए कहा, "यहाँ तो नहीं है सर, वासुकी के ऊपर मिलेगा। टेंशन न लो सर! कल टॉवर मिलेगा ही मिलेगा। वन मोर डे टु टॉवर, सर!"

बिल आख़िर...आख़िरकार

11 मई, 2012। वासुकी ताल 4231 मी. बमुताबिक़ 13881 फ़ीट, सुबह पौने आठ बजे।

आप भी कहेंगे कि ये क़िस्सागो गड़बड़ी करता है। अभी तो था मियाली दर्रे पर और एकदम से वासुकी पहुँच गया। इतना बहुत सा फ़ासला कोई चुटकियों में थोड़े ही तय हो गया होगा। कुछ तो देखा होगा, कुछ तो घटा होगा इस दरमियान। उनका बयान कहाँ गुड़ुप हो गया?

बाबू लोगो, क़िस्से सुनने की आपकी सलाहीयत की दाद देता हूँ। आपका अन्दाज़ा एकदम दुरुस्त है। वक़्त तो लगा वहाँ से यहाँ तक आने में। पर हमारे अनुमान से कम। बहुत कम। आप तो जानते हैं कि पर्वतारोहण में चढ़ने से कहीं ज़्यादा मुश्किलें पेश आती हैं उतरने के दौरान। गिरने-पड़ने का धड़का बढ़ जाता है कई गुना। किन्तु मियाली दर्रा इस मान से निहायत मासूम निकला। न चढ़ते समय दिक किया न उतरते वक़्त। न रस्सी लगी न पिटॉन। अपर्णा व राजी तो ऐसे उतरे जैसे बाग़ीचे में डोलती हैं सहेलियाँ। एक दूजे की कलाई थाम—बतियाते, खिलखिलाते। उनकी ऐसी मस्ती रनी को चेंट-सी गई। मासूम-सा चेहरा बना कहने लगा, "मैडम जी, बर्फ़ के कारण थोड़ा इज्जी हो गया। यहाँ तो इतना बोल्डर है ना कि बस। घूमते रह जाओ बोल्डरों में..."

"यह तो थोड़ी देर की आसानी है रनी। जैसा पास पर से दिखा उससे तो लगता है कि आगे चलकर तेल निकाल देगी यह जगह।"

"आगे एकदम मस्त रास्ता मिलेगा मैडम जी। थोड़ा चलो, थोड़ा फिसलो..."

"फिसलो मतलब, जानबूझकर या गिर-पड़ कर?"

"जानबूझकर मैडम जी," वह हँसते हुए अपर्णा से बोला फिर मुझसे मुख़ातिब हुआ, "सर वो कैमरे वाला पॉलिथिन दो न।"

'कैमरे वाला' पॉलिथिन याद है न आपको। अरे वो जो अपन ने रुद्रप्रयाग में ख़रीदा था। वही काम आया। और ख़ूब काम आया। हम सब उस पर बैठ फिसलते

मियाली दर्रे के नीचे ली तस्वीर। खड़े लोगों में बाएँ से दूसरा प्रदीप, फिर क्रमश: रनी, राजी, अपर्णा, मैं व धनबहादुर तथा निम से आए भरिक।

हुए नीचे उतर गए। सरपट। बहुत दूर तक। रनी का कयास सही निकला। पिछले दिनों पड़ी बर्फ़ ने ग्लेशियर, मोरेन, बोल्डर से पटे इलाक़े को सपाट मैदान में बदल दिया था। जिस तरह का मैदान पाने के लिए औली में लाखों रुपयों वाली मशीनें तैनात हैं वैसा ही क़ुदरत ने हमें मुहैया करवा दिया था। बिना एक दमड़ी खरचे। एकबारगी तो लगा कि पलक झपकते पहुँच जाएँगे वासुकी ताल। फिसलते हुए। पर हाय ये बैरन बर्फ़! और पिघलना इसका सुब्बो पहले से। बहुत दिक किया इसने इस ट्रैक में। इस निगोड़ी के चलते कल भी हमें थमना पड़ा, अभीष्टपूर्ति पूर्व। वासुकी ताल से थोड़ा उधर।

रात, घोटुल बैठकी में, सोनी से वो सवाल किया गया जो मुझे पिछले तीन दिनों से परेशान किए था। जुदा घाटियों में बर्फ़ की अलहदा रंगत को लेकर खुदबुदाता सवाल।

"सोनी, बर्फ़ का रंग भी क्या घाटियों के अनुसार बदलता है?"

"नहीं सर।"

"फिर ऐसा क्योंकि इधर के दर्रों पर एकदम सफ़ेद बर्फ़ मिली, जबकि धूमधार कान्डी दर्रे पर वह मटमैली थी?"

"सर, यह तो ताज़ा स्नो है, गर्मी में गर्दी आएगी तो यह भी पीली हो जाएगी।"

"गर्दी...?"

"डस्ट...सर...कचरा..."

"धूल! कचरा!! ये तो उत्तराखंड में कहीं देखे नहीं दिखते। फिर दर्रों पर कैसे आएँगे?"

"नीचे से।"

"मतलब?"

"सर, मैदानों की गर्दी यहाँ पहुँचती है। जैसे, पराली जलाने से उड़ी गर्द भी ग्लेशियर और चोटियों पर हमने देखी है।"

"क्या बात करते हो सोनी, हरियाणा-पंजाब से उड़ी पराली की गर्द यहाँ कैसे पहुँच सकती है?"

"सर, लोग भी बोलते हैं, हमने भी कहीं-कहीं तो जला हुआ कचरा देखा है। आप गूगल चेक कर लेना।"

दोस्तो, मैं तो सोनी के कहे से सहमत हूँ। जो आपको शक़ हो तो अपने तईं खोजबीन कर खात्री कर सकते हैं।

बहरहाल, आज सुब्बो पौने सात बजे खेमा छोड़ा और पौने आठ बजे हम खड़े देख रहे हैं वासुकी ताल को। जो अधिकांशतः हिम-संपुटित। अलावा उस एक छोटे हिस्से के, जिसे दर्पण की तरह बरत रही हैं ऊपर मटरगश्ती करतीं बदलियाँ और ताल को घेरे निठल्ले पहाड़।

ख़ुद की शक्ल देखने के मोह से जब गौरैया-गिरिराज-गगन न बच सकें तो हम कैसे बचें? जब से गंगी छोड़ा, अपनी सूरत नहीं देखी। ज़ी मचला, तो हम भी बढ़े ताल की ओर। किनारे पर दोज़ानू बैठ झाँका उसमें। और हम-दोई सट्ट। हमारे होश फ़ाख़्ता। कारण कि पोखर तल में दो शख़्स थे, क़तई अनजाने। एक मरद, एक जनानी। उनकी आँखें सूजी, चेहरा काला ढुस्स, चमड़ी जैसे दरकी ऊसर भूमि। ख़ुदा क़सम, ये हम नहीं हो सकते, कोई और है उधर! बोले तो 'सरे आईना कोई और, पसे आईना कोई और' वाली बात घट गई। घबरा गए। दीदे बन्द हो गए।

और कुछ देखा न देखा अलबत्ता इतनी देर में ताल का तला ज़रूर दिख गया। एक पूरा का पूरा पहाड़ और आधा आसमान समेटने वाला ताल अनपेक्षित रूप से उथला निकला। पर पानी था उसका साफ़। एकदम चकाचक। दिल किया अँजुरी भर पी लूँ। रनी ने तो पी भी लिया। अपर्णा भी आचमन को तत्पर थी, पर अपने राम हिम्मत न जुटा सके। अपना रोम-रोम ठहरा शहराती, मुसलसल भयज़दा। किसी पर एकदम से भरोसा करने की आदत ही नहीं अपने को। जल पर तो क़तई नहीं। बाक़ी सब, अपर्णा भी, झरने का जल झटपट पी जाते हैं। जो मेरे बस का नहीं। मैं तो निर्जन इलाक़ों में बहते चश्मे का पानी भी बिना क्लोरिन डाले नहीं गुटक पाता। भाई साब कहते शर्म लगती है पर कहे बिना रहा भी नहीं जा रहा। बात ये है कि

दूसरे को ऐसा जल निधड़क पीते देख मुझे उबकाई आने लगती है। बदन में होने लगती है फुरफुरी। परिणामतः अपर्णा को भी पोखर जल पीने से रोका और देखने लगा दरपेश मंज़र।

इस नामचीन ताल परिक्षेत्र में कोई मानुषिक हस्तक्षेप न पा बड़ा संतोष हुआ। मन्दिर-देवरे के न होने पर विशेष ध्यान गया। ख़ासकर तब जबकि यह ताल वासुकी-गंगा का उद्गम स्थल माना जाता है। वो जलधारा जो यहाँ से निकल

वासुकी ताल—इसके पास भी हमें खूँटेदार पैरों के निशान दिखे।

मिलती है मंदाकिनी नदी से। यद्यपि इस बमक-पोखर, बोले तो ग्लेशियर-पांड, का सन्दर्भ, मेरे जाने, किसी जूनी किताब में तो नहीं है पर लोक मान्यता है यहाँ भगवान विष्णु के स्नान की। सुनते हैं कि ईश-स्नान के चलते ही ताल का नाम 'वासुकी' पड़ा। सवाल उठता है कि इस नाम का यह कोई एकमेव ताल तो है नहीं। गंगोत्री और कालिंदी-खाल के बीच भी इसके हमनाम ताल से हमारा वास्ता पड़ चुका।* ज्ञातव्य है कि इसी नाम के ऋषि भी हैं और नाग भी। सरकार लोगो, इन उथली-छिछली बातों से तो काम चलने का नहीं। ग़रज़ कि 'वासुकी' बाबत गहरी छानबीन की दरकार है।**

च्...च्...फिर हो गई गड़बड़। हो गया फिर विषयान्तर। ख़ैर, आपकी रज़ामन्दी से लौट रहा हूँ वहीं जहाँ था यानी ताल के किनारे। और मैं कह रहा था कि वासुकी ताल तीन ओर से पहाड़ों से घिरा है। जैसे कि फँसा हो वो किसी आँकड़े में। आँकड़ा, बोले तो हुक, जो खुला है पच्छिम की ओर से। यानी उधर से जिधर से हम इस अंचल में प्रविष्ट हुए। इधर से पूरब को देखूँ तो दिखे एक पर्वत। ऊँचा-पूरा, अन्यान्य दिशा वाले पर्वतों का क़द जिसकी तुलना में दरमियानी।

मिसाल के लिए वासुकी के उत्तर-पूर्व को ही देखें। छोटा सही पर कितना सुन्दर पहाड़ है वहाँ। उसकी धार एकदम दूज के चाँद की तरह। मन कहता है चाँद के उस पार ही है हमारी मंज़िले मक़सूद—केदारधाम। आप पूछेंगे मन कहे का कुछ आधार है या यूँ ही फेंक रहा हूँ? जी है न, पदचिह्न! चाँद-धार को जाते पदचिह्न! ठीक वैसे ही जैसे हम देख आए हैं चौकी के बाद, हिम-भीत के समीप वाली गली में। एक के आगे एक, खूँटेदार पैरों के निशान। ध्यान दिला दूँ कि हाल-फ़िलहाल इधर हम तीन के सिवा और कोई नहीं। तीन बोले तो अपर्णा, रनी और मैं। नज़र से आपकी यह भी न चूके कि यहाँ, यानी चौकी से इधर तक, हमारे सिवा कोई आदमज़ाद नहीं। इसके लिए किसी दूजे ज़ामिन की दरकार नहीं, मेरे कहे की ताईद तो आप सरकार लोग ही करेंगे।*** फिर ये पदछाप कैसे? किसके? पुराने सवालात, वे जो चौकी में उठे थे, फिर मचलने लगे सामने। कि कौन है ये अगोचर सार्थवाह? कौन चल रहा है आगे, हमें राह दिखाते हुए?

हम-दोई, मैं व अपर्णा, कयास भिड़ा रहे थे कि इस बीच टीम के बचे सदस्य भी आ गए। नीरवता खंड-खंड हुई। विरव सहन बोला-बोली से भर उठा। देखा, सोनी, रनी तथा प्रदीप एक बार फिर ज़िरह में उलझे हैं। उन्हें दीगर दिशाओं में इशारे करते हुए देख आसानी से बूझा जा सकता है बहस का मुद्दा। कि पेच फिर

---

* गोया इसीलिए कुछ अध्येता केदार क्षेत्र वाले ताल को 'बासुकि ताल' बुलाते हैं

** ग्लेशियर ताल बाबत और भी बात की जावेगी 'गोशागोई' में।

*** ज़ामिन—जमानत देने वाला; ताईद—पुष्टि

फँस गया, फिर आगे की राह बाबत असमंजस है। रनी तथा सोनी दोनों सहमत थे कि केदारधाम जाती लीक पकड़ने हेतु पूरब वाला ऊँचा-पूरा पर्वत फाँदना होगा। मतभेद था चढ़ने-उतरने की दिशा को लेकर। रनी चाहता था समीचीन पर्वत-शीर्ष के दक्षिणी शाने का लंघन। वहीं सोनी का मानना था कि इसी पहाड़ के उत्तरी शाने के उस पार है हमारी अभीष्ट गंतव्य-लीक। प्रदीप इन दोनों से असहमत। मुदा वो इधर आया कभी नहीं, फिर भी बराबरी से बहस कर रहा। उसके अनुसार चाँद-धार की परली तरफ़ मिलेगी हमें केदार की डगर।

बात मौज़ूँ है सो कह दूँ कि हिमालय के ऐसे इलाक़े गाहे-बगाहे मुश्किल में डाल देते हैं। ग़फ़लतज़दा पर्वतारोही मुफ़ीद रास्ता तय नहीं कर पाता, भटक जाता है। ख़ासकर तब जब उसका जी.पी.एस. हो जावे कमज़ोर और नाख़ुदा निकले नातजुरबेकार। कारण कि इधर एक ही पहाड़ के दीगर रुख़ अलहदा घाटियों को निहारते हैं। ऐसे में अगर ग़लत दिशा में चढ़े-उतरे तो किसी अनजान, अनचाही जगह पहुँचना लगभग तय। ऊपर से बेमौसम हर दिन की बर्फ़बारी। जिसके चलते हिम-संपुटित हैं पत्थर-पहाड़ नख-शिख। सारे पहचान चिह्न खो से गए हैं। यकरंग, यकरू मुखौटे पहन खड़े लोगों में मनचाहे शख़्स को पहचानने में ग़फ़लत होना तो बनी बात है।

"क्यों न वहीं से ही चलें जिधर प्रदीप कह रहा है। उस दिशा को जाते कुछ निशान भी दिख रहे हैं," चलती बहस में यह मेरा हस्तक्षेप था।

"कैसे निशान सर?" सोनी का सवाल मुझसे था पर जवाब दिया धनबहादुर ने।

"बन मान्ची।"

"फ़ालतू बात मत करो," सोनी उस पर पिल पड़ा, "यति-फति हमें तो इते सालों नहीं मिले और तुझे बार-बार वो ही दिख रहा है..."

"लेकिन कोई तो उधर से गुज़रा होगा। किसी के पैरों निशान तो हैं उधर," मैं फिर बीच में टपका।

"होंगे किसी जानवर के। और कोई जानवर केदार तो जाने से रहा...वो भी यात्रा के सीजन में..."

भाई साब, बताने को दिल तो नहीं करता पर कहना होगा कि अन्त में हुआ वही जो रनी चाहता था और हमने भुगता वही जो रब चाहता था। बात मुख़्तसर कहने लायक नहीं। इसका वास्ता तसल्ली से कहने-सुनने से है। सो वही करता हूँ।

तो जनाब क़रीब साढ़े आठ पर हम निकल पड़े केदारनाथ को। तालाब के दाहिने किनारे पर चलते हुए। बढ़ने लगे पूर्व दिशा में, उस उत्तुंग पहाड़ की ओर। वासुकी से केदार की दूरी क़रीब सात कि.मी. बताई जाती है। दो किलोमीटर पहाड़ की धार तक और बची-खुची धार के उस पार। सन्दर्भित पहाड़ की चढ़ाई मियाली-दर्रे से

कहीं दुरूह साबित हुई। हालाँकि रस्सी आदि की दरकार नहीं लगी पर साँस उखड़ती रही और लुब में होती रही लुबलुबी। आत्मा शंकित, कहीं यह फड़बाज़ी सबको ले न डूबे? एक-दो बार तो चिन्ता सोनी से साझा भी की। पर रनी के कहे अनुसार ही चलने का वो मन बना चुका था। इधर हम धीरे-धीरे बढ़े अभीष्ट धार की ओर, उधर मौसम बदलने लगा। तीतर पंखी बादलों ने सूरज दबोच लिया। तपिश कमने से चलाई तो आसान हुई पर हिया बेचैन कि हिमपात हुआ कि हुआ। कि मंज़िल के इतने क़रीब पहुँच, मौसम फैला न दे रायता किए-धरे पर।

रायता फैल गया! शुरू हो गई बर्फ़बारी। पहले हल्की-फुल्की। फिर तेज़। ऐसे में, दो घंटे की चढ़ाई काट हम पहुँचे पहाड़ की धार पर। पर्वत-शीर्ष के दक्षिणी शाने पर। रनी और सोनी उधर पहले ही मौजूद थे। कंडिल के गोले सा रनी का चेहरा धुआँ-धुआँ। जैसे कालिख जमी हो उस पर, भीतर से। सोनी चुप। उसकी नज़रों में गहरा सन्नाटा। उसका चेहरा उजाड़, जैसे झंझावात गुज़रा हो उधर से अभी-अभी। बवंडर तो हमारे भीतर भी उठा, पहाड़ की परली तरफ़ झाँकते के साथ। यूँ कि उधर कुछ नहीं था। अलावा एक अछोर अन्तराल, अतल खाई के। यहाँ से आगे जाने की कोई सूरत नज़र नहीं आती। तो प्रदीप का अन्देशा सही निकला! सही डगर चाँद-धार पार होने का अन्देशा। अब क्या होगा? ऐसे मौसम में उलटे जा अगोचर-सार्थवाह की दिखलाई लीक पकड़ना भी असम्भव। फिर?

"अब क्या करेंगे सोनी?" अपर्णा ने पूछा। उसके स्वर में चिन्ता तो थी पर हताशा नहीं। न जाने ये बाई किस माटी की बनी है। किस पर है इसे इतना भरोसा? ये डरती क्यों नहीं जबकि पर्वतारोहण में निष्णात राजी फूटे फुग्गे सी झूल रही।

"मेम, हमें इस पहाड़ के उस तरफ़ जाना होगा। नार्थ वाली धार पर। फिर उधर, नीचे दिख रहे, टीले पर पहुँचना होगा।"

"कैसे? क्या नीचे उतर फिर चढ़ेंगे?" मैंने पूछा।

"नहीं सर, यहीं से। व्हाइट आउट (धुन्ध) होने वाला है। मौसम ख़राब हो रहा है। यह और भी बिगड़ेगा।"

"फिर वहाँ कैसे..."

"इधर से ही जाएँगे सर! इसी पहाड़ को पीछे से आड़ा काटते हुए..."

"पागल हो गए हो क्या सोनी। माना कि बर्फ़ है उधर। फिर भी बाएँ हाथ पर खड़े इस पहाड़ को आड़ा पार करना असम्भव है।"

"कोशिश करेंगे सर।"

"कोशिश करेंगे मतलब? सोनी! नीचे खाई देख रहे हो? रस्सी बाँध चल नहीं सकते, जो बाँध भी ली तो बिले देने की जगह ही नहीं। आइस-एक्स कुल जमा दो हैं। ऐसे में कैसे जावेंगे हम पहाड़ के उधर वाले काँधे तक?"

"क्रेम्पॉन पहन लो सर..."

"ना! यह तो सम्भव नहीं। और जो हमने क्रेम्पॉन पहन भी लिए तो ये पोर्टर... इनका क्या होगा? इनकी नैया कैसे पार लगेगी?"

"सर और कोई उपाय है ही नहीं सिवा इसके। तुम क्या बोलते हो रनी?"

"सर जी, मैं आगे जाता हूँ। कोफ्लाज़ से बर्फ़ दबा रास्ता बनाते हुए। उसी पर चल आप सब भी आ जाना।"

"और जो उधर जाकर मालूम पड़ा कि हम ग़लत आ गए, फिर तो कहीं के नहीं रहेंगे अपन...," मेरी चिन्ता।

सोनी का समाधान, "सर, हम लोग पूरी तरह से नहीं भटके हैं। यहाँ से नीचे उतर या तो हम केदारनाथ पहुँचेंगे या फिर मदमदेसर।* यानी वहाँ, जहाँ पनपतिया पास पार कर पहुँचते...कॉन्फ़िडेंस रखो सर..."

मन ही मन सोचा, यहाँ फट-फट कर षटकोन बन गया है और बन्दा कह रहा है कॉन्फ़िडेंस रखो...कॉन्फ़िडेंस माय फुट। किन्तु प्रकट में बोला, "ठीक है सोनी, जैसा तुम कहो..."

कमर में रस्सी लपेट रनी आगे निकला। सत्तर-अस्सी डिग्री की रपटदार हिम-भीत पर। कुल्हाड़ी से बर्फ़ खोदते, पंजा फँसाने के सबब खाँचे बनाते, खोदी बर्फ़ को कोफ्लाज तले दबा गफ करते हुए। इससे वहाँ एक झिरी बन गई। पाँच-सात इंच चौड़ी और तीन-चार अंगुल हिम-भीत में घुसती झिरी। लगभग वैसी जो दीवार में बनाई जाती है बिजली के तार आदि डालने की ग़रज़ से। ख़ैर, उस किनारे पहुँच रनी ने कमर से लिपटी रस्सी खोली। कुल्हाड़ी बर्फ़ में ठोंकी तथा रस्सी उससे बाँध दी। इस बीच, इस तरफ़, रस्सी का दूसरा सिरा बाँधा जा चुका था बॉम्बे-कील सी भीत में पैवस्त आइस-एक्स से।

इस प्रकार पचास-साठ फ़ीट की पर्वत-ग्रीवा के पार जाने हेतु एक संबल तैयार हो गया। सँकरी झिरी क़दम वास्ते, हाथों के लिए रस्सी। एक बार फिर हम मौत के सीने पर बनी लीक पर चल पड़े। सीधे हाथ से रस्सी थाम, उलटे से स्टिक हिम-भीत में टेकते-घुसेड़ते हुए। इस मर्तबा पहले मैं, फिर अपर्णा। बाद में बाक़ी सब।

मेरा पहला क़दम डगमग हुआ, फिर रफ़्त बन गई। लौटने लगा आत्मविश्वास भी। नीचे धुन्ध में छुपी जाने कितनी गहरी खाई, पैरों तले धसकती बर्फ़ और मन में...अब मन में था अथाह भरोसा कि कुछ हुआ तो सँभालेगा हिमालय ही। कि माँ जब बच्चे को हवा में उछालती है तो बच्चा रोता नहीं वरन् हँसता है। जानता है वो कि माँ उसे झेल लेगी। कि वो महफ़ूज़ है। मेरे भीतर का बच्चा भी किलकारी मार रहा था। गुज़र रहा था मैं सुख व पीड़ा के उसी मिले-जुले अनुभव से!

---

* मध्यमहेश्वर/मदमहेश्वर

किन्तु इतनी मशक्क़त का सिला क्या मिला? वो ही, बाबा जी का जग प्रसिद्ध ठेंगा। हुआ यूँ कि जिस टप्पे के भरोसे पहाड़ काटा वह आप एकाकी खड़ा था। उधर पसरे अवकाश के बीच। ऐसी मनहूसियत में भी एक गीत गूँजने लगा मन में—"पंख होते तो उड़ आती रे...।" तो क्या इधर से निकलने की कोई राह नहीं? कुछ देर आँख मूँद बेकाबू चित्त को काबू में किया। आस की लौ अखंड। कठिनतम परिस्थितियों में भी जो प्रज्वलित रहे—मन के किसी अनजान गोशे में। चित्त शान्त होते ही दृष्टि बदली। देखने लगी धुन्ध के उस पार। पहुँची टप्पे की कगार पर। जहाँ आस एक शिला में रूपान्तरित हो इन्तज़ार कर रही थी हमारा। उसी शिला से सत्तर मीटर लम्बी रस्सी बाँध, नीचे उतरे। रेपलिंग करते हुए। गहरी धुन्ध में। फ़क़त एक भरोसे के सहारे। कि हिमालय है न, सब सँभालेगा वही। ख़ैर, उतरकर पहुँचे एक अन्य हिमाच्छन्न क्षेत्र में। दिग्भ्रमित हम चल पड़े, अन्दाज़ से एक ओर।

अब तो धुन्ध इतनी गहरा चुकी कि आगे-पीछे चलने वाला भी साया सा लगे। जैसे प्रेत डोलते हों प्रेत के पीछे। कुछ दूर चलने के बाद यह डगर भी वहीं पहुँची जहाँ कगार ओन अक्सर पहुँचा करती हैं। बोले तो खड्ड में। फिर ठिठके। शनैः-शनैः घनीभूत होता साहस फिर छीजने लगा। तभी आस जागी। बल्कि कहना यूँ चाहिए कि आस सुनाई दी। दूर बजती किसी घंटी की आस। मानव बस्ती की मुनादी।

तेज़ बारिश हो रही थी। हम भीग रहे थे। सूखता प्राण चेत रहा था। मन-मयूर नाच रहा था। जीवन हमें पुकार रहा था। हम बर्फ़ में फिसलते-लुढ़कते, रेपलिंग करते-घिसटते बढ़ने लगे घंटी-स्वर की ओर!

अभी सुबह के छह बजे हैं। 12 मई, 2012 की सुबह। हम खड़े हैं केदारधाम में। देवालय के सामने। आपाधापी मची है। घंटे-भजन-पंडे और भिखारियों की पुकार। बहुत हल्ला-गुल्ला है। सोच रहा हूँ कि यदि ईश्वर है, जैसा कि कहा जाता है कि वो है, और यदि वह सदेही है, जैसा कि माना जाता है कि वो है, तो वह इतनी हलचल में कैसे रह पाता होगा? चला नहीं गया होगा कहीं दूर किसी शान्त जगह पर? यूँ कि ईश्वर अगर है, तो वहीं कहीं रहता होगा जिधर थे हम पिछले दिनों। किन्तु पत्थर-काठ के खिलौनों से खेलने वाला पहाड़-गाछ में भगवान देख पाए, यह ज़रूरी तो नहीं है! वे तो यहाँ जुटे हैं, मन्दिर परिसर के आसपास। क़तारबद्ध। कुछ परकोटे के भीतर, कुछ बाहर। बाहर रखेड़िया बोले तो नकली साधु, कुछ शायद दरवेश भी। भीतर पापमोचन की आस लिये भोले लोग, कुछ शायद धूर्त भी। फ़िलवक़्त दोनों ही भिक्षु। बाहर वाले भी, भीतर वाले भी। माँगा-माँगी जारी है। कैसी विडम्बना है कि गण बुतों से माँग रहे, रखेड़िया गणों से। ख़ैर, अपनी-अपनी सूझ

है अपनी-अपनी श्रद्धा। श्रद्धा से जुड़े हैं वे। आपस में भी, देवालयों से भी। भरोसे की महिमा न्यारी। जो न करा दे सो कम।

हम भी तो भरोसे के कायल हैं। लोगों को देवालयों पर भरोसा है, हमें क़ुदरत पर। और लोगों के मुख में बसी कथाओं पर भी। जैसे कि पुजारी-पथ वाली कथा। जिसका एक हिस्सा आज मुकम्मल होगा केदार-गर्भगृह में हमारे प्रवेश के संग। पर जिसके लिए घर से निकले, उस डगर चलना तो अभी बचा है। बोले तो बदरीधाम से केदारनाथ बरास्ता पनपतिया...हम फिर आएँगे हिमाला तेरे पास, आते साल... हमारा इन्तज़ार करना...प्लीज़!

दोस्तो, रूदादे सफ़र लम्बा हो गया। अब हम निकलेंगे गौरीकुंड। अतएव इस बैठकी को यहीं विराम देता हूँ। कहना तो बहुत बचा है अभी, पर वो सब फिर कभी। सफ़रगोई की अगली बैठकी में...परन्तु घर को निकलने से पहले कुछ छोटी-मोटी बातें कर लें? यहीं खड़े-खड़े, किसी गोशे में...

गोशागोई

कीड़ा जड़ी

स्टुटगार्ट वैश्विक खेल समागम (जर्मनी, 1993) में चीनी धावकों के धुआँधार प्रदर्शन ने हिमालय के दुर्गम अंचलों के बाशिन्दों की क़िस्मत ही बदल दी। विजेता टीम मैनेजर ने सफलता का कारक जब कच्छप-रक्त और यार्सा गुनबू (Yartsa gunbu) से बने टॉनिक को बताया तो भौचक दुनिया इस टॉनिक पर टूट ही पड़ी। तिब्बती ख़ुशी से झूम उठे, वे हिमालयीन जड़ी 'यार्सा गुनबू' से मालामाल जो थे। जब से तिब्बती हकीम न्यामन्यी दोर्जे (1439-1475 ई.) ने इस जड़ी को विरल कामेच्छा व क्षीण कामशक्तिवर्द्धक औषधि निरूपित किया तब से चीन इसका दीवाना है। सुना है कि वहाँ के अधेड़ पुरुषों में तो यह विशेषतौर पर प्रसिद्ध है।

बता दूँ कि तिब्बती यार्सा गुनबू ही गढ़वालियों की कीड़ा जड़ी है। स्थानीय लोगों से सुना है कि पुराने समयों से गढ़वाली जनानियाँ अपने मर्दों को यह जड़ी देती रही हैं। कभी दूध के संग, तो कभी दारू के। सुना तो यह भी है 'इच्छा जाग्रत' करने हेतु गाहे-बगाहे वे भी इसका सेवन किया करती थीं। ज़ाहिर है यह काम गुपचुप किया जाता होगा, अन्यथा सोनी इस रवायत से अनभिज्ञ न होता। उसकी मानें तो, गढ़वालियों का इस जड़ी से परिचय दस-पन्द्रह बरस का ही है। चार धाम यात्रा में झल्लीगिरी करने आए नेपालियों की फ़ुरसत के समय केदार/बदरी क्षेत्रों की ज़मीनें खोदते देख ही गढ़वाली चेते।

ख़ैर जो हो सो हो, सच यह है कि इस जड़ी के प्रताप से तिब्बत ही नहीं, नेपाल व गढ़वाल के गुमनाम गाँवों में रहने वाले पहाड़ियों का जीवन स्तर बदला है।

यार्सा गुनबू के शाब्दिक मायने हैं—'ग्रीष्म घास, शीत कीड़ा'। सवाल किया जा सकता है, बल्कि किया जाना चाहिए कि कोई 'कीड़ा' भला जड़ी कैसे बुलाया जा सकता है? इस प्रश्न को बूझने वास्ते हमें सुननी होगी कीड़ा जड़ी की जीवन गाथा। जाना होगा कुकुरमुत्ते जैसी दिखने वाली इस जड़ी के देस। यानी कि हिमालय पर। इसके लिए हिमाचल प्रदेश, अरुणाचल प्रदेश, सिक्किम या उत्तराखंड किधर का भी रुख़ किया जा सकता है। पर सनद रहे कि पहुँचना होगा शजर-लीक पार, समुद्रतल से तीन-चार हज़ार मीटर ऊपर किसी ढालवाँ बुग्याल पर। क्योंकि यह

कीड़ा जड़ी

जड़ी न सपाट मैदानों में मिलती है, न ही सूखाग्रस्त हलक़ों में। हल्की घास और ठिंगनी झाड़ियों के बीच छुपी यह जड़ी वहीं पाई जाती है जहाँ वर्ष में नी नी तो तेरह-चौदह इंच पानी पड़े।

लीजिए जनाब हम पहुँच गए उत्तराखंड के बुग्याल पर। शीतऋतु गुज़र चुकी, बसन्त भी जा चुका, ग्रीष्मकाल बस आया कि आया। ऐसे में बुग्याल पर मँडरा रहे हैं कुछ ज़र्द रंग, चन्द श्वेतवर्णी कीट। बेचैन तितलियों से दिखने वाले ये जीव दरअसल मॉथ (moth) हैं, किन्तु सुभीता हेतु इन्हें तितली कहने में भी कुछ हर्ज नहीं। ख़ैर, तो मैं कह रहा था कि तितलियाँ बेचैन सी हैं। और यह बेचैनी बिलावजह नहीं। फ़क़त पाँच-सात दिन जीना है इन्हें। इस अल्प अन्तराल में इन्हें साथी ढूँढ़ना है, संसर्ग करना है, अंडे देना है। तदुपरान्त ये पतंगे कालकवलित हो जावेंगे। पीछे रह जाएँगे बुग्याल पर बिखरे उनके डिंब। कुछ समय बाद जिनसे आविर्भूत होंगे अर्भक बोले तो कीट-डिंब (लार्वा)। इनमें से, जो क़िस्मत के धनी होंगे, घास की जड़ों के सहारे उतरेंगे बुग्याल-उदर में। रहेंगे वहीं। पनपेंगे रफ़्ता-रफ़्ता, चार-पाँच बरस तक। तदुपरान्त आरम्भ होगी उनकी बाहर की यात्रा। पाँच दिनों का निर्बन्ध

जीवन जीने के लिए। प्रेमरस आस्वादन हेतु। अपनी प्रजाति में इज़ाफ़ा करने वास्ते। शायद धरती फोड़ निकलने और पलक झपकते गुम हो जाने के कारण ही यह कीट 'घोस्ट मॉथ' बुलाया जाता है। कोई चाहे तो इसे 'प्रेत-कीट' भी कह सकता है। ज़मीं के भीतर से इन प्रेत-कीटों के निकलने का करिश्मा मैंने एकाधिक बार देखा तो, पर बूझ न पाया। सोनी आदि साथी भी इस गोरखधन्धे का राज नहीं समझा सके। ज्ञानचक्षु खुले शोधपत्रों के चलते, जिनके हवाले से मैं आपके सामने इतनी मुँहजोरी कर रहा हूँ।

बहरहाल, बुग्याल पर प्रेत-कीट ही नहीं और भी कई अगोचर जीवन बसते हैं। जिनमें शुमार है एक विशिष्ट फफूँद के बीज। कॉर्डिसेप्स सिनेंसिस।* यह फफूँद ताड़ती रहती है प्रेत-कीट के डिंब से अर्भक का उपजना। मौक़ा पाते ही फफूँद-बीज सवार हो जाते हैं बेचारे नन्हे जीव पर। तदन्तर फफूँद कीट-डिंब को पनपने तो देती है पर अपने मुताबिक़। उसे धरती में धँसने तो देती है पर गहरे नहीं, सिर्फ़ पाँच से दस से.मी. ही। इसी लार्वा के जिस्म में, बाहरी शीत से बचकर, फफूँद फलती है, पनपती है। आहिस्ता-आहिस्ता अर्भक हो जाता है खोखला। बुग्याल पर पड़ी बर्फ़ पिघलने पर यह फफूँद सतह फोड़, डिंब-काया से बाहर निकलती है। बस दो या तीन इंच बाहर। सिर पर टोप पहने, एक मशरूम की तरह दिखने वाली इस संरचना के शीर्ष से हवा में फैलते हैं कॉर्डिसेप्स सिनेंसिस के बीज (स्पोर)।

बुग्याल की नई घास से बीच, जर्द तृण से दिखने वाले इस मशरूम की जड़ तितली-डिंब की काया होने से 'केटरपिलर' सी प्रतीत होती है। यही है चाँदी-सोने से भी महँगी, जग प्रसिद्ध, कीड़ा जड़ी!

इस जड़ी को खोदकर निकालने हेतु पहाड़ी लोग मई-जून के महीने बुग्यालों पर ही व्यतीत करने लगे हैं। इन दिनों गाँव ख़ाली हो जाते हैं, शालाओं में न शिक्षक दिखते हैं न शिक्षार्थी । और तो और शहरों में बस चुके, स्थानीय लोग भी बुग्याल पर पेट के बल रगड़ते बरामद होते हैं।

गोकि भारत में इस जड़ी को खोदना/बेचना क़ानून सम्मत नहीं फिर भी इसका व्यापार दिनोदिन फल-फूल रहा है और क्यों न हो, बिचौलिया ग्रामीणों को पचास से दो सौ रुपये प्रति नग भुगतान जो करता है। आपको बताऊँ तो दिल थामकर सुनिएगा कि अन्तर्राष्ट्रीय बाज़ार में, 2012 में, इस जड़ी का मूल्य एक लाख दस हज़ार अमेरिकी डॉलर प्रति किलो था। ज्ञातव्य है कि एक किलो कीड़ा जड़ी में ढाई से पाँच हज़ार नग चढ़ते हैं। इसको यूँ समझा जाए कि ख़रीदा दो या तीन डॉलर प्रति नग, बेचा बाईस में! जिस धन्धे में इतना बहुत सारा मुनाफ़ा होगा वहाँ क़ानून के कारिंदे बहती गंगा में हाथ धोने से कैसे ख़ुद को बचा सकते हैं? फिर भी क़ानून

* Cordyceps sinensis इसे इन दिनों Ophiocordyceps sinensis भी बुलाया जा रहा है।

कीड़ा जड़ी शिकारियों का एक दल, जो हमें रूपकुंड यात्रा में मिला था।
सबसे आगे वाले मनक के हाथ में पकड़ा जड़ी खोदने के औज़ार पर ग़ौर किया जाए।

के चलते कुछ तो अंकुश है। वो यूँ कि हर बरस 140 से 400 टन की वैश्विक खपत में भारत का अवदान मात्र ढाई से सवा पाँच टन भर है।

वैसे कुछ जानकार मानते हैं कि उत्तराखंड के बुग्यालों से हर बरस साढ़े चार टन कीड़ा जड़ी खोदी जाती है। यदि एक किलो में तीन हज़ार नग भी चढ़ते हों और प्रति नग गर सौ रुपयों का भुगतान आम किया जाता हो तो कुल आमदनी हुई तेरह करोड़ पचास लाख की। इतने ढेर से धन की आमद ने जहाँ दुर्गम अंचलों के पहाड़ियों के जीवन स्तर को ऊपर उठाया है, वहीं उन्हें अपनी जड़ों से विरत भी किया है। जड़ी खोदाई के दो माहों को छोड़ लोग निठल्ले बैठे रहते हैं। उनकी कृषि व पशुपालन में रुचि कम है। बुग्यालों को अपूरणीय क्षति पहुँची, सो अलग।

उच्च हिमालयीन ताल

उच्च हिमालयीन ताल (उहिता) यानी 3000 मीटर या उससे अधिक ऊँचाई पर अवस्थित तालाब। जैसा कि आपको विदित है कि इन ऊँचाइयों पर हिमालय के कई हलक़ों में, सब में नहीं, बमक (ग्लेशियर) मिलते हैं। लिहाज़ा बमक की वाबस्तगी इन तालों से हो सकती है, नहीं भी। फ़िलवक़्त हमारी तवज्जो के भीतर हैं बमक से जुड़े ताल, बमक-ताल।

बात आगे बढ़ाने से पहले यहाँ एक बात बताना ज़रूरी कि जो बमकों को लाफ़ानी जानते हैं, भूल करते हैं। बमक मूरतियों की तरह निरीह, निस्पंद, निस्पृह नहीं होते। वे जीवितों का सा बर्ताव करते हैं। जैसे कि वे मुटाते हैं, दुबलाते हैं, फैलते हैं, चलते हैं। बदलते मौसमों का असर लेते हैं। और तो और ख़ुद को महफ़ूज़ रखने की तरकीबें भी जानते हैं। अब मौज़ूद काल में जो मौसम बदले हैं, गर्मी व बरखा में अनसोचे बदलाव हुए हैं, बनी बात है इन सबों का बेज़ा असर बमकों पर पड़ता। पड़ा भी, बल्कि बेहिसाब पड़ा। इतना कि आत्मरक्षा के उनके सारे तरीक़े पस्त हो गए। विशेषकर हिमालयीन बमकों के। एक आकलन के अनुसार 1962 से अब तक छोटे बमकों (एक वर्ग कि.मी. से कम) का विस्तार 38 टका कम हुआ है। जबकि बड़े बमकों का हाल भी कोई ख़ुश करने वाला नहीं। वे 12 प्रतिशत सिकुड़े हैं और टूटन भी झेल रहे हैं।[85]

ग्लेशियर पांड या बमक-ताल तीन तरह के कहे जाते हैं। पहले वे जो उसकी सतह पर ही बनते हैं (सतही-ताल)*, दूजे वे जो बमक के ऊपर न होकर उसके क़रीब, सटे से मिलते हैं (सटे-ताल)** और तीजे वे जो बमक से छेंटी पर पाए जाते हैं (छेंटी-ताल)। इनमें से प्रथम दो की व्युत्पत्ति के पीछे है बमक का आकार परिवर्तन (फैलना, सिकुड़ना) या फिर उनका टूटना-धँसना।

जैसे कि सतही-ताल। जिनका जन्म होता है बमक सतह के टूटने-दरकने से। दरकन से बने इन तालों में पिघलते बर्फ़ का जल कुछ काल के लिए ठहर जाता

* Supraglacial lakes

** Periglacial lakes

है। मज़े की बात है कि चलायमान बमक के सीने पर सवार ये ताल भी अपना स्थान बदलते हैं। आज हैं तो कल नहीं। आज कहीं तो कल कहीं। अगर बमक अधिक टूटा-दरका तो सतही-ताल भी ज़्यादा संख्या में बने। दूसरे अर्थों में सतही-ताल बमक स्वास्थ्य की पहचान। इनकी गिनती का बढ़ना या इनके क्षेत्रफल में बढ़ोतरी मुनादी है बमक ह्रास की।

ज़िक्र निकला है तो बता दूँ कि 2014 से 2017 के बीच पूर्वी हिमालय में उच्च हिमालयीन तालों की संख्या 425 से बढ़कर 466 हो गई है। जबकि इसी कालखंड में सतही तालों की गिनती 106 प्रतिशत और उनका क्षेत्रफल 138 प्रतिशत बढ़ चुका है।[86] यह हासिल है हम लोगों की कारस्तानियों का, जिसके चलते पिछले सौ बरसों में वैश्विक तापमान 0.75 डिग्री बढ़ा है, अब तो भूतापीकरण और भी तेज़ी से हो रहा है। जिसके चलते हिमालयीन ग्लेशियर प्रतिवर्ष 10 से 60 मीटर तक सिकुड़ रहे हैं। चूँकि सतही-तालों से स्थानीय तापमान में इज़ाफ़ा होता है, अत: इनकी उपस्थिति से बमक पिघलन और भी तीव्र हो जाती है।[87]

अगर बात करें उन पोखरों की जो बमकों से सटे या कि छेंटी पर मिलते हैं तो उत्तराखंड में उनकी गिनती है 118। जो कि स्थिर है। इनमें शुमार है सर्ष, रूपकुंड, चोराबरी और अपना वासुकी (बासुकी) ताल आदि। इनमें से कई तो हैं हिमयुगीन। और अधिकांश, विशेषकर सटे-ताल, लेटेरल या टर्मिनल मॉरेन की घट-बढ़ के चलते बमकों के गहरे उतरने से बनते हैं।* समय के साथ बमक दूर चला जाता है, बमक-बरार में छूटा रह जाता है ताल। मुसलसल पिघलती बर्फ़ (स्नो) और आइस का जल समेटने को।** ताल-जल को धड़धड़ाकर निकलने से रोकता है एक कच्चा बाँध। बमक संग बहकर आए हिमोड़ निर्मित बाँध। ज्ञातव्य है कि इन्हीं तालों से रफ़्ता-रफ़्ता ढुलके-छूटे जल से कई नदियाँ पुष्ट होती हैं। और ये ही जंगली जीवों की तृष्णा तुष्ट करते हैं।

उच्च हिमालय पर अवस्थित सटे व छेंटी-तालों के बाबत एक जानकारी और है। बताऊँ? पूछना क्या, सीधे-सीधे बोल देता हूँ। बताना यह है कि ये ताल आकार में बड़े होते हैं और बर्फ़ गिरने/पिघलने के मौसमों में तो ये और भी फैल जाते हैं। बारह हज़ार फ़ीट से ऊपर पाए जाने वाले इन तालों का रोज़ दिन सामना होता है निम्न वायुदाब और प्रचंड अल्ट्रावॉयलेट विकिरणों से। इसके चलते इनका अतिशीतल जल भी वाष्पित होता रहता है। इसी सबब से इन तालों की सतह पर सदैव एक धुन्ध सी जमी दिखती है। आगे, ऊँचाई पर होने के कारण ताल की सतह बदलियों से सीधे सम्पर्क में आती है। ऐसे में उनसे वाष्पित जल फ़ौरन ही बादलों में मौजूद

* इनके बरअक्स छेंटी-तालों का वास्ता बमकों से नहीं भी हो सकता है

** स्नो व आइस के फ़र्क़ हेतु देखें सन्दर्भ 58

महीन हिमकणों की सतह पर जम जाता है। नतीजतन बदली का आयतन व घनत्व फ़ौरन ही बढ़ जाता है। वे भारी हो जाती हैं। ये लहीम-शहीम बदलियाँ जब नीचे, घाटी में उतरती हैं तो अपने भारी बदन के चलते बीच रास्ते ही धराशायी हो जाती हैं। नज़ारा होता है ऐसा कि पानी भरा फुग्गा फूट गया हो। फटाक...धड़ाम...धड़। यही है शायद स्थानीय लोगों का बादल फटना।

दुनियावी चकमक से इतर अपने में मगन—रुंडा

'हिमालय', यह शब्द मन:पटल पर एक न्यारी छवि उरेहता है। छवि जिसमें होता है मौन और होते हैं योगी। कंदराओं में, देवदारु तले या किसी पाषाण खंड पर चौकड़ी जमाए, आत्मलीन योगी। ऐसा नहीं तो और कैसा अक्स नुमाया हो ज़ेहन में? गोकि मन का तल चाहे हो लापता पर उसकी सतह का, मन:पटल का, गुण कुछ ऐसा कि उस पर स्थान पाएँ मात्र पूर्वग्रह ही। अचिंतित को वहाँ ठौर कहाँ! तृण-विटप, तितली-परिंदे, गोह-गिंडोलों सरीखे अकिंचनों को कौन सोचता है जो वे चेतना का हिस्सा बन सकें?

ऐसा आदमी, यानी मेरे जैसा आदमी, हिमदेस पहुँच तलाशता है निखालिस योगी-तपस्वी। और भौचक रह जाता है देख कंदराओं में, पाषाण खंडों पर विराजित किसी 'अकिंचन' को। ऐसा ही कुछ मेरे संग घटित हुआ 2003 ई. में। हर की दून में। जब अपने राम ने पहली बार देखा चट्टान पर आसीन एक चूहेनुमा जीव। खरहे की सी रोएँदार ख़ाल-घोंटी कॉफ़ी वाला रंग। सुबह की खिलती धूप में निस्पंद, आत्मलीन। साथ चल रहे कमल (जिनने 'दर्रा-दर्रा हिमालय' पढ़ी होगी, वे जानेंगे कि कमल से ही मैंने चलने-देखने की तालीम पाई) ने उस जीव का परिचय दिया। बताया कि वह 'पाइका' है, जिसे गढ़वाली में रुंडा बुलाते हैं। यह भी कि दुनिया के नब्बे टका रुंडा हिमालयवासी हैं, बचे-खुचे उत्तरी अमेरिका के।

तब से अब तक पाइका व मेरी भेंट हर यात्रा में हुई। सदैव ढाई-तीन हज़ार मीटर से अधिक ऊँचाई पर। कभी शिखरों तले बिखरे बोल्डरों के बीच। बाज दफ़ा ग्लेशियर-मुहाने पर, मोरेन क्षेत्र में। यदा-कदा बुग्यालों पर पड़े प्रस्तर समूढ़-रिन्ध्र से बाहर ताकते हुए। बार-बार की मुलाक़ात के चलते रुंडा में रुचि जगी। उसके बाबत लोगों से, इंटरनेट से मालूमात जुटाने लगा। अमेरिकी पाइका की जानकारियों से तो अन्तर्जाल जगत् अटा मिला किन्तु हिमालयीन पाइका (ochotona roylei), ख़ासकर गढ़वाली पाइका, रुंडा की नज़र से वह लगभग कँगला निकला।

चौकी के पास हमें मिला दुम कटे चूहे सा दिखने वाला यह जीव।

कुछ आप देखी, कुछ स्थानीय मित्रों (परसारी से नन्दू, लाता से नरेन्द्र व उत्तरकाशी से भंडारी) से हुई चर्चा और कतिपय शोधपत्रों से हासिल जानकारियों का सार आपसे साझा कर रहा हूँ। नन्दू से मालूम हुआ कि इसी प्राणी को नीति घाटी वाले 'नीत' पुकारते हैं। मालूम हो कि इस घाटी का तिब्बत से पुराना नाता है। यह नाम, नीत, भी शायद वहीं से इधर आया है। यह भी विदित हुआ कि रुंडा ट्री-लाइन से ऊपर उन मोहल्लों में रहता है जहाँ बरखा व गरमी अधिक न हो। जहाँ बरफ़ तो रहे, पर बारहमासी न हो। जहाँ वर्ष में सात-आठ माह घास रहे। जिधर बहुतायत में झाड़ियाँ हों, जड़ी-बूटियाँ व फूल हों। चूँकि यह प्राणी पत्थरों के ढेर में समूह बनाकर रहता है, अतः इनके रहवासी क्षेत्र का प्रस्तर सम्पन्न होना परम आवश्यक ठहरा।

नन्दू ने एक मज़े की जानकारी और दी कि रुंडा स्थिर पत्थरों में जीवन व्यतीत करता है। दूर रहता है वह सम्भावित राक-फॉल वाले हलक़ों या अवालांच वाले इलाक़ों से। बड़े काम की है यह जानकारी पर्वतारोहियों के लिए कि पहाड़ तले वो वहाँ ठहरे, शामियाने गाड़े, जहाँ आसपास 'पाइका' दिखें। इसी जानकारी को बरतने में हम चूके-चौकी में। जहाँ हमारा सामना अवालांच से हुआ। जलजले के बाद जिधर रावटियाँ पुनर्स्थापित की गईं उधर हमें अगली सुबह रुंडे दिखे। पहले वाले स्थान पर नहीं। बहरहाल, यहाँ एकाधिक प्रश्न सामने खड़े दिखते हैं। यथा ऐसे दुरूह स्थानों का चयन वो करता क्यों है? कि वहाँ वो खाता क्या है? शीत-बरखा व सीधी धूप से बचा कैसे रहता है? और वह क़ुदरत के कारोबार में किस तरह

हाथ बँटाता है? ये तमाम सवालात हल हो सके चुनिंदा जीववैज्ञानिकों के हाड़तोड़ परिश्रम के चलते।

पन्द्रह-बीस से.मी. के इस स्तनधारी जीव के पास कहने भर को पूँछ होती है। लगभग नहीं के बराबर। इस तरह इसे 'रुंडा' नाम मिला। गढ़वाली में रुंडा का मतलब है—दुम कटा। सरसरी तौर पर मूषक से दिखने वाले इन महाशय का कंठ स्वर भी उसी के जैसा है। इसी से ग़फ़लत हुई और लोग इसे पहाड़ी चूहा कहने लगे। दरअसल यह है खरहे—ख़रगोश की प्रजाति का एक जीव। खरहे की तरह यह अपनी पिछली टाँगों पर खड़ा होता है। कूदते-फाँदते चलता है। और उसी की तरह यह शाकाहारी भी है।

भोजन की तलाश में रुंडा अपने निवास के बाहर रहता है, सूर्योदय से तीन घंटे बाद तक और सूर्यास्त के आसपास। घास, मूल व बूटियाँ इसे प्रिय हैं। मतलब वे पौधे, वैज्ञानिक जिन्हें सी-3 वनस्पतियों की जाति का जानते हैं। ऐसे पौधों में नाइट्रोजन व जल प्रचुरता से मिलता है, फाइबर बहुत कम। इन पौधों के बीजों का निस्तारण कर रुंडा प्रकृति का काम हल्का करता है। वैसे जीवन-चक्र यज्ञ में आत्म-बलि देना, इस अदना से जीव का प्रकृति हित में महती अवदान है। अगर रुंडा न हो तो पहाड़ी उकाब व लोमड़ियों सरीखे परभक्षी भूखे मर जाएँ। विशेषकर शीतकाल में। वो यूँ कि जब इन इलाक़ों में बरफ़ जमी होती है और जब इधर के अधिकांश जीव शीत निद्रा में चले जाते हैं, तब सिर्फ़ रुंडा ही निकलता है बिल से बाहर, भोजन की जुगाड़ में और बन जाता है दूसरों का भोजन।

ओलिगोसिन काल में आविर्भूत रुंडा को शीत ऋतु भाती है। तेज़ धूप इसे बरदाश्त नहीं। महाशय हिमयुग से बच इहकाल में अवतरित प्राणी जो ठहरे। वैज्ञानिकों के अनुसार रोएँदार वाली मोटी ख़ाल के चलते रुंडा की देह, परिक्षेत्र के अन्य स्तनधारियों की तुलना में 2-3^{0}C गर्म रहती है। जो वह 25^{0}C या इससे अधिक तापमान में कुछ देर को भी ठहर जाए तो उसका मरना सुनिश्चित जानिए।

लोग मानते हैं रुंडा को बोदा। परन्तु मैं उसे भोंदू मानने को तैयार नहीं। और यह मतभेद अकारण नहीं। रुंडा को भोजन की खोज में अपने ठिये से बहुत दूर तक जाते मैंने देखा है। वो कुछ पल तेज़ी से चलने के बाद अचानक ही थम जाता है। रहता है निश्चल। कभी-कभी तो दस-पन्द्रह मिनटों तक। शत्रु की नाक तले खुले में यूँ देर तक बैठने के कारण ही लोग उसे बोदा मान लेते हैं। मेरे जाने तो यह दुश्मन को झाँप देने के निमित्त गढ़ी एक बेहतरीन योजना है। ताकि घात लगाए बैठा शत्रु सोच में पड़ जाए कि जो उसने देखा वह एक जीव था या कोई लुढ़कता पत्थर।

कुछ तो है रुंडा में जो उसके इतिहास की जड़ें मनुष्य से कहीं गहरी, कई गुना दूरारूढ़ हैं। निस्सन्देह गहरी समझ है उसमें अपनी देहवृत्ति व शत्रु प्रवृत्ति की।

अन्यथा वो पत्थरों में घर क्यों चुनता और क्यों बुनता बरफ़ तले सुरंगें? ग़ौर करें कि शिला ढूहों के भीतर, जहाँ ये रहते हैं वो जगहें भर धूप में बाहर से $2.5^{0}C$ ठंडी तथा ठिठुरती रातों में $1.5^{0}C$ गरम होती हैं। शोधकर्ताओं ने इनके घरौंदे में आर्द्रता भी खुले मैदान की बनिस्बत दिन में अधिक, रात को कम पाई।

ध्यातव्य है कि अमेरिकी नातेदारों की नाईं-नीत शीत निद्रा का कायल नहीं। न ही वह अपने घरौंदे खाद्य सामग्री से भरता है। फलतः जठराग्नि उसे बारहों मास खटाती है। वह हर मौसम में घर से बाहर निकलता है। खटता है। खेत-मज़दूर की तरह खेती के आसपास कहीं बैठ ब्यालू-कलेऊ करता है। लेकिन सिर्फ़ ग्रीष्मकाल में, जाड़ों में नहीं। क्योंकि धूसर-भूरे रंग का रुंडा जो हिमाच्छादित सतह पर फिरे तो सबको दिखे। गोया मुनादी करे कि आ उकाब मुझे मार। लेकिन छटाँक भर का यह जीव नासमझ नहीं कि इतनी आसानी से शिकार हो जाए। इस विपरीत परिस्थिति में अपने ठिये से भोजन स्रोत, मसलन जूनिफर की झाड़ी तक पहुँचने का उसका अपना तरीक़ा है। जो है बरफ़ के भीतर सुरंग-जाल बुनना।

सुरंगों का ऐसा ताना-बाना कि लखनऊ की भूल-भुलैया के पसीने छूटें। ख़ैर, अब तो हिमालयीन पाइका का अपरिग्रह का हामी होना सर्वज्ञात है कि वो खाद्य पदार्थ घर लेकर नहीं आता तथा स्रोत के समीप कहीं बैठ भोजन पाने का आदी है। तलाशने पर इसका बन्दोबस्त भी रुंडा सृजित सुरंग-जाल में दिखता है। इत्मीनान से बैठ जीमने के आशय से ही वह रचता है गुप्त मार्ग के बीच अनेकानेक आश्रय-स्थलियाँ। जैसे पैदल मार्ग के बीच पैवेलियन बनाए जाते हैं देवस्थानों में।

देवस्थानों के ज़िक्र से रुंडा से जुड़ी एक गढ़वाली दन्तकथा ध्यान आ रही है। कहते हैं, पूर्वकाल में रुंडा की नाभि में कस्तूरी बिठलाई गई। ताकि वक़्त पड़ने पर मानव इसका उपयोग कर रोगमुक्त हो सके। और वार-त्योहारों पर देवताओं को सुवासित उबटन एवं भोजन अर्पित कर पाए। चतुर रुंडे को बूझते देर न लगी कि सुवासित देह ही उसके प्राण साँसत में डाले है। इस करके वो चला गया मानव बस्तियों से ख़ूब दूर। लोगों की धर-पकड़ से बचने हेतु रहने लगा पत्थरों के बीच छुपकर। कस्तूरी को तरसते लोगों ने तब देवताओं को गुहारा, अर्चना की, बलियाँ दीं। देव प्रसन्न हुए। रुंडा की कस्तूरी हरिण को दी गई। रुंडा के पास अब कस्तूरी तो नहीं रही पर उसकी देह आज भी कस्तूरी-सी महकती है। और तो और उसके मल में भी कस्तूरी सूँघी जा सकती है।

लेकिन आज तो इस पुराकालीन जीव के अस्तित्व पर ही ख़तरा मँडरा रहा है। एक ओर पहाड़ों की कटाई-खुदाई के चलते इनके आशियाने नेस्तनाबूद हो रहे। दूसरी ओर ये झेल रहे हैं भू-तापीकरण की मार। यहाँ बताता चलूँ कि विगत तीन दशकों में हिमालय पर का तापमान औसतन $1.5^{0}C$ बढ़ गया है। शीतऋतु के तापमान

में तो 1.75°C से भी अधिक बढ़ोतरी हो चुकी। उच्चतर हिमालयीन क्षेत्रों का हाल तो और भी चिन्ताजनक है। वहाँ के तापमान में इससे भी कहीं ज़्यादा इज़ाफ़ा दर्ज है। चुनाँचे हिमालय पर के मौसमों की तमीज़-तहज़ीब-तरतीब में सरतापा बदलाव नज़र आता है। जिसके असर से वनस्पतियों के इलाक़े बदल रहे। कुछ गुम हो रही हैं, कुछ निचले हलक़ों से ऊपरी इलाक़ों का रुख़ कर चुकीं। सनद रहे कि मौसम परिवर्तन के चलते अमेरिका से पाइका विलुप्त हो चुका। इसकी हिमालयीन प्रजाति भी विलुप्ति के अन्देशे से मुठभेड़ कर रही है।

अब भी आदमी जो नहीं सँभला तो वो दिन दूर नहीं जब परभक्षियों की मौज होगी। तब रुंडा हर मौसम में यूँ उघाड़ा बरामद होगा जैसे पोर्न बाज़ार में स्त्री। मन करे तब ताड़ लो, दिल करे तब मुँह मार लो। ख़ासकर जाड़े में। क्योंकि भोजन क्षेत्र को पहुँचती सुरंग बनाने वास्ते रुंडा माँगता है बरफ़ की कम से कम दस इंच मोटी चादर। सात इंच लम्बे व चार इंच ऊँचे जीव की गुज़र (आराम से चलना, बैठना, जीमना) इससे कम बरफ़ में नामुमकिन जो ठहरी।

पर बापड़ा रुंडा करे भी तो क्या? बुग्यालों से उतर जंगलों में जाना सुरक्षित नहीं। उधर उसका निमोनिया जैसे संक्रमणों से मरना प्रमाणित है। जो वो ढलुआ पहाड़ों के लुढ़कते पत्थरों में गृहस्थी बसाए तो चबीदे रुंडों की लाशों से बुग्याल पट जाए। वैसे बुग्याल भी तो अब पहले के से कहाँ रहे। उधर का वनस्पति वैविध्य विच्छिन्न हो चुका। रुंडा को खाने के लाले अब पड़े कि तब पड़े। जाड़ों में बचे रह सकना उसके लिए दिनोदिन मुश्किल होता जा रहा। रुंडा के उधर इन दिनों पहले की सी बरफ़ नहीं पड़ती। जो थोड़ी-बहुत पड़ती भी है तो बेसमय। सार यह कि इस प्राणी द्वारा निज सुरक्षा हेतु लाखों बरसों में सीखे-जुटाए साधनों की बखिया उधड़ रही है—रफ़्ता-रफ़्ता!

आदमी की कारगुज़ारियों की मार से फ़क़त रुंडा ही घायल नहीं। कितने ही अगोचर अदना तथा अकिंचन प्रकृति के घटक तड़प रहे हैं। तरस रहे हैं वे सब एक हमदर्द नज़र को। दुनिया में सबको समान हक़ और आज़ादी देने का नारा बुलंद करने वाले मानुष से माँग रहे हैं वे बेहतर आब व हवा। चाह रहे वे बेख़ौफ़ जीने का हक़। अपनी मौत मरने की आज़ादी।

सन्दर्भ तथा टिप्पणियाँ

1. *दर्रा-दर्रा हिमालय,* अजय सोडानी, प्रथम संस्करण, 2014, पृ. 19
2. *उत्तराखंड ट्रैवेल जर्नल,* महेशचन्द्र सती, माँ भुवनेश्वरी पब्लिकेशंस, जोशीमठ, 2013, पृ. 198
3. 2010 में सम्पन्न इस यात्रा का हाल *दरकते हिमालय पर दर-ब-दर,* राजकमल प्रकाशन, 2018 में दर्ज।
4. कालिंदी खाल अभियान 2005 में तथा ऑडेन-कॉल 2009 में सम्पन्न हुआ। इनकी दास्ताँ *दर्रा-दर्रा हिमालय,* राजकमल प्रकाशन, तृतीय संस्करण, 2019 से दरयाफ़्त की जा सकती है।
5. Eric Shipton, Bâton Wicks, *Six Mountain Travel Books*, 2010. p. 99-130
6. Ganguli P.K., *In Quest of a Legendary Route, Himalayan Journal,* vol. 57, 2001
7. Kapadia H., *Lost In The Legends, Himalayan Journal,* Vol. 54, 1998
8. Eric Shipton, Bâton Wicks, *Six Mountain Travel Books,* 2010, p. 57
9. *Apprenticed to a Himalayan Master,* Sri M. Magenta Press, 2010 p. 115-116
10. इन दिनों 'टूरिज़्म' को नुक़सानदेह बता 'ईको टूरिज़्म' को ठेला जा रहा है। पर क्या स्थानीय सम्पदा (प्राकृतिक व सांस्कृतिक) के लिए ऐसी कोई भी गतिविधि निरापद हो सकती है जिसकी लगाम व्यापारियों ने थामी हो? इसी क्षेत्र में शोध करने वाली सीमा भट्ट के शब्द यहाँ उद्धृत हैं—'Tourism is linked to people and depends on people. It often commodifies and standarizes original forms of music, dance, ceremonies, food etc. adopting them to accommodate tourist demands'. Bhatt Seema, Saye Liyakhat; *Ecoturism Development in India,* Cambridge university press (India), 2008; p. 8.
11. नेता, समाज-विज्ञान के पुरोधा और अर्थशास्त्र के पंडित गला फाड़ते कहते फिरते हैं कि पर्यटकों, विशेषत: विदेशियों की आमद से स्थानीय लोगों के माली हालात सुधर जाते हैं। पर शोधों के नतीजे तो दीगर बात कहते हैं। अनुमान है कि यदि कोई विदेशी सौ डॉलर (अमेरिकी) किसी विकासशील देश में खर्चे तो उसका पंचानबे टका तो स्थानीय अर्थव्यवस्था की पहुँच से कोसों दूर, बहुधा दूसरे किसी देश में चला जाता है। खर्चा गया धन पहुँचता है विकासशील से पुन: विकसित देश, बरास्ता विदेशी टूर ऑपरेटरों, हवाई जहाज़ संचालकों, होटल मालिकों तथा विदेशी मदिरा के आयात से। Bhatt Seema, Saye Liyakhat; *Ecoturism Development in India,* Cambridge university press (India), 2008, p. 4-5

12. 2011 की जनगणनानुसार 16709 की जनसंख्या वाले जोशीमठ में तब 429 मुसलमान और 98 क्रिश्चियन थे।

https://www.census2011.co.in/data/town/800291-joshimath-uttarakhand.html

13. *The Himalayan Gazetteer;* Natraj publishers, 2014. p-372-73

14. गंगा सबसे पहले मैनाक, कैलास तथा हिरण्यश्रृंग पर्वत के मध्य स्थित बिन्दुसरोवर से सात धाराओं में निकलती है। बौद्ध ग्रन्थों में इस ताल को अनोतत्ता (Anogtatta) कहा गया है, जिसमें सिंह, हस्थी, अश्व तथा साँड़ मुखी चार निकास बिन्दु हैं। इन्हीं से क्रमशः गंगा, रोहित, सिन्धु तथा हरिकान्ता नामक गंगाएँ (नदियाँ) निकलती हैं। मेरा कयास है कि जलधारा के नलकों को हाथी अथवा सिंह मुख से निकलता दिखाने की परम्परा इसी मान्यता से जुड़ी है। *महाभारत* (भीष्मपर्व 6:42-47), गीताप्रेस, गोरखपुर, चौदहवाँ पुनर्मुद्रण और *Law BC. India As Described in Early Texts of Buddhism and Jainism,* Luzac & co. London; 1941, p. 10

15. *महाभारत* के शान्तिपर्व में (327: 3-19) हिमालय पर्वत का वर्णन करते हुए हिरण्यकशिपुकुमार प्रह्लाद की जोशीमठ क्षेत्र में मौजूदगी का ज़िक्र है। इस पर्व में कार्तिकेय द्वारा अपनी शक्ति (त्रिशूल) को धरा में गाड़े जाने तथा उसे उखाड़ने हेतु देवताओं को ललकारने की कथा है। बताया गया है कि विष्णु ने कार्तिकेय का मान रखने हेतु जब वह त्रिशूल ज़मीं में धँसा रहने दिया तब उत्तेजित प्रह्लाद उसे उखाड़ने को उद्यत हुआ। अस्त्र तो टस से मस न हुआ अलबत्ता प्रह्लाद मूर्च्छित हो हिमालय भूमि पर गिर गया। आगे का विवरण बताता है कि उस स्थान के (जहाँ यह सब घटा) उत्तर में वह स्थान है जहाँ शिव ने घोर तप किया। लोककथाओं में यह स्थान बदरीधाम बताया गया है, जिसे कालान्तर में विष्णु द्वारा हड़प लिया गया। इस शिव धाम के पूर्व में व्यास आश्रम है। ज्ञातव्य है कि जोशीमठ से थोड़ी ही दूर, गोपेश्वर में, एक अध-धँसा त्रिशूल आज भी देखा जा सकता है। जहाँ से उत्तर में आज का बदरीधाम है।

16. *आज भी खरे हैं तालाब,* गांधी शान्ति प्रतिष्ठान, नई दिल्ली, विशेष संस्करण, 2012; पृ. 34-35

17. घी कितनी गर्मी पर पिघलेगा यह कई कारकों पर निर्भर है। मसलन दूध का प्रकार (गाय या भैंस का), जानवर की नस्ल (मैदानी या पहाड़ी आदि) और स्थान विशेष की जलवायु। सामान्यतः देशी पद्धति से तैयार गाय का घी 33.2 से 35.8^{0}C पर पिघलता है। Changade SP, Tambai RV, Kanoje RR, Physical Properties of Ghee Prepared From High Acidic Milk-II; J. Dairying, Food & H.S., 25(2):101-104, 2006

18. Kapadia H., *Lost in The Legends*; Himalayan Journal, Vol. 54; 1998

19. https://www.cia.gov/library/readingroom/docs/CIA-RDP81M00980R001200070033-6.pdf

20. https://timesofindia.indiatimes.com/india/cia-kept-changing-story-on-losing-the-nuclear-device-in-nanda-devi/articleshow/65330504.cms

21. इन दिनों यह चर्चा आम है कि 1961 ई. में तत्कालीन अमेरिकी राष्ट्रपति केनेडी ने भारतीय प्रधानमंत्री जवाहरलाल नेहरू को एक हस्तलिखित ख़त भेजा था। उसमें चीन द्वारा तेज़ी से परमाणु परीक्षण की ओर अग्रसर होने का हवाला देते हुए उसने भारत में परमाणु परीक्षण करने का प्रस्ताव दिया था। कहा गया था कि भारत को राष्ट्रीय सुरक्षा के वास्ते ऐसा करना लाज़िमी है। कहते हैं कि नेहरू ने वह ख़त जिन दो व्यक्तियों को दिखाया उनमें से एक थे

डॉ. होमी भाभा। ख़त में राजस्थान में अमेरिकी परमाणु बम फोड़ने का प्रस्ताव था। जिसे नेहरू ने डॉ. भाभा और भारतीय ख़ुफ़िया विभाग के तत्कालीन चीफ़ बी.एम. मलिक की हामी के बावजूद नकारा था। लगता है हिन्दुस्तान के प्रति प्रेम के परोक्ष में अमेरिका की चीन को वैश्विक शक्ति बनने से रोकने की मंशा काम कर रही थी। क्योंकि पूर्व में भी इस देश ने यू.एन. में चीन के प्रवेश को रोकने हेतु भारत को आगे बढ़ाने की चेष्टा की थी। मेरा कयास है कि नेहरू के परमाणु अस्त्र-विरोधी विचारों तथा गुटनिरपेक्ष रहने की चिन्ता के मद्देनज़र जब अमेरिका दो मर्तबा भारत को प्यादे के रूप में नहीं वापर सका तब चीन को काबू करने हेतु उसने भारतीय सरकार से छुप नंदा देवी वाली इस योजना को अंजाम दिया। वैसे इस सारे प्रकरण में भारतीय प्रधानमंत्री की मौन स्वीकृति की सम्भावना को भी नकारा नहीं जा सकता। दाँव उलटा पड़ने पर सरकार ने बदनामी का ठीकरा सेना पर डाल ख़ुद को मासूम जता दिया। https://www.dailyo.in/politics/did-nehru-refuse-kennedys-nuclear-technology-offer-nsg-china/story/1/11779.html

22. कहीं बन्दरपूँछ पर्वत शृंखला को भी कैलास कहा गया है। गढ़वाल के बदरीधाम का कैलास पर्वत पर अवस्थित होना भी ग्रन्थों में दर्ज है। महाभारत में समस्त कुमाऊँ और गढ़वाल हिमाला को कैलास बुलाया गया है। कैलास को शिव के स्थान के रूप में जाना जाता है। ज्ञातव्य है कि केदार क्षेत्र उस इलाक़े को भी कहा गया है जहाँ आज का केदारधाम है। कैलास पर्वत के तल में बताया गया गौरी कुंड गढ़वाल के केदारधाम की तलहटी में भी है। Subodh Kapoor, *Encyclopaedia of Ancient Geography,* vol-1, p. 289-99; 325
23. (ed.) Ravi Prakash Arya, *Ramayan of Valmiki,* Primal Publication, 2013. Sec74:17-73
24. *कुमारसम्भवम्,* सर्ग-1:54; चौखम्बा विद्याभवन, वाराणसी, 2016, पृ. 29
25. हिमालय की नदियों में सोना बहने की ख़बर आदमी को न जाने कब से है। इसका ज़िक्र ऋग्वेद से लेकर आज के वैज्ञानिक शोध पत्रों में भी मिलता है। Dubey RK, *Source of Gold in India as described by Thakkura Pheru-An Assessment: Indian Journal of History and Science 42.1* (2007) 1-11
26. बाँधों का दूरगामी असर हमें 2018 की कच्छ यात्रा में समझ आया। मालूम हुआ कैसे सिन्धु नदी पर बने बाँध से एक हरा-भरा क्षेत्र मरुस्थल में बदल गया। देखिए—*इरिणा लोक-कच्छ के स्मृति द्वीपों पर,* राजकमल प्रकाशन, नई दिल्ली, 2019
27. *Report of the Task Force on The Mountain Ecology Systems, Planning Commission, Govt. of India, 2006.* http://planningcommission.nic.in/aboutus/committee/wrkgrp11/tf11_ecosys.pdf
28. वही, इस रिपोर्ताज के अनुसार भारतीय हिमालयीन क्षेत्र में 38000 वर्ग कि.मी. क्षेत्रफल में फैले पाँच हज़ार ग्लेशियर हैं। हिमालय से प्रतिवर्ष $8.6\times10^6 m^2$ जल मैदानों में जाता है, जिसमें साठ प्रतिशत पानी का अवदान देने की जवाबदेही पश्चिमी हिमालय की है।
29. *Re-Linking Governance of Energy with Livelihoods and Irrigation in Uttarakhand, India;* https://www.mdpi.com/2073-4441/8/10/437
30. http://gbpihedenvis.nic.in/District%20Wise%20Forest%20Cover%20Assesment%20(2011)-Uttarakhand.html
31. Chauhan JS, Gautam AS. *Natural and Anthropological Impact on Forest:*

A case study of Uttarakhand State, Open Ecology Journal, Vol.11, p. 38-48

32. कुछ काल पूर्व तक भिलंग या भिलंगना नदी जनसामान्य में भृगुगंगा के नाम से चरितार्थ थी। यह ख़बर लक्ष्मीनारायण टंडन विरचित और 1943 में प्रकाशित *संयुक्त प्रान्त की पहाड़ी यात्राएँ* नामक पुस्तक से मिली।
    https://ia801602.us.archive.org/29/items/in.ernet.dli.2015.489755/2015.489755.Snyutt-Praant.pdf
33. अचरज का विषय है कि अन्तर्जाल (इंटरनेट) पर उपलब्ध परियोजना की रिपोर्ट में घुत्तु से देवलिंग तथा पावर हाउस की सटीक दूरी तक दर्ज नहीं है। रिपोर्ट के साथ दिए नक़्शे में तो देवलिंग का नाम तक नहीं है। https://cdm.unfccc.int/Projects/DB/TUEV-UED1251287116.48/view
34. हालिया रिपोर्ट बताती है कि विस्फोटों के चलते देवलिंग गाँव के 110 मकानों में से 86 क्षतिग्रस्त हो गए। जिसके लिए उन्हें एक पैसा भी बतौर मुआवज़ा नहीं दिया गया। उस गाँव की आठ में से सात जलधाराएँ या तो सूख चुकी हैं या सूखने की कगार पर हैं। इसके चलते पेय जल पूर्ति, खेत-पानी आपूर्ति और पनचक्कियों का संचालन दुश्कर हो गया है। सुरंग तथा सड़क हेतु फोड़े गए पहाड़ों का मलबा देवलिंग की चरनोई भूमि पर फेंक देने से घास की किल्लत पहले से थी। ऊपर से इस इलाक़े अब जो नई घास आ रही है वो दीगर क़िस्म की है। इस करके जानवर उसे नहीं खा रहे। मजबूर ग्रामीणों ने दुधारू पशुओं की संख्या घटाना आरम्भ कर दी है। चहुँ तरफ़ा मार से गाँव वालों की आमदनी घट गई। ज्ञातव्य है कि रोजगार सृजक के रूप में प्रचारित इस योजना में देवलिंग के फ़क़त तीन लोगों को ही काम मिला। Buechler S, Sen Detal, *Re-Linking Governance of Energy with Livelihoods and Irrigation in Uttarakhand, India. Water 2016,* 8, 437; doi:10.3390/w8100437
35. आर.ओ.एफ. तकनीक से पावर हाउस चलाने हेतु मोटी व तेज़ जलधार चाहिए होती है। इसे हासिल करने के लिए नदी के जल को मोटे पाइप में ठूँस सुरंग द्वारा पावर हाउस तक लाया जाता है। सुरंग से बच रही नदी क्षीणकाय हो जाती है। आर.ओ.एफ. से प्रताड़ित नदी के जल का तापमान बढ़ता है। जल मटमैला हो जाता है। उसका ऑक्सीजन स्तर कम हो जाता है, अम्लीयता भी बदल जाती है। इस करके उसमें पनप रहे जीवनदायी बैक्टेरिया, शैवाल, जलचर आदि भी वो नहीं रहते जो हुआ करते थे। नतीजतन नदी की उर्वरा शक्ति ही कम हो जाती है। बड़े बाँध के दूरगामी असर गर देखने हों तो एक फेरा टिहरी का लगा वहाँ के लोगों से बात करना ही काफ़ी है। ज्ञातव्य है कि इस बाँध को उत्तराखंड पर्यटन मंत्रालय ही 'the worst conceived bigdam projects in India' बता रहा है।
    http://tourism.gov.in/sites/default/files/Other/07%20uttaranchal.pdf
36. Deshpande A, Gupta S, Sinha A, *Intentional communication between wild bonnet macaques and humans;*
    SCIeNtIFIC RepOrtS,(2018) 8:5147 | DOI:10.1038/s41598-018-22928-z
37. https://www2.palomar.edu/anthro/behavior/behave_3.htm
38. Zimmer Heinerich, *Myths and Symbols in Indian Art and Cilization, Princeton Paperbacks,1974,* p. 167; & Biedermann Hans, *Dictionary of Symbolism, Meridian,1994.* p. 224
39. Zimecki M, *The lunar cycle: effects on human and animal behaviour and*

physiology. Postepy Hig Med Dosw. (online), 2006; 60: 1-7 www.phmd.pl e-ISSN 1732-2693

40. मुत्तुकोड़ी कवाड़िहड़ा...मुत्तुकोड़ी कवाड़िहड़ा/अटयोड़ा प्यार में जो ना करना चाहा/ वो भी मुझे करना पड़ा। (फ़िल्म : *दो फूल*, 1973)
41. *महागाथा वृक्षों की*, प्रतिभा आर्य, राधाकृष्ण प्रकाशन, 1997, पृ. 95
42. कामदेव के अन्य चार बाण नीलकमल, चमेली, आम व चंपा के होते हैं। Gupta S.M. *Plant Myths and Traditions in India*, Munshiram Manoharlal Publishers, 2013. p. 70
43. शान्ति से बैठे भौंरे का शारीरिक तापमान बाहरी जितना ही होता है। पर उड़ने के पहले इसे अपना आन्तरिक तापमान कम से कम 30^0 तक बढ़ाना होता है। शरीर गर्म करने के लिए यह पंख से जुड़ी अपनी मांसपेशियाँ हिलाता रहता है, देखने वाले को वह ठिठुरता सा प्रतीत होता है।
44. कालिदास प्रणीत *कुमारसम्भवम्* में शिरीष बार-बार सामने आता है। एक जगह (1:41) पार्वती की बाँहों को शिरीष फूल से सुकोमल और पुरुष (शंकर) में काम जागृत करने में सक्षम बताया है। एक और प्रसंग (5:4) महादेव को प्राप्त करने के लिए पार्वती-तप के सिलसिले में आता है। बताया गया है कि उमा यानी पार्वती को शंकर से एकतरफ़ा इश्क़ था। सो शंकर को रिझाने की मंशा से उमा ने घोर तप आरम्भ कर दिया। नाजों में पली उमा की काया दिनों-दिन क्षीण होने लगी। ऐसे में उसकी माँ, हिमालय-भार्या मैना देवी, ने उसे समझाते हुए कहा, 'तुम्हारी काया यह कष्ट नहीं झेल सकती। क्योंकि वह तो शिरीष-पुष्प सी कोमल है जो भौंरे का भार भी मुश्किल से उठा पाता है।'
45. भौंरा सच्चे अर्थों में तन मन से प्रकृति की सेवा करने वाला जीव है। इसकी देह रूआलीदार होने से परागकण उससे चिपक जाते हैं। पराग-आवृत फूल-फूल डोलता भ्रमर उन कणों का विस्तरण करता चलता है। इसके पैरों में भी परागकण संग्रहण हेतु विशेष तरह की थैलियाँ होती हैं। शकरखोरे पाखी की तरह फूल की गहराई से मधुपान करने के लिए विकसित इस भ्रमर को हर ठिये पर औसतन छह सेकेंड रुकना पड़ता है। इसके चलते पुष्पों को पराग कणों के आदान-प्रदान हेतु ख़ासा समय मिल जाता है। ऐसा नहीं कि भौंरे परागकण वाहक कर्म फोकट में करते हों। वे इन्हें खाते भी हैं, ये कण ही उनके प्रोटीन की दरकार को जो पूरा करते हैं। पराग खाने की इनकी प्रविधि भी बड़े मज़े की है। पहले ये उसकी एक कणिका अलग करते हैं। फिर पुष्प के भीतर से चूसा मधु उगलकर उसमें पराग को भलीभाँति सान सटक लेते हैं। मधुमक्खी की तरह भौंरे भी सामाजिक जीवन जीते हैं। इनके यहाँ भी एक मुटल्ली रानी-भ्रमर होती है। हमें दिखने वाले अधिकांश भँवरे मधु के लिए भटकते सेवक-भ्रमर होते हैं। नपुंसक किन्तु दिन में क़रीब-क़रीब आठ घंटे काम करने वाले तथा माइनस तीन डिग्री के तापमान में भी आराम नहीं करने वाले सेवक! इन मजूरों की गाढ़ी मेहनत का प्रताप है कि जिन खेतों में ये पहुँच जाएँ वहाँ की पैदाइश दुगनी हो जाती है।
46. 2007 में प्राप्त शोध परिणाम भौंरों की संख्या में निरन्तर गिरावट होना रेखांकित कर रहे हैं। एक रिपोर्ट के अनुसार गत पन्द्रह बरसों में इनकी आबादी योरप तथा अमेरिका में क्रमशः 17 और 46 प्रतिशत घटी है। Dharam AP, Shankar U. *Bumblebee diversity in India: Current status and future prospects, Bumblebee Conservator*, Vol. 2, issue-1, 2014. p. 14-17
47. Mendle GA, Ashman TL. *The effects of aluminum and nickel in nectar on*

the foraging behavior of bumblebees. Environ Pollut. 2013 Jun;177:78-81. doi: 10.1016/j.envpol.2013.02.017. Epub 2013 Mar 6. इन दिनों भौंरे पर जुदा क़िस्म के प्रदूषण का क़हर बरपा हुआ है। अवांछित धातु तत्त्वों का प्रदूषण। गड़ियों के धुएँ, कल-कारख़ानों के जल आदि में मिश्रित एल्युमिनियम, जस्ता आदि धातु प्रचुर मात्रा में मिट्टी में मिल फूलों तक पहुँच रही है। यद्यपि भौंरे प्रदूषित पराग पहचान सकते हैं, पर जब हर फूल ही गँदला जाए तो भौंरे जाएँ तो जाएँ कहाँ। देखने में आया है कि इन फूलों पर आश्रित भँवरे कम चंचल और नपुंसक हो जाते हैं।

48 *Altitudinal food preference of bumblebee species in Himalayas* : available at http://www.entomoljournal.com/archives/2019/vol7issue1/PartE/6-6-132-354.pdf

49. उत्तराखंड एकाधिक जनजातियों को पोसने वाली भूमि है। भोटिया, खास, बोक्सा, राजी (वन रावत) जौनसारी, थारु जैसी पुराजाति के लोगों की अपनी विशिष्ट बोली है। इन बोलियों में हिन्दी, उर्दू, संस्कृत की अनुगूँज सुन पड़ती है। बैक्टेरियन ग्रीक, गोरखा, यवन, शक आदि से इसका सम्बन्ध हो सकता है। Harish Singh, Importance of local names of some useful plants in ethnobotanical study. Indian J. of Traditional Knowledge; Vol. 7(2), Apr. 2008; p. 365-370

50. *गढ़वाल और गढ़वाल,* सं. चन्द्रपाल सिंह रावत, विनसर पब्लिशिंग कम्पनी देहरादून; 2011, पृ. 27

51. *Cunningham Alexander. Inscriptions of Asoka.* vol-1; 1877. p-12-13

52. Joshi MP, *On the Origin of the Neo Indo-Aryan Pahadi Language of Uttarakhand and Western Nepal Himalaya. Lingua Posnaniensis,* Vol. LII (2)/2010. *The Poznan Society for the Advancement of the Arts and Sciences.* PL ISSN 0079-4740, IS BN 978-83-7654-078-8, pp. 51–65

53. http://www.india-birds.com/red_rumped_swallow.aspx तथा विश्वमोहन तिवारी, *आनन्द पंछी निहारने का,* नेशनल बुक ट्रस्ट, 1998, पृ. 131

54. *दर्रा-दर्रा हिमालय,* अजय सोडानी, राजकमल प्रकाशन, 2014, पृ. 152-53

55. 2011 की जनगणना के अनुसार घाटी में गंगी एकमेव पंचायत है, जिसमें दो गाँव हैं—रीह व गंगी। गंगी में 65 घर और 386 लोग तथा रीह में 26 घर और 160 की जनसंख्या बताई है। http://censusindia.gov.in/2011census/dchb/0504_PART_A_DCHB_TEHRI%20GARHWAL.pdf

56. पर्वतीय लोक विकास समिति द्वारा उत्तराखंड के मुख्यमंत्री को लिखे पत्र (24.6.2010) से इस बात की पुष्टि होती है। यह ख़त श्री रमेश मुमुक्षु के मार्फ़त मुझे हस्तगत हुआ।

57. स्थानीय लोगों से हासिल जानकारी (जिसकी पुष्टि 'तहलका' के 18-5-2012 के संस्करण से भी हुई) के हवाले से यह भास हुआ कि 2001 ई. में उत्तरांचल की कांग्रेस सरकार ने भिलंगना नदी को ज.वि.प. हेतु तीस वर्षों के लिए लीज पर दिया। लीज हासिल करने वाली दक्षिण की स्वस्ति पॉवर इंजीनियरिंग लि. के कर्ताधर्ता आन्ध्र प्रदेश के तत्कालीन मुख्यमंत्री राजशेखर रेड्डी (YSK) के भाई थे। इस कम्पनी को चार किलोमीटर क्षेत्र में भिलंगना को सुरंग में घुसेड़ने (run-of-the-river technology) की अनुमति दी गई, यह ध्यान रखने की शर्त के साथ कि इससे लोगों की मौजूदा सिंचाई नहरें प्रभावित न हों। इसी के साथ इन्हें परियोजना हेतु पाँच हेक्टर घना जंगल भी दिया गया। पर कम्पनी ने अपनी रिपोर्ट में साबित

कर दिया कि यहाँ न कोई खेत हैं न मानव बस्तियाँ। पर्यावरण एवं वन मंत्रालय ने आँख मूँद सब मान लिया। लिहाज़ा मनमाने ढंग से काम आगे बढ़ने लगा। नदी को सुरंग में डालने से स्थानीय नहरें सूख गईं। जंगल इस क़दर कटे कि जानवरों को चारे का टोटा पड़ने लगा। सुरंग और सड़क के लिए किए गए विस्फोटों के चलते लोगों के घरों में दरारें पड़ीं सो पड़ीं गाँवों में पेयजल के पारम्परिक स्रोत, पहाड़ के कोख से निकसतीं पुरातन 'देव-धाराएँ' भी सूख गईं। विरोध करने वालों पर झूठे मुक़दमे दायर किए गए, उन्हें मारा-पीटा गया। जेल में ठूँसा गया।

58. हम सामान्यजन जिसे हिमनद या भमक या बमक बुलाते हैं वह वैज्ञानिकों के अनुसार तीन तरह की बर्फ़ का बना होता है—स्नो (घनत्व 50-70 kg m^{-3}), फर्न (घनत्व 300 kg m^{-3} के आसपास) व आइस (घनत्व 830-920 kg m^{-3})। हिमनद लगातार बनते-पिघलते रहते हैं। वह स्थान जहाँ पर गिरी बर्फ़ सालों-साल में जाकर आइस में रूपान्तरित होती है, ऊँचाई पर होता है—इसे एकत्रीकरण-क्षेत्र (zone of accumulation) कहा जाता है। स्थान जहाँ हिमनद पिघलता अधिक, बनता कम है वह कम ऊँचाई पर होता है—इसे हिमनद क्षरण-क्षेत्र (zone of ablation) बुलाया जाता है। यह वह स्थान है जहाँ से हिमनद का जल नदी बन बाहर निकलता है (snout)। उपर्युक्त दो क्षेत्रों के मध्य होता है हिमनद का सन्तुलन क्षेत्र (equilibrium line altitude; ELA) जहाँ एकत्रीकरण और क्षरण की गति एक सी होती है। अधिक क्षरण की स्थिति में हिमनद सिकुड़ने लगता है और ELA। ऊपर चढ़ जाती है, वहीं इसके बनने की गति क्षरण रफ़्तार से अधिक होने पर हिमनद फैलता है तथा ELA। नीचे की ओर सरक जाती है (Himalayan glaciers climate change, water resources and water security Himalayan Glaciers —The National Academies Press 2012, पृ. 15-17)। पिछले समयों में, हिमालय के उन हिमनदों में जो अपेक्षाकृत कम ऊँचाई पर हैं, ELA क्षेत्र लगातार ऊपर को चढ़ रहा है। जबकि पश्चिमी हिमालयीन भमक या तो स्थिर हैं अथवा फैल रहे हैं। मध्य हिमालय में जारी मौसम परिवर्तन, यथा बेटाइम बरसात, तापमान में वृद्धि तथा कम (और असमय) बर्फ़बारी, इसके कारक माने जा रहे हैं। जयपाल जिस हिमनद को देख रहा है वह मध्यहिमालयीन हिमनद (15000 फ़ीट) है, जो पश्चिमी हिमनदों के बरअक्स कम ऊँचाई पर है। यद्यपि उसकी बताई हिमनद के ऊपर सरकने की रफ़्तार असम्भव रूप से ज़्यादा है पर यह तथ्य नज़रअन्दाज़ नहीं किया जा सकता कि खतलिंग बमक अन्य हिमनदों की तुलना में अधिक तेज़ी से पिघल रहा है।

59. http://www.merapahadforum.com/tourism-places-of-uttarakhand/khatling-glacier-tehri-uttarakhand/

60. Dendrocalamus strictus मूलत: बाँस की प्रजाति का पेड़ है, जिसे कलकत्ता बम्बू भी बुलाते हैं। इसका प्रयोग काग़ज़ बनाने में भी होता है। वैसे तो यह बाँस की जात का है पर प्रवृत्ति में हूबहू उस जैसा नहीं। जैसे कि बाँस की तरह इस पर भी 25-45 बरस में एक बार फूल आते हैं, पर उसकी तरह एकमुश्त तथा इलाक़ावार नहीं। अत: नवम्बर से फ़रवरी के मध्य, वनप्रदेश में किसी न किसी रिंगाल पर फूल दिख जाते हैं।

61. लाल (Rhondodendron arboreum), सफ़ेद (R. campanulatum), ठिंगना (R. anthopogon) Flowers of the Western Himalay as : Dang Rupin,Wilderness Films India, N. Delhi.)

62. *कुमारसम्भवम्* 1:54 और 3:44

63. दाग़ देहलवी का मुकम्मल शे'र कुछ यूँ है—'वो क़त्ल करके मुझे हर किसी से पूछते हैं, ये काम किसने किया है, ये काम किसका था'।
64. *कुमारसम्भवम्* 2:36-37; 2:41-48
65. *अकाल में सारस,* केदारनाथ सिंह, राजकमल प्रकाशन।
66. Namrata etal, *Wild Edible Plants of Uttarakhand Himalaya: A Potential Nutraceutical Source. Res. J. of Medicinal Plants 5* (6): 670-684,2011. p. 670. इसे भी देखें—Biswas K, *Medicinal Plants of the Himalaya.* Himalayan Journal; available at https://www.himalayanclub.org/hj/25/9/medicinal-plants-of-the-himalaya/
67. Plumbeous Water Redstart, संस्कृत ग्रन्थों में एक चिड़िया का ज़िक्र है जिसकी दुम तृण की तरह काँपती रहती है। इसे थिरथिरा या थिरथिरकम्पा कहा गया है। 'चलपिच्छक खंजरी' नाम Redstart प्रजाति की सभी पाखियों को कहा गया है। वैसे दुम मटकाने की आदत waigtail प्रजाति की चिड़ियाओं में भी होती है। Dave, K.N., *Birds in Sanskrit Literature;* Motilal Banarsidass Publishers, 2005. p. 44, 49, 107
68. कुछ और उदाहरण हैं—साल (12 आना), घास व भाँग (6 आना प्रति बैलगाड़ी), मोम (दस रुपया प्रति भेली)। ज्ञातव्य है कि उन्नीसवीं सदी में स्थापित वनोपज चौकियाँ आज भी कार्यरत हैं।
69. देखें, *दरकते हिमालय पर दर-ब-दर,* राजकमल प्रकाशन, 2018, पृ. 184
70. देखें, *दरकते हिमालय पर दर-ब-दर,* राजकमल प्रकाशन, 2018
71. देखें, *दरकते हिमालय पर दर-ब-दर,* राजकमल प्रकाशन, 2018, पृ. 178
72. https://www.who.int/macrohealth/action/NCMH_Burden%20of%20disease_(29%20Sep%202005).pdf
73. http://www.census2011.co.in/data/village/42828-gangi-uttarakhand.html
74. http://forest.uk.gov.in/pages/display/174-van-panchayat के अनुसार गंगी 2004 से यहाँ वन पंचायत है, जो कि रेवेन्यू विभाग में दर्ज है। जबकि *Census of India*-2011, series-6, part XIIA के पृ. 132 पर गंगी में 96 हेक्टेअर उपजाऊ भूमि में 65 हेक्टेअर भूमि पर खेती होना कहा गया है। सवाल यह है कि जब इतने खेत हैं तो फिर यह गाँव में इसी जनगणना में अन्य जगह पर कृषक शून्य क्यों कहा गया है?
75. Yashodhar Mathpal, *Rock Art In Kumaon Himalaya,* Aryan Book International, 1995, plat 56A, 56B, 58A
76. वैसे इसे अनपढ़ का आकलन मान टाला जा सकता था। पर मैं टाल न सका। उत्तराखंड में वर्षा की मात्रा और काल का आकलन करने वाले शोध की तलाश ख़त्म हुई 2017 में। मालूम पड़ा कि विगत 113 बरसों में इस क्षेत्र में बेमौसम बारिश का चलन बढ़ा है, और वर्षा भी अधिक होने लगी है। वैज्ञानिकों ने इसका कारण जलवायु परिवर्तन बताया है। Sarkar A, Garg V. *Study of Climate Change in Uttarakhand Himalayas: Changing Patterns of Historical Rainfall,* https://doi.org/10.1007/978-981-10-5714-4_14
77. "During pleistocene period vast area of the Himalay experienced glaciation. A tract is still covered by permanent snow. The present glaciation (Glaciers) is a shadow of what it was during ice-age." *Ancient Communities of Himalaya,*

Dinesh Prasad Saklani, Indus Publishing Company; p. 16

78. Dave KN, *Birds in Sanskrit Literature*, Motilal Banasridass Publishers, 2005. p. 194-197

79. महासीर या खसरा (Tor tor) नवमाछ (Balitora brucei) उन चालीस प्रजातियों की मछलियों में शुमार हैं जो 1987 ई. में भिलंगना में पाई गई थीं। इसके बाद बना टिहरी बाँध, जिसके चलते 95 कि.मी. की भिलंगना का अन्तिम 25 कि.मी. तालाब (Lentic) में बदल गया। इसके उपरान्त घुत्तु में आविर्भूत हुई 25 मे.वा. की जविप। इसके चलते उद्गम से पैंतालीस कि.मी. बाद ही भिलंगना का बहाव बाधित हुआ।

    यहाँ उन कारकों को जान लेना समीचीन है जिन पर नदी-जल की गुणवत्ता और मछली की सत्ता निर्भर रहती है—1. नदी की लम्बाई, 2. उसके बहने की रफ़्तार, 3. नदी तल और उसके किनारों की भूमि (Hyporheos), 4. नदी जल को मथने वाली शिलाएँ, 5. जल में घुलने वाली प्राणवायु तथा उस पर पड़ने वाला प्रकाश, 6. नदी-तल के नीचे बसने वाले सूक्ष्म जीव और उनकी ऑक्सीजन-रहित श्वसन क्रिया, 7. नदी के किनारों के शैवाल, 8. क़रीब के जंगल और वहाँ से नदी में पड़ने वाले पत्ते। इनमें से कुछ भी बदला तो ख़तरा मँडराया जल की गुणवत्ता और अर्णा पोषित जीवन सत्ता पर। जविप और बाँध का उपर्युक्त में से प्रत्येक पर बेजा असर पड़ता है।

    1987 की गणना के बरअक्स 2009-2011 के बीच हुए शोध में भिलंगना नदी से मात्र 21 प्रजातियों की मछलियाँ ही हासिल हुईं। कभी प्रचुरता से मिलने वाली नवमाछ के तो इस बार दर्शन ही नहीं हुए। महासीर भी ख़तरे में मानी गई। यहाँ महासीर के बाबत एक बात दर्ज करना समीचीन है। बात का वास्ता इस मछली के अनोखे व्यापार से है। दरअसल महासीर वैसे तो तराई में रहती है पर प्रजनन हेतु ठेठ हरिद्वार से ऊपर टिहरी और घुत्तु तक आती है। टिहरी बाँध के चलते इस मछली की आवाजाही बाधित हुई और इसका अस्तित्व आज ख़तरे में है। यह मछली गढ़वाल के जीवन में क्या महत्त्व रखती है इसका सबूत यहाँ के मन्दिरों की नक़्क़ाशी देख मिलता है। मन्दिरों में उकेरी गईं अधिकांश मछलियाँ महासीर ही हैं। ज्ञातव्य है कि महासीर माछ का वर्णन वैदिक साहित्य में भी मिलता है। मुमुक्षु पाठक की सुभीता के लिए कुछ सन्दर्भ ये रहे— SD Bhatt, RK Pande, *Ecology of the Mountain Waters,* Asshish Publishing House, N.Delhi, 191. p. 368. Agarwal NK etal, *Present status of ichthyofaunal diversity of Garhwal Himalayan river Bhilangana and its tributaries with reference to changing environment, Environment Conservation Journal,* 12(3):101-108.2011; Agrawal NK, Singh G, *Fish assemblages and habitat ecology of River Pinder in central Himalaya, India DOI*: 10.22092/ijfs.2018.118930; Singh H, *Habitat fragmentation due to Tehri dam construction reduces fish species diversity among Bhilangana river, AJAS,* vol 13(2), Dec,2018.62-67; v©j Leff, Dr. Laura Gunn (2012). *Freshwater Habitats. Elsevier* 3 190-204. Retrieved from https://oaks.kent.edu/bscipubs/123

80. *प्रतिनिधि कविताएँ,* महादेवी वर्मा, भारतीय ज्ञानपीठ, 2003, पृ. 14

81. *कुमारसम्भवम्* सर्ग-1:11

82. Daniel C. Taylor, *Yeti : the ecology of a mystery*, Oxford University Press, 2017. P. 378

83. *मैगी मेमसाब, अवाक् आतंकवादी* (कहानी-संग्रह), अजय अन्तिका प्रकाशन, 2016

84. अप्रैल और मई माह में धूल व रेत हवा के संग उड़कर हिमालय पर पहुँचती है। कल-कारख़ाने तथा वाहन उत्सर्जित प्रदुषण; पावर प्लांट, कचरा जलाऊ प्लांट तथा पराली आदि के जलने के बने महीन कार्बन कण (Aerosol) का रूप धर हवा में तैरते धूल-रेत कणों पर सवार हो जाते हैं। धूल, रेत, कार्बन कण हिमालयीन धवल बर्फ पर जम उसे काला या मटमैला कर देते हैं। इसके चलते बमक आदि की सतह अधिक गर्मी सोखती है। इसके दोतरफ़ा असर बताए जा रहे हैं पहला तो ग्लेशियरों का तेज़ी से पिघलना, दूजा वर्षा होने के समय व स्थान में बदलाव। *Himalayan Glaciers: Climate Change, Water Resourse, and Water Security, National Reseach Council, The National Academic press, Washinton DC,* p. 24-28

85. *Climate Change and mountain ecosystems, Task force report on mountain ecosystems;Planning Commission, Govt. of India;* Nov. 2006, p. 23

86. Shukla A, Garg PK and Srivastava S, *Evolution of Glacial and High-Altitude Lakes in the Sikkim, Eastern Himalaya Over the Past Four Decades* (1975–2017). Front. Environ. Sci. July 2018; 6:81

87. *Supraglacial Ponds Regulate Runoff from Himalayan Debris Covered Glaciers,* Irvine-Fynn etal; *Geophysical Research Letters,* 2017; 44, 11, 894-11, 904

✪✪✪